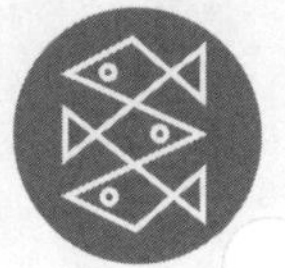

AF567932

Die erste wissenschaftliche Gesamtdarstellung des Militarismus in Deutschland. Der renommierte kritische Militärhistoriker und Friedensforscher Wette zeigt, dass die Ursprünge des deutschen Militarismus in der altpreußischen Gesellschaft des 18. Jahrhunderts wurzeln, die kriegerische Kultur in der deutschen Kaiserzeit voll zur Geltung kam und in der NS-Zeit ihren zerstörerischen Höhepunkt fand. Er zeigt den Werdegang eines Systems, dessen Grundlagen der Menschenerziehung, der Verhaltensweisen und Einstellung zum Staat schon früh militärisch geprägt waren. Diese soziale Militarisierung der deutschen Gesellschaft – die Frauen eingeschlossen – sollte sich im Kontext der Untergangsideologie Hitlers fatal auswirken.

Wolfram Wette, geboren 1940, Dr. phil. 1971, Habilitation 1991. Er war Historiker am Militärgeschichtlichen Forschungsamt in Freiburg (1971–1995) und ist seitdem freier Autor; 1998 wurde er Professor für Neueste Geschichte in Freiburg.
Von seinen zahlreichen Büchern sind im Fischer Taschenbuch Verlag erschienen: »Stalingrad. Mythos und Wirklichkeit einer Schlacht« (Bd. 11097); »Retter in Uniform. Handlungsspielräume im Vernichtungskrieg der Wehrmacht« (Bd. 15221); »Zivilcourage« (Bd. 15852) und das Standardwerk »Die Wehrmacht. Feindbilder, Vernichtungskrieg, Legenden« (Bd. 15645).

Unsere Adresse im Internet: www.fischerverlage.de

Wolfram Wette

Militarismus in Deutschland

Geschichte einer kriegerischen Kultur

Fischer Taschenbuch Verlag

Die Zeit des Nationalsozialismus
Eine Buchreihe
Herausgegeben von Walter H. Pehle

Originalausgabe
Veröffentlicht im Fischer Taschenbuch Verlag,
einem Unternehmen der S. Fischer Verlag GmbH,
Frankfurt am Main, Januar 2011

Eine vorgezogene Lizenzausgabe erschien 2008
in der Wissenschaftlichen Buchgesellschaft, Darmstadt
Gesamtherstellung: CPI – Clausen & Bosse, Leck
Printed in Germany
ISBN 978-3-596-18149-0

Inhalt

Einführung

Historiker, Theologen, Politiker, Pazifisten, vereinzelt auch kritische Köpfe unter den Militärs, haben im 19. und 20. Jahrhundert tiefe Einsichten in die kriegerische Kultur Deutschlands gewonnen. So erkannte der Jesuitenpater Annuarius Osseg bereits im Jahre 1876: »Eine der gefährlichsten Krankheiten unserer Zeit« ist »der Militarismus, welcher ganze Völker in Waffen rüstet, den Staat zu einer großen Kriegsmaschine, jeden gesunden Bürger zum Soldaten macht, welcher die öffentlichen Auslagen und Lasten namenlos steigert, eine beständige Kriegsgefahr heraufbeschwört, die socialen Verhältnisse zerrüttet und eine Katastrophe herbeiführt, an welche man ohne Bangen nicht denken kann.«[1] Der liberale Politiker und Historiker Ludwig Quidde hob im Jahre 1893 den Gegensatz zu Demokratie und Kultur hervor: »Der Militarismus unterdrückt die Individualitäten wie jeden Gedanken an eine sich von unten aufbauende Organisation. Er ist auch hier mit seinem Einfluss auf die Gesellschaft der Feind der Kultur.«[2] Dem Schriftsteller und Major a. D. Franz Carl Endres lag daran, dem Missverständnis vorzubeugen, nur Soldaten könnten Militaristen sein. Im Hinblick auf die spezifischen Bedingungen in der Republik von Weimar traf er 1927 die bemerkenswerte Feststellung: »Militarismus ist die Geistesverfassung des Nichtmilitärs.«[3]

In Deutschland selbst, besonders aber in jenen Ländern, die im Ersten und im Zweiten Weltkrieg gegen das Deutsche Reich gekämpft hatten, wurde der preußisch-deutsche Militarismus als Kernelement der kriegerischen Kultur des Landes und zugleich als maßgebliche Voraussetzung für die Entfesselung der beiden Weltkriege angesehen. Daher formulierten die alliierten Politiker Truman (USA), Stalin (Sowjetunion) und Attlee (Großbritannien) im Potsdamer Abkommen vom 2. August 1945 als ihr zentrales Kriegsziel: »Der deutsche Militarismus und Nazismus werden ausgerottet, und die Alliierten treffen [...] Maßnahmen, die notwendig sind, damit Deutschland niemals mehr seine Nachbarn oder die Erhaltung des Friedens in der ganzen Welt bedrohen kann.«[4]

Nach dem Zweiten Weltkrieg kamen auch deutsche Historiker nicht umhin, sich mit dem Einfluss der kriegerischen Kultur auf den Gang der deutschen Politik auseinanderzusetzen, insbesondere im Hinblick auf die Entstehungsgeschichte und auf die destruktive Potenz des Nationalsozialismus. So wartete Friedrich Meinecke 1947 in einer ersten Analyse der »deutschen Katastrophe« mit der Erkenntnis auf: Den preußisch-deutschen Militarismus kann man »als diejenige geschichtliche Macht bezeichnen, die den Aufbau des Dritten Reiches wohl am stärksten gefördert hat«.[5] Selbst der nationalkonservativ eingestellte Historiker Gerhard Ritter stieß in das gleiche Horn, wenn er über Adolf Hitler sagte: »Niemals ist die Militarisierung alles Lebens so radikal durchgeführt, niemals vorher ein so einseitiger Macht- und Kampfwille geschichtlich wirksam geworden wie durch diesen extremsten aller Militaristen.«[6] Nicht nur die Siegermächte des Zweiten Weltkrieges, sondern auch deutsche Politiker der Nachkriegszeit bekundeten ihren Willen, einen Schlussstrich unter die militaristische Vergangenheit des Landes zu ziehen. Der erste Bundeskanzler der Bundesrepublik Deutschland, Konrad Adenauer, verstand darunter in erster Linie, in der 1949 gegründeten zweiten deutschen Demokratie eine privilegierte gesellschaftliche Stellung der Berufsoffiziere nicht mehr zuzulassen. Im Jahre 1954 verkündete er im Deutschen Bundestag: »Der Militarismus ist tot.« Nie wieder wird es die »zentrale Stellung« eines ambitionierten Offizierkorps vergangener Zeiten geben. Das »Soldatsein« ist ein Beruf, der »gleich geachtet neben anderen steht«.[7] Der amerikanische Historiker Gordon A. Craig, ein guter Kenner der deutschen Geschichte, machte im Jahre 1983 die Beobachtung, dass die Distanz zu den militaristischen Phasen der deutschen Geschichte in den Jahren seit dem Ende des Zweiten Weltkrieges sowohl in der Bundesrepublik Deutschland als auch in der Deutschen Demokratischen Republik gewachsen sei, ja dass die Deutschen insgesamt aus den Katastrophen der Vergangenheit gelernt hätten: »[...] wahrscheinlich war die gemeinsame Grundlage des antimilitaristischen Gefühls in der DDR wie im Westen die geschichtliche Erinnerung, das Wissen, dass der Besitz einer Armee für Deutschland in seiner neueren Geschichte nicht zum Guten gewesen war und dass das Militär stets dahin tendiert hatte, ein Staat im Staate zu sein, der den sozialen Fortschritt und die Entwicklung liberaler demokratischer Institutionen behinderte«.[8]

Erstaunlicherweise und aus Gründen, die noch zu erörtern sind, ist in dem zurückliegenden halben Jahrhundert – also etwa seit der Mitte der fünfziger Jahre – im Westen Deutschlands kaum noch über die Rolle des Militarismus in der Geschichte des ersten deutschen Nationalstaats debattiert worden, am wenigsten über die lange Kontinuität dieses Phänomens.

Wohl hat die historische Forschung, häufig unter Verzicht auf die Verwendung des Begriffes Militarismus, mit einer Vielzahl von einzelnen Untersuchungen zur Aufklärung über die kriegerische Kultur Deutschlands beigetragen.

Allerdings vermochte sie es bislang nicht, eine neue, empirisch fundierte Gesamtschau zu präsentieren. Eben dies ist das Anliegen der vorliegenden Darstellung.

Über die mannigfaltigen Facetten des Militarismus in Deutschland hinaus, die in den vorgenannten Zitaten angesprochen werden, wird einigen Fragen nachgegangen, die im Kontext von Militarismus bislang eher selten thematisiert wurden: Gab es im 19. Jahrhundert neben dem traditionellen Feudalmilitarismus auch eine liberale, bürgerliche, den Idealen der Aufklärung verpflichtete Variante von Militarismus? War womöglich sogar die von sozialdemokratischem Gedankengut geprägte Arbeiterschaft, die in Opposition zum preußisch-deutschen Machtstaat stand, mental von dem zeitgenössischen militaristischen Bazillus befallen? Welche Rolle haben die deutschen Frauen in dieser kriegerischen Kultur gespielt? Haben sie Gegenpositionen zum patriarchalischen Obrigkeits- und Militärstaat eingenommen? Oder haben sie sich stattdessen willig in diesen eingefügt? Wie konnte es dem Bündnis der traditionellen nationalistischen Eliten mit Hitler an der Spitze nach den schrecklichen Erfahrungen des Weltkrieges 1914–1918 gelingen, die Deutschen ein zweites Mal in das Desaster eines großen Krieges zu stürzen? Wie stark waren die militaristischen Kontinuitäten in der Geschichte des 1871 gegründeten deutschen Nationalstaats, auf die der Nationalsozialismus aufbauen und derer er sich bedienen konnte?

War die moralische und völkerrechtliche Entgrenzung, welche die deutsche Kriegskultur im Vernichtungskrieg der Jahre 1939–1945 erfuhr, in den tradierten Denkweisen des Militärs bereits vorgeprägt? Stellte die Strategie der Selbstvernichtung, welche Hitler und die Wehrmachtführung den Deutschen in der Endphase des Zweiten Weltkrieges verordneten, eine Entartung des traditionellen Militarismus dar – oder war die Strategie des »heroischen Untergangs« die folgerichtige Konsequenz der totalen Kriegsanstrengungen?

Das Ende der Geschichte des deutschen Militarismus wurde von den Siegermächten des Zweiten Weltkrieges erzwungen. Aber war die deutsche kriegerische Kultur damit wirklich erledigt? Oder wirkten auch unter den politischen Konstellationen der Bundesrepublik Deutschland einzelne

Elemente unterschwellig fort? Schließlich: Wie sind die neuen Entwicklungen, die wir seit dem Ende des Kalten Krieges 1989/90 in Deutschland beobachten können und die von Kritikern einmal mehr mit dem Begriff »Militarisierung« belegt werden, im Lichte des früheren, prototypischen deutschen Militarismus einzuschätzen? Wirken unter den gänzlich neuen politischen Rahmenbedingungen womöglich ältere Traditionsstränge fort? Besteht die Gefahr, dass sich ein neuer Typ von Militarismus herausbildet, der darauf verzichten kann, die Masse der Menschen einzubeziehen? Ist etwa schon wieder Wachsamkeit angesagt?

Freiburg i. Br., im März 2008 Wolfram Wette

I. Wege und Irrwege der Militarismus-Forschung

Militarismus – das war schon immer ein politischer Begriff und erst in zweiter Linie ein wissenschaftlicher. Entstanden ist er in den sechziger Jahren des 19. Jahrhunderts, und er wurde damals als ein Schlagwort in durchaus polemischer Absicht verwendet, um auf ein neues zeitgenössisches Phänomen hinzuweisen: dass nämlich das politische und gesellschaftliche Leben in den Nationalstaaten des europäischen Kontinents immer stärker von militärischen Interessen und von kriegerischen Denkmustern geprägt wurde.

Einer der ersten Zeitgenossen, die diese neue Entwicklung einer systematischen Analyse unterzogen, war ein deutscher Jesuitenpater namens Annuarius Osseg, der mit bürgerlichem Namen Georg Michael Pachtler hieß. Er veröffentlichte im Jahre 1876, also wenige Jahre nach dem Deutsch-Französischen Krieg von 1870/71, ein Buch mit dem Titel: »Der europäische Militarismus.« Erstaunlicherweise vermochte Osseg das Phänomen schon damals in seiner ganzen Komplexität zu erfassen. So erkannte er, »dass die preußische Heereseinrichtung, der allgemeine Heerzwang, fast überall eingeführt wurde, und so eine der gefährlichsten Krankheiten unserer Zeit heraufzog, nämlich der Militarismus, welcher ganze Völker in Waffen rüstet, den Staat zu einer großen Kriegsmaschine, jeden gesunden Bürger zum Soldaten macht, welcher die öffentlichen Auslagen und Lasten namenlos steigert, eine beständige Kriegsgefahr heraufbeschwört, die socialen Verhältnisse zerrüttet und eine Katastrophe herbeiführt, an welche man ohne Bangen nicht denken kann«.[1] Das Waffenhandwerk, so Pachtler weiter, sei »das wichtigste, höchste und allgemeinste Gewerbe der Gegenwart« geworden. Der Frieden sei in ständiger Gefahr. »Kein sittliches Bedenken schreckt mehr den Starken vor dem schauerlichen eisernen Würfelspiele zurück. Die politische Atmosphäre riecht nach Pulverdampf, der Handel und die Industrie können kein Vertrauen fassen. Das einzige Hinderniß des Krieges ist noch die öffentliche Meinung; denn die Völker sind des Kampfes müde.«[2] Pachtler alias Osseg wusste auch genau, was alle Militarismuskritiker vor und nach ihm erfahren mussten, dass ihm sein Buch über den europäischen Militarismus »wenige Rosen und viele Dornen« eintragen werde.[3]

Worauf es an dieser Stelle ankommt: Der preußisch-deutsche Militarismus galt damals noch nicht als der Prototyp des Militarismus, als welcher er später in der internationalen Debatte angesehen werden sollte. Vielmehr wurde er durchaus in Parallele zu militaristischen Erscheinungen in anderen europäischen Ländern betrachtet. Die Zuspitzung der Kritik auf Preußen-Deutschland ließ aber nicht lange auf sich warten.

1. Wehrhaft oder militaristisch?

Es ist nachvollziehbar, dass die Träger des zeitgenössischen Militarismus es nicht als Lob betrachteten, wenn sie von ihren Kritikern als »Militaristen« bezeichnet wurden. Die Betroffenen, also Monarchen, Politiker, Militärs und ihre Klientel, ebenso die Gesinnungsmilitaristen in Zivil, hielten diesen Begriff stattdessen für verleumderisch und diffamierend. Hatten sie doch – nach ihrer Selbsteinschätzung – nur Gutes im Sinn: Sie wollten den nationalen Machtstaat stärken, das Land vor Angreifern von außen schützen – und vielleicht auch selbst einmal einen Angriffskrieg führen, wenn es das Verlangen nach Machterweiterung erforderte oder wenn damit von innenpolitischen Konflikten abgelenkt werden konnte. Kriege galten ihnen als etwas Normales und als etwas Natürliches.

Was die Kritiker als »Militarismus« politisch attackierten, bildete für die Anhänger militärischer Machtpolitik den zentralen politischen Orientierungspunkt. Es war die Vorstellung von einem »wehrhaften« Machtstaat, in dem Soldaten und kriegerisch-heroisches Denken ganz selbstverständlich eine wichtige Rolle spielten. Den Tatbestand, dass das Militär in Preußen und dann im Deutschen Kaiserreich seit dem letzten Drittel des 19. Jahrhunderts immer mehr in das gesellschaftliche Leben eingriff und sich selbst als »Erziehungsschule der Nation«[4] betrachtete, hielten diese ebenfalls für einen normalen Vorgang und keineswegs für anstößig. Dagegen wiesen sie den Verdacht weit von sich, dass eine solchermaßen mit Gewalt imprägnierte Gesellschaft zu gegebener Zeit auch eine Eigendynamik entfalten, ja dass sie sich als Treibhaus für Katastrophen erweisen könnte. Zusammenhänge dieser Art blendeten die Anhänger einer nationalen, machtstaatlichen Politik traditionsgemäß aus mit Hinweis auf die Bedrohung von außen. Der äußere Feind wurde jeweils als der Bösewicht und als der Verursacher von Kriegen hingestellt. So operierte bereits die prophylaktische Ablenkungsstrategie in der Phase der Kriegsvorbereitung und dann die Rechtfertigungspropaganda im Kriege selbst. Der eigene Staat wurde jeweils – und das ist in der Regel wohl bis zum heutigen Tage so geblieben – als der Angegriffene dargestellt. Denn man wusste: Ohne Lüge geht es in solchen Fällen offenbar nicht. Die Menschen, die als Soldaten den Krieg führen und in ihm ihr Leben riskieren sollten, und die Zivilbevölkerung, die sie dabei unterstützen sollte, waren psychologisch nur mit dem Verteidigungs-Argument zu mobilisieren beziehungsweise bei der Stange zu halten.

Schon an dieser Stelle sei auf die lange Kontinuität der innenpolitischen Konfliktkonstellation hingewiesen, die in der Geschichte des ersten deutschen Nationalstaats mit der Frage der »Wehrhaftigkeit« verbunden ist. Wer sie kritisch hinterfragte, wurde schnell als »innerer Feind« denunziert. So ist es wenig überraschend, dass kein anderer die Kritiker des deutschen Militarismus schärfer angegriffen hat als Adolf Hitler. Schon in den Reden, die er während der zwanziger Jahre hielt, und in den Schriften, die er in der sogenannten Kampfzeit der nationalsozialistischen Bewegung verfasste, erklärte er den Militarismus für eine Erfindung von Juden, Marxisten, Demokraten und Pazifisten. Sie waren für ihn die »inneren Feinde«. Sie machte er dafür verantwortlich, dass das deutsche Volk im Weltkrieg 1914–1918 nicht zu seiner optimalen Kraftentfaltung gefunden hatte und dass es daher, als Verlierer des Krieges, den »Schandfrieden« von Versailles hatte unterzeichnen müssen. So sah die deutsche Misere in der Perspektive Hitlers aus: »Während das Judentum durch seine marxistische und demokratische Presse die Lüge vom deutschen ›Militarismus‹ in die ganze Welt hinausrief, [...] verweigerten marxistische und demokratische Parteien jede umfassende Ausbildung der deutschen Volkskraft.«[5]

Die Kraftentfaltung des deutschen Volkes stellte aber in den Augen Hitlers die eigentliche Aufgabe der zukünftigen Politik dar. Denn Politik bestand für ihn in der »Durchführung des Lebenskampfes eines Volkes«[6], den er sich als ein geschichtliches Kontinuum vorstellte. Aus der Erfahrung, dass der Weltkrieg 1914–1918 bereits Ansätze zu einem totalen Krieg gezeigt hatte – Einbeziehung der Zivilbevölkerung, der Wirtschaft, der Medien, der Propaganda –, ergab sich die folgende Überzeugung Hitlers: Die ständige Aufgabe der zukünftigen Politik sei nicht die »beschränkte Vorbereitung für einen Krieg als vielmehr die unbeschränkte innere Durch- und Ausbildung eines Volkes« für den Krieg.[7] In der Vorbereitung der kriegerischen Machterweiterung fanden nach Hitlers Überzeugung Innen- und Außenpolitik ihre einheitliche Bestimmung. Das »Schwert zu schmieden«, schrieb er, »sei die Aufgabe der innenpolitischen Leitung eines Volkes; die Schmiedearbeit zu sichern und Waffengenossen zu suchen, die Aufgabe der außenpolitischen«.[8] Alles sei eine Frage des »Machteinsatzes«[9], also der Gewaltpolitik. Weil die Juden, die Marxisten, die Demokraten und die Pazifisten das nicht begriffen hätten, erklärte Hitler sie für politikunfähig. Gleichzeitig hielt er sie jedoch für so gefährlich, dass er im Jahre 1932 – bezeichnenderweise in einer Rede vor deutschen Industriellen – verkündete, er habe »den unerbittlichen Entschluss gefasst, den Marxismus bis zur letzten Wurzel in Deutschland auszurotten«.[10] Im Feindbild Marxismus waren sie alle zusammengefasst: die Juden, die Pazifisten, die Sozialisten und die Demokraten.

Was Hitler vor 1933 angekündigt hatte, realisierte er nach 1933 mit ungeheurer Konsequenz, wobei er mit der Reichswehr und späteren Wehrmacht reibungslos zusammenarbeitete, was wiederum auf eine Kontinuitätslinie verweist.[11] Bei Kriegsbeginn 1939 verfügte das nationalsozialistisch geführte Deutschland nicht nur über die modernsten und schlagkräftigsten Streitkräfte Europas, sondern auch über eine durch und durch militarisierte »Volksgemeinschaft«. Die Entwicklung des preußisch-deutschen Militarismus hatte ihren Höhepunkt erreicht. Dann stürzte Hitler-Deutschland die Welt in einen Krieg, der mehr als 50 Millionen Menschen das Leben kosten sollte.

Kriege standen also am Beginn und am Ende des ersten deutschen Nationalstaats.

2. Militarismus – ein geschichtlicher Grundbegriff

Über die Entstehungsgeschichte des Begriffes Militarismus gibt eine Dissertation von Erhard Assmus aus dem Jahre 1951 Auskunft.[12] Ihre Ergebnisse sind eingegangen in das renommierte Lexikon »Geschichtliche Grundbegriffe«, das erstmals 1978 veröffentlicht wurde. Das vielschichtige und umstrittene Stichwort »Militarismus« wird dort gleich von drei Historikern gemeinsam bearbeitet, nämlich von Werner Conze, Michael Geyer und Reinhard Stumpf.[13] Dort erfahren wir: »Das Wort ›Militarismus‹ ist erst nach der Mitte des 19. Jahrhunderts in Gebrauch gekommen. Sein Begriff ist stets umfassend und unscharf gewesen. Es gab und gibt Varianten des Begriffsverständnisses, je nach Verlagerung des Schwergewichts der Kriterien. Eindeutig war jedoch die im Ursprung pejorativpolemische Sinngebung des als Kampfbegriff in den sechziger Jahren des 19. Jahrhunderts aufgekommenen Worts. Das gilt im Allgemeinen bis heute. Im Begriff ›Militarismus‹ werden – oft in schlagwortartigem Gebrauch – Entartungen, Gefahren, als (nicht) notwendig angesehene Erscheinungsformen oder ein unangemessenes Übergewicht des Militärs in Staat und Gesellschaft zusammengefasst.«[14]

Seit den sechziger Jahren des 19. Jahrhunderts fand das Wort Militarismus sowohl in Frankreich und England als auch in Deutschland Eingang in die politische Sprache.[15] Es handelte sich um jenes Jahrzehnt, in dem der preußische Militarismus zum preußisch-deutschen wurde. Im Jahre 1880 tauchte der Terminus erstmals in einer deutschsprachigen Enzyklopädie auf. Seitdem ist er ein fester Bestandteil der deutschen Sprache, und zwar sowohl der politischen als auch der wissenschaftlichen.

Eine erste systematische Analyse des Militarismus-Phänomens legte Mitte der achtziger Jahre der englische Sozialwissenschaftler Herbert Spencer vor, einer der Väter der modernen Soziologie.[16] Dem militaristischen Gesellschaftstyp, der auf Krieg und Kriegsvorbereitung hin orientiert sei, stellte Spencer – liberalen Denktraditionen verpflichtet – den industriellen Gesellschaftstyp gegenüber, der, so seine von Fortschrittsoptimismus geprägte Annahme, die Individualität schütze und Frieden sowie friedlichen Austausch erstrebe.

Mit Spencer setzte sich der deutsche Verfassungshistoriker Otto Hintze in seiner Abhandlung über »Staatsverfassung und Heeresverfassung«[17] aus dem Jahre 1906 auseinander.[18] Hintze ließ sich durch die Herkunft des Militarismus-Begriffs aus der politischen Polemik nicht irritieren und verwendete ihn als einen Relationsbegriff, mit welchem das bestimmende Gewicht oder Übergewicht des militärischen Bereichs in einem Staate verdeutlicht werden konnte.[19] Damit war eine – für die Militarismus-Analysen nationalkonservativer deutscher Historiker charakteristische – Verengung vorgegeben, nämlich die Beschränkung des Blicks auf die oberste politische und militärische Handlungsebene, bei gleichzeitiger Ausblendung der gesellschaftlichen und wirtschaftlichen Dimension des Militarismus.

In dieser Denktradition problematisierte der einflussreiche Freiburger Historiker Gerhard Ritter in seinem nach dem Zweiten Weltkrieg erarbeiteten vierbändigen Werk »Staatskunst und Kriegshandwerk«[20] das Verhältnis von Staatsführung und militärischer Führung. Er pflegte den Begriff Militarismus in distanzierende Anführungszeichen zu setzen und im Übrigen nur dann von ihm zu sprechen, wenn das Militär die Politik dominierte, also wenn die Staatskunst nicht mehr der entscheidende Faktor im Staate war, sondern die Kriegshandwerker sich durchsetzten. Ritters Werk schließt mit dem Jahre 1918 ab, was jedoch nicht bedeutete, dass er die Geschichte des preußisch-deutschen Militarismus als nunmehr beendet betrachtete. Erstaunlicherweise, weil quer zu seiner sonstigen Argumentation liegend, traf der Doyen der nationalkonservativen deutschen Historiker auf dem Historikertag in Bremen im Jahre 1953 die Feststellung, dass die NS-Zeit den extremsten Militarismus in der deutschen Geschichte hervorgebracht habe. Niemals zuvor, sagte Ritter, nunmehr die gesellschaftliche Dimension einbeziehend, sei »die Militarisierung alles Lebens so radikal durchgeführt« worden wie unter Hitler.[21]

Werfen wir einen Blick in die bekannteren Wörterbücher und historischen Enzyklopädien[22], so ist zunächst einmal zu entdecken, dass der Begriff Militarismus überall aufgenommen worden ist. Bei allen Unterschieden im Einzelnen besteht eine inhaltliche Übereinstimmung in der Auffassung, dass er als ein Relationsbegriff zu verstehen sei. Das wird erkennbar an Termini wie »Überwiegen von«, »übertriebenes Gewicht« oder »Vorherrschen von«.

- Das »Shorter Oxford English Dictionary« von 1973 schreibt, Militarismus sei »der Geist und die Tendenzen des Berufssoldaten; das Überwiegen militärischer Einstellungen und Ideale im Volk; die Neigung, militärische Effizienz als das höchste Interesse des Staates anzusehen«.
- Die »Encyclopedia Americana« von 1968 sieht im Militarismus eine Politik, die willens ist, »der militärischen Bereitschaft ein außergewöhnliches Gewicht zu geben, militärische Tugenden hochzuhalten und sich auf Gewaltanwendung in den internationalen Beziehungen zu stützen«.
- Der französische »Grand Larousse« von 1963 bezeichnet Militarismus als »das übertriebene Gewicht des militärischen Elements in einer Nation; ein politisches System, das sich auf die Armee gründet; Einstellungen, Doktrin jener, die das Überwiegen der Armee bevorzugen«.
- Der »Dizionario Enciclopedico Italiano« von 1957 spricht von dem »Überwiegen des militärischen Geistes in einem Staat oder einer Klasse« und nennt den »preußischen Militarismus« als Beispiel.
- Die westdeutsche »Brockhaus Enzyklopädie« von 1971 versteht unter Militarismus das »Vorherrschen militärischer Formen, Denkweisen und Zielsetzungen in Staat, Politik und Gesellschaft«.
- Das 1969 in der früheren DDR herausgegebene »Marxistisch-Leninistische Wörterbuch der Philosophie« definiert Militarismus als ein »reak-

tionäres, aggressives Herrschafts- und Organisationssystem der Ausbeuterordnungen«. Sie unterwürfen »das wirtschaftliche, gesellschaftspolitische und kulturelle Leben einer Militärclique, die in der militärischen Gewalt, besonders im Krieg, das Hauptinstrument zur Verwirklichung aggressiver Politik sieht«.

Gelegentlich ist das Defizit einer international anerkannten Militarismus-Theorie beklagt[23] und die Frage aufgeworfen worden, ob dieser Begriff in der wissenschaftlichen Arbeit überhaupt tragfähig sei.[24] Eine pragmatische Antwort auf skeptische Fragen dieser Art lautet: Generationen von Geistes- und Sozialwissenschaftlern haben sich mit »dem Militarismus« beschäftigt und die verschiedenen Erscheinungsformen oder Typen dieses Phänomens auf den Begriff zu bringen versucht. Diese Diskussion, die eine reichhaltige Literatur hervorgebracht hat, ist alleine schon einer intensiven wissenschaftlichen Untersuchung wert. Der deutsch-amerikanische Historiker Volker R. Berghahn hat die internationale wissenschaftliche Debatte über den Militarismus in einer 1986 veröffentlichten Untersuchung nachgezeichnet.[25] Erkennbar wird einmal mehr der wenig erstaunliche Tatbestand, dass der Militarismus im Verlaufe der Geschichte vielen Formveränderungen unterworfen war, die sich – zumindest auf den ersten Blick – dagegen sperren, in einer allgemeinen Theorie eingefangen zu werden.

Dieser Befund muss jedoch nicht zwangsläufig als Nachteil empfunden werden. Denn die neuere Forschung ist nach den Worten des Berner Historikers Stig Förster »übereinstimmend der Ansicht, dass nur eine Typologie der Militarismen zu neuen Erkenntnissen führen kann. Dies bedeutet, dass die historischen Besonderheiten stärker als bisher zur Geltung kommen müssen, während das verbindende Element auf der Ebene abstrakter Definition zu suchen ist.«[26] In eben diesem Sinne wurde das Wort Militarismus bereits im 19. Jahrhundert in den westeuropäischen Sprachen benutzt, um ganz allgemein die – als negativ empfundene – Dominanz des Militärischen in Staat und Gesellschaft zu benennen. Diese Definition lässt zunächst offen – das ist ihre Schwäche –, wie der Maßstab aussehen könnte, mit dem das Übergewicht des Militärischen adäquat zu messen wäre. Schon an dieser Stelle darf dazu angemerkt werden, dass ein solcher Maßstab kaum im Elfenbeinturm der Wissenschaft entwickelt werden kann, sondern dass er letztlich abhängig ist von politischen Wertentscheidungen.

Im 20. Jahrhundert wurde aus dem politischen Kampfbegriff Militarismus allmählich eine wissenschaftliche Kategorie und eine anerkannte historiographische Interpretationsfigur. In allgemeinster Form wird seitdem eine staatliche und gesellschaftliche Ordnung als militaristisch bezeichnet, die in dominanter Weise von militärischen Interessen und kriegerischen Denkmustern geprägt ist. Militarismus begünstigt kriegerischen Konfliktaustrag und behindert den Ausbau einer friedlichen Welt. Als Gegenstück von Militarismus wird in der Regel der Pazifismus angesehen. Er meint die Fähigkeit zu friedlichem, insbesondere nichtmilitärischem Konfliktaustrag, die als charakteristisch für eine zivile Gesellschaft und ein demokratisches Regierungssystem angesehen wird.

In der jüngeren deutschen und europäischen Geschichte wurde die bloße Existenz einer staatlichen Militärorganisation also noch nicht mit Militarismus gleichgesetzt, wenn die Streitkräfte ausschließlich für den Landesschutz bestimmt waren. Erst die missbräuchliche Bestimmung des Militärs für den Einsatz im Innern des Staates und als Expansions- und Angriffsinstrument einschließlich der Vorbereitung auf diese Zwecke galt den Kritikern als militaristisch. Sowohl die Protagonisten der demokratischen Bewegungen in Europa als auch die Wortführer des gemäßigten Pazifismus haben im 19. und 20. Jahrhundert den Militarismus in dieser Weise aufgefasst und gleichzeitig das Recht zur Landesverteidigung nicht bestritten.

Militarismus ist also ein komplexer Systembegriff. Er bezeichnet den spezifischen Charakter eines Staats- oder Gesellschaftssystems und nicht diese oder jene Einzelerscheinung. Einflüsse des Militärs auf die Politik, die Wissenschaft und die Wirtschaft, sozialer Militarismus, Gewaltverherrlichung, Kriegsideologien, Freund-Feind-Denken, nationalistische und rassistische Ideologien, militaristische Erziehung, Interessen der Rüstungsindustrie und andere Erscheinungen sind als Bestandteile eines größeren Ganzen aufzufassen.

Der preußisch-deutsche Militarismus wird von einigen Historikern als eine Erscheinung angesehen, die aus der spezifischen Geschichte der Machterweiterung der Regionalmacht Preußen heraus entstand und die dann seit den Einigungskriegen in den sechziger Jahren des 19. Jahrhunderts den deutschen Nationalstaat prägte. Seit 1890 bildete der deutsche Militarismus den Humus für die europaweiten Hegemonialansprüche des Deutschen Reiches und somit für die Entstehung der beiden Weltkriege. Bei allen Entwicklungsschüben, die der preußisch-deutsche Militarismus in seiner Geschichte zwischen 1871 und 1945 durchlief, existierte er in der Gestalt eines durchgängigen Denk- und Politikmusters. Die verschiedenen Militarismustypen, die sich in dieser nationalstaatlichen Phase der deutschen Geschichte gewiss unterscheiden lassen und auch unterschieden werden sollten, sind zugleich Ausdruck einer militaristischen Kontinuität.

Wie die internationale wissenschaftliche Debatte belegt, ist der preußisch-deutsche Militarismus immer wieder als Prototyp beschrieben worden, als *das* historische Musterbeispiel von Militarismus.[27] Im gleichen Atemzug wird allenfalls noch der japanische Militarismus genannt.[28] Andere Formen von Militarismus, die sich in Frankreich, in der Schweiz, in Großbritannien oder in Russland respektive in der Sowjetunion in bestimmten Phasen der Geschichte dieser Länder herausbildeten[29], können in diesem Buch nur gelegentlich gestreift werden. Mehr ist derzeit nicht zu haben, denn ein großer internationaler Vergleich der verschiedenen Typen von Militarismus, die es in der Welt des 19. und 20. Jahrhunderts gegeben hat, steht bis zum heutigen Tage aus.

3. Nachkriegsdebatten 1945–1955

Auf die zeitgenössische Militarismuskritik, die in der Zeit des ersten deutschen Nationalstaats formuliert wurde und die damit selbst schon historisch geworden ist, wird im Kontext der jeweiligen Entwicklungsphase einzugehen sein. An dieser Stelle geht es darum, einen Überblick über den Stand und die Defizite der Militarismus-Forschung nach dem Ende des Zweiten Weltkrieges zu gewinnen.

Den Ausgangspunkt der Nachkriegsdebatte bildete das Potsdamer Abkommen vom 2. August 1945. In ihm formulierten die alliierten Siegermächte des Zweiten Weltkrieges ihre zentralen politischen Ziele: »Der deutsche Militarismus und Nazismus werden ausgerottet, und die Alliierten treffen [...] Maßnahmen, die notwendig sind, damit Deutschland niemals mehr seine Nachbarn oder die Erhaltung des Friedens in der ganzen Welt bedrohen kann.«[30] Bei ihrer Entmilitarisierungspolitik standen den Repräsentanten der Siegermächte die Erfahrungen mit dem Scheitern des Versailler Friedensvertrages von 1919 vor Augen. Solches durfte sich keinesfalls wiederholen. Diesmal galt es, an die Wurzel des Problems zu gehen.[31]

Parallel zur alliierten Entmilitarisierungspolitik breitete sich in Deutschland in den ersten Nachkriegsjahren eine gegen alles Militärische gerichtete Stimmung aus.[32] Diese Stimmung war wohl weniger als Einverständnis mit der Politik der Besatzungsmächte zu verstehen, sondern stellte vielmehr eine direkte Reaktion auf den Zweiten Weltkrieg und die Niederlage der Wehrmacht dar. Auf die nazihörige Durchhalte-Generalität blickten damals große Teile der deutschen Bevölkerung mit Misstrauen, Hass und Verachtung. Sie hatten den Militarismus, der ihnen so viel Unheil gebracht hatte, gründlich satt. Die antimilitaristische Stimmung radikalisierte sich jetzt in der Weise, dass in der Öffentlichkeit die Parole »Nie wieder deutsche Soldaten!« verbreitet wurde und dort beträchtliches Gehör fand. Der frankophile sozialdemokratische Politiker Carlo Schmid (SPD) rief 1946 aus: »Wir wollen unsere Söhne nie mehr in die Kasernen schicken!« Und der CSU-Politiker und spätere Bundesminister für Verteidigung, Franz Josef Strauß, machte 1947 mit dem markigen Spruch auf sich aufmerksam: »Wer noch einmal ein Gewehr in die Hand nimmt, dem soll die Hand abfallen!«[33] Niemand konnte sich in der ersten Nachkriegszeit vorstellen, dass schon zehn Jahre nach der totalen Entmilitarisierung eine Wiederbewaffnung stattfinden würde, und zwar in beiden deutschen Staaten, die 1949 gegründet worden waren.[34]

In diesen, von einer antimilitärischen Stimmung geprägten Jahren versuchten auch einige deutsche Historiker, sich in selbstkritischen Rückblicken Klarheit über das Geschehene zu verschaffen. Galt es doch zu erklären, wie es zu Nationalsozialismus, Krieg und Massenverbrechen wie auch zu der vollständigen Kriegsniederlage des Deutschen Reiches gekommen war und welche Verantwortung der preußisch-deutsche Militarismus für diesen Weg in den Abgrund möglicherweise trug. So ist denn zu fragen: Teilten die deutschen Historiker die Ansicht der alliierten Siegermächte, dass der deutsche Militarismus die Welt in zwei Kriege gestürzt habe, also letztlich die entscheidende Ursache der von Deutschland ausgehenden Aggressionen gewesen sei?

Der erste prominente deutsche Historiker, der sich nach dem Kriege diesen Fragen stellte, war Friedrich Meinecke. Seinen außergewöhnlichen Einfluss verdankte er unter anderem dem Tatbestand, dass er über Jahrzehnte hinweg, von 1894 bis 1935, als Herausgeber der »Historischen Zeitschrift« fungiert hatte.[35] Als ein herausragender Repräsentant des liberalen, gebildeten Bürgertums wurde er 1948 erster Rektor der Freien Universität Berlin. In seinem bereits im Jahre 1946 veröffentlichten Buch »Die deutsche Katastrophe« griff dieser Historiker weit in zwei Jahrhunderte deutscher Geschichte zurück und entwarf eine große Kritik des – auch von ihm sogenannten – »preußisch-deutschen Militarismus«.[36] Er beschränkte sich also nicht – und das ist für die Frage der Kontinuität bestimmter Strukturen und Denktraditionen von großer Bedeutung – auf eine Betrachtung der Jahre 1933–1945, sondern zog eine Linie von Friedrich Wilhelm I. (preußischer König von 1713 bis 1740) und Friedrich II. (preußischer König von 1740 bis 1786) zum NS-Staat Adolf Hitlers. Nach seiner Sicht hatte die preußische Armee in Deutschland einen besonders durchschlagenden Militarismus entwickelt, der das gesamte zivile gesellschaftliche Leben beeinflusste.

Im Hinblick auf die Frage, welche Faktoren diese – im internationalen Vergleich betrachtet – einmalige Form des preußischen Militarismus hervorgebracht hatten, machte Meinecke rationale und irrationale Aspekte ausfindig. Der wissenschaftliche und utilitaristische Geist des 19. Jahrhunderts sei mit dem preußischen Militär eine Bindung eingegangen. In diesem Milieu habe sich ein »Kernorgan innerhalb des preußisch-deutschen Militarismus« herausbilden können, nämlich der »Große Generalstab«, der von den Kriegsgegnern Deutschlands mit Recht als »Quintessenz« des deutschen Militarismus angesehen worden sei. Als irrationalen Faktor benannte Meinecke die nationalistischen und militärischen Ideale, mit denen die jungen Generationen verführt worden seien. Große Verantwortung für die Entwicklung trug nach Meineckes Auffassung die Reichswehr, die insoweit eine Verkörperung der »Einseitigkeiten des preußisch-deutschen Militarismus« gewesen sei, als sie sich auf das Militärtechnische konzentriert habe und unfähig gewesen sei, den wahren Charakter der Hitler-Bewegung zu erkennen. Mit Hilfe einer militaristischen und nationalistischen Propaganda habe Hitler die Reichswehroffiziere auf seine Seite ziehen können. Auf diese Weise sei es dann zu der »Tragödie« und der »Katastrophe« von 1945 gekommen.[37]

Meinecke machte die Frage der Kontinuität an der Person des Generalfeldmarschalls und Reichspräsidenten Paul von Hindenburg fest, den er als »echten Sprössling des preußisch-deutschen Militarismus« charakterisierte. Sein in diesem Kontext zentraler Satz lautete: »Fragt man nach der seelisch tiefsten und ursprünglichsten Schicht in seinem (Hindenburgs, d. Verf.) Denken, die ihn dazu bringen konnte (Adolf Hitler zum Reichskanzler zu ernennen, d. Verf.), so kann es nur der preußisch-deutsche Militarismus sein. Und diesen darf man dann als diejenige geschichtliche Macht bezeichnen, die den Aufbau des Dritten Reiches wohl am stärksten gefördert hat.«[38]

1948, zwei Jahre nach dem Erscheinen des Buches »Die deutsche Katastrophe«, unternahm Friedrich Meinecke anlässlich der 100 Jahre zurückliegenden Revolution von 1848/49 eine »Säkularbetrachtung«, die über dieses große Ereignis der deutschen Geschichte weit hinaus ging.[39] Meinecke markierte drei Wendepunkte der Entwicklung der deutschen Geschichte im 19. Jahrhundert, nämlich das Ende der preußischen Reformzeit 1819, die Revolution von 1848 und das Jahr 1866, als »die autoritär-militaristische Zitadelle des bisherigen Staatslebens den anwogenden Volksströmungen (den politischen Weg, d. Verf.) versperrte«.[40] Bereits im Vormärz, also in den Jahrzehnten vor der Märzrevolution von 1848, hätten viele Menschen in Deutschland gespürt, »dass der preußische Militär- und Junkerstaat einer Wandlung von Grund auf bedürfe, dass der alte Obrigkeitsstaat einem neuen Gemeinschaftsstaate weichen müsse«, nämlich einer Demokratie, was damals wegen der »Unreife« des deutschen Bürgertums jedoch nicht gelungen sei.[41] Die »Mentalität des Obrigkeitsstaates« sei allzu tief in die Poren des deutschen Volkslebens eingedrungen gewesen. Über das von Bismarck gegründete Deutsche Reich urteilte Meinecke, dass sich in ihm »das militaristisch-junkerliche Prinzip aus der Erbschaft Friedrich Wilhelms I. und Friedrichs des Großen« durchgesetzt habe. Heute, also 1948, könne man erkennen: »Das militaristische Prinzip hat sich durch ein ganzes Jahrhundert noch behauptet, zuletzt hybrid übersteigert, und Preußen hat sich nicht von innen her aufgelöst, sondern ist von außen her zerschlagen worden.« Meinecke bezeichnete es als zentrale politische Gegenwartsaufgabe, »die Wurzel der Kriege auszurotten«, und zwar dadurch, dass die Deutschen endlich – »durch Unglück reif geworden« – das Vermächtnis der demokratischen Revolution von 1848 einlösten.[42]

Die These von der Kontinuität des preußisch-deutschen Militarismus von den Preußenkönigen des 18. Jahrhunderts bis zu Hitlers NS-Staat stieß in der deutschen Historikerschaft schon wenige Jahre später auf politisch motivierte Kritik. Seit den späten 1940er Jahren machte in Deutschland die These vom »historischen Betriebsunfall« Karriere, mit welcher die NS-Zeit als Ausrutscher aus der ansonsten normalen Kontinuität der jüngeren deutschen Geschichte entschuldigt werden sollte.[43] Nach dem Bruch von 1933, so wollten es die Verfechter dieser These sehen, habe der »Dämon« beziehungsweise das »satanische Genie« Hitler das hochzivilisierte Deutschland für eine gewisse Zeit verführen können.[44]

In solchen Kategorien dachte auch der nach dem Tode Meineckes 1953 einflussreichste deutsche Historiker, Gerhard Ritter aus Freiburg. Öffentliches Aufsehen erregte sein Referat über das Problem des deutschen Militarismus auf dem 22. Deutschen Historikerkongress im Jahre 1953 in Bremen.[45] Ganz anders als zuvor Meinecke lehnte Ritter es ab, die Politik der preußischen Könige als »militaristisch« zu bezeichnen.[46] Er urteilte, die preußische Armee habe ein »nüchternes Soldatentum« vertreten, und die Machtpolitik der preußischen Könige sei »reine Kabinettspolitik« gewesen: Ihre »Kabinettskriege« hätten die preußische Bevölkerung kaum tangiert. Bismarck sei der »letzte große Kabinettspolitiker Europas gewesen«, also ebenfalls – trotz seiner Einigungspolitik mit »Blut und Eisen« – kein Militarist. Erst hernach, also ab 1890, könne man in Deutschland von Militarismus sprechen, nämlich infolge der sich rasch verändernden Waffentechnologie und des Ausbaus hochorganisierter Massenheere. Diese Entwicklung habe eine Eigendynamik erzeugt, welche der Kontrolle der politischen Entscheidungsträger immer mehr entglitten sei. Im Ersten Weltkrieg hätten sich diese beiden Faktoren zusammen »vollends ausgewirkt: die technische Zwangsläufigkeit der großen Kriegsmaschinen und der unversöhnliche Kampfgeist und gegenseitige Hass der politisierten und militarisierten Völker«. Jetzt habe der Militarismus eine neue Form angenommen, »die Form der Militarisierung ganzer Nationen«. Während des Ersten Weltkrieges sei es – offenbar als Konsequenz der genannten Entwicklungen – auch dazu gekommen, dass der Soldat ein Übergewicht über den Politiker gewonnen habe. Das sei besonders in der Zeit der 3. Obersten Heeresleitung (1916–1918) sichtbar geworden.[47] Ritter sprach von der »stillen Diktatur« in den Händen des Generals Erich Ludendorff, der für ihn der »Urtyp des Militaristen reinsten Wassers« war. Diese These hat Ritter später in seinem vierbändigen Werk »Staatskunst und Kriegshandwerk« näher ausgeführt. Ritter siedelte das Problem des Militarismus demnach primär auf der Ebene der politischen und militärischen Entscheidungsträger beziehungsweise dem Feld der Außenpolitik an. So ist seine Definition zu verstehen: »Das Problem des ›Militarismus‹ ist die Frage nach dem rechten Verhältnis von Staatskunst und Kriegstechnik. Militarismus ist eine Übersteigerung und Überschätzung des Soldatentums, durch die jenes Verhältnis ungesund wird.«[48] Gesellschaftliche und wirtschaftliche Faktoren des Militarismus traten dagegen kaum in das Blickfeld Gerhard Ritters. Die Frage, ob die Struktur der preußisch-deutschen Gesellschaft etwas mit Militarismus zu tun hatte, wurde von ihm zunächst nicht gestellt. Erst spät kam die – oben bereits zitierte – Einsicht, dass die Militarisierung alles Lebens niemals so radikal durchgeführt worden sei wie im Staat Hitlers, welcher »der extremste aller Militaristen« gewesen sei.[49]

Gegen Ritter erhob Ludwig Dehio, ein deutscher Historiker jüdischer Herkunft, in sanften Worten vorgetragene, aber dem Inhalt nach grundlegende Einwände.[50] Er vertrat eine Kontinuitätsthese, die den deutschen Militarismus und den Expansionsdrang Preußens beziehungsweise Deutschlands bis ins 18. Jahrhundert zurückverfolgte.[51] Den deutschen Imperialismus seit 1890 deutete Dehio als einen »Abkömmling der alten militaristischen Staatsräson inmitten einer neuen Gesellschaft«.[52] Diese Kontinuität habe Gerhard Ritter nicht erkannt: »So tritt denn unseres Erachtens jene gewaltige Dynamik nicht so recht in die Erscheinung, die vor allem die Katastrophen des 20. Jahrhunderts ausgelöst, wenn auch nicht allein ermöglicht hat – nämlich jene 200-jährige militaristische Politik, die einen unbekannten Kleinstaat zur gewaltigsten Festlandsmacht empor geführt, die der neugeformten Nation den Glauben an Rüstung, Disziplin und autoritäre Führung eingeimpft und Deutschland schließlich von dem festländischen Boden hinweg, aus dem sich die preußische Politik entwickelt hatte, in die fremdartigen ozeanischen Räume geführt hat.«[53] Dehio schätzte Ritters Werk »Staatskunst und Kriegshandwerk« so ein, dass es die Kontinuitäten der deutschen Geschichte ausblende und Hitler damit zu einem Ausnahmefall mache. Gegen diese Sicht machte Dehio geltend, das Jahr 1933 verliere den Charakter einer entscheidenden Zäsur, wenn man seine Deutung berücksichtige, dass nämlich die Staatsräson Preußens bereits seit dem 18. Jahrhundert militaristisch gewesen sei. Nur aus diesem Grunde habe ein kleiner Territorialstaat wie Preußen überhaupt zu einer kontinentalen Großmacht aufsteigen können.

Gegenüber der nationalkonservativen Geschichtsinterpretation Gerhard Ritters war dies ein bemerkenswerter Erkenntnisschritt, noch konsequenter als jener, den Friedrich Meinecke entwickelt hatte. Dehios Thesen hätten eine weitere Militarismusdiskussion maßgeblich befruchten können, mit einer Einschränkung allerdings: Wie fast die gesamte Historikergeneration jener Zeit – eine Ausnahme stellte Eckart Kehr dar[54] – griff auch Dehio zu kurz, indem er primär außen- und machtpolitisch argumentierte. Bezeichnenderweise betitelte er sein Hauptwerk mit zwei Begriffen aus der Vorstellungswelt des Primats der Außenpolitik, nämlich mit den Begriffen »Gleichgewicht oder Hegemonie«[55], mit welchen er die Entwicklung Europas in den letzten 500 Jahren zusammenfassend zu deuten versuchte. In die innen- und in die gesellschaftspolitische Dimension des Militarismus stieß auch er noch nicht vor. Gleichwohl blieb er mit seiner These von der 200-jährigen militaristischen Kontinuität in Preußen-Deutschland Mitte der fünfziger Jahre innerhalb der noch immer weithin national-apologetisch denkenden deutschen Historikerzunft, die sich von Gerhard Ritter vertreten fühlte, ein Außenseiter. Aber er zielte auf den wunden Punkt der national-apologetischen Interpretation der deutschen Geschichte, und Gerhard Ritter erkannte das sofort. Hätte Dehio recht, klagte er, »d. h. wäre Adolf Hitler wirklich in irgendeinem Sinne der legitime Erbe und Fortsetzer altpreußischer ›militaristischer Staatsräson‹, so wäre mein Buch *politisch* umsonst geschrieben«.[56]

Ende der fünfziger Jahre und danach setzte sich der amerikanische Historiker Gordon A. Craig in mehreren Werken von einem liberalen Standpunkt aus mit der Rolle des Militärs und des Militarismus in Deutschland auseinander. In seinem 1960 in deutscher Übersetzung erschienenen Werk »Die preußisch-deutsche Armee 1640–1945. Staat im Staate«[57] arbeitete er tiefere Einsichten in die strukturelle Problemlage der Geschichte des preußisch-deutschen Militarismus heraus.[58] Ihm verdanken wir die grundlegende Einsicht, dass die moderne deutsche Geschichte nicht als eine »Einbahnstraße« aufgefasst werden darf, die notwendigerweise zum Nationalsozialismus führte. Vielmehr kämpften in Deutschland jeweils zwei politisch kontroverse Lager gegeneinander: freiheitlich-zivile auf der einen Seite und autoritär-militärische auf der anderen. Sie prallten unter anderem in den Revolutionen von 1848 und 1918 auf einander. Craig betont, dass die preußische Armee in diesen Kämpfen eine weitgehend selbständige Politik betrieb, die wesentlich dazu beitrug, dass sich die demokratischen Kräfte nie völlig durchsetzen konnten und seit 1933 gänzlich unterlagen. Die politische Vorrangstellung der preußischen Armee beruhte darauf, dass es im preußischen Staat des 17. und 18. Jahrhunderts keine ausgebildete Staats- und Gesellschaftsordnung gab, was die preußischen Herrscher dazu nutzten, Staat und Gesellschaft militärisch zu organisieren, unter anderem durch die Eingliederung des Adels und der Bauern in die Armee. Daraus entwickelte sich eine Tradition, die auch in der Phase der Industrialisierung Preußen-Deutschlands nicht mehr völlig überwunden werden konnte.

Den entscheidenden Schritt zur Analyse der deutschen Innenpolitik ging dann in den sechziger Jahren des vergangenen Jahrhunderts der Hamburger Historiker Fritz Fischer. Mit seinem Buch »Griff nach der Weltmacht« (1961)[59] entfachte er eine neuerliche Debatte über die Kontinuität in der jüngeren deutschen Geschichte, ja mehr noch, er löste mit seinen Thesen über die deutsche Politik vor und während des Ersten Weltkrieges den ersten großen Historikerstreit in der Geschichte der deutschen Bundesrepublik aus. Fischer machte das Zusammenhängende dieser Periode der deutschen Geschichte sichtbar, indem er auf das Bündnis der herrschenden Eliten und auf die – über mehrere Umbrüche hinweg fortwirkenden – Machtstrukturen in Deutschland hinwies.[60] Diese Erkenntnisse nahm auch die kritische Militärgeschichtsforschung auf, die sich seit den 60er Jahren in Deutschland entwickelte.[61] Ihre Intentionen und Methoden waren mit denen der Historischen Friedensforschung weithin identisch.[62] Den vielfältigen Erscheinungsformen des preußisch-deutschen Militarismus näherten sich diese Militärhistoriker mit einem modernen, das heißt breiten strukturellen Ansatz.[63] Das Problem der Kontinuität in der jüngeren deutschen Geschichte stellte sich für diese Historiker-Generation nicht mehr als eine Frage an die Außen-, sondern primär an die Innenpolitik.

In der bundesdeutschen Friedens- und Konfliktforschung, die in den späten sechziger Jahren entstand, wurden eigene Ansätze zur Interpretation der Militarismen nach 1945 entwickelt, beispielsweise von Fritz Vilmar und Dieter Senghaas.[64] Seit den siebziger Jahren kam es hinsichtlich dieser Thematik zu einer fruchtbaren Zusammenarbeit von Historikern und Friedensforschern. Davon legen unter anderem die Arbeiten von Volker R. Berghahn[65], Emilio Willems[66], Wilfried von Bredow[67] und Stig Förster[68] über den historischen Militarismus und seine aktuellen Nachfahren Zeugnis ab.

4. Das Ende der Militarismusdiskussion und der Siegeszug der Totalitarismustheorie

Betrachtet man die Beschäftigung mit der Militarismus-Problematik seit 1945 im Zusammenhang, so lässt sich eine merkwürdige Beobachtung machen: Weder die Vorstellungen der alliierten Siegermächte über den preußisch-deutschen Militarismus, noch die Ansichten des bürgerlich-liberalen Historikers Friedrich Meinecke, noch die kontroversen Deutungen von Otto Hintze, Gerhard Ritter, Ludwig Dehio und Fritz Fischer haben es vermocht, die deutsche Geschichtswissenschaft zu einer gründlichen Erforschung der Vorgeschichte und der Geschichte des Nationalsozialismus entlang des Interpretationsmodells Militarismus anzuregen. Insbesondere ist es nicht zu einer systematischen Langzeitanalyse der deutschen Nationalgeschichte unter dem Blickwinkel der militaristischen Prägung von Politik und Gesellschaft gekommen. Mitte der fünfziger Jahre brach in Westdeutschland die Militarismus-Diskussion der deutschen Historiker abrupt ab, kaum dass sie richtig begonnen hatte. Unverkennbar ist der zeitliche Zusammenhang mit dem Aufbau der Bundeswehr und mit der Militarisierung des Ost-West-Konflikts im Kalten Krieg.[69]

In der vergifteten Atmosphäre des Kalten Krieges warfen sich nun die Propagandisten der verfeindeten Blöcke wechselseitig vor, einen Militarismus zu kultivieren. Damit war der Begriff wieder bei seiner ursprünglichen Funktion angelangt, nämlich der eines politischen Kampfbegriffs. Im ideologischen Schlagabtausch zwischen den beiden deutschen Staaten hatte dieses Wort nun eine neuerliche Konjunktur. Um ihre Sicht zu begründen, dass sich in der deutschen Bundesrepublik der Militarismus der faschistischen Ära kontinuierlich fortsetze, verwiesen die Propagandisten der DDR unter anderem auf die personelle Kontinuität zwischen Wehrmacht und Bundeswehr[70] und die Kapitalinteressen der Rüstungsindustrie. Die Meinungsmacher in der Bundesrepublik ihrerseits betonten den hohen Grad der gesellschaftlichen Militarisierung in der DDR sowie die Übernahme von Wehrmachtsuniformen und -abzeichen durch die Nationale Volksarmee (NVA).

In Westdeutschland machte nun ein neues theoretisches Denkmuster Karriere, nämlich die Totalitarismustheorie.[71] Sie ermöglichte es, das politische Modell der westlichen Demokratien mit den Diktaturen des 20. Jahrhunderts zu kontrastieren, insbesondere mit der faschistischen Hitler-Diktatur und der kommunistischen Diktatur Stalins. Für den propagandistischen Gebrauch wurde dieses – in der politikwissenschaftlichen Analyse durchaus nützliche – Vergleichsmodell nunmehr auf das Feindbild »Braun gleich Rot« verkürzt.[72] Die Totalitarismustheorie hatte auch für die deutsche Historiographie weitreichende Folgen: Sie untersuchte und beurteilte die deutsche und europäische Geschichte des 20. Jahrhunderts in der Folgezeit primär entlang der Schlüsselbegriffe Demokratie und Diktatur.[73] Gleichzeitig vernachlässigte sie jahrzehntelang das große Feld der politischen Gewalt und damit auch der Geschichte des Militarismus. Wir haben zu registrieren, dass der Militarismusbegriff selbst in Standardwerken zur Geschichte der Wehrmacht in der NS-Zeit vermieden wurde und bis heute vermieden wird.

Was die nationalsozialistische Zeit angeht, so verfügen wir auf der einen

Seite über eine große Anzahl von Darstellungen, in denen das diktatorische Herrschaftssystem beschrieben wird[74], auf der anderen Seite über eine nicht minder große Anzahl von Arbeiten zur Geschichte der Wehrmacht.[75] Aber merkwürdigerweise gibt es kaum ein Buch, in dem NS-Staat, Wehrmacht und Militarisierung von Gesellschaft und Wirtschaft miteinander verknüpft werden.[76] Diktatur auf der einen und Wehrmacht / Krieg auf der anderen Seite stehen so gleichsam beziehungslos nebeneinander. Dabei bietet das Interpretationsmodell Militarismus durchaus einen geeigneten Ansatz, die Diktaturgeschichte und die Militär- und Kriegsgeschichte der Jahre 1933–1945 endlich zusammenzufügen und in den weiteren historischen Zusammenhang zu stellen.

5. Militarismus in der DDR-Historiographie

Während die Verwendung des Militarismus-Begriffs im Westen, wie wir gesehen haben, seit Mitte der fünfziger Jahre aus politischen Gründen eher vermieden wurde, avancierte er in der DDR zusammen mit der Kategorie »Imperialismus« zu einem Schlüsselbegriff der marxistischen-leninistischen Deutung der deutschen Geschichte.[77] Die Geschichte des Imperialismus war aus der Sicht der DDR-Historiker untrennbar mit dem Phänomen des Militarismus verbunden. Der Kapitalismus, so die marxistische Denkfigur, sei zwischen 1890 und 1914 in sein imperialistisches Stadium getreten und habe den »imperialistischen Militarismus« hervorgebracht. Er sei gekennzeichnet durch einen aggressiver werdenden Kampf um Absatzmärkte und Rohstoffgebiete sowie durch die Steigerung der Kriegsgefahren. Gleichzeitig sei er begleitet worden von einer zunehmenden Verschärfung der Klassenkämpfe im Innern dieser Staaten, wo die Arbeiterbewegung sich einer immer stärker werdenden Repression ausgesetzt gesehen habe. Der 1897 / 98 in Deutschland beginnende Flottenbau wurde als der »militärische Ausdruck des Übergangs zum Imperialismus« angesehen.[78]

Bei ihrer Analyse des Militarismus-Phänomens konnten die DDR-Historiker auf zeitgenössische Arbeiten marxistischer Theoretiker wie Rosa Luxemburg, Karl Liebknecht[79] und Lenin zurückgreifen, die allerdings keine exakte Definition des Militarismus geprägt hatten. Das wiederum ermöglichte den DDR-Historikern eine relativ offene Diskussion über dieses Phänomen, die seit den sechziger Jahren auch geführt wurde.[80] Dogmatisch argumentierende DDR-Historiker wollten den Militarismusbegriff allerdings weiterhin nur auf den Kapitalismus angewendet sehen. Seit den siebziger Jahren wurde in der DDR, ähnlich wie im Westen, von unterschiedlichen Typen des Militarismus gesprochen, die in allen Geschichtsepochen auftreten und in denen sich alte und neue Züge des Militarismus verflechten konnten.[81] Damit wurden die theoretischen Voraussetzungen für eine differenzierte empirische Militarismusforschung geschaffen. Allerdings vermochte sich die DDR-Historiographie nicht von der These zu trennen, dass Militarismus eine »reaktionäre« Erscheinung in Klassengesellschaften sei, ob feudal oder bürgerlich geprägt. Von einem eigenständigen linksbürgerlichen oder gar proletarischen Militarismus zu sprechen lag außerhalb ihres Denkhorizonts.

Die DDR-Historiographie zur Geschichte des Militarismus ist reichhaltig und politisch motiviert.[82] So wurde die Rolle der deutschen Sozialdemokratie während des revolutionären Umbruchs nach dem Ersten Weltkrieg unter der kämpferischen Überschrift »Militarismus und Opportunismus gegen die Novemberrevolution« abgehandelt.[83] Bei der deutschen Revolution von 1918/19 habe es sich um eine »Volkserhebung gegen den deutschen Imperialismus und Militarismus« gehandelt.[84] Besonderes Interesse darf das zweibändige, aufwendig ausgestattete Werk »Der deutsche Militarismus. Illustrierte Geschichte« von Peter Bachmann und Kurt Zeisler beanspruchen. Die Bände erschienen 1971 und 1983. Band 1 behandelt das 18. und 19. Jahrhundert unter dem Titel »Vom brandenburgisch-preußischen zum deutschen Militarismus«. In Band 2 wird die Geschichte des deutschen Militarismus in der Zeit 1917 bis 1945 dargestellt.[85] Die wichtigste geschichtstheoretische Publikation über den Militarismus stellt die 1980 veröffentlichte Gemeinschaftsarbeit der DDR-Historiker Karl Nuss, Albrecht Charisius, Gerhard Förster und Werner Hübner dar. Der Titel »Der deutsche Militarismus in Geschichte und Gegenwart« signalisiert eine Verankerung im Konfliktfeld des Kalten Krieges.[86]

In der Summe kann festgestellt werden, dass die marxistisch-leninistische Historiographie der DDR durchgängig mit dem Begriff des Militarismus gearbeitet und sich intensiv mit diesem historischen Phänomen auseinandergesetzt hat. Das Wort Militarismus wurde sowohl in der politischen Polemik benutzt wie auch als wissenschaftlicher Großbegriff zur Charakterisierung von Erscheinungen, die – aus dieser Sicht – für das feudale und das bürgerliche Zeitalter typisch waren. Im Kontext des Kalten Krieges wurde der Begriff auch auf bestimmte Erscheinungen in der Bundesrepublik angewendet, nicht aber auf das eigene Land, das doch zu DDR-Zeiten eine tiefgreifende Militarisierung der Gesellschaft erlebte, die bislang noch nicht hinreichend erforscht worden ist.

6. Preußischer Militarismus – ein Phantom?

In der Historiographie der Bundesrepublik Deutschland gab es immer wieder Bestrebungen, die nationalsozialistische Zeit als eine »beklagenswerte Entgleisung« erscheinen zu lassen, wie der Zeithistoriker Arnulf Baring noch im Jahre 2006 formulierte.[87] Bereits 1974 hatte der renommierte Kölner Weltkriegs-Historiker Andreas Hillgruber (1924–1989) einen Vorstoß in diese Richtung unternommen. In einem Bändchen mit dem Titel »Großmachtpolitik und Militarismus im 20. Jahrhundert«[88] setzte er sich mit dem Kontinuitätsproblem auseinander. Sein Schüler Michael Geyer hatte in seiner Dissertation über die Geschichte der Reichswehr in den Jahren 1924 bis 1936 nachgewiesen, dass führende deutsche Militärs bereits seit Mitte der zwanziger Jahre geheime Pläne zu einer gesellschaftlichen Militarisierung entwickelt hatten.[89] Diese Bestrebungen bezeichnete Hillgruber nun als »revolutionären« Militarismus, um ihn von dem älteren, sozusagen elitär-konservativen Militarismus abzuheben.[90] Er konnte sich zwar der Einsicht nicht verschließen, dass die Modernisierer in der Reichswehrführung eine »bis 1945 haltende ›Brücke‹ zwischen dem nationalsozialistischen Staat und der Wehrmacht« darstellten.[91] Unverständlicherweise behauptete er gleichzeitig, wegen der rassistischen Ziele Hitlers sei es Mitte der dreißiger Jahre zu einer »Aufhebung« des Militarismus im Nationalsozialismus gekommen.[92]

Neuerdings ist der Kieler Historiker Michael Salewski noch weiter gegangen. In einem 2001 veröffentlichten Essay mit dem Titel »Preußischer Militarismus – Realität oder Mythos? Gedanken zu einem Phantom«, bestritt er, dass es einen preußischen Militarismus in der historischen Wirklichkeit überhaupt gegeben habe. Er erklärte ihn zu einem Gespenst, zu »einer Art Geburt aus dem historischen Nichts«[93], entsprungen der Phantasie der Gegner des preußischen Staates. Dieser sei viel friedlicher gewesen als weithin angenommen. Als unhistorisch abqualifizieren möchte Salewski insbesondere die Idee, es gäbe einen Traditionsstrang vom preußischen Militärstaat zum preußisch-deutschen Militarismus der Kaiserzeit und darüber hinaus bis zur Zeit des Nationalsozialismus.

In dasselbe Horn stieß die Frankfurter Allgemeine Zeitung, als sie das 2007 erschienene Werk des australischen Historikers Christopher Clark über die Geschichte Preußens vorstellte.[94] Das konservative Blatt tat dies mit der ungewöhnlichen Überschrift: »Hört auf mit dem militaristischen Quatsch!«[95] Clark zeige seinen deutschen Kollegen, frohlockte die für historiographische Entlastung dankbare Redaktion, »was eine preußische Geschichte ist«.

II. Die Zeit des Deutschen Kaiserreichs

1. Zur Genesis des preußisch-deutschen Militarismus

Die Entstehungsgeschichte des preußisch-deutschen Militarismus wird in diesem Buch primär im Kontext der Reichseinigungskriege verortet, die dazu führten, dass Preußen im größeren politischen Verbund des Deutschen Reiches aufging und diesem dann seinen Stempel aufdrückte. Es ist jedoch erhellend, wenigstens einen kurzen Blick auf die Geschichte Preußens im 18. Jahrhundert und in der ersten Hälfte des 19. Jahrhunderts zu werfen.[1] Denn dieses Staatswesen war schon vor seiner Gründung im Jahre 1701, als sich der brandenburgische Kurfürst Friedrich III. selbst zum ersten »König von Preußen« krönte und sich nun Friedrich I. nannte, maßgeblich vom Militär geprägt. Man spricht daher allgemein vom »altpreußischen Militärstaat«. Dabei kann an dieser Stelle durchaus offen bleiben, ob der Staat Preußen in den ersten anderthalb Jahrhunderten seiner Geschichte mit dem traditionellen und kaum strittigen Begriff »Militärstaat« angemessen erfasst wird, oder ob es Sinn macht, den erst 150 Jahre nach der Gründung dieses Staates entstandenen Begriff »Militarismus« rückwirkend auch auf dieses Staatsgebilde anzuwenden.

Wichtiger als dieses terminologische Problem ist die Erkenntnis, dass Preußen immer einen janusköpfigen Charakter hatte. Kein Historiker kann übersehen, dass die Vorherrschaft des Militärischen vor dem Zivilen für das alte Preußen charakteristisch war. Dieser absolutistische Staat hatte jedoch neben seinen reaktionären auch moderne und fortschrittliche Züge. Dominierend war jedoch die obrigkeitsstaatliche, von Militär und Bürokratie beherrschte Tradition. In diesem Zusammenhang werden häufig die preußischen Tugenden genannt, nämlich religiöse Toleranz, Ordnungsliebe, Pünktlichkeit, Uneigennützigkeit, Sparsamkeit, korrektes Verwaltungshandeln, Ächtung der Korruption. Gelegentlich sind diese Tugenden auch als »Sekundärtugenden« relativiert worden, weil sie vom Staat her gedacht waren und nicht von den Menschenrechten, von der Freiheit des Individuums her.

Ein 1981 erschienenes Resümee der neueren Preußen-Forschung mit dem Titel »Preußen im Rückblick« verzichtet auf jede nostalgische Verklärung von Preußens Gloria und entwirft ein facettenreiches Bild des preußischen Staates.[2] Manfred Messerschmidt schreibt darin über das preußische Militär und die soziale Militarisierung der preußischen Gesellschaft.[3] Aber dieser Aspekt dominiert nicht. Vielmehr geht es in einem weiteren Sinne um die Frage, wie modern oder wie reaktionär dieser Staat auf anderen Feldern des politischen, wirtschaftlichen und kulturellen Lebens war. Ähnlich konzipiert ist auch der Band »Preußen. Geschichte eines Mythos«, den der Potsdamer Historiker Julius Schoeps im Jahre 2001 – aus Anlass des Jubiläums »300 Jahre Hohenzollernkönigtum« – herausgegeben und mit reichhaltigem Bildmaterial aus dem Archiv Preußischer Kulturbesitz in Berlin ausgestattet hat.[4] Zumindest unterschwellig geht es hier um eine Rehabilitierung jenes Staates, der von den Siegermächten des Zweiten Weltkrieges bekanntlich als »Träger des Militarismus und der Reaktion in Deutschland« verdammt und im Februar 1947 von der Landkarte getilgt wurde.[5] Auch in diesem repräsentativen Jubiläumsband wird die Januskopfigkeit des preußischen Staates betont. Die militaristisch-reaktionäre Seite tritt jedoch zu sehr in den Hintergrund. In der umfassenden Darstellung der Geschichte Preußens schließlich, die der australische Historiker Christopher Clark im Jahre 2006 vorlegte, wird einmal mehr die Ambivalenz dieses Staates aufgezeigt, seine Modernität jedoch stärker gewichtet als seine militaristische Struktur.[6] Angeregt durch die Forschungen Clarks bezeichnete ein bekanntes deutsches Wochenmagazin Preußen mit dem prägnanten Begriff »kriegerischer Reformstaat«.[7]

Der altpreußische Militärstaat

Zur Charakterisierung des preußischen Staates im 18. Jahrhundert werden in der älteren historiographischen Literatur unterschiedliche Begriffe verwendet. Die DDR-Historiker Peter Bachmann und Kurt Zeisler betitelten den ersten, 1971 erschienenen Band ihrer illustrierten Geschichte des deutschen Militarismus folgendermaßen: »Vom brandenburgisch-preußischen zum deutschen Militarismus.« Sie betonen die Kontinuitätslinie zwischen dem »altpreußisch-feudalen Militarismus« und späteren Entwicklungsformen.[8] Auch Historiker aus dem damaligen Westdeutschland wie Manfred Messerschmidt[9] oder Hans-Jürgen Puhle[10] unterstreichen diese Kontinuität und benutzen ihrerseits ganz selbstverständlich den Begriff »preußischer Militarismus«. Durchgängig einig ist man sich in der

Beurteilung, dass das Preußen des 18. und 19. Jahrhunderts im Hinblick auf Staat, Wirtschaft und Alltag der ausgeprägteste Militärstaat seiner Zeit gewesen ist.

Der bekannte nationalkonservative Historiker Gerhard Ritter behandelte im ersten Band seines vierbändigen Werkes »Staatskunst und Kriegshandwerk« die Geschichte Preußens im 18. Jahrhundert. Er gab ihm den Titel »Die altpreußische Tradition«, vermied also ganz bewusst den Begriff Militarismus.[11] Gemäß seinem eingeengten Verständnis dieses Komplexes interessierte ihn insbesondere die Frage: Lässt sich schon im Alten Preußen jenes Phänomen beobachten, das die Zeit des Wilhelminismus (1890–1918) so entscheidend prägte, nämlich die Dominanz des Militärs über die Politik? Das Ergebnis seiner Betrachtungen kann folgendermaßen zusammengefasst werden: Im Preußen des 18. Jahrhunderts war die politische und militärische Macht in der Person des Königs vereint, also – um mit Ritters Worten zu sprechen – »Staatskunst und Kriegshandwerk« nicht getrennt oder in machtpolitischer Konkurrenz zueinander. Die Generäle ordneten sich dem Monarchen unter und griffen nicht eigenständig in die Politik ein. Im Sinne eines militärisch und machtpolitisch geprägten Staatsverständnisses war in diesem altpreußischen Staat demnach alles in Ordnung. Es gab für Gerhard Ritter insoweit keinen Grund, den pejorativen Begriff Militarismus anzuwenden.

Nur wenige Jahre nach dem Erscheinen von Gerhard Ritters Militarismus-Band I näherte sich ein junger Historiker namens Otto Büsch der Geschichte des Alten Preußens auf einem ganz anderen Wege, nämlich mit einer sozialgeschichtlichen Fragestellung.[12] Angeregt wurde er dazu von dem Sozialhistoriker Hans Rosenberg[13], der selbst über die Geschichte Preußens gearbeitet und seine Forschungsergebnisse 1958 in einem bedeutenden Buch mit dem Titel »Bureaucracy, Aristocracy and Autocracy« veröffentlicht hatte.[14] Bei Hans Rosenberg handelt es sich um einen deutschen Gelehrten jüdischen Glaubens, der im Jahre 1933 aus seinem Vaterland geflohen und in die USA emigriert war, 1945 dann nach Deutschland zurückkehrte und sich am Aufbau des Friedrich-Meinecke-Instituts der Freien Universität Berlin (FU) beteiligte.

Die Hauptthese von Otto Büsch wird bereits im Titel seines 1962 veröffentlichten Buches erkennbar, das seinerzeit in Deutschland beträchtliches Aufsehen erregte und im national-konservativen Lager auf Kritik stieß. Er lautet: »Militärsystem und Sozialleben im alten Preußen 1713–1807. Die Anfänge der sozialen Militarisierung der preußisch-deutschen Gesellschaft.« Dieser Sozialhistoriker unternimmt es, die militärische Durchdringung des sozialen Lebens im Preußen des 18. Jahrhunderts genauer zu untersuchen. Zunächst gibt Büsch einige wichtige Basisinformationen über die Entstehungsgeschichte des preußischen Staates: Kriege waren seine Geburtshelfer – wie bei der Entstehung vieler anderer neuzeitlicher Staaten auch[15] –, und daher spielte der Militäradel schon bei der Staatsgründung eine dominante Rolle. König, Fürsten und Militäradel beherrschten den Staat. Die geographische Lage Preußens – keine natürlichen Grenzen, potenzielle Rundum-Bedrohung – trug ihrerseits dazu bei, den Staat als Militärstaat zu erhalten und weiter auszubauen. Dieses Ziel wurde bereits im altpreußischen Militärsystem des 18. Jahrhunderts unter den Hohenzollernkönigen Friedrich Wilhelm I., Friedrich II. und dessen Nachfolger, Friedrich Wilhelm III., also in dem Jahrhundert zwischen 1713 und 1807, durch eine Militarisierung der preußischen Gesellschaft verfolgt.

Wie hat man sich diesen Prozess im Einzelnen vorzustellen? Die militärische Prägung des preußischen Staates war ziemlich umfassend: Der König agierte als Kriegsherr und Gesetzgeber. Die Adligen füllten eine Doppelrolle als Gutsherren und Offiziere der Armee aus. Ein Teil der Bauern fungierte als Unteroffiziere, während die meisten landbesitzenden Bauern als einfache Soldaten auf der untersten Stufe der militärischen Hierarchie dienten. Das städtische Bürgertum, das hinsichtlich der Bevölkerungszahl weniger als ein Drittel der Landbevölkerung ausmachte, blieb von der Militärdienstleistung verschont beziehungsweise ausgeschlossen. Da es keinen Landbesitz erwerben konnte, durfte es auch nicht ins Militär eintreten – denn Militärdienst und Landbesitz waren aneinander gekoppelt. Damit bestand auch nicht die Gefahr, dass die Bürgerlichen den Adligen die Offiziersstellen streitig machten. Und schließlich blieben sie auf diese Weise von einer Teilhabe an der politischen Macht ausgeschlossen.

Bekannt ist, dass die »Gehorsamsproduktion« im preußischen Heer mitunter brutalste Formen annahm.[16] Der Lebensbericht des aus der Schweiz stammenden preußischen Soldaten Ulrich Bräker mit dem Titel »Der arme Mann im Tockenburg« liefert dazu den nötigen Anschauungsunterricht.[17] Der preußische Untertan lebte ewig in der Furcht des Herrn. Ausgenommen von dieser militärischen Imprägnierung war, wie gesagt, das städtische Bürgertum, dem dadurch jedoch auch Einflussmöglichkeiten auf den Staat und sein Militärsystem strukturell versperrt blieben.

Aufschlussreich ist ein Blick auf die Ökonomie des preußischen Militärstaats des 18. Jahrhunderts: Er gab fast 90 Prozent seiner Einnahmen für das Militär aus. Das heißt, dass die jüngste Großmacht Europas nahezu alle verfügbaren Ressourcen auf das Militärische konzentrierte. Die Staatstätigkeit ging mehr oder weniger im Militärischen auf. Ein Großteil des in der Landwirtschaft erwirtschafteten Gewinns musste – so sahen es die königlichen Gesetze und Reglements vor – direkt an das Militär abgeführt werden.

Das Kriegführen – zumindest die permanente Fähigkeit dazu – gehörte gleichsam zu den Lebensgesetzen eines solchen Militärstaates. Während der erste preußische König, Friedrich I., das System konsolidierte und auf Krieg verzichtete[18], führte König Friedrich II. Kriege zur Erweiterung des Territoriums und zur Vergrößerung der Macht des preußischen Staates.[19] Das Stehende Heer, das den Befehlen adliger Offiziere folgte, erwies sich dabei als gefügiges Instrument der monarchischen Aggressionspolitik und der innenpolitischen Herrschaftssicherung. Vom preußischen Bauern und einfachen Soldaten wurde erwartet, dass er für den König kämpfte und für diesen sein Leben aufs Spiel setzte.

Die soziale Militarisierung der preußischen Gesellschaft sollte sich bis weit in das 20. Jahrhundert hinein auswirken, besonders in der klassischen Zeit des preußisch-deutschen Militarismus zwischen 1871 und 1945. Sie musste übrigens keineswegs mit permanenten kriegerischen Aktivitäten der preußischen Könige einhergehen. Nach dem von König Friedrich II., genannt der Große, geführten Siebenjährigen Krieg (1756–1763) führte Preußen fast ein Jahrhundert lang keinen Angriffskrieg mehr. Der preußische Militärstaat agierte in dieser Zeit nach innen wie nach außen defensiv. Der soziale Militarismus allerdings lebte auch nach den Befreiungskriegen gegen die napoleonische Fremdherrschaft (1812/13) und nach der Einführung der Allgemeinen Wehrpflicht in Preußen im Jahre 1814 fort. Preußen unterhielt im »Vormärz« – also zwischen 1815 und 1848, in der Zeit vor der Märzrevolution – ein Friedensheer von etwa 140 000 Mann mit beträchtlichen Reservebildungen, die schon 1831 den Aufwuchs zu einer Kriegsstärke von 470 000 Soldaten ermöglichten.[20] Das war, gemessen an der Einwohnerzahl Preußens, eine große Streitmacht. Ein homogenes, auf die Monarchie verpflichtetes Offizierkorps, das jeden Gedanken an einen liberalen Verfassungsstaat ablehnte und innenpolitisch selbständig agierte, sorgte dafür, dass auch in dieser Zeit der preußische »Soldatengeist« erhalten blieb und fortschrittliches Gedankengut nicht in das Heer eindringen konnte.

Von der liberalen Militärstaatskritik vor 1848 bis zum preußischen Verfassungskonflikt

Bei den Kritikern des zeitgenössischen preußischen Militarismus in der Zeit des »Vormärz« handelte es sich um bürgerlich-liberale Intellektuelle, die in der Tradition der Aufklärung standen.[21] Ihr Credo lautete, der absolutistische Militärstaat behindere die demokratische Entwicklung und die Herausbildung eines Verfassungsstaates. Sein starkes Stehendes Heer, argumentierten sie, das von einer Militärkaste, bestehend aus adligen Berufssoldaten, geprägt war, sei ausschließlich dem Monarchen verpflichtet. Diesem gelte auch der Angriffs- und Eroberungskrieg als ein selbstverständliches Mittel der Politik. Für die Söldner des Stehenden Heeres sei der Krieg ein Erwerbszweig. Aus diesem Grunde führe das System der Stehenden Heere immer wieder zu Angriffskriegen.

Die Frühliberalen des »Vormärz« sahen den preußischen Militärstaat allerdings nicht allein durch Soldaten und Rüstung definiert, die den Hauptteil der Staatseinnahmen verschlangen, sondern zugleich dadurch, dass auch die zivile Staatsverwaltung durch militärische Denk- und Verhaltensweisen geprägt war. Der bekannte liberale Freiburger Staatstheoretiker und Politiker Carl von Rotteck konstatierte in seiner Schrift »Über stehende Heere und Nationalmiliz« (1816), solchermaßen werde das ganze Volk »auf soldatische Weise gleich einer Maschine beherrscht«. Durch das System des »Militärdespotismus« könne sich der Herrscher die ganze Nation dienstbar machen, und zwar nicht nur im Falle der Landesverteidigung, sondern auch, wenn er Angriffskriege führe.

Liberale Denker wie Carl von Rotteck, Carl Theodor Welcker und Johann Christoph Freiherr von Aretin stellten sich zugleich die Frage, wie ein Staat und wie eine Gesellschaft beschaffen sein müssten, die dem liberalen Wertesystem entsprächen, nämlich der Friedensbewahrung sowie der Entfaltung von Kultur, Recht und Humanität. Ihre politische Antwort lief auf die Forderung hinaus, den Militärdespotismus und die monarchische Willkürherrschaft durch eine demokratische Staatsverfassung abzulösen. Im Verfassungsstaat komme nicht mehr dem Monarchen, sondern der gewählten National-Repräsentation das entscheidende politische Gewicht zu. Nach den Vorstellungen der Liberalen sollte das Militär zwar nicht abgeschafft, aber strukturell verändert werden. Eine »Nationalmiliz« aus freien Bürgern sollte an die Stelle des Stehenden Heeres treten. Die Milizionäre sollten nicht mehr dem Monarchen, sondern dem Vaterland und der Regierung verpflichtet sein und ihr den Eid leisten. Auf diese Weise wollten die Liberalen in einem republikanischen Sinne den Primat der Politik über das Militär sicherstellen und dadurch den Militarismus altpreußischer Prägung überwinden. Mit den Worten Carl von Rottecks: Die Abschaffung der Stehenden Heere wäre »die Fülle des himmlischen Segens; es wäre die Ankündigung einer bleibenden Herrschaft des Rechtes und der Humanität, der innern und der äußern Freiheit und des Friedens«.[22]

Hatte man erst einmal den Militärstaat entmachtet, so konnte nach der Überzeugung der Frühliberalen des Vormärz auch die Gesellschaft entmilitarisiert werden. Darunter verstanden sie, dass nicht der Geist der Subordination des Militärs die Nation prägen werde, sondern statt seiner der – an Kultur, Recht und Humanität orientierte – bürgerliche Geist. Nicht das Heer sollte die »Erziehungsschule der Nation«[23] sein. Die Offiziere sollten nicht mehr die Möglichkeit haben, die breiten Massen zur Königstreue sowie zur Bejahung des absolutistischen Herrschaftssystems zu erziehen. Stattdessen hofften die Liberalen, in der Nationalmiliz freie und verfassungstreue Staatsbürger heranzubilden.[24]

Wie ersichtlich, handelte es sich bei diesen Vorstellungen der Frühliberalen um weitgehende politische Reformforderungen. Aber sie bewegten sich doch innerhalb der politischen Vorstellungswelt des vorhandenen Staates und seines Militärs. Anders formuliert: Die preußische Monarchie wurde von den Liberalen des Vormärz in so hohem Maße als ein Militärstaat wahrgenommen, dass sie auch ihre republikanischen Reformideen primär im Bereich des Militärischen ansetzten. Der erhoffte politische Fortschritt – in Richtung auf eine Demokratie – würde sich nur einstellen, glaubten sie, wenn zunächst einmal das Stehende Heer abgeschafft und durch eine andere Militärorganisation ersetzt würde, nämlich die Nationalmiliz, eine Art Volksheer. Ob es dazu je kommen würde, war eine Frage der Entwicklung der innenpolitischen Machtverhältnisse.

Die Hoffnung der Liberalen, die Militärdespotie zu überwinden, gründete sich auch auf einen allgemeinen Fortschrittsoptimismus. Sie glaubten nämlich, die fortschreitende Industrialisierung und der Welthandel würden anderen Bewegungsgesetzen folgen als denen des Militärstaates. Industrie und Handel, so ihre Annahme, trügen die Tendenz in sich, dass sich international das Friedensinteresse durchsetzen werde. Die Militärdespotien stünden dieser Entwicklung nur als Hindernis im Wege und würden sich daher bald als überflüssig erweisen.[25] Ein typischer Vertreter dieser Denkweise war der bekannte Nationalökonom Friedrich List. Er war davon überzeugt, dass die wirtschaftliche Entwicklung eine friedliche Zivilisation mit sich bringen würde.[26]

Auch der liberale Politiker und Militärstaatskritiker Wilhelm Schulze-Bodmer, ein ehemaliger Abgeordneter der Frankfurter Nationalversammlung, interpretierte die Militärdespotie als das Ergebnis einer verzögerten Industrialisierung. In seinem im Jahre 1859 veröffentlichten Buch »Die Rettung der Gesellschaft aus den Gefahren der Militärherrschaft« brachte er die Alternative auf die Formel: Militärstaat oder freie Wirtschaft.[27] Der deutsch-amerikanische Historiker Michael Geyer hat diesen wirtschaftspolitischen Aspekt der liberalen Militarismuskritik des 19. Jahrhunderts folgendermaßen zusammengefasst: »Der Militärstaat lag quer zur bürgerlichen Gesellschaft, weil er sich der Kapitalisierung und Industrialisierung widersetzte.«[28]

Die bürgerliche Revolution von 1848/49 brachte den Liberalen erstmals die politische Chance, die Macht des reaktionären preußischen Offizierkorps zu brechen und ihr Ideal eines freiheitlichen Staates mit einem auf die Verfassung vereidigten Volksheer (»Nationalmiliz«) zu verwirklichen. Das Offizierkorps der preußischen Armee reagierte kompromisslos. Denn eine konstitutionelle Einbindung des Militärs stellte seine tragende Rolle im preußischen Staat grundlegend in Frage. Unter dem von Oberst Karl von Griesheim ausgegebenen Motto »Gegen Demokraten helfen nur Soldaten!«[29] mobilisierten die Vertreter der »Militärpartei« daher ihren gesamten politischen Einfluss – bis hin zum gegenrevolutionären Staatsstreich im November 1848 in Berlin –, um die demokratischen Forderungen abzuwehren.[30] Im Ergebnis blieben sie erfolgreich. Die Armee konnte ihre traditionelle Rolle als erster Ordnungsfaktor im Staate Preußen festigen und ihre extrakonstitutionelle Bindung an die Monarchie festschreiben.[31]

Das Scheitern der bürgerlichen Revolution von 1848/49 bedeutete eine folgenschwere Niederlage für den liberalen Zeitgeist und für die politischen Kräfte, die ihn verkörperten. Ohne greifbares Ergebnis war nicht nur die demokratische Idee geblieben, den deutschen Nationalstaat durch eine Einigung »von unten« zustande zu bringen. Fehlgeschlagen war auch der Versuch, das Herzstück des preußischen Militärstaates, nämlich die Armee, in die Verfassung einzubinden und auf diese Weise ein Mitentscheidungsrecht der Volksvertretung sicherzustellen. Die schließlich vom preußischen König Friedrich Wilhelm IV. oktroyierte Verfassung bestimmte – das war der machtpolitisch entscheidende Punkt –, dass sämtliche Militärangelegenheiten in der Kompetenz des Königs verblieben. Das Parlament sollte von diesem Kernbereich des preußischen Staates auch künftig so weit wie möglich ausgeschlossen werden. Ihren Eid schworen die Soldaten weiterhin nicht der Verfassung, sondern dem König.[32]

Der Verfassungskonflikt von 1862, in dem es – im Kontext von Kontroversen um die Reorganisation und Vergrößerung der preußischen Armee – erneut um die Verteilung der Macht im preußischen Militärstaat ging, war hier bereits angelegt. Der preußische Militärstaat konnte also über die Revolution von 1848/49 hinweg die Kontinuität seines Staats- und Gesellschaftsmodells sicherstellen. Dadurch wurde er in die Lage versetzt, der weiteren Entwicklung der preußischen – und dann auch der deutschen – Geschichte seinen Stempel aufzuprägen.

Ein Jahrzehnt nach der Revolution von 1848 ergriff die preußische Militärmonarchie noch einmal weitreichende Maßnahmen zur Festigung ihrer Position, die sie durch die konstitutionellen Bestrebungen der Zeit bedroht sah. Prinzregent Wilhelm, der spätere preußische König und deutsche Kaiser Wilhelm I., ein ganz dem Offiziersmilieu verhafteter Mann, setzte im Jahre 1860 durch, dass die aktive Dienstzeit der wehrpflichtigen Männer auf drei Jahre erhöht wurde. Damit verband die »Militärpartei« die Erwartung, dass die über lange Zeit hinweg im »militärischen Geist« erzogenen jungen Männer ihren Vorgesetzten in »blindem Gehorsam« folgen würden. Gleichzeitig sollten sie hinter den Kasernenmauern immun werden gegen demokratische, liberale und sozialistische Einflüsterungen. Aus dem gleichen Grunde ging General Albrecht von Roon, der von 1859 bis 1873 das Amt des preußischen Kriegsministers bekleidete, auch daran, die – des liberalen Denkens verdächtige – Landwehr in die Bedeutungslosigkeit abzudrängen und die Prägung der preußischen Armee ganz in die Hände des reaktionären Offizierkorps zu legen.

Zum Konflikt mit dem preußischen Abgeordnetenhaus kam es über die Frage der pauschalen Budgetbewilligung für die weitreichenden und kostspieligen militärischen Reformvorhaben, nämlich eine beträchtliche Heeresvermehrung.[33] Dahinter ging es um das zentrale Problem der Machtverteilung im Militärstaat. Dessen Interessen vertrat nun der 1862 zum preußischen Ministerpräsidenten ernannte Politiker Otto von Bismarck, der schon seit den Jahren der 48er Revolution nie einen Zweifel daran gelassen hatte, dass die Belange der Armee für ihn absoluten Vorrang hatten. Er war der Mann der Militärpartei und der Monarchie. Durch seine Innenpolitik konnte die Armee ihre Sonderstellung im preußischen Staat erneut festigen.

»Eisen und Blut«: Bismarcks machtpolitische Strategie

War die Innenpolitik Preußens auf die Interessen des Militärs abgestimmt, so hatte diese Ausrichtung eine Entsprechung in der Außenpolitik, die nunmehr auf die kriegerische Einigung Deutschlands zielte. In der Rückschau wird die Vorgeschichte der Reichseinigungskriege durch eine Rede Bismarcks aus dem Jahre 1862 markiert. Sie hatte einen hohen politischen Symbolwert. Als Leiter der preußischen Politik äußerte sich Bismarck hier in programmatischer Absicht über den Weg zur deutschen Einigung, der nunmehr eingeschlagen werden sollte. Die entscheidende Passage von Bismarcks Rede lautete: »Preußens Grenzen nach den Wiener Verträgen sind zu einem gesunden Staatsleben nicht günstig; nicht durch Reden und Majoritätsbeschlüsse werden die großen Fragen der Zeit entschieden – das ist der große Fehler von 1848 und 1849 gewesen –, sondern durch Eisen und Blut.«[34]

Dies war eine grundsätzliche Polemik gegen den zeitgenössischen Liberalismus, der im Paulskirchen-Parlament dominiert hatte. Zugleich handelte es sich um eine generelle Kritik an jenen Liberalen, die glaubten, dass sich politische und gesellschaftliche Konflikte durch die Beachtung gewaltfreier Spielregeln lösen ließen. Gleichzeitig war es ein klassisches Bekenntnis zum preußischen Militär- und Machtstaat. Er alleine konnte – so die Überzeugung Bismarcks – den richtigen Weg zur Lösung der »großen Fragen der Zeit« aufzeigen, nämlich zur Bildung eines einheitlichen deutschen Nationalstaats unter preußischer Führung. Bismarcks Bekenntnis zu einer »Eisen und Blut«-Politik wurde von der liberalen Opposition heftig kritisiert, aber in den gleichgesinnten Teilen der politisch interessierten Öffentlichkeit keineswegs als sensationell angesehen, brachte es doch Überzeugungen zum Ausdruck, die von den tragenden politischen Kräften des preußischen Militärstaats in vollem Umfang geteilt wurden.

Aus der Rückschau nimmt sich diese Rede wie der Schlüssel zum Verständnis der nun folgenden Entwicklungen aus.[35] 1864 führte Preußen zusammen mit Österreich einen regionalen Krieg gegen Dänemark, um in Schleswig-Holstein territoriale Gewinne zu machen. Zwei Jahre später, 1866, suchte Preußen die kriegerische Auseinandersetzung mit Österreich.

Sie diente dem Ziel, diese zweite deutsche Großmacht aus dem Prozess der deutschen Einigung auszuschalten. Nun war für Preußen der Weg frei, selbst die Reichseinigung herbeizuführen und dem künftigen Deutschen Reich sodann seinen Stempel aufzuprägen. Die letzte Etappe auf diesem Weg stellte der Krieg gegen Frankreich 1870/71 dar. Mit Hilfe der manipulierten Emser Depesche gelang es Bismarck, das Frankreich Napoleons III. als Aggressor hinzustellen.[36] Auf diese Weise mobilisierte er nicht nur in Preußen, sondern auch in den süddeutschen Staaten eine nationale Euphorie und die Bereitschaft, sich unter preußischer Führung an der vermeintlichen Landesverteidigung zu beteiligen. Der militärische Sieg über Frankreich wurde so zum politischen Vehikel, die Zustimmung der deutschen Staaten zur Gründung eines deutschen Kaiserreiches unter der Führung des preußischen Königs zu erhalten.

Einigungskriege und Reichsgründung im Zeichen des Bündnisses von Adel und Bürgertum

Der preußische Erfolg in den drei Reichseinigungskriegen war primär der Erfolg der preußischen Armee und mit ihm des Prinzips von »Eisen und Blut«, also der militärischen Machtpolitik. Die Proklamierung des deutschen Kaiserreiches im Spiegelsaal von Versailles, also auf fremdem Territorium, wurde in Deutschland weithin als großer Triumph gefeiert.[37] Für Frankreich bedeutete dies eine tiefe Verletzung, Demütigung und Provokation. Sie war auch ein wichtiges Signal für die deutsche Innenpolitik: Die in Versailles zur Kaiserkrönung versammelten Fürsten und Generäle repräsentierten nun die Macht im neuen, von oben geeinten deutschen Staat, und nicht etwa die Parlamentarier mit ihrem Prinzip der »Reden und Majoritätsbeschlüsse«, um noch einmal Bismarcks Begriffe aus seiner Rede von 1862 aufzugreifen.

Naturgemäß blieb die von Preußen erfolgreich praktizierte »Eisen und Blut«-Politik der Jahre 1862 bis 1870/71 auch nicht ohne Rückwirkungen auf die Einstellung der Bevölkerung zur preußischen Armee und, darüber hinaus, zur Rolle des Militärs in der Politik überhaupt. Die preußischen Siege in den Einigungskriegen hinterließen den Nimbus des Erfolges. Nicht nur die Soldaten, die an ihnen beteiligt gewesen waren, sondern auch die vielen Menschen zu Hause, die sie in Gedanken begleitet hatten, beanspruchten nach den großen militärischen Erfolgen gleichsam einen Teil des Lorbeers. Mehr noch als bislang schon in der preußischen Geschichte genoss die Armee fortan in weiten Teilen der Bevölkerung höchstes Ansehen. Man sah das Militär nicht etwa nur in der negativen Rolle des kriegerischen Destrukteurs, sondern in der positiven Rolle des erfolgreichen Geburtshelfers der deutschen Einheit. Kritik an der Gewaltpolitik, die während des Deutsch-Französischen Krieges von einigen Sozialdemokraten vorgetragen wurde, hatte es jetzt noch schwerer als zuvor.[38] Viele national gesinnte Deutsche integrierten Uniform und Pickelhaube nunmehr im positiven Sinne in ihre politische Vorstellungswelt.

Am Deutsch-Französischen Krieg von 1870/71 nahmen viele national begeisterte Soldaten aus dem bürgerlichen Milieu teil. Sie vertraten fortan die Auffassung, der militärische Erfolg, der die Gründung des deutschen Nationalstaats ermöglicht hatte, sei keineswegs alleine das Werk des von adligen Offizieren geführten Heeres gewesen. Vielmehr habe das national eingestellte Bürgertum gleiche Anteile an diesem Erfolg gehabt. Zumindest beanspruchte es in der Folgezeit diese Teilhaberschaft. Der Münsteraner Historiker Frank Becker hat in seiner 2001 veröffentlichten Untersuchung das zeitgenössische Schrifttum des deutschen Bürgertums über die Einigungskriege einer umfassenden Analyse unterzogen.[39] Insbesondere ging er der Frage nach, wie der Deutsch-Französische Krieg von 1870/71 im national denkenden deutschen Bürgertum gedeutet wurde und welche Schlüsse es daraus für seine Position im neugegründeten Nationalstaat ableitete.

Nach dem Inkrafttreten der neuen Reichsverfassung (1871) konnten die Deutschen zunächst einmal den Eindruck haben, das Neue sei zumindest in der Staatsspitze nichts Anderes als das Alte: Denn der bisherige preußische König Wilhelm I. wurde jetzt zugleich deutscher Kaiser und damit das Oberhaupt des ersten deutschen Nationalstaates. Ebenso blieb die politische und militärische Spitze die gleiche. Preußen, der preußische Militärstaat, bildete den Kern des neuen deutschen Nationalstaats. Diese Sicht der Dinge stellte grundsätzlich keine Fehlwahrnehmung dar, aber sie nahm auch nicht die gesamte Entwicklung in sich auf. Durch den gemeinsamen Kampf adliger Offiziere und bürgerlicher wehrpflichtiger Soldaten aus allen deutschen Ländern in den Einigungskriegen war eine politische Gemeinsamkeit entstanden, die in einem neuen Grundkonsens von Adel und nationalem Bürgertum zum Ausdruck kam.

Wie Frank Becker zeigen konnte, wurde in der bürgerlichen Öffentlichkeit, also in den zeitgenössischen Publikationen aller Art – beginnend mit den Siegesfeiern im Sommer 1871 –, eine Kriegsdeutung formuliert und für die Zukunft festgeschrieben, welche die beiden folgenden Elemente umfasste: Erstens galt der Krieg im positiven Sinne als der Geburtshelfer der nationalen Einigung, und zweitens hieß es, er sei »von den traditionellen Führungsschichten und der Nation gemeinsam bestritten und gewonnen worden«.[40] Dabei wurde der Erfolg nicht rein militärisch verstanden, sondern allgemeiner mit den Leistungen des Bürgertums für Staat und Gesellschaft in Verbindung gebracht, die der Armee zugute gekommen seien. Beide Schichten, Adel und Bürgertum, formten diese Deutung des Deutsch-Französischen Krieges zum offiziellen Geschichtsbild der Kaiserzeit. Hans-Ulrich Wehler spricht in diesem Zusammenhang vom »bürgerlich-adligen Basiskompromiss«, der das Fundament des neuen Nationalstaats bildete.[41]

Von besonderer sozialpsychologischer Bedeutung war die Überzeugung der kämpfenden Soldaten aus allen Staaten des deutschen Bundes, dass sie im Krieg gegen Frankreich die nationale Einigung gleichsam symbolisch vorweggenommen hatten. Diese Deutung wurde dann im öffentlichen Diskurs vielfach verstärkt. Das bedeutete, dass fortan die Armee und der Krieg als die eigentlichen Geburtshelfer der Nation galten, dass beide nunmehr – stärker noch als in früheren Zeiten – in einem ausgesprochen positiven Lichte erschienen. Auf diesem Humus konnte sich dann die militaristische Vorstellung verbreiten, dass auch in der Zukunft die Armee die eigentliche und die beste Schule der Nation sein müsse.[42]

Die Armee wurde nun von den Bürgerlichen nicht mehr als eine feudale Einrichtung angesehen, sondern als ein Instrument des Nationalstaates, in dem sich auch das Bürgertum aufgehoben fühlen konnte. So kann es als ein wesentliches Element des bürgerlichen Militarismus der Kaiserzeit angesehen werden, dass sich die Erinnerung an die Einigungskriege mit einer »rückhaltlosen Kriegsbejahung« verband. Diese bürgerliche Wertschätzung des Krieges schlug sich auch in der Gründung einer Vielzahl von Verbänden nieder, die dem bürgerlichen »Wehrwillen« Ausdruck verliehen und ihn förderten, unter anderem in Schützen-, Turn- und Kriegervereinen.

2. Strukturen und Träger des kaiserlichen Machtstaates

Militarismus als Strukturelement der Verfassung des Deutschen Kaiserreichs

Die Gründung des Deutschen Kaiserreichs stellte eine »Revolution von oben« dar. Das kleindeutsche Kaiserreich, das 40 Millionen Einwohner umfasste, aber weitere 25 Millionen Deutschsprechende ausklammerte, war kein zentralistischer Nationalstaat, sondern ein föderativer Bund von 22 Staaten und 3 freien Städten. Innerhalb dieses Bundes verkörperte das Preußische Königreich das größte Machtpotenzial und entfaltete daher auch die entscheidende Prägekraft. Das heißt, die Strukturen des preußischen Militarismus dehnten sich jetzt auch auf die nichtpreußischen Einzelstaaten des Deutschen Reiches aus. Die Reichsverfassung von 1871 wurde nicht von Grund auf neu gestaltet.[43] Vielmehr stand sie in der Kontinuität der preußischen Tradition und, ganz konkret, der Verfassung des Norddeutschen Bundes von 1867, die unter dem maßgeblichen Einfluss Bismarcks entstanden war und auf das Reich übertragen wurde. Das Deutsche Reich erhielt die Gestalt einer Militärmonarchie. Auch die preußische Militärgesetzgebung wurde komplett auf das ganze Reich übertragen[44], was die faktische Dominanz preußischer militärstaatlicher Traditionen noch einmal unterstrich.

Das Parlament hatte in den entscheidenden Machtbereichen des Staates nur begrenzte Kontrollmöglichkeiten und Gestaltungsbefugnisse. Zentrale Felder der staatlichen Machtausübung waren dem Monarchen vorbehalten, wie es zuvor schon im absolutistisch regierten Preußen der Fall gewesen war: das Militär, die Bürokratie und die Außenpolitik. Im Übrigen galt das verhältnismäßig fortschrittliche Wahlrecht nur im Reich, während im Königreich Preußen noch bis 1918 nach dem umstrittenen Dreiklassenwahlrecht gewählt wurde. In seinem Kern blieb das Deutsche Kaiserreich – bei allen Ambivalenzen – ein militärisch definierter Machtstaat. Die Verfassung schrieb die traditionell enge Verbindung zwischen dem Monarchen als Oberstem Kriegsherrn und der Armee fest. Gleichzeitig ermöglichte sie die weitgehende Abschottung dieser Machtsphäre gegenüber demokratischen Einflüssen. Wer den Militarismus des Deutschen Kaiserreichs angemessen verstehen will, muss erkennen: »In der Reichsverfassung steckte als harter Kern die preußische Militärmonarchie.«[45] Beim Monarchen und seinem Militär lag die

Macht, auch wenn der Reichstag seinen Einfluss schrittweise auszudehnen vermochte.

Zur Reichsverfassung von 1871 im Einzelnen:

- Der Monarch hatte eine nahezu unbeschränkte Verfügungsgewalt über das Heer und eine tatsächlich unbeschränkte über die kaiserliche Kriegsmarine. Die Einzelstaaten des Reiches unterhielten zwar eigene Heereskontingente, aber auch diese unterstanden dem Kaiser als »oberstem Befehlshaber«. Die parlamentarisch nicht kontrollierte Kommandogewalt des Kaisers stellte das wichtigste Privileg der Krone dar.
- Die kaiserliche Kommandogewalt betraf nicht nur die Entscheidung über Krieg und Frieden[46], also im Wesentlichen die äußeren Beziehungen, sondern auch den Einsatz des Militärs im Innern.[47] Überdies ermöglichte sie es der Armee, eine eigenständige Kampfposition gegen die Sozialdemokratie als dem wichtigsten innenpolitischen Gegner einzunehmen. Historiker wie Eckart Kehr[48], Volker R. Berghahn[49], Hans-Ulrich Wehler[50], Michael Stürmer[51], Wilhelm Deist und Manfred Messerschmidt haben sich mit der innenpolitischen Rolle der Armee wie auch der kaiserlichen Marine im Einzelnen auseinandergesetzt.[52] Von der ständigen Furcht vor einer sozialen Revolution getrieben, bauten Monarchie und Armeeführung in ihrer innenpolitischen Krisenstrategie maßgeblich auf die militärische Macht, was zwischen 1848 und der Jahrhundertwende unter anderem in einer permanenten Drohung mit dem Staatsstreich zum Ausdruck kam.[53]
- Im Gefolge dieser Verfassungskonstruktion erhielt die Armee eine Sonderstellung. Der Generalstab konnte einen Machtgewinn verbuchen und die deutsche Außenpolitik mitbestimmen. Unterhalb der monarchischen Staatsspitze bot die »freie Sphäre« der Kommandogewalt den führenden Militärs breite Einflussmöglichkeiten.[54]

Eine Verschärfung der Konflikte, welche in der Struktur der Verfassung des Deutschen Reiches angelegt waren, brachte der Sturz Bismarcks im Jahre 1888 und die Übernahme der höchsten Staatsfunktionen durch Kaiser Wilhelm II. 1890 mit sich. In der Zeit zwischen 1890 und dem Weltkriegsbeginn 1914, die gemeinhin als Hochphase des Imperialismus beschrieben wird, forcierte der neue Kaiser die politischen Bestrebungen nach einer deutschen »Weltgeltung« und nach einem »Platz an der Sonne« für das Deutsche Reich, das bislang beim Erwerb von Kolonialgebieten mit England und Frankreich nicht hatte mithalten können.

Wie in den herrschenden Eliten des Kaiserreiches über eine angemessene Anwendung der Reichsverfassung gedacht wurde, vermag eine Reichstagsrede des konservativen, später deutschnationalen Abgeordneten Elard von Oldenburg-Januschau (1855–1937) aus dem Jahre 1910 exemplarisch zu verdeutlichen. Januschau, selbst ehemaliger Offizier, führte Kritik über die zunehmenden Ansprüche des Parlaments, in militärischen Angelegenheiten mitzureden. Das habe zu dem bedauerlichen Zustand geführt, dass »die Stellung des Offiziers nicht mehr in dem Maße vor der Öffentlichkeit geschützt ist, wie früher«. Der Abgeordnete beklagte dies mit den Worten: »Der König von Preußen und der Deutsche Kaiser muss jeden Moment imstande sein, zu einem Leutnant zu sagen: nehmen Sie zehn Mann und schließen Sie den Reichstag! [...].«[55]

Der staatstragende Stand der Berufsoffiziere

In der deutschen Gesellschaft der Kaiserzeit spielte das Offizierkorps der preußischen Armee eine zentrale Rolle. Es war und blieb der maßgebliche Träger der Staatsmacht und Garant der monarchischen Herrschaft. Kaum eine Erscheinung symbolisierte die damalige politische und gesellschaftliche Sonderstellung des Militärs besser als die Sitzordnung bei der kaiserlichen Tafel. Der preußische Leutnant durfte nach dort gültigen Ritualen näher beim Kaiser sitzen als ein Politiker oder ein Professor oder ein Nobelpreisträger.

Zur Selbststilisierung der deutschen Offiziere der Kaiserzeit gehörte das ideologische Konstrukt, den eigenen Beruf als eine Profession »sui generis« zu überhöhen. Er sei nicht zu vergleichen mit den Berufen des bürgerlichen Erwerbslebens. Die Offiziere beriefen sich dabei auf ihr selbstloses Pflichtgefühl und ihre Bereitschaft zum Opfer des eigenen Lebens im Kriege und reklamierten für ihren Stand eine eigene Gesinnung, ein eigenes Recht und eine eigene Ehre.[56] Auf der Basis solcher Vorstellungen bildeten sie ihren elitären und exklusiven Korpsgeist aus.

Durch unzählige Karikaturen der satirischen Zeitschriften »Simplizissimus«, »Der Wahre Jacob« und anderer Blätter ist ein bestimmter Zug im äußeren Erscheinungsbild des preußischen Offiziers überliefert: der monokeltragende Schnösel in Leutnantsuniform, schneidig, hochmütig, prahlerisch und dünkelhaft – ein wahres Hassobjekt für die Untergebenen, die sich nicht nur dem militärischen Befehl dieser »Herren« zu unterwerfen hatten, sondern auch ihre anmaßenden Umgangsformen ertragen mussten. Die vielen Soldatenmisshandlungen, die von sozialdemokratischen Abgeordneten regelmäßig im Reichstag angeprangert wurden[57], resultierten nicht zuletzt aus diesem Offiziersdünkel, an dem – gemäß dem Regelsystem des militärischen Herrschaftsapparats – auch nicht wenige Unteroffiziere ihr Verhalten orientierten.

Die populäre Karikatur des preußischen Leutnants könnte jedoch dazu verführen, von der sehr viel bedeutsameren politischen Rolle abzulenken, welche die militärische Führungsschicht im Herrschaftssystem des kaiserlichen Deutschlands eingenommen hat. Seinem Selbstverständnis nach war das Militär – gemeint ist das Korps der Berufsoffiziere – sowohl ein Instrument der Politik des Kaisers als auch ein selbständiger Akteur im Feld des Politischen, und zwar sowohl im Innern wie nach außen. In Deutschland stellte sich das Problem der politischen Kontrolle der militärischen Elite anders dar als in Frankreich oder in den angelsächsischen Ländern. Im deutschen Militärstaat gab es keine zivile Leitung, die es sich zur Aufgabe gemacht hätte, die Militärelite zu kontrollieren oder politisch zu domestizieren. Denn die Militärelite stellte ja selbst »die Verkörperung der Existenz und des Wertsystems dieses Staates dar«.[58] Mit anderen Worten: In Deutschland war das Offizierkorps der Garant der monarchischen Ordnung. In Frankreich und England dagegen betrachtete es sich als ein der Politik unterworfenes Gewaltinstrument.

In der preußischen Armee vollzog sich im letzten Drittel des 19. Jahrhunderts eine allmähliche Verbürgerlichung des Offizierkorps. 1888 lag der Anteil der Offizierbewerber aus dem gebildeten Bürgertum schon bei 28 Prozent, und um 1900 lag der Anteil der Bürgerlichen bereits bei über 50 Prozent.[59] Die höheren Führungspositionen wurden allerdings nach wie vor mit Adligen besetzt. So standen im Jahre 1909 30 adligen Generalen der Infanterie nur 2 bürgerliche Generäle gegenüber. Bei den Generalleutnanten war das Verhältnis 44 zu 7, bei den Generalmajoren 75 zu 31.[60] Den Weg zu dieser Entwicklung hatte ein Erlass von Kaiser Wilhelm II. aus dem Jahre 1890 frei gemacht. Unter Hinweis auf den gesteigerten Bildungsgrad des Volkes eröffnete er die Möglichkeit, »die Kreise zu erweitern, welche für die Ergänzung des Offizierkorps in Betracht« kommen.[61] Der Kaiser setzte nunmehr auf den – von ihm sogenannten – »Adel der Gesinnung«. Damit meinte er »die Liebe zum König und Vaterland, ein warmes Herz für den Soldatenstand und christliche Gesittung«, also eine monarchisch-konservativ-militärfromme Grundeinstellung. Diese Gesinnung sollte nun auch bei den Söhnen aus den »ehrenwerten bürgerlichen« Familien gepflegt werden«.[62] Unter dieser Voraussetzung konnten sodann Söhne aus dem nationalliberalen und konservativen Bildungs- und Besitzbürgertum verstärkt Zugang zur Militärelite finden. Sozialdemokraten, Linksliberale und Juden dagegen blieben nach wie vor ausgegrenzt. In der Praxis hatte der Regimentskommandeur das entscheidende Wort, ob ein Fähnrich, also ein Offizieranwärter, als »würdig« angesehen wurde, in das Offizierkorps des Regiments aufgenommen und zum Offizier befördert zu werden.

Die Besonderheit der Situation lag nun darin, dass die Söhne bürgerlicher Akademiker zu den politischen Bedingungen des Militäradels in das Führerkorps des Heeres aufgenommen wurden. Die neue konservativbürgerliche Interessengemeinschaft funktionierte also nicht auf der Basis der Gleichberechtigung, sondern stand im Zeichen einer »Feudalisierung« des bürgerlichen Offiziersersatzes. Auf diese Weise vollbrachte der altpreußische Kern des Offizierkorps die bemerkenswerte Leistung, trotz der gesellschaftlichen Veränderungen die von ihm gewünschte politische Homogenität der Militärelite sicherzustellen. Gleichzeitig ermöglichte die verstärkte Hereinnahme der Bürgerlichen eine Steigerung der Modernität, insbesondere der militärisch-technischen Effizienz der Militärelite. Wir haben es beim preußischen Offizierkorps also insbesondere seit 1890 mit einer Kombination von traditionellen und modernen Kräften zu tun. Nicht wenige begabte Kräfte aus dem bürgerlichen Lager drängten jetzt in die militärische Führungsschicht und gingen dadurch der zivilen Bürokratie, der Wirtschaft oder der Wissenschaft verloren. Auch diese Entwicklung darf als ein Charakteristikum des preußisch-deutschen Militarismus angesehen werden.

Rein quantitativ betrachtet, war das Berufsoffizierkorps des preußischen Heeres keine sonderlich große soziale Gruppe. Bei Kriegsbeginn 1914 verfügte es über 22 112 aktive Offiziere, und die Offizierkorps der Kontingente der übrigen Bundesstaaten waren noch wesentlich kleiner. Diese Berufsoffiziere befehligten am Vorabend des Ersten Weltkriegs ein Friedensheer von etwa 750 000 Soldaten.[63] Setzt man die Zahl der Offiziere in Beziehung zur Gesamtbevölkerung des Deutschen Kaiserreichs von damals 65 Millionen Menschen, so wird deutlich, dass es sich zahlenmäßig um eine kleine Gruppe handelte. Allerdings vermochte diese einen enormen politischen und gesellschaftlichen Einfluss auszuüben, und zwar nicht nur durch ihren direkten Zugang zum Monarchen, sondern auch dadurch, dass sich andere Gruppen der Gesellschaft an ihrem Vorbild orientierten.

Im einflussreichsten Führungsgremium der Armee, dem sogenannten Großen Generalstab, dienten im Jahre 1914 nicht mehr als 625 Offiziere.[64] Aber es handelte sich bei dieser Institution – mit den Worten des Historikers Stig Förster – »um den eigentlichen Kopf, das geistige Zentrum und die Machtzentrale der Armee für den Kriegsfall. Dort wurden jene Entscheidungen getroffen, von denen das Schicksal der Nation im Ernstfall abhängen konnte. Die Gruppe der unmittelbaren Entscheidungsträger, der Chefs, Oberquartiermeister, Abteilungsleiter und ihrer direkten Gehilfen war sogar noch winziger: zwischen zehn und zwanzig Männer. Bezogen auf die ganze Geschichte des Kaiserreiches von 1871 bis 1914, handelt es sich hier um einen Kreis von allerhöchstens hundert Offizieren, die unter den vier aufeinander folgenden Generalstabschefs arbeiteten. Und doch waren es diese wenigen Männer, die die eigentlichen ›Halbgötter‹ des Generalstabs verkörperten, von denen die Nation mit einer Mischung aus Bewunderung und Furcht sprach. Die aktiven und ehemaligen Generalstäbler bildeten die Elite innerhalb des Offizierkorps, und der Generalstab war die Eliteschule. Nicht zufällig waren es gerade die Generalstäbler, die in der Armee zumeist die steilsten Karrieren machten. Sie traten aber auch als militär-politische Denker hervor und beeinflussten durch schriftstellerische Tätigkeit das gesamte Offizierkorps maßgeblich. Vor allem aber bestimmte diese Offizierselite die planerische Vorbereitung des nächsten Krieges entscheidend mit.«[65] Man muss sich den preußischen Generalstab als eine hochmoderne und effiziente Bürokratie vorstellen, die in der Lage war, militärische Rüstungs-, Streitkräfte- und Kriegsplanungen zu entwerfen und organisatorisch umzusetzen. An der Spitze des Generalstabs standen jeweils adlige Offiziere. Um seine Effektivität zu steigern, nahm dieser jedoch auch begabte Offiziere aus dem bürgerlichen Milieu auf, beispielsweise die späteren Generalquartiermeister Erich Ludendorff und Wilhelm Groener, um nur die bekanntesten zu nennen.[66]

Wenn seinerzeit im Tone der Bewunderung von den »Halbgöttern« des Generalstabs geredet wurde, so waren damit in erster Linie militärfachliche Fähigkeiten gemeint. Tatsächlich verstand der Generalstab eine ganze Menge von seinem militärisch-operativen Geschäft. Aber er hatte ein deutliches Defizit in der Analyse politischer und wirtschaftlicher Zusammenhänge sowie in der Einschätzung des politischen Gewichts völkerrechtlicher Regeln, wie unter anderem das langjährige Festhalten an dem völkerrechtswidrigen Schlieffen-Plan belegt, der die Neutralität der Benelux-Staaten missachtete. Wie der Sozial- und Wirtschaftshistoriker Martin

Kutz zeigen konnte, führten diese Defizite während des Ersten Weltkrieges zu fehlerhaften Lagebeurteilungen.[67] Die Folgen dieser Fehleinschätzungen versuchten die führenden Militärs dann wiederum durch eine Radikalisierung der Kriegführung unter Einschluss von Kriegsverbrechen zu kompensieren. Mit anderen Worten: Die vielgerühmten deutschen Generalstäbler verstanden letztlich nur etwas vom operativen Teil des Kriegshandwerks und wenig von den politischen, ökonomischen und rechtlichen Faktoren.

Als besonders verhängnisvoll sollte sich die Tatsache erweisen, dass das deutsche militärische Führungspersonal vor dem Ersten Weltkrieg nicht in hinreichendem Maße in der Lage war, eine realitätsadäquate Vorstellung von den möglichen Konsequenzen eines modernen, alles zerstörenden Massenkriegs zu entwickeln. Die leitenden Offiziere hatten sehr wohl erkannt, dass mit dem Deutsch-Französischen Krieg von 1870/71 das Zeitalter der Kabinettskriege vorbei war, in denen vergleichsweise kleine professionelle Armeen gegeneinander gekämpft hatten. Jetzt war die Grenze zum Volkskrieg überschritten. Für die Zukunft musste mit dem Einsatz von Massenheeren mit Millionen von Soldaten gerechnet werden. Der preußische Generalfeldmarschall Helmuth von Moltke d. Ä., der die deutschen Truppen gegen Frankreich militärisch geführt hatte, prophezeite im Jahre 1888, was auf die Menschen zukommen könnte: »Die Kriege der Gegenwart rufen die ganzen Völker zu den Waffen, kaum eine Familie, welche nicht in Mitleidenschaft gezogen würde. Die volle Finanzkraft des Staates wird in Anspruch genommen, und kein Jahreswechsel setzt dem rastlosen Handeln ein Ziel.«[68]

Die Generalstäbler mussten sich jetzt Fragen wie diese vorlegen: Würden sich die Massenheere der Zukunft überhaupt noch unter der Kontrolle der militärischen Führung halten lassen? Würden sich womöglich aus der Gesellschaft heraus neue, irreguläre Kampfformen nach dem Vorbild der französischen Franctireurs oder der Guerilla entwickeln? Würde der Krieg dadurch immer unkalkulierbarer? Würden die Berufsoffiziere ihre traditionelle Position als Leiter der Kriegshandlungen überhaupt bewahren können? Oder würden sie künftig Teile ihrer Führungskompetenz an die Wirtschaft, besonders an die Rüstungsindustrie, an die zivile Bürokratie, an die politischen Parteien und die großen gesellschaftlichen Verbände abgeben müssen, ohne deren Mitwirkung ein moderner Volkskrieg schlechterdings nicht vorstellbar war? Schließlich: Wie würde sich ein Zukunftskrieg hinsichtlich der zeitlichen Dimensionen voraussichtlich gestalten?

War ein kurzer Krieg wie in der Vergangenheit überhaupt noch vorstellbar? Oder musste man sich von vorneherein auf einen langen Krieg einstellen, der sich über mehrere Jahre hinzog und der vielleicht gar nicht mit Sieg oder Niederlage beendet werden konnte, sondern dessen Ende sich womöglich aus einer allgemeinen Erschöpfung ergab? Die Kriegsplanungen des preußischen Generalstabs einschließlich des bekannten Schlieffen-Plans von 1905 zeigten, dass die leitenden Offiziere vor unlösbaren Problemen standen. Jede denkbare Kriegsplanung glich eher einem Vabanquespiel als einer berechenbaren und potenziell erfolgreichen Strategie.

Offiziere agierten im Deutschen Kaiserreich auch auf der Ministerebene. Die preußischen Kriegsminister waren durchgängig Generäle. Ihre Namen lauten: Generalfeldmarschall von Roon (1859–1873), General der Infanterie von Kameke (1873–1883), General der Infanterie Paul Bronsart von Schellendorff (1883–1889), General der Infanterie von Verdy du Vernois (1889–1890) und so weiter.[69] Sie übten ihr Amt übrigens zugleich in Personalunion als Kriegsminister des Reiches aus. Der preußische Militäradel verfügte somit auch auf diesem Wege über Möglichkeiten zur Prägung der nichtpreußischen Kontingente. Das sollte bis zum Kriegsende 1918 so bleiben.

Vom militärischen Milieu geprägt: die Kaiser Wilhelm I. und Wilhelm II.

In preußischen Militärstaat und später, im kaiserlichen Deutschland, hatte der Monarch, also der preußische König beziehungsweise der deutsche Kaiser, die zentrale Machtposition inne, die als »von Gottes Gnaden« interpretiert wurde. Seine politische Kompetenz musste sich hauptsächlich in der Ausübung der ihm zustehenden obersten Kommandogewalt über die Armee erweisen. Er war es auch, der über Krieg und Frieden entschied. In diesen strukturellen Zusammenhängen agierten die beiden deutschen Kaiser Wilhelm I. (1871–1888) und Wilhelm II. (1888–1918).

Vom ersten deutschen Kaiser wird berichtet, dass er ein verantwortungsbewusster, eher bedächtiger und würdevoller Herrscher war, dem zumindest am Ende seines Lebens die Sympathien weiter Kreise der deutschen Gesellschaft zuflogen. Bekanntgeworden war er allerdings als militärischer Scharfmacher. Während der Revolution von 1848 hatte der damalige Hohenzollern-Prinz Wilhelm von Preußen, seines Zeichens Bruder des regierenden preußischen Königs Friedrich Wilhelm IV., der als weich und romantisch galt und der wegen des Militäreinsatzes im Innern von Skrupeln geplagt war, den Vorschlag gemacht, die Revolution in Berlin mit Kanonen »niederzukartätschen«. Als Kartätsche bezeichnete man seinerzeit eine Kanone mit mehreren Geschossrohren. Das Wort »Gegen Demokraten helfen nur Soldaten!«, hätte demnach auch von ihm, dem Prinzen Wilhelm, stammen können. Vor dem nun aufbrausenden Volkszorn hatte Wilhelm nach England fliehen müssen. Seitdem nannte man ihn im bürgerlichen Lager abschätzig »Kartätschenprinz«.[70] 1849 hatte Prinz Wilhelm als Feldherr die preußischen Truppen gegen die aufständischen Demokraten in Baden und in der Pfalz geführt und sich damit bei allen demokratisch denkenden Deutschen verhasst gemacht. Am Deutsch-Französischen Krieg 1870/71 nahm der Preußenkönig dann noch im hohen Alter von 73 Jahren persönlich teil und beeindruckte die Soldaten durch seine Unerschrockenheit. Bismarck sah in ihm den Typus eines »patriotischen und konservativ gesinnten preußischen Offiziers«, der seinen Weg ging, »ohne Rücksicht auf die Gefahren, denen er ausgesetzt sein könnte, in der Politik ebenso wie auf dem Schlachtfelde«.[71]

Sein Nachfolger, Kaiser Wilhelm II., war wie sein Vorgänger in einem weitgehend militärisch geprägten Milieu erzogen worden. Wie sein Biograph, der britische Historiker John C. G. Roehl, schreibt, hatte er sich als junger Potsdamer Garde-Leutnant eine »zunehmend militaristische, reaktionäre und chauvinistische Weltanschauung« zugelegt.[72] Seine Mutter beklagte, dass der 21-jährige Kronprinz auf nichts anderes als das »ewige Geschwätz von jungen Officieren« höre. Es sei zu befürchten, dass er »ganz und gar ver-Potsdammt (sic!) und nicht über den Standpunkt eines Unterofficiers oder Companie Chefs herauskommt«.[73]

Wilhelm gefiel das militärische Treiben. Er dachte in militärischen Kategorien, und sein primäres Interesse galt der Armee. Insoweit personifizierte er einmal mehr den preußischen Militärstaat, der jetzt auf das gesamte Reich abfärbte. Wilhelms Freund war der Generalquartiermeister Alfred Graf von Waldersee, der seit 1887 als Stellvertreter Moltkes faktisch der Chef des Großen Generalstabs war. Was seine Denkart angeht, wird er als ein »reiner Militarist, Reaktionär und Antisemit« geschildert.[74] Unter dessen Einfluss verstärkte sich bei Wilhelm die Einstellung, dass die inneren und äußeren Feinde mit Gewalt und Krieg bekämpft werden müssten. In diesem Bewusstsein bestieg er im Jahre 1888 als Wilhelm II. den Thron des Deutschen Kaisers und wurde damit »Oberster Kriegsherr«, dem nicht nur die Berufssoldaten der preußischen Armee, sondern auch die Millionen Wehrpflichtiger in Kriegs- und Friedenszeiten einen an die Person gebundenen Eid zu schwören hatten.[75]

Charakteristisch für die politische Einstellung Kaiser Wilhelms II. war eine Ansprache, die er am 23. November 1891 anlässlich einer Rekrutenvereidigung in Potsdam hielt. Dort rief er den zwangsverpflichteten jungen Männern zu: »Rekruten! Ihr habt jetzt vor den geweihten Dienern Gottes und angesichts dieses Altars Mir Treue geschworen. Ihr seid noch zu jung, um die wahre Bedeutung des soeben Gesprochenen zu verstehen, aber befleißiget Euch zunächst, dass Ihr die gegebenen Vorschriften und Lehren immer befolgt. Ihr habt Mir Treue geschworen, das – Kinder Meiner Garde – heißt, Ihr seid jetzt Meine Soldaten, Ihr habet Euch Mir mit Leib und Seele ergeben; es gibt für Euch nur einen Feind, und der ist mein Feind. Bei den jetzigen sozialistischen Umtrieben kann es vorkommen, dass Ich Euch befehle, Eure eigenen Verwandten, Brüder, ja Eltern niederzuschießen – was ja Gott verhüten möge –, aber auch dann müsst Ihr Meine Befehle ohne Murren befolgen.«[76]

Diese Worte, schrieb die Zeitung »Volk« damals, habe Wilhelm II. mit erhöhter Stimme gesprochen, und das »suprema lex regis voluntatis« habe in seinen Augen geflammt. Zum Schluss habe der Kaiser noch gesagt: »Vor allem eins: vergesst nicht Euer Vaterunser, das Ihr als Kinder gelernt habt; es hilft aus vieler Not, ich weiß es!«[77] Die oppositionellen Sozialdemokraten hatten damit einen Beweis mehr für ihre These, dass die preußische Armee im kaiserlichen Staat nicht nur das Land vor äußeren Angriffen schützen sollte, sondern dass es – in Friedenszeiten – zur Aufrechterhaltung der bestehenden Herrschaftsverhältnisse dienen sollte. Das war für sie das Doppelgesicht des Militarismus.

Der Historiker Ludwig Quidde, ein linksliberaler Militarismus-Kritiker, polemisierte 1884 in seiner Schrift »Caligula. Eine Studie über römischen Cäsarenwahnsinn«[78] gegen Kaiser Wilhelm II. Er schilderte ihn als »unberechenbar« und »zu einer konsequenten Politik unfähig« und gab gleichzeitig zu bedenken, »wie gefährlich es ist, in einem Volke ohne feste demokratische Tradition eine solche Summe von Gewalt in die Hände eines Mannes zu legen, den der Zufall der Geburt, der Abstammung, an die höchste Stelle im Staat stellt«.[79] Quidde nahm Wilhelm II. vor dem Vorwurf in Schutz, bewusst auf den Krieg hingearbeitet zu haben, spießte aber sein öffentliches Bramarbasieren auf, das viel internationales Vertrauen zerstört habe.[80]

Die Männer an der Spitze des kaiserlichen Deutschlands übten mit ihrem Stil und Habitus einen militarisierenden Einfluss auf die deutsche Gesellschaft aus. Die Generäle, die als Kriegsminister amtierten, trugen selbstverständlich immer ihre Offiziersuniform. Der Monarch seinerseits trat ebenfalls stets in militärischer Uniform auf. Wann immer er sich in der Öffentlichkeit zeigte, war er von einer militärischen Entourage umgeben. Auch der zivile Reichskanzler Otto von Bismarck sah sich bemüßigt, seine Nähe zur militärischen Macht dadurch zu demonstrieren, dass er sich gelegentlich eine militärische Uniform anzog und sich in Feldherrnpose mit Uniform und Pickelhaube präsentierte.[81]

Bürgerlicher Militarismus im 19. Jahrhundert

Eine ältere historische Forschung wollte den preußisch-deutschen Militarismus in erster Linie als ein Projekt des traditionellen preußischen Militäradels begreifen.[82] Er habe schon den preußischen Militärstaat des 18. und 19. Jahrhunderts geprägt und sei dann aus den erfolgreichen Reichseinigungskriegen 1864 bis 1871 gestärkt hervorgegangen. Auf der Basis dieses Erfolgs – das Militär als Geburtshelfer des deutschen Nationalstaats – habe die Militäraristokratie im neuen Kaiserreich ihre führende Rolle bewahren können. Das national denkende deutsche Bürgertum habe sich nach den militärischen und politischen Triumphen der drei Einigungskriege aus der Oppositionsrolle gelöst und sich in nationaler Begeisterung der neuen Lage angepasst. Es habe nun die Militärkultur der Aristokratie übernommen und den Führungsanspruch der aristokratischen Militärelite akzeptiert. Als gesellschaftliche Emporkömmlinge hätten sich die Bürgerlichen an den Sozialnormen der herrschenden Schicht orientiert, was unter anderem in ihrem Streben nach dem Status eines Reserveoffiziers zum Ausdruck gekommen sei.[83] Diese Anpassung habe den deutschen Untertanengeist und die Gehorsamsbereitschaft nicht überwunden, sondern noch verstärkt und damit die Katastrophen des 20. Jahrhunderts mit vorbereitet.

Neuere Forschungen haben dagegen die Ambivalenz der militärpolitischen Reformvorstellungen des deutschen Bürgertums in der ersten Hälfte des 19. Jahrhunderts aufgezeigt. Einerseits standen die Liberalen für fortschreitende Zivilisierung und für eine Verrechtlichung der zwischenstaatlichen Verhältnisse. Andererseits enthielten ihre Ideen Ansätze zu einem eigenständigen bürgerlichen Militarismus. Dies war übrigens nicht nur in Deutschland der Fall, sondern auch in anderen europäischen Ländern.

Tatsächlich zieht sich »ein alternativer, teilweise von anderen Werten getragener, [...] spezifisch bürgerlicher, liberaler und sogar demokratischer Militarismus durch das gesamte 19. Jahrhundert [...]«.[84] Die bürgerliche Ideologie – das ist die entscheidende These der neueren Forschung – war von Beginn an janusköpfig: Einerseits wollten die Bürgerlichen den preußischen Militärstaat liberalisieren und demokratisieren und damit zugleich den kriegerischen Konfliktaustrag zurückdrängen, andererseits verbündeten sie sich mit dem modernen Nationalismus, der eine naturwüchsige kriegerische Sprengkraft in sich barg. Aber es war nicht nur der Nationalismus, der den spezifisch bürgerlichen Militarismus ausmachte. Die Bürgerlichen traten auch für die Allgemeine Wehrpflicht ein. Das Militär sollte nicht mehr aus einer kleinen Gruppe von Berufssoldaten, einer elitären Kriegerkaste, bestehen, sondern jeder Bürger sollte systematisch an den Waffen ausgebildet werden. Das Fürstenheer sollte zum Volksheer weiterentwickelt werden, weil dieses dann nicht mehr »gegen das Volk« eingesetzt werden konnte. Allerdings war dieses Ziel nur um den Preis einer weitreichenden gesellschaftlichen Militarisierung zu erreichen.

Der Kriegsdienst der preußischen Untertanen wurde vom preußischen Staat nicht mit der bürgerlichen Gleichberechtigung belohnt. Entgegen den Vorstellungen der preußischen Militärreformer um den General Gerhard Johann von Scharnhorst (1755–1813)[85], denen das Ideal eines »Staatsbürgers in Uniform« vorschwebte, benutzten die konservativen Kräfte in Preußen und die Offiziere des Stehenden Heeres die Allgemeine Wehrpflicht dazu, die jungen Bürger in ihrem Sinne militärisch auszubilden und politisch zu erziehen. Sie sollten auch zukünftig gute Untertanen des preußischen Obrigkeitsstaats bleiben.

Damit war die innenpolitische Konfliktkonstellation zwischen dem preußischen Militärstaat und der – wirtschaftlich und kulturell aufstrebenden – bürgerlichen Bewegung vorgezeichnet. Der größere Teil des liberalen Bürgertums setzte auf Militärreformen. Er strebte eine Militärorganisation an, die mit der Demokratie kompatibel sein sollte. Dabei stellten sich die Liberalen einen Soldatentypus vor, wie er in der Französischen Revolution erstmals auf der politischen Bühne erschienen war, nämlich einen selbständig denkenden, nicht mehr am Kadavergehorsam orientierten Bürgersoldaten, der in einer Nationalmiliz dienen sollte und nicht in einem vom Militäradel beherrschten Stehenden Heer. Gleichzeitig sollte dadurch – wie in Frankreich – das Berufsmilitär »zivilisiert« werden, worunter man eine Anpassung an demokratische Standards verstand.

Der bürgerliche Reserveoffizier

Eine für den gesellschaftlichen Militarismus der Kaiserzeit typische Erscheinung war das Institut des bürgerlichen Reserveoffiziers.[86] Mit ihm verbanden die bürgerlichen Männer das nachvollziehbare Ziel, in der sozialen Hierarchie des Kaiserreichs, die vom Militäradel angeführt wurde, ebenfalls etwas zu gelten und in ihr aufzusteigen. Denn auch in der zivilen Bürokratie und im Wirtschaftsleben des kaiserlichen Deutschlands verlieh ein militärischer Dienstgrad, selbst der relativ niedrige eines Reserveleutnants, ein höheres Ansehen, als es durch besondere Kenntnisse und Fertigkeiten im zivilen Erwerbsleben erlangt werden konnte. Der Titel Reserveleutnant galt gleichsam als eine Ersatz-Nobilitierung.[87] In diesen Bestrebungen junger Männer aus dem Bürgertum spiegelte sich einmal mehr das enorme gesellschaftliche Renommee, welches das Militär traditionell in Preußen hatte und das sich im ersten deutschen Nationalstaat infolge der siegreichen Einigungskriege noch einmal gesteigert hatte.

Keiner hat diesen Teil des gesellschaftlichen Militarismus besser auf den Punkt gebracht als der Historiker Friedrich Meinecke. Er charakterisierte ihn mit folgenden Worten: »Der preußische Leutnant ging als junger Gott, der bürgerliche Reserveleutnant wenigstens als Halbgott durch die Welt.«[88] Der bedeutendste Gräzist des Kaiserreichs, Professor Ulrich von Wilamowitz-Moellendorff, gab 1915 in einer öffentlichen Rede ein Bekenntnis ab, das ebenfalls demonstriert, in welchem Ausmaß sich die Bürgerlichen am gesellschaftlichen Prestige der Offiziere orientierten: »Ich war damals schon jahrelang Professor wie heute, dachte und denke nicht gering von meinem Lehramte. […] Aber wie geringfügig kam alles, was unsereiner leisten kann, dem gegenüber vor, was mein Hauptmann mit seiner […] Arbeit erreichte, der Erzieher, der Hochschullehrer des Volkes.«[89]

Die Möglichkeit, Reserveoffizier zu werden, wurde jungen Männern aus dem Besitzbürgertum durch das Angebot eröffnet, freiwillig einen – gegenüber der normalen dreijährigen Dienstzeit – auf ein Jahr verkürzten Militärdienst abzuleisten. Das nannte man den Einjährig-Freiwilligen.[90] Nach Absolvierung zusätzlicher Wehrübungen konnte der Freiwillige dann zum Reserveleutnant befördert werden. Für das Privileg, einen verkürzten Militärdienst abzuleisten, musste der Bewerber zwei wichtige Voraussetzungen erbringen. Die Erste bestand in einem Bildungsnachweis. Gefragt war die Obersekundareife einer höheren Schule, also das sogenannte »Einjährige«, das man in der Regel mit 17 Lebensjahren erreichte. Die zweite Voraussetzung bestand in dem Nachweis, die durch seinen Wehrdienst entstehenden Kosten selbst tragen zu können, was in der Praxis bedeutete, dass seine Familie oder ein Dritter bereit waren, für den in Frage kommenden, nicht unbeträchtlichen Betrag geradezustehen. Es ging dabei um Kosten für Verpflegung, Unterbringung, Ausrüstung und Bekleidung, die in der Summe – je nach Waffengattung und Standort – einen Betrag von 2000 bis 3000 Reichsmark ausmachten. Um eine Vergleichsgröße zu haben, muss man wissen, dass das durchschnittliche Jahreseinkommen eines Handwerkers seinerzeit unter 1000 Reichsmark lag. Metallarbeiter, die besonders gut verdienten, kamen auf einen Jahreslohn von 1200 Reichsmark. Das Jahresgehalt eines Volksschullehrers schwankte zwischen 1300 Mark auf dem Land und 2000 Mark in der Stadt.

Man sieht also, dass es für Angehörige der Unterschicht und des alten Mittelstandes schon aus wirtschaftlichen Gründen unmöglich war, die für den privilegierten einjährig-freiwilligen Militärdienst erforderlichen wirtschaftlichen Voraussetzungen vorzuweisen. Der einigermaßen schulisch gebildete junge Mann musste also aus begütertem Hause kommen. Daraus ergab sich ganz von selbst eine soziale Selektion. So erklärt es sich auch, dass nur 30 bis 40 Prozent der jungen Männer, die an der Ableistung eines einjährig-freiwilligen Militärdienstes interessiert waren und die aufgrund ihrer Schulbildung einen entsprechenden Berechtigungsschein vorweisen konnten, letztendlich zum Zuge kamen. Die anderen vermochten es offensichtlich nicht, diese finanzielle Hürde zu überspringen.

Um das an einem konkreten Zahlenbeispiel zu verdeutlichen: In den Jahren 1906 bis 1910 waren 180 914 junge Männer formal berechtigt, einen freiwilligen einjährigen Militärdienst abzuleisten, aber nur 59 148 nahmen das Privileg tatsächlich in Anspruch.[91] De facto gab es also ein Besitzprivileg oder, polemisch gesprochen, ein »Privileg des Geldsacks«.[92] Der gesamte handwerkliche Mittelstand blieb damit vor den Türen der Offizierskasinos. Seitens der Sozialdemokraten wurde eine solche Bevorzugung denn auch – in Parallele zum preußischen Dreiklassenwahlrecht – als ein Instrument kritisiert, mit dem die soziale Kluft im Heer systematisch vertieft werde.[93] Durch das Geldsackprivileg in besonderer Weise benachteiligt waren die Volksschullehrer[94], die in starkem Maße an gesellschaftlichem Aufstieg interessiert waren und diesen auf dem Wege über das Reserveoffizierpatent zu erreichen hofften, aber in aller Regel am Besitzprivileg scheiterten.

Im Jahre 1907 dienten 12000 Einjährig-Freiwillige.[95] Geht man davon aus, dass es in den Jahren zwischen 1871 und 1914 im Durchschnitt ungefähr ähnlich viele waren, so ergibt sich, dass die preußisch-deutsche Armee nahezu eine halbe Million Reserveoffiziere ausbildete, die in ihrem Sinne zur geistigen und mentalen Militarisierung der Gesellschaft beitrugen. Im Ersten Weltkrieg sollten diese Reserveoffiziere erstmals in verantwortliche militärische Funktionen einrücken.

Diese Perspektive auf den Weltkrieg gibt Veranlassung, die Frage nach dem militärischen Können der Einjährig-Freiwilligen zu stellen. Wie der einschlägigen Literatur zu entnehmen ist, blieb dieses durchaus begrenzt.[96] Angesichts ihrer kurzen Dienstzeit konnten sich die militärischen Leistungen des Reserveoffizier-Aspiranten in der Regel nicht mit denen der Berufsoffiziere oder der längerdienenden Unteroffiziere messen. Häufig genug wurden die Einjährigen wegen ihrer mangelnden militärischen Kenntnisse gar zum Gespött der Routiniers auf den Kasernenhöfen. Wenn etwas schiefging, hieß es regelmäßig: »Typisch Einjährig-Freiwilliger!« Aber auf militärische Effizienz kam es weder den Repräsentanten der Militärmonarchie noch den Reserveoffizieren in erster Linie an. Denn das gemeinsame innenpolitische Ziel lautete, auch mit Hilfe des bürgerlichen Reserveoffizierkorps die Stabilität der bestehenden Herrschaftsverhältnisse zu garantieren.

Der politische Ort der bürgerlichen Reserveoffiziere im deutschen Kaiserreich lässt sich also folgendermaßen beschreiben: Sie sollten die ökonomisch wichtige bürgerliche Schicht auch politisch an den Militärstaat binden. Die jungen Männer aus großbürgerlichen Häusern sollten während ihrer einjährigen Militärdienstzeit und hernach in mehreren Reserveübungen systematisch im Wertesystems der Militäraristokratie erzogen werden. Der angehende Reserveleutnant durchlief »ein komplexes System militärischer Erziehung, Auslese, Überwachung und Disziplinierung«.[97] Was bei dieser Sozialisierung herauskam, war ein unkritischer, funktionierender Staatsdiener, der militärische Ordnungsmuster sowie die Tugenden Pünktlichkeit, Ordnung und selbstloses Pflichtgefühl für den Rest seines Lebens internalisiert hatte.[98] Der tonangebende Militäradel konnte hoffen, dass die bürgerlichen Reserveoffiziere hernach im Zivilleben die ihnen zugedachte gesellschaftspolitische Rolle spielen würden. Sie würden das Wertesystem, die Denk- und Ordnungsstrukturen der Militäraristokratie in die Industrie- und Handwerksbetriebe hineintragen, in die Landwirtschaft, in die Universitäten und Schulen, in die Verwaltungen und Presseredaktionen. Da die Reserveoffiziere keine aktiven Glieder des Präsenzheeres waren, sondern als Offiziersersatz im Beurlaubtenstand nur im Kriegsfalle einberufen wurden, verbrachten sie die meiste Zeit ihres Lebens in der bürgerlichen Berufswelt, in der sie in aller Regel leitende Funktionen ausübten. Dort wirkten sie im Sinne der Militärmonarchie auf die ihnen unterstellten Arbeiter, Angestellten, Bauern und Beamten ein. Die Reserveoffiziere als Angehörige der wirtschaftlich stärksten Schicht der deutschen Gesellschaft, des Besitzbürgertums, bildeten also eine gesellschaftliche Klammer zwischen der adligen Offizierschicht und den übrigen staatstragenden Teilen der Gesellschaft.

In diesem Zusammenhang dürfte auch ein Blick auf die Unteroffiziere des preußischen Heeres von Interesse sein.[99] Sie trugen ihrerseits, aber auf einer anderen Ebene und mit einem anderen Einflussbereich, zur Militarisierung von Teilen der Zivilgesellschaft bei, vornehmlich des Kleinbürgertums. Denn es bestand die Regelung, die Unteroffiziere nach 12-jährigem aktivem Militärdienst in die öffentliche Verwaltung zu übernehmen. Dort waren sie nicht nur wirtschaftlich versorgt, sondern sie transportierten auch ein Stück Kasernenhofatmosphäre in die Amtsstuben der Zivilverwaltung. So erlebten die einfachen Bürger auch auf diesen Ämtern den zackigen Kasernenhofton und die Obrigkeitsgläubigkeit. Der Militärhistoriker Eckart Kehr, einer der wenigen kritischen Militärhistoriker der Zwischenkriegszeit, zog in seiner im Jahre 1928 veröffentlichten Studie über die »Genesis des Königlich Preußischen Reserveoffiziers« den Schluss: Es handelte sich um die »Angliederung des Bürgertums an die Armee unter Umbildung der bürgerlichen Denkweise zur Denkweise des Offiziers und Verleihung eines sozialen Nimbus an die bürgerliche Schicht, die der Würde des Reserveoffiziers teilhaftig werden konnte«.[100] Manfred Messerschmidt nahm ebenfalls die gesellschaftspolitische Zielsetzung, die der preußisch-deutsche Militärstaat mit dem Wirken der Reserveoffiziere und der ehemaligen Unteroffiziere in der zivilen Gesellschaft verfolgte, in den Blick, wenn er schrieb: »Im Gesamtkomplex des deutschen Militarismus spielten das Zivilversorgungswesen wie das Einjährigenprivileg eine nicht wegzudenkende Rolle. Hier lag ein außerordentlich wichtiger Knoten, der auf unterer Ebene Armee und zivile Ordnung in diesem Militär-Beamten-Staat zusammenband.«[101]

Im Ergebnis gelang es der preußischen Armee, auf dem Umweg über die bürgerlichen Reserveoffiziere weiten Teilen der deutschen Gesellschaft den Geist der Subordination einzuprägen. Der deutsche Untertan, wie ihn

Heinrich Mann in klassischer Weise beschrieben hat[102], ist ein Produkt dieser Entwicklung. Der »Geist des Militarismus« produzierte eine Mentalität, in der gesellschaftliche Eitelkeiten und eine allgemeine Akzeptanz des Krieges miteinander verbunden waren.

3. Sozialmilitarismus

Mit dem Begriff Sozialmilitarismus wird hier das merkwürdige Phänomen bezeichnet, dass im Deutschland der Kaiserzeit auch in den Unterschichten der deutschen Gesellschaft in einem gewissen Umfang militärische Denkmuster und Verhaltenweisen verbreitet waren.[103] Es handelt sich um eine ambivalente Erscheinung. Denn einerseits herrschte in der deutschen Arbeiterschaft – die Zeitgenossen sprachen vom Proletariat –, eine oppositionelle Grundstimmung gegen den Militärstaat und den Militarismus. Andererseits gab es zur gleichen Zeit auch in Teilen der Arbeiterschaft und, mehr noch, in den ländlichen Unterschichten, eine Sympathie für die Welt des Militärischen. Manche Autoren sehen sogar einen Militärkult, der eher harmlose Formen hatte und als ein Bestandteil der nationalen Folklore daherkam. Jedenfalls blieb er ohne klar erkennbare politische Intentionen, zumal ohne eine aggressive Stoßrichtung. Viele der »kleinen Leute« wollten einfach auch »dazugehören« und nicht außerhalb der militärisch geprägten Gesellschaft stehen. Betrachtet man das Alltagsleben im kaiserlichen Deutschland, so wird man gewahr, dass tatsächlich in nahezu allen Lebensbereichen soldatische Umgangsformen gepflegt wurden. Für die meisten Deutschen der damaligen Zeit scheint Subordination nicht nur eine Last, sondern sogar eine Lust gewesen zu sein. Vielerorts galt die Uniform als das angesehenste Kleidungsstück und zugleich als das unübersehbare Symbol der Zugehörigkeit zur militaristisch geprägten Gesellschaft.

In den Amtsstuben und Behörden des Reiches saßen ehemalige Unteroffiziere, die nach ihrer Entlassung aus dem aktiven Militärdienst und der Ausstattung mit einem »Zivilversorgungsschein« den militärischen und kaisertreuen Geist in die Gesellschaft transportierten und damit ihren Teil dazu beitrugen, sie mit militaristischem Gedankengut zu durchtränken. In der zivilen Wirtschaft wurden nach militärischem Vorbild Hierarchien und Kommandostrukturen eingeführt, die sich im Kriege bewährt hatten und auch für eine effiziente Fabrikorganisation tauglich zu sein schienen.[104] Die politisch oppositionelle Grundhaltung von Angehörigen der Unterschichten konnte sich also durchaus mit einem sozialmilitaristischen Habitus verbinden. Fragte sich nur, zu wessen Gunsten sich diese ambivalenten Einstellungen im Konfliktfall, zumal im Falle eines kriegerischen Konflikts, auswirken würden.

Am Beginn ihrer Geschichte, also in den sechziger Jahren des 19. Jahrhunderts, positionierten sich die Führer der deutschen Arbeiterbewegung durch eine generelle Kampfansage gegen den Militärstaat, gegen die hohen Rüstungskosten und gegen die von den Monarchien ausgehenden Kriegsgefahren. Eine grundsätzlich oppositionelle Haltung nahmen die maßgeblichen Repräsentanten der deutschen Arbeiterbewegung auch zum Deutsch-Französischen Krieg von 1870/71 ein.

Verweigerte Zustimmung zum Deutsch-Französischen Krieg: die Sozialistenführer August Bebel und Wilhelm Liebknecht

Zu Beginn dieses Krieges stellten sich die beiden deutschen Sozialistenführer August Bebel und Wilhelm Liebknecht gegen den allgemeinen chauvinistischen Strom. Sie verfügten als einzige Vertreter der Sozialdemokratischen Deutschen Arbeiterpartei (SDAP) – der sogenannten »Eisenacher« – über ein Abgeordnetenmandat im Reichstag des Norddeutschen Bundes. Sie hatten den Mut, im Sommer 1870 den von der Regierung Bismarck geforderten Kriegskrediten ihre Zustimmung zu verweigern. Nach reiflicher Abwägung unterschiedlicher Gesichtspunkte enthielten sie sich der Stimme. Bebel und Liebknecht machten – noch in Unkenntnis der Manipulation der Emser Depesche durch Bismarck[105] – zunächst deutlich, dass sie den von Frankreichs Kaiser Napoleon III. erklärten Krieg als einen deutschen Verteidigungskrieg anerkennen müssten. Gleichzeitig erklärten sie jedoch, der Krieg werde von beiden Seiten als »ein dynastischer Krieg« geführt, dessen prinzipielle Gegner sie seien. Sie verstünden sich als Mitglieder der Internationalen Arbeiter-Assoziation, und diese bekämpfe »ohne Unterschied der Nationalität alle Unterdrücker« und suche »alle Unterdrückten zu einem großen Bruderbande zu vereinigen«. Daher könnten sie sich »weder direkt noch indirekt für den gegenwärtigen Krieg erklären«.[106]

Das große Aufsehen, das diese kriegsgegnerische Haltung der beiden Abgeordneten erregte, muss vor dem Hintergrund des Tatbestandes verstanden werden, dass es zu dieser Zeit in Deutschland – anders als in

Frankreich, England und Italien – noch keine pazifistische Bewegung gab. Die kleine Sozialdemokratische Arbeiterpartei mit ihrem Schwerpunkt im Königreich Sachsen war damals in Deutschland die einzige politische Kraft überhaupt, die ihre Stimme gegen den Krieg erhob und damit das Selbstverständnis der staatstragenden Schichten und ihrer Anhänger in Frage stellte.

Die übrigen Abgeordneten des Reichstags des Norddeutschen Bundes stimmten in der patriotisch aufgeheizten Stimmung des Sommers 1870 geschlossen für die von der Regierung geforderten Kriegskredite in Höhe von 120 Millionen Talern. Bebel und Liebknecht sahen sich alsbald in die Rolle von Staatsfeinden gedrängt und mit dem Vorwurf des Landesverrats konfrontiert. Auch die Diffamierung der Sozialdemokraten als »vaterlandslose Gesellen« dürfte hier ihren Anfang genommen haben.

Schließlich wurden Bebel und Liebknecht im Leipziger Prozess von 1872 wegen Vorbereitung zum Hochverrat zu zweijähriger Festungshaft verurteilt, die sie in der Folgezeit auch absitzen mussten.[107] In einem zweiten Prozess erhielt Bebel zusätzlich neun Monate Gefängnis wegen Majestätsbeleidigung. Er verlor zwangsläufig sein Reichstagsmandat, konnte 1873 aber erneut kandidieren und gewann wiederum seinen sächsischen Wahlkreis.[108]

Der Leipziger Hochverratsprozess machte exemplarisch deutlich, wie der preußisch-deutsche Militärstaat von Beginn an mit seinen Kritikern umging. Über Jahrzehnte hinweg wurden sie regelmäßig als Hoch- und Landesverräter verfolgt, weil sie sich nicht in die militärische Vorstellungswelt von einer kriegerischen Volksgemeinschaft einfügten.[109]

Das Volksheer als Ideal der oppositionellen Sozialdemokratie

Wie dachten die politischen Führer des Proletariats über die Rolle der Gewalt in der Geschichte? Wie beurteilten sie die Militärorganisationen ihrer Zeit? Allgemein lässt sich sagen, dass die Vordenker und Politiker der Arbeiterbewegung, die in der zweiten Hälfte des 19. Jahrhunderts europaweit politischen Einfluss gewannen, auf diesen Feldern der Politik in beträchtlichem Umfang der bürgerlich-liberalen Vorstellungswelt verhaftet blieben.

Bereits der Allgemeine Deutsche Arbeiterverein (ADAV), aus dem im Jahre 1875 die Sozialdemokratische Partei hervorging, wandte sich in seinen ersten programmatischen Verlautbarungen gegen die Stehenden

Heere, wie sie in Preußen und anderen deutschen Staaten bestanden, und trat für die Einführung eines Volksheeres ein. 1868 beschloss der in Nürnberg tagende 5. Vereinstag des ADAV die politische Forderung: »Volksheer anstelle des Stehenden Heeres«.[110] Sie wurde in das Gothaer Programm der Sozialdemokratischen Partei von 1875 und dann das Erfurter Grundsatzprogramm von 1891 übernommen, das formell bis zum Jahre 1925 gültig blieb.[111] Da die Sozialdemokratie das Heer der Militärmonarchie in ein Volksheer umwandeln wollte, trat sie von Beginn an für die konsequente Durchführung der Allgemeinen Wehrpflicht ein. Die Wehrpflicht wurde als Wehrrecht aufgefasst, als ein *Recht zum Staat* im Sinne eines Rechts zur politischen Partizipation und zur Machtteilhabe.[112]

Neu an der sozialistischen Theorie war, dass sie im preußisch-deutschen Militarismus nicht nur ein politisches Herrschaftssystem sah, sondern dass sie ihn zugleich als Ausdruck einer Gesellschaftsordnung interpretierte, die auf dem Klassengegensatz beruhte. Der zeitgenössische Militarismus wurde auch als eine Erscheinungsform des Kapitalismus – später dann, ab 1890, des nunmehr aufkommenden Imperialismus – betrachtet. Häufig wurden Kapitalismus, Militarismus und Krieg in einem Atemzug genannt, und die im Gegenzug formulierte politische Utopie, die unter anderem im Erfurter Programm der SPD von 1891 zum Ausdruck gebracht wurde, lautete, noch ganz der Marx'schen Theorie verpflichtet: Erst eine zukünftige sozialistische Gesellschaftsordnung werde die Voraussetzungen für die endgültige Überwindung von Militarismus und Krieg schaffen können.

Wilhelm Liebknecht prägte im Jahre 1888 die Formel »Diesem System keinen Mann und keinen Groschen!«[113], die hernach in der sozialdemokratischen Propaganda jahrzehntelang als politisches Schlagwort benutzt wurde. Es schien eine Fundamentalopposition zu signalisieren. Tatsächlich verschleierte es jedoch den Befund, dass die SPD in der parlamentarischen Praxis ganz andere Wege ging und sich immer mehr an den bestehenden Staat annäherte. Daher ist zu fragen: Was bedeutete es eigentlich, wenn sich deutsche Sozialdemokraten in der Zeit zwischen 1900 und 1914 als Antimilitaristen bezeichneten? Gewiss meinte der radikal denkende, auf eine Entmilitarisierung der Gesellschaft hinarbeitende Karl Liebknecht nicht das Gleiche wie beispielsweise der auf dem rechten Flügel stehende Abgeordnete Gustav Noske, auch wenn sie sich beide in der rhetorischen Bekundung trafen, dass die preußische Armee als ein Instrument der Klassenherrschaft abzulehnen sei. Für die eine Richtung in der Partei hatte diese Ablehnung allerdings grundsätzlichen Charakter, während sie für die andere den Ansatzpunkt für konstruktive Reformvorschläge bot. Der allseits anerkannte Parteivorsitzende August Bebel verstand sich in der Kunst, beide Positionen miteinander zu verknüpfen. Bei den Beratungen des Militäretats im Reichstag übte er regelmäßig zunächst eine Generalkritik, um dann praktische Verbesserungsvorschläge zu unterbreiten. So kritisierte er beispielsweise die Zurschaustellung von militärischem Pomp bei Paraden und anderen Gelegenheiten und forderte, dass ein solcher militaristischer »Firlefanz« künftig unterbleiben sollte.

Der Historiker Bernhard Neff, der die sozialdemokratische Militarismuskritik in den beiden Jahrzehnten zwischen 1890 und 1911 näher untersucht hat, beschrieb das Objekt ihres Missfallens mit dem treffenden Begriff »Dekorationsmilitarismus«.[114] August Bebel betrachtete diesen als dysfunktional, weil er die Ausbildung eines zeitgemäßen, modernen und kriegstauglichen Militärwesens behinderte. Diese Form der Kritik mag überraschen. Sie wird jedoch verständlich vor dem Hintergrund der politischen Annahme Bebels, an welcher er zumindest bis zur russischen Revolution von 1905 festhielt, dass nämlich Deutschland eines Tages durch einen russischen Angriff zur Führung eines Verteidigungskrieges gezwungen sein könnte. Bebel sah sich verpflichtet, darauf zu dringen, dass für die vielen einfachen, dem Proletariat entstammenden, zwangsverpflichteten Soldaten, die diesen Krieg dann auszufechten haben würden, eine optimale Vorsorge – im Sinne einer »kriegsmäßigen« Ausbildung – getroffen werden müsse.

So verständlich diese fürsorgliche Haltung von einem sozialdemokratischen Standpunkt aus war: In ihren praktischen Auswirkungen fügte sie sich in die militaristischen Tendenzen ihrer Zeit ein. Das mag den meisten sozialdemokratischen Reichstagsabgeordneten nicht bewusst gewesen sein. Gleichwohl verhielt es sich so. Ja, man kann vielleicht sogar so weit gehen zu sagen, dass die Sozialdemokratie jene Teile der deutschen Gesellschaft organisierte und disziplinierte, die von den Organen des Militärstaats alleine nicht zu erreichen waren. Seit der Jahrhundertwende sollten die sozialdemokratischen Reformisten in der Beurteilung des preußisch-deutschen Militarismus dann weitere neue Akzente setzen, die im Folgenden näher zu betrachten sind.

Im Reichstag profilierte sich ab 1907 neben dem Parteivorsitzenden August Bebel ein jüngerer sozialdemokratischer Abgeordneter als Experte für Heer und Marine, der noch eine große Karriere vor sich haben sollte.

Nach dem Weltkrieg 1914–1918 wurde er nämlich der erste Reichswehrminister der ersten deutschen Republik. Gemeint ist Gustav Noske.[115] Vor dem Hintergrund seiner späteren politischen Laufbahn ist es von einigem Interesse, in Erfahrung zu bringen, wie dieser betont pragmatische Politiker in der Zeit vor dem Ersten Weltkrieg den preußisch-deutschen Militarismus gesehen hat und in welchem Umfang er mit seinen politischen Auffassungen den Bewusstseinsstand seiner Fraktion und seiner Partei repräsentierte.

Mit ehrlichem Zorn kritisierte Noske immer wieder, dass es einem tüchtigen Mann proletarischer Herkunft im heutigen Deutschland nicht einmal möglich sei, Leutnant zu werden. Selbst wenn jemand Unteroffizier der Reserve werden wolle, würden peinliche Erkundigungen darüber eingezogen, ob er nicht sozialdemokratischer Gesinnung verdächtig sei.[116] Es ging ihm also in erster Linie darum, das Offizierkorps als »eine streng abgeschlossene Kaste aus Angehörigen der besitzenden Klassen« aufzulösen und die Laufbahnen der Offiziere und Unteroffiziere auch für diejenigen Schichten zu öffnen, die von der Sozialdemokratie politisch vertreten wurden. Unter Demokratisierung des Heeres verstand Noske, dass auch der tüchtige, strebsame Mann aus dem Volke die Chance haben sollte, sich zum Offizier emporzuarbeiten. Solange diese Forderung nicht verwirklicht war, nannte auch dieser reformistische SPD-Politiker das preußische Heer ohne Umschweife ein »volksfeindliches Klassenheer«.[117] Aber die Gewichte seiner Politik hatte er längst in Richtung auf militärpolitische Reformen im Gegenwartsstaat verlagert. Noske sagte sogar, Deutschland würde »die besten Soldaten« haben, wenn die Regierung nur die sozialdemokratischen Programmforderungen befolgte, insbesondere ihre Vorschläge zur vormilitärischen Jugendertüchtigung und Erziehung der Jugend zur Wehrhaftigkeit. Es war ihm auch wichtig, in den Blick zu rücken, dass sich die Arbeiterturnvereine um die körperliche Ertüchtigung der Jugend verdient gemacht hätten.

Allgemeine Wehrpflicht – zu wessen Nutzen?

Die staatstragenden Schichten, also Adel und Bürgertum, erhielten mit der Wehrpflicht die einmalige Chance, einen Großteil der männlichen Bevölkerung des Landes nicht nur militärisch auszubilden, sondern ihn auch im Sinne des eigenen, militaristischen Wertesystems zu beeinflussen. Auf der Basis der Allgemeinen Wehrpflicht konnte die Armee zur »Erziehungsschule der Nation« werden, wie ein geflügeltes Wort der Zeit hieß.[118] Während des zwei oder zeitweise sogar drei Jahre langen Wehrdienstes erlernten Millionen junger Männer in den Kasernen und auf den Truppenübungsplätzen das Waffenhandwerk, den militärischen Gehorsam – und gleichzeitig ein politisches Denken, in dem Gewalt und Krieg, Kaiser und Vaterland, Freund und Feind eine ganz selbstverständliche Rolle spielten.

Da sich die Militärplaner den Zukunftskrieg als einen Volkskrieg vorstellten, mussten sie dem Grundsatz nach bestrebt sein, möglichst viele Menschen militärisch auszubilden und zu erziehen, also die mit der Allgemeinen Wehrpflicht gegebenen Möglichkeiten der Rekrutierung optimal auszuschöpfen. Tatsächlich wurde die Allgemeine Wehrpflicht im kaiserlichen Deutschland jedoch *nicht* vollständig durchgeführt. Weshalb war dies so? Die Antwort ist nicht so sehr im militär-organisatorischen Bereich zu suchen, auch nicht im ökonomischen oder arbeitsmarktpolitischen, also im Arbeitskräftebedarf der wachsenden Industriegesellschaft. Vielmehr ergab sich die mangelhafte Durchführung der Allgemeinen Wehrpflicht aus widerstreitenden Interessen im Lager der Militäreliten selbst.

Wie der Historiker Stig Förster in seinem Buch »Der doppelte Militarismus«[119] herausgearbeitet hat, konkurrierten innerhalb der preußisch-deutschen Militärelite zwei Richtungen miteinander. Die eine Richtung – sie war nationalistisch, rechtsradikal und außenpolitisch aggressiv – verfocht den Kurs, für den künftigen imperialistischen Krieg möglichst viele ausgebildete Soldaten bereitzustellen, weil sie davon überzeugt war, dass sich in einem Volkskrieg der Zukunft nur mit einem großen Heer kriegerische Erfolge würden erzielen lassen. Einen anderen Kurs schlug dagegen die konservative Fraktion der preußischen Militaristen ein, die hauptsächlich aus dem altpreußischen Militäradel bestand. Dessen politische Priorität lag auf der Status-quo-Sicherung im Innern, also der Stabilisierung der bestehenden Herrschaftsverhältnisse mit dem Militäradel als führender Schicht. Dieses Ziel, so fürchteten sie, könnte bei einer vollständigen Durchführung der Allgemeinen Wehrpflicht bedroht sein, führte sie doch dazu, dass eine unübersehbar große Zahl von Rekruten aus dem proletarischen Milieu in die Armee einsickerte, die politisch unter dem Einfluss der Sozialdemokratie und der Gewerkschaften standen. Daher drängte dieser Teil der preußischen Militärelite nicht darauf, das gesamte Potenzial an Rekruten einzuziehen. Ihnen schien der Verzicht auf Quantität bedeutsamer als das Risiko der politischen Unterwanderung. Daher drosselten sie die Quote der alljährlich einberufenen Rekruten und fanden überdies

Wege, die städtischen Jugendlichen, die als politisiert und als sozialdemokratisch infiziert galten, möglichst nicht einzuberufen und statt ihrer verstärkt auf die ländliche Bevölkerung zurückzugreifen, die als formbarer eingeschätzt wurde. Bei den Auseinandersetzungen über die Allgemeine Wehrpflicht verliefen die politischen Konfliktlinien also nicht nur zwischen der oppositionellen Sozialdemokratie und den staatstragenden Militäreliten, sondern auch innerhalb derselben.

Wie wirkten sich diese Kontroversen in der Praxis aus? Wer setzte sich durch? Im Hinblick auf die soziale Selektion saß die konservative Fraktion am längeren Hebel. Auch bei der quantitativen Ausschöpfung des Personals setzte sie sich durch, wie die Tatsache exemplarisch zu belegen vermag, dass von den 422 000 jungen Männern, die im Jahre 1900 zur Verfügung standen, nur etwa 230 000 auch tatsächlich einberufen wurden, also nur etwas mehr als die Hälfte des Jahrgangs.[120] Ausgewählt wurde aufgrund von Musterungskriterien, die je nach Bedarf verändert werden konnten. Die volle Zahl der Tauglichen wurde zu keinem Zeitpunkt des Kaiserreiches ausgeschöpft. Noch im Jahre 1913 wurden nur 60 Prozent der Tauglichen auch tatsächlich zum Wehrdienst eingezogen.[121] Die Folge dieser zurückhaltenden Praktizierung der Allgemeinen Wehrpflicht war, »dass bei Kriegsausbruch 1914 von insgesamt 10,4 Millionen Wehrpflichtigen […] rund 5,4 Millionen nicht ausgebildet waren«.[122] Das heißt, dass mehr als 20 Jahre lang nur etwa die Hälfte der Wehrpflichtigen auch tatsächlich eingezogen wurde und eine militärische Ausbildung erhielt. Erst der Weltkrieg brachte die Wende zu einer Einziehung aller tauglichen Wehrpflichtigen.

Bei Kriegsbeginn 1914 verfügte das aktive deutsche Heer, also das mobilisierte Feldheer, über rund 120 000 Offiziere sowie 3,7 Millionen Unteroffiziere und Mannschaften, und dies bei einer Bevölkerung von 67,8 Millionen Menschen.[123] Das waren 6 % der deutschen Bevölkerung, weniger als in Frankreich, das 9,1 % seiner Bevölkerung unter Waffen hielt und 60 % seines Wehrpflichtigenpotenzials ausgeschöpft hatte.[124] Großbritannien hatte in Friedenszeiten keine Wehrpflicht. Sie wurde erst während des Krieges eingeführt. Aus alledem folgt: Die Wehrpflicht hat es in ähnlichem quantitativem Umfang auch in anderen Ländern Europas und der Welt gegeben. Nicht sie war es, die den preußisch-deutschen Militarismus zum Prototyp dieses Phänomens machte. Hinzu mussten viele andere Faktoren kommen.

Für den rückblickenden Betrachter der Realgeschichte der Allgemeinen

Wehrpflicht in Deutschland im 19. und 20. Jahrhundert wird deutlich, dass sich die Hoffnungen der demokratischen Anhänger des Wehrpflichtgedankens unter den Rahmenbedingungen des traditionsreichen deutschen Militarismus nicht erfüllen konnten. Sie hatten sich vorgestellt, dass die konsequente Durchführung der Wehrpflicht einen Zuwachs an politischer Partizipation für die Arbeiterklasse und andere Unterschichten mit sich bringen würde. Tatsächlich trug die Wehrpflicht in Deutschland zwar zur Erhöhung der militärischen Stärke des Staates bei, aber sie bescherte keinen Zuwachs an Demokratie, wie dies im revolutionären Frankreich der Fall war. Durch die Wehrpflicht kam der preußische Militärstaat zu billigen Soldaten, zumindest im Vergleich zu den Söldnern des 18. Jahrhunderts. Im späten 19. Jahrhundert, besonders aber im 20., wurde die Allgemeine Wehrpflicht dann zur Voraussetzung für die Massenheere und diese wiederum für das Massensterben von Millionen einfacher Soldaten. Am Ende setzte sich der preußisch-deutsche Militärstaat durch. Er machte aus den Proletariern funktionsfähige und gehorsame Soldaten und stellte sie in den Dienst seiner machtpolitischen Interessen.

Kriegervereine: der Militarismus der kleinen Leute

Auch die Mittel- und Unterschichten wurden in der Zeit des deutschen Kaiserreichs keineswegs von einer durchgängig antimilitaristischen Gesinnung geprägt. Vielmehr pflegten sie ihrerseits eine Art Militärkult. In seinem Buch über den »Militarismus der kleinen Leute«[125] beschäftigt sich der Historiker Thomas Rohkrämer insbesondere mit der militaristischen Gesinnung in den deutschen Kriegervereinen.[126] Nach den Einigungskriegen traten die einfachen Soldaten massenhaft in einen der Kriegervereine ein, die jetzt zu Tausenden aus dem Boden sprossen.[127] Zusammengenommen hatten die Kriegervereine in der Kaiserzeit fast drei Millionen Mitglieder. Damit waren sie die bedeutendste Massenorganisation der damaligen Zeit, größer noch als Gewerkschaften und SPD. Aufgrund ihres quantitativen Gewichts wie auch ihrer ideologischen Nähe zum wilhelminischen Militärstaat übten sie einen kaum zu unterschätzenden Einfluss auf das politische und gesellschaftliche Leben aus.

Anfangs waren die Intentionen der Veteranen eher unpolitisch: »Die gemeinsam erlebten Gefahren und Abenteuer hatten ein Zusammengehörigkeitsgefühl geschaffen, das in Friedenszeiten im Verein gewahrt werden sollte. Man tauschte Kriegserinnerungen aus, unterstützte notleidende

Kameraden, sorgte im Todesfall für ein Begräbnis mit militärischen Ehren. Daneben zelebrierten die Mitglieder der Kriegervereine in Feiern und Festen ihren Beitrag zur deutschen Einigung und ihre Zugehörigkeit zum neuen Staat.«[128] Der Stolz dieser Männer auf die im Kriege gemeinsam bestandene Gefahr war zunächst eher rückwärts gerichtet und keineswegs gleichbedeutend mit dem Wunsch nach neuen kriegerischen Abenteuern. Das Weltbild der Veteranen trug einen merkwürdig widersprüchlichen Zug: Man verherrlichte die vergangenen, siegreichen Kriege und betonte gleichzeitig die eigene Friedfertigkeit.[129]

Das war jedoch nicht der einzige Widerspruch im Bewusstsein des typischen Kriegsveteranen. Als einfacher Soldat von ehedem war er einerseits obrigkeitshörig und Untertan, aber es konnte durchaus geschehen, dass er aus dieser unreflektiert konformistischen Haltung heraus gleich mehreren gesellschaftlichen Autoritäten huldigte. Rohkrämer schreibt: »Das Mitglied der Kriegervereine, das Kaiser Wilhelm und Bebel oder Bismarck und dem Papst gleichermaßen Respekt und Verehrung entgegenbrachte, ist ein typisches Beispiel dieser Geisteshaltung.«[130]

Häufig prägten Schützen- und Kriegervereine das gesellschaftliche Leben in den Dörfern und kleinen Städten, wie der Paderborner Historiker Dieter Riesenberger anhand der katholischen Kleinstadt Salzkotten in Westfalen exemplarisch gezeigt hat.[131] Dort wurde beispielsweise die Geburtstagsfeier von Kaiser Wilhelm II. im Jahre 1908 vom örtlichen Kriegerverein ausgerichtet. Seine Mitglieder wie auch die des Schützenvereins trugen eine Uniform. Böllerschüsse eröffneten das Fest. Es folgte ein Marsch zum Kriegerdenkmal, vor dem ein Kranz für die gefallenen Kameraden niedergelegt wurde. Den Höhepunkt bildete ein »Feldgottesdienst«. Beim offiziellen Festessen pries der Kaplan den Kaiser als »Friedensfürsten«. Den Abschluss des gesellschaftlichen Großereignisses bildeten ein Ball und schließlich das Feuerwerk. Das ganze Städtchen feierte Geselligkeit im militärischen Stil.

Der Historiker Jakob Vogel hat für Gepflogenheiten dieser Art, die den herausgehobenen Platz militärischer Formen in der populären Kultur dokumentierten, den Begriff »Folkloremilitarismus« geprägt.[132] Dazu zählt er auch die üppigen Selbstdarstellungen des Militärs in der Öffentlichkeit, also etwa die Militärparaden mit Militärmusik und allerlei nationalem Brimborium, an denen nicht nur die adligen und die bürgerlichen Familien, sondern auch die sogenannten kleinen Leute ihren Spaß hatten.

Die weitergehende Frage, ob von diesem eher beschaulichen Gesinnungsmilitarismus eine Verbindungslinie zur Kriegsbegeisterung von 1914 gezogen werden kann, muss eher verneint werden, weil von Kriegsbegeisterung bei den Unterschichten ohnehin kaum gesprochen werden kann.[133] Wenn man die Erinnerungen dieser Männer an den Wehrdienst in Krieg und Frieden analysiert, wird man vielmehr erkennen, »dass kaum ein Reservist oder Veteran die Erfahrung wiederholen wollte. Angst und Entbehrung im Krieg, Schikane, Beschränkungen der persönlichen Freiheit und Langeweile in der Kaserne überwogen auch im Rückblick überzeugter Nationalisten die positiven Erlebnisse.«[134] Das heißt: Die Mentalität der Kriegsveteranen der Einigungskriege hatte nichts oder nur sehr wenig zu tun mit dem Hurra-Patriotismus von 1914.

Bei den Hurra-Patrioten des Kriegsbeginns 1914 handelte es sich um eine neue Generation von Kriegervereinsmitgliedern, die einer anderen, »modernen« Variante des Militarismus anhingen. Auf der Grundlage des Schrifttums der Kriegervereine ermittelte Rohkrämer, dass um die Jahrhundertwende herum ein Umschlag des Denkens stattfand. Die Angehörigen der jüngeren Generation unter den nationalistisch eingestellten Kleinbürgern, Bauern und Arbeitern, die nicht als Kriegsveteranen, sondern »nur« als Reservisten in die Kriegervereine drängten, waren es jetzt leid, aus dem Munde der Veteranen zum hundertsten Male von deren Taten zu hören, die sie einst »zum Manne gemacht« hatten. Sie wollten diese Erfahrung, die dem Gerede der Alten zufolge eine wesentliche Steigerung des Lebensgefühls versprach, nun selbst machen. Es war die Zeit, in der die Kriegervereine von der traditionellen Vereinsmeierei Abstand nahmen und dazu übergingen, paramilitärische Aktivitäten zu entwickeln.

Dieser Wandel lief zeitlich parallel mit den propagandistischen Aktivitäten neuer militaristischer Massenverbände wie dem 1898 gegründeten »Deutschen Flottenverein«, der sich in der Öffentlichkeit für den Seemachtgedanken und für eine entsprechende Marinerüstung einsetzte, und dem 1912 ins Leben gerufenen »Deutschen Wehrverein«, der sich unter maßgeblicher Beteiligung industrieller und militärischer Gruppen für die Heeresrüstung stark machte und später, während des Weltkrieges, für extreme Kriegsziele eintrat.

Im Zuge dieser dynamischen imperialistischen Entwicklung schlug der ältere, eher rückwärts gerichtete Gesinnungsmilitarismus in den Kriegervereinen um in eine Haltung mit eindeutig aggressiven Zügen. Da man sich die Stoßrichtung des »modernen« Gesinnungsmilitarismus jedoch aus politisch-moralischen Gründen nicht offen eingestehen wollte, wünschten sich die nationalistisch eingestellten »kleinen Leute« einen Angriff der Feinde Deutschlands herbei, um sich in ihm als Teilnehmer eines gerechten Verteidigungskrieges bewähren zu können. Die zeitgenössischen Verteidigungs- und Präventivkriegslegenden, die diesen sozialpsychologischen Bedürfnissen Rechnung trugen, erscheinen so in einem neuen Licht.

Der Befund, dass es zur Zeit des Deutschen Kaiserreichs nicht nur eine tonangebende militärische Herrschaftsschicht gab, sondern auch einen Militarismus der »kleinen Leute«, darf hinsichtlich seines politischen Gewichts allerdings nicht überbewertet werden. Insbesondere entlastet er nicht die herrschenden Eliten von ihrer Verantwortung für das Wettrüsten vor 1914 und jene – stets mit dem Gedanken eines Präventivkrieges spielende – Risikopolitik, die schließlich zum Weltkrieg führen sollte. Allerdings kann der geschilderte Sozialmilitarismus, der im damaligen Deutschland tiefer verankert war als in jedem anderen europäischen Land, erklären helfen, weshalb es 1914 nicht in größerem Ausmaße zu Protesten gegen die Kriegspolitik der deutschen Regierung gekommen ist.

Gegenstück Frankreich

War die Militärbegeisterung in Form des geschilderten Folkloremilitarismus eine spezifische Eigenart des deutschen Militarismus der Kaiserzeit, oder konnte man ähnliche Erscheinungen auch in anderen europäischen Ländern beobachten? Es hat ihn, wie Jakob Vogel in einem Vergleich zeigen konnte, in ähnlicher Weise auch in Frankreich gegeben. Hier wie dort feierten Krieger- und Schützenvereine ihre militärisch inszenierten Volksfeste. In Frankreich war es bereits vor dem Deutsch-Französischen Krieg von 1870/71 üblich, dass sich zivile Organisationen wie Bürgerwehren und Schützenvereine militärischer Symbole bedienten. Das heißt, es existierte in beiden Ländern eine längere Tradition dieses Folkloremilitarismus.[135]

Im Hinblick auf die politische Akzeptanz des Militärkults lässt sich zwischen Deutschland und Frankreich allerdings ein bemerkenswerter Unterschied feststellen. In Frankreich kam es immer wieder zu öffentlichen Protesten gegen die Militärparaden. In Deutschland dominierte stattdessen die untertänige Bewunderung für alles Militärische. Man wird in dieser Differenz einen Ausdruck der unterschiedlichen politischen Kulturen beider Länder sehen können. Diese zeigten sich im Verhältnis von Politik und Militär, das in Frankreich klar im Sinne einer Unterordnung des Militärs unter die politische Leitung geregelt war, sowie im Selbstverständnis der Menschen als Staatsbürger oder Untertanen.

Im Übrigen sollte bei einem Vergleich von Deutschland und Frankreich in der Zeit von der Wende vom 19. zum 20. Jahrhundert bis zum Beginn des Ersten Weltkrieges nicht übersehen werden, dass sich auch die militärpolitischen Programme der jeweiligen oppositionellen Sozialisten durchaus ähnelten. Der französische Sozialistenführer Jean Jaurès strebte eine »Nation in Waffen« an, August Bebel in Deutschland ein Volksheer und eine allgemeine Volksbewaffnung. Hier wie dort sollte diese Armee allerdings keinesfalls zu Eroberungszwecken eingesetzt werden dürfen, sondern ausschließlich der Verteidigung des eigenen Landes dienen; und sie sollte demokratisch kontrolliert werden, was in Frankreich schon damals in weit größerem Umfang gegeben war als in Deutschland.[136]

Das belegt unter anderem der Verlauf der französischen Dreyfusaffäre, die sich von 1894 bis 1906 hinzog und zur schwersten innenpolitischen Krise der französischen Dritten Republik führte.[137] Dem aus dem jüdischen Bürgertum des Elsass stammenden Offizier Alfred Dreyfus wurde – unberechtigterweise, wie sich zeigen sollte – vorgeworfen, militärische Geheimnisse an die deutsche Botschaft in Paris verraten zu haben. Selbst als deutlich wurde, dass man ihn zu Unrecht verdächtigt und verurteilt hatte, hielten Generalstab und Kriegsministerium starr an dessen Schuld fest. Es zeigte sich, dass in der französischen Armee antirepublikanische und antisemitische Tendenzen fortbestanden. Nun setzte die politische Linke (Radikalrepublikaner, Sozialisten, Linkskatholiken) durchgreifende Reformen im militärischen Bereich durch. Sie sorgte dafür, dass die Streitkräfte republikanisiert und damit gleichsam auf die Höhe der Gesellschaft angehoben wurden. Im Konflikt zwischen traditionellem Herrschaftsinteresse und Demokratie setzte sich die Letztere durch. In Deutschland dagegen machten demokratische Entwicklungen jeweils konsequent vor den Kasernentoren Halt. Die Armee öffnete sich kaum gegenüber der Gesellschaft. Anders als im deutschen Militärstaat galt in Frankreich: »Die Gesellschaft sollte das Ordnungsmodell für die Armee sein, und nicht umgekehrt.«[138] So machte die berühmte Dreyfusaffäre exemplarisch deutlich, wie unterschiedlich die Armee in den Gesellschaften beider Länder situiert war.

Mit den unterschiedlichen Mentalitäten der Menschen in den beiden großen europäischen Nachbarländern hat sich nach dem Ersten Weltkrieg der deutsche Schriftsteller Felix Stössinger befasst. Er war ein kritischer

Kopf, kriegsgegnerisch eingestellt und ein Kenner beider Länder. 1919 gab er in Berlin die »Freie Welt« heraus[139], eine illustrierte Wochenzeitung der Unabhängigen Sozialdemokratischen Partei Deutschlands (USPD), die sich 1917 wegen unterschiedlicher Ansichten über den Krieg von der SPD abgespalten hatte. Stössinger schrieb im Jahre 1924: »Militarismus, das war unsere Verfassung mit dem Primat des Militärischen über das Politische, das war unser verzückter Glaube an Blut und Eisen, das war unsere Schule, unsere Philosophie, unser ganzes Leben bis hinunter zur albernen Imitation der militärischen Geste durch das Zivil. Hatte man schon nicht das Glück, Militär zu sein, so wollte man es wenigstens durch einen Schnurrbart scheinen. – Ist es wahr, dass dieser ekelhafte Geist nun in Frankreich herrscht? Nein, das ist nicht wahr! Frankreich hat eine große Armee, aber es ist nicht militaristisch. Frankreich glaubt ohne militärisch starke Bundesgenossen nicht gesichert zu sein; aber es ordnet sich in keiner Beziehung, weder politisch noch geistig, den Waffen unter. Keine französische Partei nimmt von der Armee politische Direktiven an, kein Franzose von ihr gesellschaftliche Allüren. – Das Militär ist in Frankreich, trotz des Sieges, keine herrschende Klasse geworden, die sich als Träger oder Retter des Staates gebärden dürfte. Das Militär tritt überhaupt kaum hervor. Es hat überhaupt keine militärische Geste, und man sieht diesen Soldaten und Offizieren an, dass sie verkleidete Zivilisten sind, während bei uns die Zivilisten verkleideten Soldaten gleichen [...].«[140]

Ähnlich hatte der linke Sozialdemokrat und exponierte Militarismus-Kritiker Karl Liebknecht schon im Jahre 1907 den preußisch-deutschen Militarismus »als ein System der Durchtränkung unseres ganzen öffentlichen und privaten Volkslebens mit militaristischem Geiste« sowie mit dem »Sklaven-Geiste« charakterisiert.[141] Und in den zwanziger Jahren vertrat der ehemalige Offizier Franz Carl Endres die aufsehenerregende These, dass der Militarismus in erster Linie als eine »Geistesverfassung des Nichtmilitärs« definiert werden müsse.[142] Stössinger, der die Dinge ähnlich sah, blieb es vorbehalten, durch den Vergleich mit Frankreich den Blick auf das eigene Land zu schärfen: Diese militaristische Geistesverfassung der Nicht-Militärs habe sich durch jahrzehntelange Praxis zu einer Mentalität der Deutschen verfestigt, die weder dem französischen Soldaten noch Zivilisten eigen sei.

Die Affären Köpenick (1906) und Zabern (1913)

Zwei charakteristische Episoden haben das Bild vom preußisch-deutschen Militarismus der Kaiserzeit im In- und Ausland nachhaltig beeinflusst.

Die eine Begebenheit ist die wahre Geschichte des »Hauptmanns von Köpenick«[143], einem Dorf am Rande von Berlin. Bei diesem Offizier handelte es sich in Wirklichkeit um den Schuster Wilhelm Voigt, der ein Gauner und Eulenspiegel war, ein Schelm und Spaßvogel, der mit seinem Streich etwas Allgemeines aufspießte. Voigt hatte beim Trödler eine Hauptmannsuniform erworben. Mit dieser bekleidet, unterstellte er einen gerade daher kommenden Trupp von elf Soldaten seinem Befehl, ließ diese das Rathaus von Köpenick umstellen und erteilte auch der Polizei Weisungen, die von dieser ohne weitere Rückfragen befolgt wurden. Er selbst beschlagnahmte »auf allerhöchsten Befehl« die Stadtkasse und verschwand mit dem Geld. Der Schriftsteller Carl Zuckmayer hat diesem preußischen Eulenspiegel in seinem Drama »Der Hauptmann von Köpenick« schon im Jahre 1931 ein literarisches Denkmal gesetzt.[144] Im NS-Staat wurde seine Aufführung verboten.

Anlässlich des 100. Jahrestages der spektakulären Amtsanmaßung des Schusters Voigt schrieb der Historiker Mark Jeck im Jahre 2006 über den »Hauptmann von Köpenick«: »Sein Gaunerstreich hat in ein paar Stunden ein ganzes System entlarvt und in seiner barbarischen Dummheit bloßgestellt. Es ist jenes System aus Befehl und Gehorsam, aus Uniformen und Rangabzeichen, aus ›Stillgestanden!‹ und ›Legt an!‹, das im weiteren Verlauf des Jahrhunderts nicht nur für Millionen Europäer, sondern für so viele Menschen weltweit, die unter militärische Herrschaft gerieten, Schicksal werden sollte. Man hat über Voigts Tat und den preußischen Kadavergehorsam gelacht. Genützt hat es nichts. Der Farce folgte die Tragödie.«[145] Im Jahre 2006 erinnerte eine Briefmarke der Deutschen Post an das längst unsterblich gewordene Lehrstück aus der Zeit des wilhelminischen Militarismus.

Das andere militaristische Symbolstück – ebenfalls eine wahre Geschichte – spielte 1913 in dem elsässischen Dorf Zabern, das damals, als Folge des Deutsch-Französischen Krieges von 1870/71, zu Deutschland gehörte.[146] Der junge preußische Leutnant Günther Freiherr von Forstner beschimpfte seine elsässischen Rekruten innerhalb der Kaserne mit dem Schimpfwort »Wackes«. Das durfte er nicht. Denn der Gebrauch dieses Wortes war ihm auch dienstlich verboten. Der Zwischenfall drang nach draußen und machte in Zabern schnell die Runde. Elsässische Lausbuben revanchierten sich nun, indem sie dem stolzen Leutnant auf der Straße »Bettschisser« hinterherriefen und dabei von ihren lachenden Eltern unterstützt wurden. Das preußische Militär reagierte auf diesen demonstrativen Mangel an Untertanengesinnung auf seine Weise. Forstner ließ sich fortan von einer bewaffneten Eskorte begleiten, wenn er ins Restaurant, in den Tabakladen oder zum Schokoladenhändler ging.[147] Der Vorgang schlug Wellen. Er belastete das ohnehin angespannte Verhältnis zwischen dem preußischen Militär und der elsässischen Bevölkerung erheblich. Alsbald rief der sozialdemokratische Verein in Mühlhausen / Elsass unter der Parole »Gegen den Militarismus! Gegen Krupp-Skandale und Zaberner Offiziersausschreitungen!« zu einer öffentlichen Versammlung auf.[148] Aufgeheizt durch die Lokalpresse, entstanden in der Folgezeit politisch motivierte Unruhen im südwestlichen »Reichsland«. Forstners Regimentskommandeur, Oberst Adolf von Reuter, ließ nun Zivilisten verhaften und unter dem Vorwand einsperren, die Zivilbehörden seien nicht in der Lage, die Ordnung wiederherzustellen. Als sich auch die Presse des In- und Auslandes des Themas bemächtigte, schaltete sich Kaiser Wilhelm II. ein. Statt den Vorfall nüchtern untersuchen zu lassen, stellte er sich bedingungslos vor »seine Offiziere« und heizte den Konflikt damit erst richtig an. Der Kronprinz Wilhelm telegraphierte an General Berthold von Deimling[149], den Kommandierenden General des XV. Armeekorps in Straßburg: »Hoffe, dass die Offiziere in jeder Beziehung gegen die Unverschämtheiten des Zaberner Plebs geschützt werden. Es müsste ein Exempel statuiert werden, um den Herren Eingeborenen die Lust an derartigen Vorfällen zu versalzen.«[150] Im Reichstag kam es zu einer tumultartigen Sitzung, in welcher der Reichskanzler den Kaiser verteidigen und ein Missbilligungsvotum von überwältigender Mehrheit hinnehmen musste. Die Kritiker des preußisch-deutschen Militarismus sahen sich durch die Zabern-Affäre von 1913 einmal mehr bestätigt. Verfassungsrechtliche Folgen hatte sie nicht. Im Elsass legten sich die Wellen, aber größere Ereignisse kündigten sich an. Oberst Adolf von Reuter wurde bald darauf abgelöst. Aber: »Als dann der Nachfolger von Reuter kam, war Ruhe. Die Leute hatten auch genug, es gab nichts mehr zu sagen, alles war gesagt worden. Und ab August war dann Krieg [...].«[151]

Die ambivalente Haltung der Vorkriegs-Sozialdemokratie zum Militarismus

Es wurde bereits dargelegt, wie sich in der Vorkriegs-Sozialdemokratie der Inhalt der traditionellen Volkswehr-Forderung allmählich wandelte. Aus einer politischen Kampfansage – »Diesem System keinen Mann und keinen Groschen!« – entwickelte sich eine reformistische Forderung an den bestehenden Staat. Ähnliches vollzog sich in der damaligen SPD in der Kriegsfrage, genauer gesagt, in der Frage der Landesverteidigung.

Bereits auf dem SPD-Parteitag von 1907 bekannte sich der Parlamentsneuling Gustav Noske öffentlich und ohne Vorbehalte zur Landesverteidigung, und zwar in einer Tonlage, wie man sie von sozialdemokratischen Politikern so bislang nicht gewohnt war. Für ihn, sagte er, stehe es »an und für sich« außer Zweifel, »dass Deutschland wehrhaft sein« müsse, und zwar nicht erst in einem sozialdemokratisch umgestalteten Zukunftsstaat, sondern bereits in der Gegenwart, also in dem ansonsten bekämpften kaiserlichen Klassen- und Obrigkeitsstaat. Noske stützte sich bei seinem offenen Bekenntnis zur Landesverteidigung auf die militärische Forderung des Erfurter Grundsatzprogramms seiner Partei, welche lautete: »Erziehung des Volkes zur allgemeinen Wehrhaftigkeit.« Gleichzeitig berief er sich auf den Parteivorsitzenden Bebel, der im Reichstag gesagt hatte, »dass selbstverständlich die Sozialdemokraten die Flinte auf den Buckel nehmen würden, wenn es sich darum handelte, Deutschland vor wirklichen Gefahren zu bewahren«. Unter dem lebhaften Beifall seiner Fraktion erklärte Noske im Namen der sozialdemokratischen Reichstagsabgeordneten: »Wir wünschen, dass Deutschland möglichst wehrhaft ist, wir wünschen, dass das ganze deutsche Volk an den militärischen Einrichtungen, die zur Verteidigung unseres Vaterlandes notwendig sind, ein Interesse hat.«[152]

Noske schlug in seiner Jungfernrede betont nationale Töne an. Sie erregten dadurch erhebliche Aufmerksamkeit, dass sie in einem merklichen Gegensatz zu den üblichen öffentlichen Bekundungen der Sozialdemokratie standen, in welchen in erster Linie der Nationalismus verurteilt, auf die Erhaltung des Völkerfriedens abgehoben und die internationalen Interessen des Proletariats betont wurden. Am häufigsten zitiert wurde später die folgende Passage der Noske-Rede: »Unsere Stellung zum Militärwesen ist gegeben durch unsere Auffassung des Nationalitätenprinzips. Wir fordern die Unabhängigkeit jeder Nation. Aber das bedingt, dass wir auch darauf Wert legen, dass die Unabhängigkeit des deutschen Volkes gewahrt wird.

Wir sind selbstverständlich der Meinung, dass es unsere verdammte Pflicht und Schuldigkeit ist, dafür zu sorgen, dass das deutsche Volk nicht etwa von irgend einem anderen Volk an die Wand gedrückt wird.«[153]

Wie man aus der zeitlichen Distanz erkennen kann, führt von dieser Betonung des nationalen deutschen Interessenstandpunkts eine direkte Linie zur Bewilligung der Kriegskredite durch die sozialdemokratische Reichstagsfraktion Anfang August 1914 und zur Unterstützung der Kriegspolitik in den Jahren 1914 bis 1918 im Zeichen des »Burgfriedens«.[154]

Dass die aufsehenerregende Jungfernrede des Reichstagsabgeordneten Gustav Noske von historischer Bedeutung war, kam den meisten Zeitgenossen erst allmählich zum Bewusstsein, denn es handelte sich nicht um die Ansichten eines politischen Einzelgängers oder Außenseiters, sondern um einen neuen politischen Trend in der SPD. Er hatte sich in den zurückliegenden Jahren allmählich herausgebildet und sollte dann in der Zeit zwischen 1907 und 1914 mehrheitsfähig werden. Noske selbst berichtet, dass sein Freund Friedrich Ebert, der nach Bebels Tod 1913 Parteivorsitzender und später erster Reichspräsident der Republik von Weimar wurde, später einmal über seine – Noskes – erste Reichstagsrede gesagt habe, »sie sei die Programmrede der deutschen Sozialdemokratie für den Weltkrieg gewesen«.[155]

Damals, 1907, löste Noskes Rede noch eine heftige innerparteiliche Kontroverse aus. Sie wurde ausgetragen auf dem Essener Parteitag der SPD im September desselben Jahres. An der Debatte über den Themenkreis »Militarismus – Patriotismus – Landesverteidigung – Sozialdemokratie« beteiligten sich alle maßgeblichen Politiker der Partei.[156] Schon dort zeigte sich, dass Noskes Rede mehr Zustimmung als Ablehnung fand. Der Parteivorsitzende bestätigte dem Parteitag, dass die Rede Noskes in der sozialdemokratischen Reichstagsfraktion von keiner Seite kritisiert worden war, und sagte dann, dass auch er selbst dem Redner »Zustimmung und Anerkennung« habe zuteil werden lassen.[157] Selbst den schärfsten Gegnern Noskes gelang es nicht, ihm konkrete Verstöße gegen Beschlüsse der Partei nachzuweisen. Jetzt zeigte sich, dass es im Wesentlichen der nationale Ton Noskes gewesen war, der Anstoß erregt hatte. Karl Liebknecht, neben Rosa Luxemburg und Franz Mehring einer der führenden Linken in der SPD, warf Noske denn auch vor, seine Rede sei auf den »Kriegervereinston« gestimmt gewesen. Ganz im Gegensatz zu diesem war Liebknecht im gleichen Jahre 1907 mit einer Schrift »Militarismus und Antimilitarismus unter besonderer Berücksichtigung der Jugendbewegung« hervorgetreten.[158] Er hob auf die Interessen des Proletariats ab und verneinte eine Verpflichtung zur Landesverteidigung, was den Kaiser und den Kriegsminister veranlasste, Ermittlungen gegen ihn wegen Hochverrats einzuleiten. Auch andere Redner, die auf dem Essener Parteitag der SPD das Wort ergriffen, hielten Noske vor, er habe zu viele Zugeständnisse an den bürgerlichen Staat, an den Militarismus und an die derzeitige nationalistische Stimmung gemacht.[159]

Noskes unumwundenes Bekenntnis zur Landesverteidigung brachte auf dem Essener Parteitag der SPD auch eine bemerkenswerte friedenspolitische Debatte in Gang. Seine Kritiker hielten ihm – und damit unausgesprochen auch Bebel – vor, es gehe nicht an, der Regierung vorab und pauschal die Zuverlässigkeit der Sozialdemokratie in einem zukünftigen Kriege zuzusichern. Denn gerade in der Unsicherheit der Regierung über das Verhalten der Sozialdemokratie, in ihrer Furcht vor Widerstand oder gar einer Revolution, liege ein friedensicherndes Element. Noskes Widersacher Georg Ledebour vertrat eben diese Kriegsverhinderungsstrategie, wenn er ausführte: »Den Frieden bekräftigen wir dadurch, dass wir vollständige Klarheit darüber schaffen, dass unter keinen Umständen die Regierungen und die bürgerlichen Parteien sich darauf verlassen können, dass die Sozialdemokratie sich unter irgendwelchen faulen Vorwänden zu einem Kriege gegen die westeuropäischen Mächte missbrauchen lässt.«[160]

Damit war der SPD-Parteitag mit der politisch hochbrisanten Frage konfrontiert, ob es möglich und sinnvoll sei, einen künftigen Krieg nach den Kriterien Angriffs- oder Verteidigungskrieg zu beurteilen. Noske und Bebel gingen davon aus, dass es keine Schwierigkeit bedeuten würde zu unterscheiden, ob nun ein wirklicher oder nur ein vermeintlicher Angriff drohe.[161] Zumindest ist diesem Augenblick sahen sie das Problem offensichtlich nicht, dass eine kriegswillige Regierung die Öffentlichkeit hinters Licht führen und einen gegnerischen Angriffskrieg konstruieren könnte. Gegen Bebel und Noske vertrat damals der führende Theoretiker der Partei, Karl Kautsky, die weitsichtige Auffassung, dass es falsch sei, sich von dem Kriterium Angriffs- oder Verteidigungskrieg leiten zu lassen, es vielmehr darauf ankomme, »ob ein proletarisches oder demokratisches Interesse in Gefahr sei«. Er jedenfalls wolle die Verantwortung nicht auf sich nehmen, zu entscheiden, ob ein Land angegriffen werde oder nicht. Zugleich wandte sich Kautsky gegen die Auffassung, dass es sich im Falle eines Krieges um eine nationale Frage handelte. Im Einklang mit dem Internationalen Sozialisten-Kongress, der kurz zuvor – im Sommer 1907 – in

Stuttgart stattgefunden hatte, bestand er darauf, dass der Krieg nicht als eine nationale, sondern als eine internationale Frage gesehen und verurteilt werden müsse.[162]

Die Mehrheit der Fraktion dagegen hatte ein Interesse daran, die Sozialdemokratie in der deutschen Öffentlichkeit als eine in nationalen Dingen zuverlässige Partei zu präsentieren. Die Regierung sollte mit ihr rechnen können, wenn es eines Tages einen nationalen Verteidigungskrieg zu führen galt. Als Gegenleistung dafür erwartete sie die Anerkennung dieses Sachverhalts durch die Regierung und die gegnerischen Parteien. Insbesondere sollte die seit den Tagen Bismarcks anhaltende Diffamierung der Sozialdemokraten als »vaterlandslose Gesellen« beendet und ihr Patriotismus künftig nicht mehr in Zweifel gezogen werden.[163]

Im Rückblick wird erkennbar, dass die oppositionelle Sozialdemokratie seinerzeit keine wirksamen Sperren gegen einen Missbrauch des preußischen Heeres und der kaiserlichen Kriegsmarine zu Angriffszwecken einzubauen vermochte, wie sie in der Kriegsverhütungsstrategie der Linken in der SPD immerhin gedanklich angelegt war. Der kaiserlichen Regierung fiel es im Juli 1914 dann auch nicht schwer, Deutschland als das angegriffene Land hinzustellen und damit die Bereitschaft der sozialdemokratischen Reichstagsfraktion – und ihrer nach Millionen zählenden Anhänger – zur Landesverteidigung zu mobilisieren. Ein Karl Liebknecht oder eine Rosa Luxemburg mit ihrer betont pazifistischen beziehungsweise antimilitaristischen Politik hatten bei dieser Vorprägung der Sozialdemokratischen Partei Deutschlands nicht nur keinen leichten Stand, sondern auch keine große Entfaltungsmöglichkeit.

Im größeren Kontext betrachtet, bedeutete diese Entwicklung Folgendes: An der Militarisierung der deutschen Gesellschaft in der Zeit des Kaiserreichs waren im Grunde alle gesellschaftlich und politisch organisierten Gruppen irgendwie beteiligt, die adligen Militaristen, die bürgerlichen Militaristen und – wider Willen – auch die sozialdemokratischen Militärpolitiker mit ihren Forderungen nach vormilitärischer Jugendausbildung und Schaffung einer Volkswehr. Die deutsche Gesellschaft wurde durch sie alle – wie unterschiedlich die politischen Ziele auch immer waren – imprägniert mit Ordnungsmustern, mit militärischem Geist und mit positiven Erinnerungen an die Einigungskriege als Geburtshelfer der deutschen Nation. Die wenigen deutschen Kriegsgegner und Pazifisten – ob Ludwig Quidde, Bertha von Suttner, Rosa Luxemburg oder Karl Liebknecht – mussten unter diesen Bedingungen Außenseiter bleiben.

Ein wichtiger Punkt soll hier noch einmal herausgearbeitet werden: August Bebel wollte keinen Krieg. Er fürchtete ihn, weil er wusste, dass die deutsche Arbeiterschaft der Hauptleidtragende einer großen militärischen Auseinandersetzung in Europa sein würde. Angesichts des Wettrüstens sowie der kriegerischen Reden konservativer und nationalliberaler Sprecher im Reichstag ahnte der charismatische Arbeiterführer jedoch, dass die Entwicklung auf einen Krieg zulaufen könnte. Wenige Monate nach der zweiten Marokkokrise (Juli 1911), während derer die Alldeutschen und andere deutsche Nationalisten mit dem Gedanken eines Krieges gegen Frankreich spielten, hielt Bebel am 9. November 1911 im Reichstag eine prophetisch anmutende Rede. Von allen Seiten werde weiter gerüstet, sagte er, »bis zu dem Punkte, dass der eine oder andere Teil eines Tages sagt: lieber ein Ende mit Schrecken als ein Schrecken ohne Ende. [...] Dann kommt die Katastrophe. Alsdann wird in Europa der große Generalmarsch geschlagen, auf den hin 16 bis 18 Millionen Männer, die Männerblüte der verschiedenen Nationen, ausgerüstet mit den besten Mordwerkzeugen, gegeneinander als Feinde ins Feld rücken.«[164]

Eingedenk solcher Warnungen und der kriegsgegnerischen Tradition der Partei rief die SPD im Jahre 1911 und dann noch einmal im Juli 1914, unmittelbar vor dem Beginn des Weltkrieges, zu Massendemonstrationen für den Erhalt des Friedens auf.[165] Praktisch konnten diese Manifestationen jedoch keinen politischen Einfluss im Sinne einer Kriegsverhinderung mehr entfalten. Vielmehr kam nun ganz unvermittelt die andere Seite der widersprüchlichen sozialdemokratischen Politik zum Tragen. Schon wenige Tage nach den großen Friedensdemonstrationen erklärten die sozialdemokratischen Politiker im Reichstag ihre Bereitschaft, sich an einem Krieg zu beteiligen, der – wie man zu diesem Zeitpunkt noch durchgängig glaubte –, der Verteidigung des angegriffenen deutschen Vaterlandes diente.

Nach der in Kriegszeiten generell üblichen Manipulation der Kriegsschuldfrage[166] durch die Regierung Bethmann Hollweg stimmten dann sämtliche politischen Parteien im Reichstag, im außerparlamentarischen Raum unterstützt durch die großen Verbände und die Kirchen, in den Chor des »Burgfriedens« und der Landesverteidigung ein. Nun trat das System des Militarismus, das sich in den zurückliegenden Jahrzehnten in Deutschland herausgebildet hat, in seiner kriegerischen Form in Aktion. Dieses System hatte – nimmt man die gemeinsame Vorstellung zum Maßstab, dass der künftige Krieg ein Volkskrieg sein würde, an dem sich alle

Schichten des Volkes würden beteiligen müssen –, eine enorm breite gesellschaftliche Basis.

Historiker, Publizisten und Politiker haben immer wieder darüber nachgedacht, ob die 1914 beginnende »Urkatastrophe« des 20. Jahrhunderts durch eine andere Politik der SPD hätte verhindert werden können. Tatsächlich ist sie nicht verhindert worden, und so stellt sich abschließend die Frage, ob dies nicht nur an den politischen Entscheidungen im Reichstag, sondern auch an der Mentalität der sozialdemokratischen Politiker und ihrer Anhängerschaft gelegen haben könnte.

Mit dieser Frage hat sich der sozialdemokratische Politiker, Journalist, Lehrer und Pazifist August Siemsen (1884–1958) auseinandergesetzt, einer jener kritischen Köpfe, die Deutschland 1933 verlassen und ins Exil fliehen mussten.[167] In seinem 1937 in Paris erschienenen Buch »Preußen. Die Gefahr Europas«[168] hat Siemsen die widersprüchliche mentale Verfassung vieler »kleiner Leute«, die in der Zeit des Deutschen Kaiserreiches der Sozialdemokratie anhingen, eindrucksvoll beschrieben.[169] Die für unseren Zusammenhang wesentlichen Ausführungen lauten: »Die deutschen Arbeiter konnten sich den Einflüssen des Systems, das sie bekämpften, in dem sie aber aufwuchsen, und das dauernd auf sie wirkte, nicht entziehen. Die autoritäre Auffassung, die im feudal-militaristischen Preußen-Deutschland in Staat und Gesellschaft, in Schule und Kirche herrschte, sie war auch in der proletarischen Familie entsprechend stark ausgeprägt. Der mit Prügeln erzwungene Gehorsam gegenüber der väterlichen Autorität disziplinierte das proletarische Kind in den für die Entwicklung entscheidenden Jahren. In der Schule setzte der Lehrer, im Betrieb der Meister, im Heer der Unteroffizier dieses Erziehungswerk fort. Die leichte Organisierbarkeit und die gute Disziplin, die bei der deutschen Arbeiterschaft so viel gepriesen und bewundert worden sind, sind Vorzüge, die nicht zuletzt aus der preußischen Tradition und Erziehung stammen, sind Vorzüge, die, wie sich zeigen sollte, geringer waren als die Nachteile, die mit ihnen zugleich gegeben waren. Gut organisierte und disziplinierte Truppen geben ein vorzügliches Material für die Führung. Versagt die Führung, so versagt eine solche Truppe, wenn sie nicht zugleich zur Selbständigkeit und zu eigenem Handeln erzogen worden ist. In Deutschland wurden die Sozialdemokraten das nicht. Die natürliche Führerverehrung des eben erst zu eigenem Bewusstsein, zur Erkenntnis seiner Klassenlage gelangten Arbeiters wurde nicht bewusst übergeleitet zur Verantwortlichkeit selbständigen Denkens und eigener Entscheidung. [...] Georg Bernhard meint in seinem Buch ›Die deutsche Tragödie‹: ›Man hat nicht mit Unrecht in den letzten Jahren vor dem Kriege die deutsche Sozialdemokratie das Spiegelbild des preußischen Militarismus genannt. Die Massenbataillone der Arbeiterschaft waren sowohl in der Partei wie in den Gewerkschaften in einer Weise organisiert wie nirgends in der Welt.‹«[170]

Letztlich hat es der deutschen Sozialdemokratie der Vorkriegszeit – folgt man August Siemsen – an Geist, innerer Geschlossenheit, einem klaren politischen Ziel und einem starken politischen Wollen gefehlt. Das zeigte sich, »je näher der Weltkrieg heranrückte. Allzu viele Züge des militaristisch-bürokratischen Preußen trug sie selber. Organisation, Disziplin und Subalternität gab es in ihrem, durch eine im Kleinen tüchtige Bürokratie verwalteten Parteiapparat zu viel; Geist, Selbständigkeit, Verantwortungsfreudigkeit, Entschlusskraft gab es zu wenig. Die Partei war stark genug verpresst, um in entscheidender Situation das Spiel ihres Todfeindes zu spielen, statt ihn niederzuschlagen.«[171]

4. Zeitgenössische Militarismuskritik

Katholische, liberale und anarchistische Militarismuskritik

Über die sozialdemokratische Kritik an den militaristischen Erscheinungen des Klassenstaates wurde bereits gesprochen. Weniger bekannt ist, dass es zur Zeit des Deutschen Kaiserreichs auch im zeitgenössischen Katholizismus, in der linksliberalen Publizistik sowie in Kreisen anarchistischer Theoretiker eine breitentfaltete Militarismuskritik gegeben hat. Sie erreichte zum Teil ein hohes analytisches Niveau und kulminierte in prophetischen Aussagen darüber, welche fast zwangsläufigen Gefahren für den Frieden von diesen militaristischen Tendenzen ausgingen.

Bereits in den sechziger Jahren des 19. Jahrhunderts entstand eine lebhafte, ins Grundsätzliche gehende Militarismuskritik katholischer Provenienz. Sie wurde von dem Paderborner Historiker Dieter Riesenberger erforscht.[172] Demnach waren ihre maßgeblichen Vertreter der Mainzer Bischof Wilhelm Emanuel von Ketteler, der Jesuit Georg Michael Pachtler, der unter dem Pseudonym Annuarius Osseg publizierte, der hessische Politiker Philipp Wasserburg und der Jesuit Victor Cathrein.

Pachtler veröffentlichte im Jahre 1876 seine Schrift »Der europäische Militarismus«.[173] Er hatte die für die damalige Zeit modern anmutende Vision, dass sich ganz Europa mit der Zeit zu einer »ungeheuren Kaserne« entwickeln werde. Diese Vorstellung wurde später, in den 30er Jahren des 20. Jahrhunderts, von dem amerikanischen Sozialwissenschaftler Harold D. Lasswell in seiner »Kasernenstaats-Hypothese« wieder aufgegriffen.[174] Neuerdings hat auch die Historikerin Ute Frevert dieses Bild benutzt in ihrem 2001 erschienenen Titel »Die Kasernierte Nation. Militärdienst und Zivilgesellschaft in Deutschland«.[175] Pachtler deutete den Militarismus in kompakter Weise als »Beanspruchung aller lebenden und todten Kräfte des Volkes für den einzigen Zweck des Krieges« und bot damit bereits im Jahre 1876 eine allgemeine Definition an, die geeignet war, auch damals noch gar nicht abzusehende Formen des Militarismus einzubeziehen, etwa den totalitären Militarismus des 20. Jahrhunderts.

Die erwähnten katholischen Denker – Ketteler, Pachtler, Wasserburg und Cathrein – erkannten in der Allgemeinen Wehrpflicht gleichsam den Kern des Militarismus, da mit Hilfe dieser Institution die Militarisierung der Gesellschaft vorangetrieben werde. Die Ursache der Kriege suchten sie in den innenpolitischen Verhältnissen, nicht in der zwischenstaatlichen Politik.

Die bekannteste Militarismuskritik linksliberaler Provenienz stammt aus der Feder des Historikers und späteren Präsidenten der Deutschen Friedensgesellschaft Ludwig Quidde[176], von dessen gegen Kaiser Wilhelm gerichtetem Pamphlet »Caligula« bereits die Rede war.[177] Im Jahre 1893 veröffentlichte er seine – anonym erschienene – Streitschrift »Der Militarismus im heutigen deutschen Reich«.[178] Karl Holl, der beste Kenner der Biographie des bürgerlichen Pazifisten Quidde[179], der 1927 mit dem Friedensnobelpreis ausgezeichnet wurde, zeigt, dass der damals 30-jährige Historiker, der sowohl wissenschaftliche als auch politische Ambitionen hatte und sich gleichwohl furchtlos mit dem etablierten politischen System auseinandersetzte, den preußisch-deutschen Militarismus systematisch zu analysieren verstand. Er durchschaute die extrakonstitutionelle Position des Militärs, also die unmittelbare Verbindung von Kaiser und Militärelite, ebenso wie die schädlichen politischen Auswirkungen der damaligen Unsitte, dass zivile Staatsrepräsentanten bei öffentlichen Auftritten in militärischer Uniform erschienen.

Aktuell, 1893, spießte Quidde nun den Vorgang auf, dass der konservative Abgeordnete Albert von Levetzow in seiner Rolle als Präsident des Reichstages die Grundsteinlegung zum Bau eines neuen Reichstagsgebäudes in der Uniform eines Landwehrmajors vorgenommen hatte. Das sei, kritisierte Quidde, mehr als eine Äußerlichkeit, sondern ein Triumph des Militarismus, der die Regierungskreise beherrsche, ein Zeugnis für dessen Macht. Levetzows Verhalten sei als »Herabsetzung des Reichstages und als eine beleidigende Herausforderung des ganzen Bürgertums empfunden worden«.[180] Die liberale »Vossische Zeitung« stieß seinerzeit übrigens in das gleiche Horn, wenn auch in einem verbindlicheren und weniger militärkritischen Ton. Sie hielt es immerhin für erforderlich, aus diesem Anlass ihren Lesern den grundsätzlichen Unterschied zwischen militärischen und demokratischen Strukturen zu erläutern: »Der Präsident des Reichstages ist der Herr des Hauses, er ist der höchste Gebieter in seinen Räumen. Der Major aber ist der Untergebene schon jedes Oberstleutnants und hat ihm seine Reverenz zu machen. Die Militäruniform deutet das Verhältnis des Dienstes, der hierarchischen Unterordnung an. Sie hat ihre Bedeutung und ehrt ihren Träger – aber alles an der rechten Stelle. Wenn morgen mobil gemacht würde und Herr von Levetzow als Major zu den Fahnen eilte, niemand würde an seiner Uniform Anstoß nehmen. [...] Aber gestern hatte der Major nichts zu tun [...], sondern nur der Präsident des deutschen Reichstages, der freigewählte Vertrauensmann der Volksvertretung, und darum hätten wir gewünscht, er hätte diese hohe Würde auch durch das Gewand des freien Mannes angedeutet.«[181]

Nach Quiddes Beobachtung wirkte in erster Linie das Militär selbst in nachhaltiger Weise auf die zivile Gesellschaft ein: »Die eigentümliche Stellung des Militarismus in der Gesellschaft«, schrieb er, »beruht darauf, dass der größte Teil der männlichen Bevölkerung einige Jahre dem Heer angehören muss und dass das Heer ihn auch nach Erfüllung seiner Dienstpflicht nicht völlig frei zu seinem Berufe zurückkehren lässt.«[182] So würden militärische Wertvorstellungen ins zivile Leben übertragen. Als militaristische Erscheinungen in der Armee sah er den blinden, bedingungslosen Gehorsam an, das elitäre Gehabe der Offiziere, die brutale Bestrafung der Untergebenen, die allgemeine Geringschätzung des Rechts, die Ungleichbehandlung von Offizieren und Mannschaften, das enge Weltbild der in den Kadettenanstalten erzogenen jungen Offiziere, die Rekrutenschindereien sowie die generelle Missachtung des Individuums in der militärischen Zwangsanstalt.[183]

Quidde erkannte die Omnipräsenz des Militarismus in nahezu allen Schichten der deutschen Gesellschaft des ausgehenden 19. Jahrhunderts. Für die oberen Gesellschaftsschichten war eine militaristische Einstellung ohnehin verbindlich. Durch die Institution des Reserveleutnants korrumpiere sich das Bürgertum. Zahlreiche Kriegervereine wirkten mit ihrer vordergründig unpolitischen Militärfolklore in dieselbe Richtung. In ihnen vollziehe sich die Militarisierung des Kleinbürgertums. Im preußischen Schulwesen herrsche der Geist der Bevormundung und der Unterordnung, der wiederum dem Militarismus zuarbeite.[184] Die Auswirkungen dieser militaristischen Erscheinungen auf die Mentalität der Menschen seien enorm und zum Schaden des ganzen Volkes.[185] Denn es werde »in seiner Entwicklung zur Freiheit und zur Fähigkeit, diese Freiheit zu gebrauchen, gehemmt«[186] und zugleich in seiner wirtschaftlichen Tüchtigkeit beeinträchtigt. In der gesellschaftlichen Militarisierung sah Quidde also eine insgesamt kulturfeindliche Entwicklung und eine bedrohliche Abkehr vom bürgerlichen Ideal einer Zivilgesellschaft.

Zu den gefährlichsten Entwicklungen zählte er den Befund, dass der Militarismus »bei seinem Eindringen in die bürgerliche Gesellschaft und in den Volksgeist [...] zugleich die Auffassung vom Kriege, von seiner Berechtigung und seiner Stellung in der Kulturentwicklung« verbreite, die das Militär propagiere. Die spezifisch militaristische Auffassung vom Kriege bestehe darin, dass der Krieg als ein Element der von Gott gewollten Ordnung angesehen werde, der insofern letztlich nicht steuerbar und daher auch nicht vermeidbar sei. So werde davon abgelenkt, dass der Krieg in Wirklichkeit eine »entsetzliche Barbarei« darstelle, weshalb es nach der Überzeugung Quiddes der »Leitstern aller Kulturbestrebungen« sein müsse, eine solche Barbarei zu überwinden.[187]

Wie man sieht, hob Quidde in seiner vielseitigen Militarismus-Analyse in starkem Maße auf den »Volksgeist« ab, auf ein bestimmtes Denken also, das später als Gesinnungsmilitarismus bezeichnet werden sollte.[188] Diese Betrachtungsweise sollte dann seit der Gründung der Deutschen Friedensgesellschaft (DFG) im Jahre 1892 im organisierten deutschen Pazifismus eine gewisse Anhängerschaft gewinnen. Der »Aufruf an das deutsche Volk!« der DFG aus dem Jahre 1893 beispielsweise forderte die Menschen auf, ihre »friedliche Gesinnung auch öffentlich zu bekunden, von der sie innerlich längst beseelt sind, und dadurch mitzuhelfen zur Verwirklichung einer Idee, von deren Durchführung das Wohl und Wehe unseres deutschen Vaterlandes und der ganzen Menschheit abhängt«.[189] Mit anderen Worten: Dem zeitgenössischen Gesinnungsmilitarismus sollte durch ein öffentliches Bekenntnis zu einer Gesinnung der Friedfertigkeit entgegengetreten werden.

Einen deutlich anderen Zugang zum zeitgenössischen Militarismus hatte die anarchistische Bewegung des 19. und 20. Jahrhunderts, die sich in erster Linie als Freiheitsbewegung verstand.[190] Zu ihren Wortführern zählten unter anderem der radikaldemokratische Publizist Christian Gottlieb Abt, die russischen Theoretiker Michael Bakunin und Peter Kropotkin sowie der deutsche sozialistische Schriftsteller Gustav Landauer. Die Anarchisten sahen den militärischen Gehorsam, die Untertanenmoral und die freiwillige Subordination der Menschen unter den repressiven Staat als nicht vereinbar mit der persönlichen Freiheit an. Sie erblickten im Staat den Organisator bewaffneter Gewalt, damit zugleich die eigentliche Ursache von Militarismus und Kriegen. Im Zentrum ihrer Staatskritik stand damit zwangsläufig die Institution des Militärs. Damit unterschieden sich die Anarchisten deutlich vom Antimilitarismus der sozialistischen Arbeiterbewegung, die lediglich das Stehende Heer des Klassenstaates ablehnte, um selbst eine »Volkswehr« zu fordern. Der Anarchismus verfolgte stattdessen das Ziel, die staatliche Gewaltorganisation zu zersetzen und – so ihre Utopie – eine soziale Ordnung zu schaffen, in der es keine Herrschaft von Menschen über Menschen geben würde. Ulrich Bröckling hat die publizistischen Auseinandersetzungen dieser intellektuellen Individualisten mit Militär und Militarismus vor dem Ersten Weltkrieg sowie in den zwanziger Jahren untersucht.

Bleibt als ein Fazit dieses Kapitels festzuhalten, dass es im deutschen Kaiserreich vor 1914 neben der facettenreichen und doch breiten Hauptströmung des feudalen, bürgerlichen und proletarischen Militarismus auch vereinzelte kritische, gesellschaftlich randständige Stimmen gab, die nicht den einen durch den anderen Militarismus ersetzen wollten, sondern die eine grundsätzliche Analyse zu formulieren und Wege zu finden versuchten, wie diesem System zu entkommen sei.

Frauen im Militarismus der wilhelminischen Ära (1890–1914)

Wer von Militarismus spricht, denkt wie selbstverständlich an ein männliches Projekt. Nicht anders, wer Fragen des Krieges erörtert. Die Kriege wurden – zumindest in der Vergangenheit – von Männern geführt und nicht von Frauen. Tatsächlich ist die Rolle der Männer in der Geschichte des preußisch-deutschen Militarismus als völlig dominant anzusehen. Auch die Kriege zwischen 1866 und 1945 sind von Männern geführt worden und nicht von Frauen. Sämtliche Offiziere in der preußischen Armee, der Reichswehr der Weimarer Republik und der Wehrmacht des NS-Staates waren Männer. Die Mannschaftssoldaten und Unteroffiziere der Millionenheere des 20. Jahrhunderts wurden durchgängig vom männlichen Teil der deutschen Gesellschaft gestellt. Die Allgemeine Wehrpflicht galt bis 1935 nur für Männer. Dieser Geschlechterteilung entsprach es, dass in Deutschland seit dem Beginn des 19. Jahrhunderts ein soldatisches Männlichkeitsideal kultiviert wurde und man Kriege als Schauplätze und Bewährungsproben dieses Ideals betrachtete.[191] Männer besetzten die maßgeblichen politischen und militärischen Positionen. Sie trafen die Entscheidungen über Krieg oder Frieden, schlossen Waffenstillstandsabkommen, handelten Friedensschlüsse aus und unterzeichneten Staatsverträge. In der militarisierten Gesellschaft Preußen-Deutschlands prägten die soldatischen Männer das Wertesystem und die politische Symbolik; sie bestimmten auch die Umgangsformen. Man lebte in einer patriarchalischen Gesellschaft.

Gelegentlich ist daraus der Schluss gezogen worden, die Männer seien eben »von Natur« aus kriegerisch, die Frauen dagegen friedlich. Für das weibliche Geschlecht sei eine angeborene Friedfertigkeit charakteristisch, da die Frau durch das Gebären Leben schenke, während den Männern eine aggressivere Natur eigne und sie in einem Kriege auch körperlich stärker belastbar seien. Die Lebensverhältnisse im Deutschen Kaiserreich schienen biologische Annahmen dieser Art zu bestätigen. Die Männer waren Krieger oder wollten doch solche sein, und die Frauen fungierten als Lebensspender und als Lebensretter, wenn sie Kinder zur Welt brachten oder als Krankenschwestern arbeiteten. Das weibliche Geschlecht verkörperte eine konstruktive, aufbauende, zukunftsichernde Kraft.

Nun kann es nicht die Aufgabe der Geschichtswissenschaft sein, Annahmen dieser Art unbesehen hinzunehmen. Vielmehr muss sie untersuchen, welche Rolle die Frauen in der – vom Sozialmilitarismus geprägten – Zeit des Deutschen Kaiserreiches tatsächlich gespielt haben und überhaupt spielen konnten. Eines ist sicher: Einen Aufstand von friedfertigen Frauen gegen ihre kriegerischen Männer hat es in der Geschichte des preußisch-deutschen Militarismus nicht gegeben. Auch von einer kollektiven Verweigerung nach dem Vorbild der antiken Komödie »Lysistrata« von Aristophanes (411 v. Chr.) ist nichts bekannt. In diesem Stück ruft die Titelfigur Lysistrata die Frauen Griechenlands auf, sich so lange ihren Männern zu verweigern, bis diese den Peloponnesischen Krieg (431–404 v. Chr.) beendet hätten.[192] Das führt zu der Frage: Warum ist es unter dem deutschen Militarismus wegen der Dominanz von Militär und Krieg nicht zu innergesellschaftlichen Konflikten entlang der Geschlechtergrenzen gekommen? Noch zugespitzter gefragt: Hätte sich ein militaristisches System wie das preußisch-deutsche überhaupt halten und durchsetzen können gegen den erklärten Willen von Millionen friedfertiger, ausschließlich dem Leben zugewandter Frauen?

Zunächst einmal ist zu berücksichtigen: Im kaiserlichen Deutschland waren die Frauen ohne politische und gesellschaftliche Gleichberechtigung. Eine Frau konnte damals natürlich nicht Leutnant werden, nicht einmal Reserveleutnant – also weder Gott noch Halbgott –, und konnte somit auch nicht aus eigener Kraft in die führende gesellschaftliche Schicht aufrücken. Selbst noch nach der gescheiterten Revolution von 1848 war den Frauen nicht einmal die Mitgliedschaft in Vereinen erlaubt. Sie durften auch keine politischen Versammlungen besuchen. Während die Männer einen Beruf ausübten und das Arbeitsleben prägten, hatten sich die Frauen auf die häuslichen Aufgaben zu konzentrieren, deren gesellschaftliches Ansehen niedrig war.

Diese Rollenverteilung entsprach der damals verbreiteten Vorstellung vom unterschiedlichen Charakter der Geschlechter. Ihnen zufolge waren Männer aktiv und rational, während die Frauen eher zu Passivität neigten und emotional handelten. Mit Zuordnungen dieser Art wurden sie im Konkurrenzkampf um Arbeitsplätze von vornherein benachteiligt. Wo eine Frau dennoch einer beruflichen Arbeit nachging, was nicht selten der Fall war, weil die Einkünfte des Mannes nicht ausreichten, um eine Familie zu ernähren, so musste sie sich mit einem niedrigen Lohn zufriedengeben. 1914 betrug er nicht einmal die Hälfte des vergleichbaren Lohnes der Männer. Frauen aus adligen und großbürgerlichen Kreisen waren von diesem Problem nicht betroffen, da die gesellschaftlichen Gepflogenheiten ihnen eine Erwerbsarbeit ohnehin verboten. Auch in der Hausarbeit wurden sie nicht gefordert, da es zu den Statussymbolen dieser Familien gehörte, Dienstmädchen zu beschäftigen.

In seinem Werk »Deutsch sein heißt treu sein. Ansichtskarten als Spiegel von Mentalität und Untertanenerziehung in der Wilhelminischen Ära (1888–1918)« hat Otto May auch das Frauenbild jener Zeit dokumentiert. Er zeigt, dass der Flirt von Frauen mit jungen »feschen« Offizieren, die als Gesellschafter hoch im Kurs standen, ein beliebtes Spiel war.[193] Doch Gleichberechtigung gab es auch bei Männern und Frauen aus den wohlsituierten adligen und bürgerlichen Kreisen nicht. Wo Frauen den Versuch machten, aus der Enge des häuslichen Milieus auszubrechen und sich beispielsweise in der neuentstehenden Frauenbewegung zu engagieren, wurden sie von den Männern nicht selten verspottet.[194]

Die zeitgenössische Männerwelt wollte die Frauen nicht in einer fordernden Haltung sehen, sondern als gefällige, anpassungsfähige und sich selbst verleugnende Menschen, welche die angeblich aktiven und rationalen Männer unterstützten, gerade auch dann, wenn diese sich auf den Krieg vorbereiteten oder ihn führten. Die Erziehung und gesellschaftliche Prägung der Frauen lief insoweit auf eine doppelte Unterordnung hinaus: Zum einen sollten sie sich mit dem politischen Herrschaftssystem erst gar nicht auseinandersetzen, sondern dieses als gottgegeben akzeptieren; zum anderen sollten sie nicht am Patriarchat rütteln und damit auch nicht an dem Idealbild vom kriegerischen Mann, der für den gesellschaftlichen Militarismus der wilhelminischen Zeit charakteristisch war.

Abhilfe versuchte die bürgerliche und sozialdemokratische Frauenbewegung zu schaffen. Die ersten Interessengemeinschaften von Frauen wurden in den sechziger Jahren des 19. Jahrhunderts gegründet, und zwar der »Allgemeine deutsche Frauenverein« sowie der »Verein zur Berufstätigkeit des weiblichen Geschlechts«, der nach seinem Gründer Adolf Lette sogenannte »Lette-Verein«. Im Jahre 1866 entstand der »Vaterländische Frauenverein«, eine national und konservativ orientierte Organisation, die sich in der Folgezeit zum größten Zusammenschluss der Frauen entwickeln sollte. Dieser Verein war insofern ein Produkt der Einigungskriege, als er – ähnlich wie das »Rote Kreuz« Henri Dunants – aus dem Pflegedienst an Soldaten hervorging, die in diesen Kriegen verwundet wurden. Der Vaterländische Frauenverein hatte bald mehr als eine halbe Million weiblicher Mitglieder. Bemerkenswerterweise dominierte auch in diesem Frauenverband, zumindest in seiner Spitze, das männliche Element. Denn die Kaiserin besetzte die männliche Hälfte des Vorstandes mit Generälen und hohen Beamten. Der Vaterländische Frauenverein orientierte sich an dem traditionellen Rollenverständnis der Frauen als Heilerinnen und Pflegerinnen. Weitergehende Forderungen wie die nach politischer Gleichberechtigung erhob er nicht.[195] Der mitgliederstarke »Vaterländische Frauenverein« war eine feste Stütze des wilhelminischen Staates und damit zugleich seines militaristischen Milieus. Bleibt zu erwähnen, dass im Jahre 1894 die Gründung eines Dachverbandes der bürgerlichen Frauenvereine unter dem Namen »Bund deutscher Frauenvereine« (BdF) erfolgte, der im gleichen Fahrwasser schwamm.

Frauen beteiligten sich auch aktiv an der Rüstungspropaganda, zum

Beispiel für den Bau einer deutschen Kriegsflotte. Zur Unterstützung von Großadmiral Alfred Tirpitz, der von 1897 bis 1916 als Staatssekretär (Minister) des Reichsmarineamts der eigentliche Motor des wilhelminischen Flottenbauprogramms war, entstand im Umfeld des Vaterländischen Frauenvereins ein »Flottenbund deutscher Frauen«, der sich die Aufgabe stellte, den Bau moderner Schlachtschiffe auch bei den deutschen Frauen populär zu machen. Die entsprechende Propaganda wurde unter anderem mit Bildpostkarten betrieben.[196] Eine von ihnen zeigt mehrere Kriegsschiffe, eine Fahne des Vaterländischen Frauenvereins, der 1916 sein 50. Jubiläum feierte, und im Vordergrund eine Frau, die einem alten Mann mit Stock beim Gehen hilft. Wir haben es also mit einer bildlichen Kombination zweier Themen zu tun: die helfende Frau vor den übermächtigen Symbolen der deutschen Seekriegsführung. Die Botschaft lautete: Die deutsche Frau hilft den Alten und den Verwundeten (»Kriegsfürsorge«) im Dienste der Kriegsführung. Auf einer anderen Postkarte ist das Rote Kreuz kombiniert mit dem Eisernen Kreuz[197], womit die Gleichwertigkeit des Kriegsdienstes der Männer und des Hilfsdienstes der Frauen im Roten Kreuz zum Ausdruck gebracht werden sollte.

Vielleicht ist es mehr als nur ein Zufall, dass es in Deutschland ein Mann war, der die Initialzündung zur Gründung sozialdemokratischer Frauenvereine gab, nämlich der SPD-Parteivorsitzende August Bebel. Mit seinem 1897 erstmals veröffentlichten und später vielfach neu aufgelegten Buch »Die Frau und der Sozialismus«[198] – fast vierzig Neuauflagen soll es gegeben haben! – stieß er auf großes Interesse und übte einen nachhaltigen Einfluss aus. Aus dem bürgerlichen »Bund deutscher Frauenvereine« blieben die sozialdemokratischen Frauenvereine ausgeschlossen, da sie die politische und gesellschaftliche Gleichberechtigung auf ihre Fahnen geschrieben hatten. Das ging weit über die maßvollen Forderungen der bürgerlichen Frauenvereine hinaus, die lediglich den Wunsch äußerten, auch die Frauen sollten eine Ausbildung erhalten. Schon im Erfurter Grundsatzprogramm der SPD von 1891 hatte die Politikerin Clara Zetkin die Forderung nach einem allgemeinen Frauenwahlrecht durchsetzen können. Mit der Parole »Wahlrecht für die Frauen«, dem Porträt Bebels und der aufgehenden Sonne warb die SPD auch mit Postkarten für dieses Ziel.[199] Doch nach wie vor verbot die Vereinsgesetzgebung in weiten Teilen des Deutschen Reiches den Frauen die Mitarbeit in den Parteien. Als dann im Jahre 1908 das preußische Vereinsgesetz endlich zugunsten der Frauen geändert wurde, konnte mit Luise Zietz erstmals eine Frau in den SPD-Vorstand einziehen.[200] Tatsächlich dauerte es jedoch – vom Erfurter Programm der SPD 1891 aus gerechnet – noch fast drei Jahrzehnte, bis die sozialdemokratische Regierung der Volksbeauftragten, die aus der deutschen Novemberrevolution von 1918 hervorgegangen war, die politische Gleichberechtigung der Frauen dekretierte und ihnen damit das Wahlrecht gab, eine Regelung, die dann – 130 Jahre nach der großen Französischen Revolution – auch in die Weimarer Reichsverfassung übernommen wurde.

Im Deutschen Kaiserreich gab es also vor 1914 keine politische und gesellschaftliche Gleichberechtigung für die Frauen. Diese waren in das System des preußisch-deutschen Militarismus zwangsintegriert und hatten sich dem männlichen Wertekanon unterzuordnen. Die bürgerlichen Frauenvereinigungen orientierten sich aus eigenem Antrieb an den nationalen und kriegerischen Ideen ihrer Zeit. Das heißt: Der bestimmende gesellschaftliche Einfluss der friedlichen Frauen, so es ihn denn jemals gab, trat jedenfalls zu dieser Zeit und in diesem gesellschaftlichen Umfeld nicht als politisch relevanter Faktor in Erscheinung. Eigenständige Gegenmodelle zum militaristischen Männerkult haben in der Zeit des Deutschen Kaiserreiches nur einzelne, selbständig denkende und mit Zivilcourage ausgestattete Frauen entwickelt.

Sozialdemokratische und feministische Frauen gegen Militarismus und Krieg

Erwartungsgemäß waren solche weiblichen Kritikerinnen des Militarismus in erster Linie in der oppositionellen Sozialdemokratie zu finden. Auch in der SPD galten die Themen Militär und Militarismus jedoch als Männerdomäne, um die sich nicht zuletzt der Partei- und Fraktionsvorsitzende selbst kümmerte. Wenn Frauen wie Rosa Luxemburg, Clara Zetkin und Luise Zietz sich auf diesen Politikfeldern einzumischen versuchten, stießen sie bei den Männern von vorneherein auf Misstrauen und Gegenwehr. Wenn sie es dennoch wagten, den Militarismus zu kritisieren, so geschah dies in erster Linie von einem ethischen Standpunkt aus. Sie sahen im Militärsystem eine kulturfeindliche Erscheinung, die zur Verrohung der Menschen führe. Soldatenmisshandlungen sahen sie ebenso als sein Produkt an wie die Frauenvergewaltigungen in Kriegszeiten. Gleichzeitig betrachteten diese sozialdemokratischen Politikerinnen den Militarismus im Kontext der marxistischen Kapitalismustheorie. Das bedeutete, dass sie den Militarismus, wie es auch in den sozialdemokratischen Parteiprogrammen stand, als eine Gewaltorganisation in Form des Klassenstaates auffassten. Daher musste nach ihrer Überzeugung der Kampf gegen den Militarismus ein Teil des allgemeineren Kampfes gegen den Kapitalismus sein. Eine spezifisch weibliche Herangehensweise an das zeitgenössische Phänomen des Militarismus in Deutschland ist bei den ersten Sozialdemokratinnen, die sich auf dieses Feld der Politik begaben, nicht zu erkennen.

Anders verhielt sich dies bei zwei Zeitgenossinnen, die dem linken Flügel der bürgerlichen Frauenbewegung angehörten. Gemeint sind die beiden deutschen Pazifistinnen und Frauenrechtlerinnen Anita Augspurg (1857–1943) und Lida Gustava Heymann (1868–1943). Sie gehörten 1915 zu den Gründerinnen der »Internationalen Frauenliga für Frieden und Freiheit« (IFFF) und verfügten dort über eine politische Plattform. Augspurg und Heymann verfolgten den bemerkenswerten Ansatz, den Militarismus aus einer spezifisch feministischen Perspektive heraus zu analysieren und zu kritisieren.[201] Damit hatten sie schon vor dem Ersten Weltkrieg begonnen. Aber erst in den zwanziger Jahren erfolgte eine systematische Bearbeitung dieser Idee. Die Grundannahme ihrer feministischen Theorie des Militarismus lautete, der Militarismus und der aus ihm hervorgehende Krieg müssten als Resultat männlicher Herrschaft interpretiert werden. Dabei verwiesen die beiden Frauenrechtlerinnen auf die sexuelle Ausbeutung der Frau in Kriegszeiten sowie auf den Tatbestand, dass das militaristische System die Frau zur »Gebärmaschine« degradiere. Dem »männlichen Prinzip« stellten sie das weibliche gegenüber: Frauen schätzten wegen ihrer Mutterrolle das menschliche Leben generell höher ein als die Männer, und sie seien schöpferischer und lebensbejahender als diese. Daraus leiteten sie die These ab, dass Frauen besonders geeignet seien, als »Friedensstifterinnen« zu agieren. Der destruktiven Männerwelt des Militärs und des Krieges, die mit dem Weltkrieg mehr denn je den Beweis ihrer Untauglichkeit erbracht habe, stellten sie die Utopie einer radikalpazifistischen Kultur und Politik gegenüber. Dabei war ihnen sehr wohl bewusst, dass sich in der patriarchalischen Gesellschaft der Gegenwart unzählige Frauen dem männlichen Gewaltprinzip untergeordnet und angepasst hatten, die »Umerziehung« der Frauen in ihrem Sinne also noch Jahrzehnte dauern würde.

Bertha von Suttners Kampf gegen den Militarismus

Als die bekannteste weibliche Kritikerin des zeitgenössischen Militarismus kann die österreichische Schriftstellerin Bertha von Suttner (1843–1914) gelten.[202] Sie war womöglich die erste Frau, die erkannte, welche Gefahren sich für die Gesellschaften der europäischen Länder aus der passiven Haltung der Frauen gegenüber dem martialischen Weltbild der Männer ergaben. Suttner, eine geborene Gräfin Kinsky, war das militärische Milieu nicht fremd. Als Tochter des pensionierten k. u. k. Feldmarschall-Leutnants Graf Franz Joseph Kinsky, der seinerseits aus einer militärischen Familientradition kam und dessen drei Brüder ebenfalls als Generäle der österreichisch-ungarischen Armee Dienst leisteten, hatte sie fast so etwas wie eine militärische Sozialisation durchlaufen.[203] In welchem Ausmaß die militärische Tradition der Familie sie geprägt hatte, wird man einer Bemerkung aus dem Jahre 1898 entnehmen können. Bertha von Suttner, damals bereits 55 Jahre alt und als führende europäische Pazifistin bekannt, nahm die Soldaten ausdrücklich in Schutz, weil sie häufig von den Regierungen missbraucht würden. »Der Kriegerruhm der Vergangenheit«, sagte sie, solle »nicht verunglimpft werden«.[204] Ihr Antimilitarismus war also nicht primär gegen Soldaten gerichtet.

Weit über den deutschen Sprachkreis hinaus wurde Bertha von Suttner bekannt mit ihrem 1889 erschienenen Buch »Die Waffen nieder!«[205] Es fand ein außerordentliches Echo, da es wie kein anderes ein Kontrastprogramm zu den vorherrschenden militärischen Denk- und Verhaltensmustern formulierte. Wo die offizielle Politik im Kontext imperialistischer Bestrebungen das Waffenschmieden antrieb, forderte Suttner »Die Waffen nieder!« Wie August Bebels Buch »Die Frau und der Sozialismus« erlebte auch Suttners Hauptwerk zahlreiche Auflagen und wurde in viele Sprachen übersetzt. Die Schriftstellerin war jedoch nicht nur als Autorin einflussreich, sondern auch als Organisatorin. 1891 gründete und leitete sie in Wien die österreichische »Gesellschaft für Friedensfreunde«, die zum Vorbild für die ein Jahr später gegründete »Deutsche Friedensgesellschaft« wurde.[206] Als eine der führenden Persönlichkeiten der internationalen Friedensbewegung vor dem Ersten Weltkrieg wurde sie zur Vizepräsidentin des Internationalen Friedensbüros (IFB) in Bern gewählt. 1905 erhielt sie als erste Frau den Friedens-Nobelpreis.

Wie die Wiener Historikerin Brigitte Hamann in ihrer Suttner-Biographie[207] deutlich macht, ließ sich diese Pazifistin in ihrer Auseinandersetzung mit der Militarismus-Problematik nicht von einer Gender-Perspektive leiten. Sie analysierte den Militarismus als ein politisches Phänomen, das sie als unvernünftig, unmoralisch und selbstzerstörerisch beschrieb. Das heißt, sie beurteilte den Militarismus primär von einer ethischen Position aus. Bertha von Suttner war insofern eine echte Idealistin, als sie an eine stetige Entwicklung des Menschen hin zum »Edelmenschen« glaubte, wie sie es formulierte.[208] Ihren Fortschrittsglauben und ihre Absage an jeden Fatalismus stützte sie auf ihre beiden großen Lehrmeister, nämlich den englischen Historiker Henry Thomas Buckle und dessen Landsmann, den Soziologen Herbert Spencer, der einer der bedeutenden wissenschaftlichen Analytiker des Militarismus war.[209]

Die Österreicherin Suttner nannte Berlin »la citadelle du militarisme«[210] und den deutschen Historiker und Nationalisten Heinrich von Treitschke den »Urpapst des Militarismus«.[211] Kaiser Wilhelm II. beschrieb sie 1897 folgendermaßen: »Willi ist im Militärrausch zu Land und zur See sehr gefangen.«[212] Bei anderer Gelegenheit: »Wilhelm II. hat einen Eroberungsrausch, und die deutschen Nationalisten mit ihm.«[213] Der deutsche Kaiser erschien der Pazifistin Suttner als große Gefahr. Sein Auftreten und seine Reden registrierte sie vom Tag seiner Thronbesteigung an als so militaristisch, dass von ihm eine Aufkündigung des europäischen Friedens zu befürchten war. Diesen ruhelosen Hohenzollern, sagte Suttner, beseele »das Mystisch-Großwahnsinnige, das Kriegerisch-Abenteuerliche«.[214] Sie durchschaute die propagandistische Absicht, wenn sich Wilhelm II. öffentlich als »Friedenskaiser« darstellen ließ. Wenn er sogar bei zivilen Familienfeiern davon rede, dass »sein erster und sein letzter Gedanke seine Streitkräfte zu Wasser und zu Lande« seien, so zeige dies doch deutlich »sein wahres Marsgesicht«.

Bertha von Suttner glaubte an die Kraft der Aufklärung, an die Kraft des Wissens um Gefahren sowie an die Kraft humaner Überzeugungen der Menschen, die zu ihrer Zeit lebten. Sie glaubte auch, dass zumindest einige der Politiker des damaligen internationalen Systems durch ihren guten Willen und ihre Einsicht in die Gefahren einer militaristischen Politik dem Weltfrieden dienen konnten. Sie hoffte auf die Mächtigen und dies, obwohl sie doch Einsichten über deren Sozialisation und militärisch geprägte Denkweise gewonnen hatte.[215] So wandte sie sich beispielsweise im Jahre 1904 an die österreichische Kaiserin Elisabeth, in der sie – ganz zu Recht – eine heimliche Gesinnungsgenossin vermutete.[216] Allerdings sollte ihre Erwartung, dass die Kaiserin gegebenenfalls auf ihren Ehemann im positiven

Sinne würde Einfluss nehmen können, in keiner Weise in Erfüllung gehen. Denn der österreichische Kaiser Franz Joseph war nicht anders als die Hohenzollernkaiser in Deutschland militärisch sozialisiert. Auf das Ansinnen, die damit verbundenen Denkmuster abzulegen, hätte er nur verständnislos ablehnend reagiert. Suttner schätzte ihn also durchaus richtig ein, wenn sie schließlich erkannte, was Kaiser Franz Joseph wirklich war: ein »Beschützer aller Klerisei – Feind der Haager Konferenz, leidenschaftlicher Militarist«.[217]

Bemerkenswerte Einsichten fand Suttner über die aktive Rolle der Frauen in den vom Militarismus beherrschten Ländern. Sie beobachtete, dass diese sich nicht anders als die Männer an Geldsammlungen für Rüstungsprojekte beteiligten. Die Frauen, schrieb sie, seien für den massenhaften Kauf von Kriegsspielzeug ebenso verantwortlich wie für die kriegerische und nationalistische Erziehung ihrer Kinder, und sie trügen das Ihre zur gedankenlosen Kriegsverherrlichung bei, wenn sie Uniformen und Kriegshelden bewunderten und die Männer in Uniform in der Vorstellung bestärkten, dass das Opfer des Lebens für das Vaterland wichtiger sei als das friedfertige Leben selbst. Was Suttner damit über die Rolle der Frau im Militarismus aussagte, lief darauf hinaus, dass die Frauen im Grunde genommen die gleiche Verantwortung für dieses System trugen wie die Männer, auch wenn der große Unterschied bestehen blieb, dass nicht sie es waren, die irgendwann einmal den Krieg an der Front zu führen haben würden. So erklärt es sich auch, dass Suttner niemals bereit war, aggressive Töne gegen »die Männer« anzuschlagen, sondern Männer wie Frauen gleichermaßen aufforderte, sich dem Militarismus zu verweigern und zu Kulturmenschen zu werden.

III. Militarismus und Weltkrieg 1914–1918

1. Das Kaiserreich im Krieg

Der gewollte Krieg: Vom alten Militarismus zur imperialistischen Expansionspolitik

Vom Umschwung im Denken der jüngeren Anhänger der Kriegervereine, der im letzten Jahrzehnt des 19. Jahrhunderts einsetzte, war bereits die Rede. Sie drängten jetzt nach vorne, in die Zukunft einer neuerlichen kriegerischen Betätigung. Diese Entwicklung stellte eine Folge der grundlegenden Veränderungen in der deutschen Politik nach dem Sturze Bismarcks dar. Jetzt begann sich neben dem alten Militarismus, der vom preußischen Adel und dem angepassten Bürgertum getragen war, eine neue militaristische Strömung herauszubilden. Sie war weniger an der Erhaltung des politischen Status quo interessiert als vielmehr an einer imperialistischen Expansionspolitik. Ihre Anhänger wollten das Deutsche Reich zu einer Weltmacht ausbauen.[1] Die alte, feudale, reaktionäre militaristische Herrschaftsgruppe sah sich nun der Konkurrenz und Herausforderung durch diese neue, aus den aufstrebenden bürgerlichen Mittelschichten hervordrängende Strömung gegenüber.[2] Der neue Militarismus war wirtschaftlich und militärisch aggressiv. Er wurde zunächst nicht »von oben« organisiert, von Regierungsstellen, sondern von nationalistischen Verbänden wie dem Alldeutschen Verband, dem um 1900 gegründeten Flottenverein und dem 1912 gegründeten Wehrverein.[3] Auf der politischen Ebene setzte die Nationalliberale Partei schon vor der Jahrhundertwende auf die Bewegung des bürgerlichen Militarismus. Außerdem sympathisierte ein Teil des Offizierkorps mit ihr.

Naturgemäß schlugen sich die Kontroversen zwischen den beiden militaristischen Strömungen auch in der Rüstungspolitik nieder. Diese folgte im fraglichen Zeitraum keiner geraden Linie, sondern schwankte zwischen unterschiedlichen Prioritäten, worin sich der Machtkampf der beiden gegensätzlichen militaristischen Strömungen widerspiegelte.[4] Zunächst, in den Jahren 1890–1897, hatte die Heeresvermehrung Vorrang. Sodann wurde unter dem massiven innenpolitischen Druck der imperialistischen Strömung die ungemein kostenintensive Flottenrüstung favorisiert, während die Heeresrüstung weitgehend stagnierte.[5]

Als seit 1905 immer klarer wurde, dass das Flottenrüstungsprogramm insoweit gescheitert war, als Großbritannien im Rüstungswettlauf mitgehalten hatte und nicht zulassen würde, dass Deutschland sich in Übersee einen »Platz an der Sonne« eroberte, wandten sich die expansionistischen Bestrebungen der bürgerlichen Militaristen wieder mehr dem europäischen Kontinent zu. In den Jahren vor dem Ersten Weltkrieg, 1912/13, wurde das Steuer erneut herumgerissen zugunsten einer massiven Steigerung der Heeresrüstung und der Erhöhung der Kopfstärke des Heeres. In der Rüstungspolitik spiegelten sich also nicht nur unterschiedliche Auffassungen über die beiden traditionellen Aufgaben der preußischen Armee – Machterhalt im Innern und Machtentfaltung nach außen –, sondern auch verschiedene Ansätze in den außenpolitischen Vorstellungen des neuen Militarismus. Sie schwankten zwischen der Vision eines weltweiten deutschen Machtgewinns in Übersee und einem kontinentalen Imperialismus.

Als ein eloquenter Vertreter des neuen Imperialismus galt der Vorsitzende des Alldeutschen Verbandes, Heinrich Claß. In seinem 1912 veröffentlichten Buch »Wenn ich der Kaiser wär'« legte er ein ebenso klares wie radikales Bekenntnis zum kriegerischen Imperialismus ab. Er schrieb: »Eines aber sollte zum Gemeingut der öffentlichen Meinung unseres Vaterlandes werden, wie kläglich die Auffassung ist, die unsere Wehrmacht zu Wasser und zu Lande nur als Verteidigungsmittel gegen feindliche Angriffe ansieht. Das heißt sie des besten Teiles ihres Wertes berauben, drückt sie herab zu Werkzeugen philiströser Politik. Oben habe ich die Ansicht bekämpft, dass wir ›saturiert‹ seien – stellt die öffentliche Meinung sich dazu in gleicher Weise, so wird sie auch unzweideutig aussprechen: Heer und Flotte sind auch Waffen, wenn die Sicherung unseres Daseins es verlangt.«[6] Das war ein klares Plädoyer für einen Aggressionskrieg.

Die Aufdeckung der zweifellos vorhandenen Unterschiede zwischen den beiden militaristischen Strömungen im Deutschen Kaiserreich seit 1890 hat gelegentlich dazu geführt, dass die substanziellen Gemeinsamkeiten beider aus dem Blick gerieten. Übereinstimmung bestand in der innenpolitischen Frontstellung gegen die sogenannten Reichsfeinde. Übereinstimmung gab es auch im Selbstverständnis der alten feudalen und der neuen bürgerlichen Strömung: Beide sahen sich als Träger des militärischen Machtstaats. Sie wiesen dem Militär innen- und außenpolitische

Aufgaben zu, die weit über den Schutz des Landes hinausgingen. Einig waren sie sich auch in der Überzeugung, dass Friedenszeiten unter dem Gesichtspunkt der Vorbereitung für den Zukunftskrieg zu betrachten seien. Generalfeldmarschall Moltke d. Ä. sprach gewiss für die Gesamtheit der Anhänger des preußisch-deutschen Militärstaats, als er mit dem später viel zitierten Satz sein militaristisches Glaubensbekenntnis formulierte: Der Krieg sei ein »Glied in Gottes Weltordnung«, und der Friede sei »ein Traum, und nicht einmal ein schöner«.[7] Auf dem Humus solcher Kriegsideologien konnte dann auch die Vorstellung gedeihen, im Krieg werde der Mann erst zum Manne.[8] Gemeinsam unterstützten die beiden militaristischen Strömungen auch die Befürwortung einer breitgefächerten Erziehung der jungen Männer zum Krieg. Sie begann schon in der Schule, prägte dort selbst so scheinbar abgelegene Fächer wie den Musikunterricht[9], setzte sich in den Kriegervereinen fort und wurde mit der militärischen Ausbildung in der Armee vervollkommnet.[10] Die Militaristen beider Richtungen waren bestrebt, in der Gesellschaft – eingeschlossen die oppositionellen Teile – eine Kriegsmentalität zu erzeugen, die bei Bedarf jederzeit aktualisiert werden konnte.[11]

In allen politischen Lagern gab es in der imperialistischen Phase der deutschen Politik allerdings auch weitblickende Zeitgenossen, die vor der völligen Unberechenbarkeit eines Zukunftskrieges warnten. So gab etwa der – soeben bereits als einflussreicher Kriegsideologe zitierte – preußische Generalfeldmarschall Helmuth Graf von Moltke d. Ä., der Held der Reichseinigungskriege, im Jahre 1890 eine bemerkenswert pessimistische Prognose ab: »Wenn der Krieg kommt, so ist seine Dauer und sein Ende nicht abzusehen. Es sind die größten Mächte Europas, welche, gerüstet wie nie zuvor, gegeneinander in Kampf treten; [...] es kann ein Siebenjähriger, es kann ein Dreißigjähriger Krieg werden – und wehe dem, der Europa in Brand steckt, der zuerst die Lunte in das Pulverfass schleudert.«[12] Diese Ansicht stand in deutlichem Kontrast zu der damals im deutschen Generalstab verbreiteten Annahme vom kurzen Krieg der Zukunft.

Der führende sozialistische Militärtheoretiker Friedrich Engels kam zur gleichen Zeit zu einem ganz ähnlichen Schluss wie Moltke: Was aus einem einmal angefangenen Krieg wird, schrieb er 1890 in einer sozialdemokratischen Zeitung, »das spottet jeder Berechnung«. »Der Friede besteht ja nur noch dank der nie endenden Revolution der Waffentechnik, die niemand kriegsbereit werden lässt, und dank der Angst aller vor den absolut unberechenbaren Chancen des jetzt allein noch möglichen Weltkriegs.«[13]

In seiner 1893 veröffentlichten Artikelserie zur Frage »Kann Europa abrüsten?«, beschrieb Engels als die wahrscheinliche Folge des Wettrüstens in ganz Europa »einen Verwüstungskrieg, wie die Welt noch keinen gesehen hat«.[14] In die gleiche Kerbe hieb auch der Zentrumsabgeordnete von der Decken, wenn er im Jahre 1890 im Reichstag warnte: Irgendwann müsse haltgemacht werden, sonst werde der Krieg ausbrechen infolge der Verzweiflung des Volkes, die Rüstungslasten nicht mehr tragen zu können.[15] Aber diese Warnungen fruchteten nichts. Jedenfalls führten sie bei den maßgeblichen Eliten des Deutschen Kaiserreichs nicht zu einem Umdenken in der Frage von Krieg und Frieden.

Die militärgeschichtliche Forschung hat sich in den vergangenen Jahren verstärkt mit der Frage beschäftigt, wie seinerzeit in den militärischen Kreisen Deutschlands über den Zukunftskrieg gedacht wurde: Konnten die preußischen Generalstäbler in dem Vierteljahrhundert vor dem Ersten Weltkrieg überhaupt noch an einen kurzen und gewinnbaren Krieg glauben? Oder erkannten sie, dass es in einem zukünftigen Krieg nur noch unkalkulierbare Risiken geben konnte, auch hinsichtlich der Zeitdimension, was ja bedeutet hätte, dass sie mit ihrer militärischen Planungskompetenz am Ende waren? Wie die Forschung gezeigt hat, hielt der jüngere Moltke, ein Neffe des Älteren, der 1914 Chef des Generalstabes wurde, die deutsche Öffentlichkeit wider besseres Wissen in dem Glauben, dass es einen kurzen und siegreichen Krieg würde geben können. Intern gab er etwas ganz anderes zu erkennen: Dass er nämlich nicht an einen kurzen Krieg glaube und daher auch nicht an den Erfolg des Schlieffen-Plans. In diesem Sinne schrieb er am 28. Juli 1914 an Reichskanzler Bethmann Hollweg, es stünde ein Weltkrieg bevor, der die europäische Zivilisation auf Jahrzehnte hinaus zerstören würde.[16] Alle preußischen Generäle und Führungsgehilfen, die in diese Gedankengänge eingeweiht waren, wussten also schon 1914, »dass dies ein langer, furchtbarer Krieg werden würde«.[17]

Weshalb wurden unter diesen Voraussetzungen nicht alle Hebel in Bewegung gesetzt, einen Krieg zu vermeiden? Wo blieb der hochgelobte Sachverstand der »Halbgötter« in Uniform mit den roten Generalstabsstreifen? Wo blieb die militärische Ratio, das Kalkül? Und wo blieb die politische Verantwortung für die Nation? Einer der namhaftesten Kritiker des preußisch-deutschen Militarismus, der Pädagogik-Professor Friedrich Wilhelm Foerster, hat als die eigentliche Ursache für das Handeln des deutschen Militärs, aber auch der maßgeblichen politischen Elite jener Zeit, das bedingungslose Festhalten am »Schwertglauben«[18] angesehen, also das Gefangensein in der allgemeinen Vorstellung, dass Großes in der Welt der Politik eben nur mit kriegerischer Gewalt zu erreichen sei. Dieser Gewaltglaube war facettenreich: Er konnte in der Idee vom Krieg als Schicksalsmacht auftreten, also von einem quasinatürlichen, unvermeidlichen Geschehen, aber auch in der Vorstellung vom Krieg als einem Kulturträger, als einem »frischen und fröhlichen« Geschehen, das als ein »Jungbrunnen« für die Volkskraft wirken könne.

Führt man sich die widersprüchlichen Debatten der damaligen Zeit über einen kurzen oder langen Krieg vor Augen, so versteht man besser, weshalb im deutschen Generalstab immer wieder Stimmen laut wurden, die darauf drängten, den Versuch zu wagen, der unlösbaren militärischen Probleme durch einen Präventivkrieg Herr zu werden. Historiker, die den im preußischen Generalstab intern geführten militärischen Debatten nachspürten, sind dabei auf so viele Beispiele von »purer Kriegstreiberei« gestoßen, dass sich bei ihnen der Eindruck verstärkte, dass in diesem Milieu eine kriegerische Mentalität besonders ausgeprägt war.[19] Kaum ein Angehöriger der Militärelite konnte sich dem »martialisch-kriegshetzerischen« Druck entziehen, der in diesen Kreisen herrschte. Daher traute sich offenbar auch Generalstabschef Helmuth von Moltke d. J. 1914 nicht, dem Kaiser die Wahrheit zu sagen und ihm vom Krieg abzuraten. Stattdessen riet er – seine Bedenken und sein Verantwortungsbewusstsein zurückstellend – zum Los- und Draufschlagen. Der Berner Historiker Stig Förster zieht das Fazit: »So war also die Katastrophe des Ersten Weltkrieges, zumindest was die deutsche Offizierselite angeht, letztendlich bewusst und sehenden Auges herbeigeführt worden. Die Arbeiten Fritz Fischers finden hier in vieler Hinsicht Bestätigung.«[20]

In seinem Buch »Griff nach der Weltmacht«, das in Deutschland in den sechziger Jahren einen großen Historikerstreit auslöste, hatte der Hamburger Historiker Fritz Fischer nachgewiesen, dass Deutschland keineswegs in den Ersten Weltkrieg »hineingeschlittert« sei, sondern dass es ihn von langer Hand vorbereitet habe und daher eine maßgebliche Mitverantwortung für diesen Krieg trage. Aufgrund seiner eigenen Forschungen sieht Stig Förster einen »zutiefst irrationalen Entscheidungsprozess« sowie eine »Haudrauf- und Willens-Mentalität der Offizierselite« am Werk, »die vor dem Zeitalter nervöser Unentschlossenheit in die scheinbar so einfache und klare Welt des Krieges zu entfliehen trachtete«.[21]

Militarismus in den »deutschen Ideen von 1914«

Bekannt ist die Vorstellung, Deutschland habe im 19. und 20. Jahrhundert zwei Gesichter gehabt: Einerseits sei es ein kriegerisch-militaristisches Land gewesen, andererseits habe es als »das Land der Dichter und Denker« auch kulturelle Hochleistungen vollbracht. Wollte man dieses janusköpfige Bild von Deutschland auf die Zeit des Ersten Weltkrieges projizieren, so wäre zu fragen: Wie haben sich die deutschen Dichter und Denker im Jahre 1914 verhalten, als der große Krieg begann, der später als die »Urkatastrophe« des 20. Jahrhunderts bezeichnet worden ist? Positionierten sich die deutschen Kulturschaffenden in der Tradition der Aufklärung mit ihren Idealen der Humanität, der Friedensbewahrung und der demokratischen Partizipation? Oder segelten auch sie im nationalistischen Fahrwasser mit, was in diesem Falle konkret bedeutete, das deutsche militaristische System und die deutsche Kriegführung zu rechtfertigen und zu unterstützen? Greifbar wird das politische Denken der geistigen Elite Deutschlands in den »Aufrufen und Reden deutscher Professoren im Ersten Weltkrieg«, die der Historiker Klaus Böhme im Jahre 1975 in einer repräsentativen Auswahl dokumentierte.[22]

Die historische Forschung hat schon seit längerem herausgearbeitet, dass die Professorenschaft – als Teil des Bildungs- und Wirtschaftsbürgertums – aufgrund ihrer politischen Einstellungsmuster bereits lange vor Kriegsbeginn 1914 fest in das Deutsche Kaiserreich integriert war.[23] Wie es »von oben«, in diesem Falle seitens der Kulturbürokratie, gewünscht wurde, erarbeiteten insbesondere die Juristen und die Historiker »ein umfassendes Legitimationssystem des Bestehenden«. Liberale Gelehrte wie der Althistoriker, Bismarck-Gegner und Literatur-Nobelpreisträger von 1902, Theodor Mommsen (1817–1903), wie der Reichstagsabgeordnete der Fortschrittlichen Volkspartei (FVP) und Professor für Medizin, Rudolf Virchow (1821–1902), oder der Historiker Georg Gottfried Gervinus (1805–1871), der 1848 Mitglied der Frankfurter Nationalversammlung gewesen war, wurden an den Rand gedrängt und ausgegrenzt. Die große Mehrzahl der deutschen Professoren schwamm im imperialistischen Strom mit. Sie sah ihre nationale Aufgabe nunmehr darin, »politische Konzeptionen zu entwerfen und eine breite innere Basis für die machtpolitischen Intentionen des expandierenden Reiches zu schaffen«.[24]

Am Anfang des Krieges erzielte Deutschland seine militärischen Erfolge dadurch, dass es – unter eklatanter Missachtung des geltenden Völkerrechts – die belgische Neutralität verletzte. Die Welt reagierte mit einem Aufschrei der Empörung, wodurch die kaiserliche deutsche Regierung unter internationalen Druck geriet. In dieser Konfliktsituation sprangen ihr prominente Vertreter der deutschen Kultur mit ihrem »Aufruf an die Kulturwelt«[25] zur Seite. Er wurde am 4. Oktober 1914 veröffentlicht, zwei Monate nach der ersten Kriegskreditbewilligung durch den Reichstag. Der »Aufruf der 93«, wie die Stellungnahme seiner 93 Unterzeichner auch genannt wurde, fand in Deutschland wie auch in den Ländern der Alliierten sogleich weite Verbreitung. Verfasst hatte ihn der Dramatiker Hermann Sudermann, und für die Verbreitung hatte sich insbesondere der Zentrumspolitiker Matthias Erzberger eingesetzt, der damals noch einen imperialistischen Kurs unterstützte.[26] Zu den prominenten Unterzeichnern gehörten Künstler, Wissenschaftler, Geistliche, Dichter, Juristen, Ärzte, Historiker, Philosophen und Musiker. Unter ihnen waren auch solche, die bislang nicht im Lager der Nationalisten gestanden hatten, zum Beispiel der berühmte Evolutionstheoretiker Ernst Haeckel, der Physiker Wilhelm Röntgen, der Biochemiker Paul Ehrlich, der Komponist Engelbert Humperdinck und Max Reinhardt, der Bahnbrecher des modernen Theaters. Aus der Zusammensetzung der Unterzeichner des Aufrufs kann man schließen, dass er eine allgemeine Stimmung unter den Kulturschaffenden in Deutschland wiedergab.[27]

Mit der wiederholten Wendung »Es ist nicht wahr, dass [...]« machte der Aufruf sechs negative Feststellungen. Eine deutsche Kriegsschuld wurde rundweg geleugnet. Die Verletzung der belgischen Neutralität wurde insoweit bestritten, als der Aufruf behauptete, die deutsche Seite sei lediglich den Kriegsplänen der Alliierten zuvorgekommen. Deutsche Gräueltaten in Belgien wurden geleugnet, ebenso andere Verstöße gegen das Völkerrecht. Stattdessen wurden die alliierten Kriegsgegner mit der rassistischen Behauptung angegriffen, sie böten der Welt »das schmachvolle Schauspiel [...], Mongolen und Neger auf die weiße Rasse zu hetzen«.

Am Ende des Aufrufs stand eine Passage, in welcher die deutsche Kultur nicht etwa vom Militarismus abgesetzt, sondern geradezu mit ihm identifiziert wurde. Der zentrale Satz lautet: »Es ist nicht wahr, dass der Kampf gegen unseren sogenannten Militarismus kein Kampf gegen unsere Kultur ist, wie unsere Feinde heuchlerisch vorgeben.« Und zur Erklärung wurde weiter ausgeführt: »Ohne den deutschen Militarismus wäre die deutsche Kultur vom Erdboden getilgt. Zu ihrem Schutz ist er aus ihr hervorgegangen in einem Lande, das jahrhundertelang von Raubzügen heimgesucht wurde wie kein zweites. Deutsches Heer und deutsches Volk sind eins. Dieses Bewusstsein verbrüdert heute 70 Millionen Deutsche ohne Unterschied der Bildung, des Standes und der Partei. – Wir können die vergifteten Waffen der Lüge unseren Feinden nicht entwinden. Wir können nur in alle Welt hinausrufen, dass sie falsches Zeugnis ablegen wider uns. Euch, die ihr uns kennt [so wandten sich die Professoren an ihre früheren Studenten aus dem Ausland, d. Verf.], die ihr bisher gemeinsam mit uns den höchsten Besitz der Menschheit gehütet habt, euch rufen wir zu: Glaubt uns! Glaubt, dass wir diesen Kampf zu Ende kämpfen als ein Kulturvolk, dem das Vermächtnis eines Goethe, eines Beethoven, eines Kant ebenso heilig ist, wie der Herd und seine Scholle! Dafür stehen wir euch ein mit unserem Namen und mit unserer Ehre!«[28]

Mit ihrem Aufruf vom Oktober 1914 traten die prominenten deutschen Kulturschaffenden also ausdrücklich der im Ausland weitverbreiteten Meinung entgegen, dass ein Unterschied zu machen sei zwischen dem kulturellen und dem militaristischen Deutschland. Goethe, Beethoven, Kant und der preußisch-deutsche Militarismus wurden zusammen gedacht, als eine Einheit behauptet. Indem der Aufruf vom »sogenannten Militarismus« sprach, stempelte er ihn einmal mehr zum politischen Kampfbegriff, in diesem Fall aus dem Arsenal der feindlichen Kriegspropaganda. Gleichzeitig bekannten sich die Kulturschaffenden klar zum preußisch-deutschen militärischen Machtstaat, von dem sie behaupteten, dass er die deutsche Kultur erst ermöglicht habe, die nun von außen bedroht sei.

Dem bekannten »Aufruf der 93« folgte noch im selben Monat Oktober 1914 eine von 3016 Professoren unterzeichnete »Erklärung der Hochschullehrer des Deutschen Reiches«.[29] Formuliert hatte sie Ulrich von Wilamowitz-Moellendorf, ein Professor für Klassische Philologie. Auch in dieser politischen Stellungnahme wurden die Ansichten der Feinde Deutschlands »mit Entrüstung« zurückgewiesen, die »angeblich zu unseren Gunsten einen Gegensatz machen wollen zwischen dem Geiste der deutschen Wissenschaft und dem, was sie den deutschen Militarismus nennen«. Dort hieß es: »Unser Glaube ist, dass für die ganze Kultur Europas das Heil an dem Siege hängt, den der deutsche ›Militarismus‹ erkämpfen wird, die Manneszucht, die Treue, der Opfermut des einträchtigen freien Volkes.«[30] Diese öffentliche Erklärung von mehreren tausend deutschen Hochschullehrern kann man getrost als Kriegspropaganda bezeichnen. Denn ihre wichtigste Botschaft lautete, die Kultur Europas hänge am deutschen Militarismus, und daher müsse Deutschland in diesem Kriege den Sieg davontragen.

Von dem Verfassungs- und Wirtschaftshistoriker Georg von Below (1858–1927) stammt die griffige Formel der »deutschen Ideen von 1914«. Er hatte die aufschäumende nationale Euphorie bei Kriegbeginn, die innere Einigkeit und die Harmonie der Deutschen selbst miterlebt und war von ihnen mitgerissen worden. Schon 1915 machte er den Versuch, das politische Wertesystem, das in diesen Stimmungen zum Ausdruck gekommen war, analytisch zu erfassen, indem er das Geschehen in eine politische Langzeitperspektive einordnete. Er traf die folgende Unterscheidung: »Die Erlebnisse des Weltkrieges haben den Zusammenbruch der Ideale der Französischen Revolution dargetan. Die Ideen der Freiheit, Gleichheit, Brüderlichkeit sind durch die deutschen Ideen von 1914, Pflicht, Ordnung, Gerechtigkeit überwunden.«[31] Below positionierte »die deutschen Ideen von 1914« damit ausdrücklich als Gegenprogramm zu den freiheitlichen Ideen der Aufklärung und der Französischen Revolution.[32] Mit den Werten »Pflicht, Ordnung und Gerechtigkeit« wurde der preußisch-deutsche Obrigkeitsstaat legitimiert – und mit ihm auch das System des Militarismus. Below trat mit seinen Ansichten durchaus als ein Sprachrohr der deutschen Professorenschaft auf.

In ähnlicher Weise hat auch der seinerzeit bekannte Sozialwissenschaftler Johann Plenge die deutschen Ideen von 1914 als das geistesgeschichtliche Gegenstück zu den revolutionären Ideen von 1789 aufgefasst.[33] Ebenfalls in den Kontext der »deutschen Ideen von 1914« einzuordnen sind die Anschauungen des deutschen Nationalökonomen und Soziologen Werner Sombart (1863–1941), der sich vor dem Weltkrieg als erster bürgerlicher Wissenschaftler positiv-kritisch mit dem Werk von Karl Marx auseinandergesetzt hatte und daher zu den sogenannten Kathedersozialisten gerechnet wurde. In seinem 1915 veröffentlichten Buch »Händler und Helden« idealisierte er den deutschen Militarismus in der Weise, dass er die Weltanschauung der Briten mit der von Händlern identifizierte und die der Deutschen mit der von kriegerischen Helden.[34] »Militarismus ist der zum kriegerischen Geist hinaufgesteigerte heldische Geist. Er ist Potsdam und Weimar in höchster Vereinigung. Er ist ›Faust‹ und ›Zarathustra‹ und Beethoven-Partitur in den Schützengräben. Denn auch die Eroica und die Egmont-Ouvertüre sind doch wohl echtester Militarismus.«[35]

Die große Mehrheit der deutschen Professoren unterstützte während des Weltkrieges 1914–1918 den kriegführenden deutschen Machtstaat. Einige der Gelehrten wehrten den Begriff Militarismus zunächst als Propagandawort der Alliierten ab, verwendeten ihn dann aber mit gleichsam trotzigem Stolz, um sich auch in Hinblick auf die Zukunft zu diesem System zu bekennen. Zwischen dem radikal-nationalistischen und dem gemäßigten Flügel gab es in dieser Frage nur graduelle Unterschiede.

Es war charakteristisch für die Bewusstseinslage der deutschen Professorenschaft im Jahre 1914, dass es in ihren Reihen nur ganz vereinzelte Stimmen gegen den Krieg gab. Eine von ihnen war die des Universitätsprofessors, Schriftstellers und Publizisten Georg Friedrich Nicolai (1874–1964), der einem jüdischen Elternhaus entstammte. Eine andere war die von Albert Einstein, einem damals in der internationalen Öffentlichkeit noch wenig bekannten Physiker. Nicolai versuchte bereits im Oktober 1914, mit seinem »Aufruf an die Europäer«[36], einem Plädoyer für die Völkerversöhnung, einen Kontrapunkt zu setzen.[37] Da er sich zudem in seinen Vorlesungen kriegsgegnerisch äußerte, Kritik an der völkerrechtswidrigen deutschen Kriegführung übte und sich weigerte, eine Waffe zu tragen, wurde er politisch verfolgt und militärisch zum »gemeinen Soldaten« degradiert, nachdem er zuvor als freiwilliger Heeresarzt in einem Offiziersrang gedient hatte. 1917 musste er in die Schweiz fliehen.[38] Der von Nicolai entworfene »Aufruf an die Europäer« wurde damals, 1914, nur von Albert Einstein und Wilhelm Förster, dem langjährigen Direktor der Berliner Sternwarte, unterzeichnet. Nachdem der Text als private Post an eine große Zahl von Professoren versandt worden war, in denen die Initiatoren Gesinnungsfreunde vermuteten, stellte sich heraus, dass diese nicht bereit waren, ihn zu unterschreiben und öffentlich für ihn einzutreten.[39] So blieb dieses Unternehmen ohne Erfolg.

Neben Nicolai, Einstein und Foerster gab es nur noch wenige deutsche Professoren, die gegen den Strom schwammen. Unter den Soziologen war es nur ein einziger Gelehrter, nämlich Emil Lederer[40], der »kühle Objektivität« zu wahren vermochte und erkannte, dass in Deutschland alle geistigen Strömungen zur Legitimation des Krieges beitrugen sowie, dass die Sinngebungen in allen kriegführenden Staaten eine strukturelle Ähnlichkeit aufwiesen.[41] Von dem nationalen Taumel und der Kriegsbegeisterung sich freizuhalten, vermochten auch der schon mehrfach zitierte Historiker und Pazifist Ludwig Quidde sowie der Völkerrechtler Walter Schücking. Sie versuchten dem vorherrschenden Gesinnungsmilitarismus die Vision einer friedlichen Welt entgegenzusetzen, ohne damit in den Kriegsjahren allerdings in der ganz anders gepolten deutschen Öffentlichkeit eine erkennbare Wirkung hinterlassen zu können.[42]

Die Industrialisierung der Gewalt und die Militärdiktatur der Obersten Heeresleitung

Schon vor dem Ersten Weltkrieg hatte sich in Deutschland ein Geflecht von Interessen entwickelt, an dem der Staat, die Rüstungsindustrie und der Bankenapparat beteiligt waren, welcher die Rüstungsproduktion vorfinanzierte. Volker R. Berghahn, der sich mit der deutschen Rüstungspolitik vor 1914 eingehend befasst hat, hält es für sinnvoll, bereits für diese Zeit von einem militärisch-industriellen Komplex zu sprechen, der seine ökonomischen Interessen auch auf dem Felde der Politik geltend gemacht habe.[43]

Der Begriff »Militärisch-Industrieller Komplex (MIK)« wurde erst nach dem Zweiten Weltkrieg geprägt, und zwar nicht von einem pazifistischen Kritiker des Militarismus, sondern von dem US-amerikanischen General Dwight D. Eisenhower, dem ersten Oberkommandierenden der Nato und späteren Präsidenten der USA (1952–1956). Eisenhower wollte mit dieser Bezeichnung auf negative Entwicklungen in seinem eigenen Land hinweisen, die sich während des Zweiten Weltkrieges herausgebildet hatten. Die Friedens- und Konfliktforschung hat dieses Interpretationsmodell dann übernommen und analytisch fruchtbar gemacht, auch bei der Deutung historischer Rüstungsprozesse.[44]

Der Erste Weltkrieg führte zu einer verstärkten – und von den Zeitgenossen als allgegenwärtig wahrgenommenen – Militarisierung von Staat, Wirtschaft und Gesellschaft. Das Militär übernahm die zentrale Lenkung der kriegswichtigen Lebensbereiche. Es mobilisierte mehr Soldaten als je zuvor in der deutschen Geschichte. Die Militärs waren es auch, die das ökonomische Potenzial des Landes in militärische Stärke umsetzten, ohne dabei allerdings eine Verstaatlichung der Rüstungsproduktion anzustreben. Sieht man einmal von den staatlichen Heereswerkstätten ab, so verblieb die Rüstungsproduktion in der Hand von privaten Unternehmen. Allerdings sorgte das Militär für eine zentrale Bewirtschaftung der kriegswichtigen Rohstoffe[45] und für die an den militärischen Interessen orientierte Organisation des Arbeitsmarktes durch das im Preußischen Kriegsministerium eingerichtete Kriegsamt.[46] In welchem Ausmaß die

Rüstungsproduktion zunahm, lässt sich unter anderem am Ansteigen der Staatsquote ablesen, also dem Anteil des Sozialprodukts, das vom Staat verwaltet wurde. Die Staatsquote stieg in Deutschland von etwa 17 Prozent vor Kriegsbeginn auf über 70 Prozent im Jahre 1917. In Großbritannien verlief die Kurve etwas weniger steil. Dort stieg sie von 13 Prozent vor Kriegsbeginn auf 48 Prozent im Jahre 1918 an.[47]

Die sich nun erstmals zeigende Tendenz zur Totalisierung des Krieges blieb naturgemäß nicht ohne Rückwirkungen auf die politische Ebene. Von Kriegsbeginn an lag in Deutschland die reale Macht primär beim Generalstab, der sich jetzt »Oberste Heeresleitung (OHL)« nannte. In seiner Rolle als »Oberster Kriegsherr« fungierte der Kaiser als Legitimationsspender für diese Machtverlagerung. Verglichen mit der Vorkriegszeit ließ der Einfluss Wilhelms II. auf die deutsche Kriegspolitik allerdings deutlich nach.[48] Auch die Macht der Regierung und der Einfluss des Reichstages gingen immer mehr zurück. Ein sogenannter Hauptausschuss des Reichstages übernahm weitgehend seine Funktionen, ohne indessen wirkliches politisches Gewicht gewinnen zu können.[49] Insgesamt geriet die deutsche Politik immer mehr unter den Druck militärischer Entscheidungen.

Auch diese Entwicklung war im militärischen Denken seit der Mitte des 19. Jahrhunderts vorgeprägt. Moltke d. Ä. hatte schon nach dem Deutsch-Französischen Krieg von 1870/71 festgestellt, die Politik bediene sich zwar des Krieges zur Erreichung ihrer Zwecke, aber zugleich gefordert, dass im Kriege selbst das Militär »im Handeln völlig unabhängig« von der Politik agieren können müsse.[50] Darüber war er mit Reichskanzler Otto von Bismarck in Konflikt geraten. In Abkehr von den Anschauungen des Kriegsphilosophen Carl von Clausewitz, auf den man sich aus legitimatorischen Gründen im preußischen Militär immer wieder berief, wurde nun von Moltke und seinen Schülern der Primat der Politik während des Krieges bestritten und für die Gesamtkriegsführung militärische Handlungsfreiheit gefordert.

Das rein militärische Denken, das den Primat der Politik nicht akzeptierte, war im Übrigen nicht nur für das deutsche Militär der Kaiserzeit charakteristisch, sondern es drang auch zunehmend in die Vorstellungswelt vieler Politiker ein.[51] Es setzte sich über Schlieffen und von der Goltz bis hin zu Ludendorff fort[52], wirkte sich unmittelbar auf die Kriegsführung im Ersten Weltkrieg aus und fand schließlich unter Hitler, der seit Mitte der 30er Jahre die oberste militärische und politische Macht in seiner

Hand zusammenfasste, eine Lösung, die letztlich in der Konsequenz einer immer totaleren Militarisierung lag.

Mit dem Kriegsbeginn wurde in Deutschland der Belagerungszustand verhängt.[53] Das bedeutete, dass nun ein wesentlicher Teil der Macht im Innern des Deutschen Reiches von den zivilen auf die Militärbehörden überging, genauer: auf die »Stellvertretenden Generalkommandos«. Sie unterstanden dem Preußischen Kriegsministerium, das damit zum zentralen innenpolitischen Leitungsorgan avancierte. Die Stellvertretenden Generalkommandos waren jeweils für einen bestimmten Bereich des Heimatgebietes zuständig. Sie übten dort die staatliche Gewalt aus. Auf der Basis dieser militärischen Behördenorganisation entfaltete die bewaffnete Macht in den Jahren des Ersten Weltkrieges ihre bedeutende innenpolitische Rolle.[54]

Die im Innern zuständigen Militärbefehlshaber hatten ein umfangreiches Aufgabenprogramm durchzuführen. Es umfasste den militärischen Personalersatz und Nachschub, die Bewirtschaftung des Arbeitsmarkts, die Zuteilung von Rohstoffen, die Lebensmittelversorgung, die Aufrechterhaltung der öffentlichen Sicherheit, die Überwachung des politischen Lebens mit Hilfe der Zensur sowie Eingriffe in das Vereins- und Versammlungsrecht, die Einziehung streikender Arbeiter zum Frontdienst, die Förderung des richtigen, also eines kriegerisch nationalistischen Denkens durch Einführung des »Vaterländischen Unterrichts«, schließlich sogar die Leitung von kriegswirtschaftlich wichtigen Betrieben. Nach dem Urteil des Militärhistorikers Wilhelm Deist erlangten die Militärbefehlshaber eine »überragende Bedeutung« für alle politischen und für wesentliche wirtschaftliche Aufgaben der Kriegsunterstützung im Innern.[55]

Die Verselbständigung des Militärs fand in Deutschland ihren Höhepunkt in der Bildung der 3. Obersten Heeresleitung im Kriegsjahr 1916. Sie markierte zugleich den endgültigen Übergang zum materialintensiven Maschinenkrieg. Die 3. OHL setzte sich noch deutlicher als ihre beiden Vorgänger von der kaiserlichen Regierung ab und okkupierte sowohl das gesamte Feld der Kriegführung als auch das der Kriegspolitik und der Innenpolitik. Dazu diente die militärische Behördenstruktur als organisatorische Grundlage. Ohne sie hätte es zu jenem Typ vom Herrschaftsausübung gar nicht kommen können, den die 3. Obersten Heeresleitung unter den Generälen Paul v. Hindenburg und Erich Ludendorff in den Jahren 1916–1918 praktizierte. Sie ist zutreffend als eine Art Militärdiktatur bezeichnet worden.[56] Die OHL führte nicht nur Krieg, sondern entwickelte sich auch zur »maßgebenden Instanz« der deutschen Innenpolitik.[57] Hier war es ihr insbesondere darum zu tun, den verfassungspolitischen Status quo gegen alle Reformbestrebungen der demokratischen Parteien zu erhalten. Damit wurde die OHL zugleich zum eigentlichen Gegner der Massenbewegung, die seit 1917 in Deutschland gegen die Fortsetzung des Krieges demonstrierte und sich für baldigen Frieden, einen demokratischen Staat und eine bessere materielle Grundversorgung einsetzte. Die ausgesprochen antimilitaristische Stoßrichtung der deutschen Revolution vom November und Dezember 1918 hatte ihre Wurzel nicht zuletzt in dieser innenpolitischen Konfliktlage.

Die Spitzenmilitärs der OHL übermittelten den Politikern, der Presse und damit auch der deutschen Bevölkerung insgesamt ein schiefes, ja falsches Bild vom Kriegsverlauf. So fielen die Regierung und die Reichstagsabgeordneten aus allen Wolken, als Ludendorff ihnen im September 1918 erklärte, der Krieg sei für Deutschland nicht mehr zu gewinnen und die Regierung müsse daher über einen Waffenstillstand nachdenken.[58]

Hindenburg und Ludendorff, zwei Jahre lang unumschränkte Herrscher über das wilhelminische Deutschland, Herren über Leben und Tod unzähliger Menschen an den kämpfenden Fronten, waren in der von ihnen okkupierten Rolle in vollem Umfang verantwortlich für die militärische Niederlage des Deutschen Reiches im Ersten Weltkrieg. Die Tatsache, dass sie, als es gar nicht mehr anders ging, an die Reichsregierung herantraten, um ihr das Eingeständnis der Nichtgewinnbarkeit des Krieges zu übermitteln, wird man als einen den Krieg verkürzenden Schritt bewerten können, wenngleich das primäre Motiv der Versuch war, sich selbst zu exkulpieren. Die beiden Generäle suchten nach einer Möglichkeit, trotz der militärischen Niederlage Deutschlands vor der deutschen Öffentlichkeit nicht als Verlierer dazustehen. Dazu beschritten sie zwei Wege: Erstens gingen sie nicht selbst nach Compiègne, um dort den Waffenstillstand abzuschließen – was eigentlich ihrer Verantwortung entsprochen hätte –, sondern sie überließen diesen schweren Gang einem zivilen Politiker, dem Zentrumsabgeordneten Matthias Erzberger. Damit sollte der deutschen Öffentlichkeit suggeriert werden, dieser Politiker habe dazu beigetragen, dass der Krieg in einer für das Ansehen des deutschen Militärs negativen Weise beendet wurde.

Ganz nahe an diesem Gedanken war der zweite, noch unverantwortlichere Schritt der OHL. Zur Ablenkung von den wirklichen Verhältnissen behauptete sie nämlich, die deutschen Armeen seien »im Felde unbesiegt«

geblieben; der Krieg sei nicht infolge einer Niederlage der Fronttruppen verloren worden, sondern wegen des Versagens der »Heimat«, die den Glauben an den Sieg verloren und dann gestreikt und revoltiert habe. Das war die Geburt der Dolchstoßlegende. Sie besagte, »die Heimat« habe der kämpfenden Front den Dolch in den Rücken gestoßen. Zusammen mit der nicht eingestandenen Niederlage[59] wirkte sie als böses Gift in die politische Kultur der Weimarer Republik hinein und gab jenen nationalistischen und rechtsradikalen Kräften Nahrung, welche die vermeintliche Schande der Niederlage tilgen und mittels eines neuen Krieges einen weiteren »Griff nach der Weltmacht« wagen wollten.

Kriegsfolgen: Dimensionen der Zerstörung

Die humanen und wirtschaftlichen Folgen, die der Erste Weltkrieg für die deutsche Gesellschaft hatte, bilanzierte der Statistiker Emil Julius Gumbel bereits im Jahre 1924 auf der Basis des zugänglichen amtlichen Materials. In seinem Beitrag »Das Stahlbad im Lichte der Statistik«[60] finden sich unter anderem die folgenden Angaben: Im Weltkrieg wurden in Deutschland 13 ¼ Millionen Menschen mobilisiert. Am Ende des Krieges umfassten die deutschen Streitkräfte etwa 8 Millionen. Etwa 80 Prozent der gesunden Wehrpflichtigen wurden 1918 zum Kriegsdienst eingezogen. Die Zahl der deutschen Kriegstoten machte nicht weniger als 2 Millionen aus. Im Kriege von 1870/71 waren es nur 44 000 gewesen. 40 Prozent der Männer, die im Alter von 18 bis 45 Jahren standen, fielen dem Krieg zum Opfer. Zwischen 180 000 und 600 000 deutsche Soldaten wurden vermisst. Die Zahl der verwundeten Deutschen betrug 4,22 Millionen. Alle Kriegsparteien zusammen hatten mindestens 18 Millionen Verwundete. 60 Prozent der 2 Millionen gefallenen Deutschen stammten aus den besten, produktivsten Altersklassen der 19- bis 29-Jährigen. Der Durchschnitt der Gefallenen war 1918 19 ½ Jahre alt. In der durch die alliierte Blockade hervorgerufenen Hungersnot starben 800 000 Menschen. Die Zahl der Eheschließungen ging zurück, ebenso die Zahl der Geburten. Der kriegsbedingte Geburtenausfall betrug geschätzte 3,5 Millionen. 1919 gab es in Deutschland einen Frauenüberschuss in Millionenhöhe.

Die Kriegskrüppel erinnerten die deutsche Gesellschaft auch noch in den Jahren der Weimarer Republik ständig an die Katastrophe des Weltkrieges 1914–1918. Während des Krieges als Helden gefeiert, wurden die Invaliden in den Friedensjahren weithin vergessen. In den Amtsstuben, in welchen über die Militär-Rentenversorgung befunden wurde[61], mussten sie gar die Beweislast für ihre Kriegsverletzung erbringen.[62] So blieb der Krieg nicht nur in den zerschossenen Gliedern[63], sondern auch in den Köpfen dieser Menschen präsent.

Im internationalen Vergleich hatte Deutschland mit rund 2 Millionen Toten die größten militärischen Verluste, gefolgt von Russland mit 1,8 Millionen, Österreich-Ungarn 1,46 Millionen, Frankreich 1,3 Millionen, Großbritannien 450 000 und USA 117 000. Insgesamt forderte der Erste Weltkrieg 8,84 Millionen Militärtote und fast 6 Millionen Ziviltote.[64]

Emil Julius Gumbel hat am Ende seiner in den 20er Jahren zusammengestellten Kriegsstatistiken ein lakonisches Fazit gezogen: »Wer in der Arbeitskraft und in der Arbeitsfähigkeit eines Volkes die wesentliche Grundlage seines Reichtums erblickt, der wird daher den Krieg nicht bejahen können. Man sieht, wie wenig national die kriegshetzerischen Parteien in Wirklichkeit sind.«[65]

2. Frauen im Weltkrieg 1914–1918

Im Ersten Weltkrieg kämpften auf allen Seiten Millionen von Männern. Die Geschichte dieses Krieges der Männer – die Geschichte der Feldzüge und Schlachten – ist vielfach beschrieben worden.[66] Wie aber verhielten sich die Frauen zu dem zerstörerischen Kriegsgeschehen? Seit den frühen 90er Jahren hat sich die historische Forschung in verstärktem Maße der Sozial- und Mentalitätsgeschichte von Frauen im Ersten Weltkrieg zugewandt, sodass es jetzt möglich ist, hier einen Schwerpunkt zu setzen, der sich von traditionellen Darstellungen der Geschichte des Ersten Weltkrieges abhebt.[67] Nachzugehen ist insbesondere der Frage nach der veränderten Rolle der Frauen in der militarisierten deutschen Kriegsgesellschaft. Alle gesellschaftlichen Veränderungsprozesse hatten sich nun an den Kriegserfordernissen zu orientieren, und diese wurden einmal mehr durch das Militär definiert. Dass Millionen von Männern zum Kriegsdienst eingezogen wurden und in ihren zivilen Funktionen durch Frauen ersetzt werden mussten, war dabei eine tiefgreifende Entwicklung. Die Frauen waren jetzt »die Hälfte der Fabrik«, wie der markante Titel eines Buches von Stefan Bajohr über die Geschichte der Frauenarbeit im Kriege lautet.[68] Eine der Historikerinnen, die auf diesem Gebiet einschlägig geforscht hat, Ute Daniel, versah eine Abhandlung mit dem provozierenden Titel »Der

Krieg der Frauen 1914–1918«.[69] Er veranlasst uns zu der Frage: Haben die Frauen damals wirklich Krieg geführt?

Frauen standen weder abseits noch betrachteten sie das kriegerische Treiben der Männer gleichsam aus der Ferne. Frauen leisteten Pflegedienste als Krankenschwestern in den Lazaretten des Heeres; Millionen von Frauen arbeiteten in der Rüstungsindustrie und versorgten gleichzeitig ihre Familien; andere ersetzten ihre zum Kriegsdienst einberufenen Männer in der Landwirtschaft, im Verkehrswesen und im Handel; sie alle spielten zugleich eine wichtige Rolle als psychologische Stütze ihrer Männer an der Front wie auch der Bevölkerung in der Heimat. Aber es kam auch eine Zeit, in der sie aufbegehrten und die Beendigung des Krieges einforderten. Insgesamt übernahmen die Frauen in der deutschen Kriegsgesellschaft mehr Funktionen als je zuvor. Hatte diese Entwicklung auch etwas mit Emanzipation zu tun? Fanden die deutschen Frauen in den Jahren 1914–1918 zu einer neuen gesellschaftlichen Rolle, die den Krieg überdauerte?

Frauen im Kriegsdienst 1914–1918: Krankenschwestern

Wir wissen nicht, wie viele deutsche Frauen auf den Beginn des Krieges 1914 mit Betroffenheit, Ablehnung und Ängsten reagierten, in Vorahnung der einschneidenden Folgen für die eigene Familie und für ihr näheres Lebensumfeld. Denn diejenigen, die so dachten, meldeten sich öffentlich nicht zu Wort. Wer sich bei Kriegsbeginn sogleich mit einem Appell an die deutschen Frauen wandte, war der bereits erwähnte »Vaterländische Frauenverein«. Dieser Appell macht schlaglichtartig das Selbstverständnis dieser Organisation deutlich. Die Frauenfunktionärinnen verkündeten: »Zur Verteidigung unseres teuren Vaterlandes zieht Deutschlands Heer das Schwert für Kaiser und Reich. Unsere Männer, Söhne und Brüder eilen zu den Fahnen, freudig bereit, mit Gott für König und Vaterland Blut und Leben einzusetzen. Von Deutschlands Frauen und Mädchen erwartet das Vaterland die gleiche Hingabe und die gleiche Opferbereitschaft wie von seinen Söhnen.«[70] Das bedeutete natürlich nicht, dass nun auch die Frauen in die Uniform des Soldaten zu schlüpfen und Kriegsdienst mit der Waffe zu leisten hätten. Vielmehr sollten sie Funktionen ausfüllen, auf welche sie schon in Friedenszeiten vorbereitet worden waren. Sie sollten die Kriegführung des eigenen Landes durch ihre Dienstleistung in der Krankenpflege und in der Kriegswohlfahrtspflege unterstützen.

Die systematische Militarisierung der freiwilligen organisierten Krankenpflege hatte bereits nach dem Deutsch-Französischen Krieg von 1870/71 begonnen. Im Jahre 1878 hatte der Gesetzgeber eine »Kriegssanitätsordnung« erlassen und darin deutlich gemacht, wie sich der Militärstaat die freiwillige Krankenpflege dienstbar zu machen gedachte. Der Grundgedanke war einfach: Unterordnung unter den militärischen Sanitätsdienst.[71] 1887 wurden die Modalitäten des Einsatzes in einer »Felddienst- und Kriegsetappenordnung« näher geregelt. Auf den Verbandstagen des Roten Kreuzes der Vorkriegszeit berieten die Funktionäre immer wieder die Frage des Einsatzes von Krankenschwestern im Falle eines künftigen Krieges. Man sprach über die »Kriegsausrüstung von Krankenschwestern« sowie über die »Kriegsbereitschaft« des Verbandes Deutscher Krankenpflegeanstalten vom Roten Kreuz.

Der Vorschlag des Preußischen Kriegsministeriums, bereits in Friedenszeiten in Garnisonslazaretten sogenannte Armeeschwestern einzusetzen, wurde seitens des Roten Kreuzes als Ansporn zu einem »gedeihlichen Zusammenarbeiten mit der Armee« lebhaft begrüßt. Wie weit die Militarisierung dieses weiblichen Hilfsdienstes längst vor dem Ersten Weltkrieg gediehen war, macht eine Grundsatzerklärung des Zentralkomitees der Vereine vom Roten Kreuz aus dem Jahre 1908 deutlich. In ihr wurde Folgendes festgestellt: »Die Rote Kreuz-Verbände sind ein Hilfskorps des Heeressanitätswesens, unbedingt im Krieg, mittelbar schon im Frieden. Ihre Daseinsberechtigung steht und fällt mit diesem Hauptzweck. Es ist deshalb verständlich, wenn sich die Heeresverwaltung bei der Schaffung der Armeeschwestern an die Rote Kreuz-Verbände als ihr gegebenes Hilfskorps wendet.«[72] Für die Frauen in der Uniform des Roten Kreuzes war infolgedessen die Nähe zum Militär etwas ganz Selbstverständliches, ebenso die Vorstellung, in einem zukünftigen Krieg im Rahmen der Heeresorganisation zur Pflege von verwundeten oder kranken Soldaten eingesetzt zu werden.

Entlang dieser Vorgaben des Staates, besonders des Preußischen Kriegsministeriums, baute das Rote Kreuz in Deutschland schon vor dem Ersten Weltkrieg eine effektive Organisation zur Unterstützung des militärischen Sanitätsdienstes auf. Als der Kriegsfall dann 1914 eintrat, meldeten sich sogleich Tausende meist junger Frauen freiwillig beim Roten Kreuz und anderen Organisationen, um in der Krankenpflege des Heeres eingesetzt zu werden. Hier kann man durchaus eine Parallele zu den jungen Männern sehen, die sich nun als Kriegsfreiwillige meldeten. Die nationalistisch eingestellten Frauen wollten hinter diesen nicht zurückstehen.

Neben dem Roten Kreuz stellten der Johanniterorden, der Malteserorden und der St. Georgs-Orden weibliches Personal zur freiwilligen Krankenpflege zur Verfügung. Bei Kriegsbeginn 1914 gab es in diesen Organisationen etwa 11 400 Krankenschwestern, wobei das Rote Kreuz mit 6000 Krankenschwestern das größte Kontingent stellte. Darüber hinaus konnte der »Kaiserliche Kommissar der freiwilligen Krankenpflege« auf einen Teil der 40 000 kirchlich gebundenen Ordensschwestern beziehungsweise Diakonissen zurückgreifen. Sie waren ebenfalls zur freiwilligen Krankenpflege im Kriege zugelassen. Sie unterstützten als weibliche Pflegekräfte den militärischen Sanitätsdienst, in dem Militärärzte und Sanitätssoldaten wirkten. Da der Bedarf wesentlich größer war, wurden seit August 1914 in Schnellkursen zusätzlich Hilfsschwestern und Helferinnen ausgebildet.[73] Alleine im ersten Kriegsjahr konnte das Rote Kreuz auf diese Weise 20 000 Helferinnen ausbilden.

Das weibliche Hilfskorps der Armee war nicht nur organisatorisch an den Militärapparat gebunden. Als Krankenschwestern in militärischen Lazaretten kamen die Frauen auch in direkte Berührung mit der grauenhaften Kriegsrealität der Frontsoldaten. Viele Verletzte hatten so schwere Verwundungen, dass sie kaum eine Überlebenschance hatten, sodass die Pflege der Krankenschwestern den Charakter einer Sterbehilfe annahm. Für Krankenschwestern, die solche Erfahrungen machten, wurde unmittelbar deutlich, dass der Krieg der Männer an der Front nichts mit den Bildern einer heroisierenden Kriegspropaganda zu tun hatte.

Aufmerksam zu machen ist auf einen immanenten Widerspruch der Schwesternrolle im Kriege: Zum einen waren sie humane Helferinnen. Da ihr Kranken- und Verwundetenpflegedienst jedoch zugleich die Wiederherstellung der Kriegstüchtigkeit der Soldaten zum Ziel hatte, war er – bei objektiver Betrachtung – auch ein Bestandteil des Kriegssystems. Diese Frauen standen insoweit in einem Loyalitätskonflikt: »Der ursprünglich humanitäre Ansatz der Rotkreuz-Idee ging zwar nicht verloren, wurde aber von Politikern und Militärs dazu benutzt, die in einem modernen Massenkrieg zu erwartenden Verluste an ›Menschenmaterial‹ zu begrenzen. Der Streit darüber, ob die Instrumentalisierung der Rotkreuz-Idee dazu beigetragen hat, den Massenkrieg führbar zu machen, wird immer wieder aufbrechen. Historisch unbestreitbar dürfte indessen die Tatsache sein, dass die systematische Einbeziehung der freiwilligen weiblichen Krankenpflege in die Kriegsvorsorge und Kriegsplanung nicht wenig zur Militarisierung des gesellschaftlichen Lebens in Deutschland beigetragen hat.«[74]

Die Ambivalenz der Rolle der Kriegskrankenschwestern kommt auch in den Titeln einschlägiger Publikationen zum Ausdruck. Helene Mierisch hat ihre Erlebnisse als Krankenschwester in den Kriegslazaretten des Ersten Weltkriegs in einem Tagebuch aufgezeichnet und dieses im Jahre 1934 unter dem Titel »Kamerad Schwester« veröffentlicht.[75] Darin kann man den Wunsch nach Gleichberechtigung erkennen. In ihm klingt aber auch die funktionale Nähe der Krankenschwestern zu den Soldaten an, die nach der Genesung wieder in den Kampf geschickt wurden. Ein anderer Band mit dem Titel »Frontschwestern und Friedensengel« greift die in Romanen kursierenden Vorstellungen über die Rolle der Krankenschwestern im Kriege auf.[76]

Kriegsmentalität: Frauen als psychologische Stützen der männlichen »Helden«

Bei der großen Mehrheit der Deutschen galt der Krieg im Jahre 1914 noch keineswegs als ein verabscheuungswürdiges Mordgeschehen, sondern vielmehr als etwas Großartiges, als eine Bewährungsprobe für Männer.[77] Im Krieg sollten sich die als typisch männlich angesehenen Tugenden wie Mut, Tapferkeit, Gehorsam und Kameradschaft bewähren. In den Kreisen des Adels und des Bürgertums sowie in den tonangebenden Teilen der öffentlichen Meinung wurde Kriegsfreiwilligkeit mit Mannbarkeit gleichgesetzt.[78]

Wie verhielten sich die Frauen gegenüber diesem Mannbarkeitsmythos, der ja einmal mehr die Hervorhebung des männlichen Geschlechts in einer militarisierten Gesellschaft – jetzt unter den Bedingungen des Krieges – betonte? Fühlten sich die Frauen durch ihn zurückgesetzt? Oder akzeptierten sie ihn als Teil der damals vorherrschenden Ansichten über die Rollenverteilung zwischen Männern und Frauen? Drängten die Frauen ihre Männer, am Mannbarkeitsritual Krieg teilzunehmen, oder überwog bei ihnen die realistische Befürchtung, dass viele der Männer dafür mit dem Leben würden bezahlen müssen?

Was sich damals in vielen deutschen Familien abspielte, mag die folgende Szene beleuchten: Die Ehefrau eines älteren deutschen Landsturmmannes spürte den gesellschaftlichen Druck, der von der veröffentlichten Kriegsbegeisterung ausging, sehr genau. Gleichwohl rang sie ihrem Mann das Versprechen ab, sich nicht freiwillig zu melden. Die Frau berichtet: »Doch bald merkte ich, dass kein Essen ihm schmeckte, dass nachts der

Schlaf ihn floh. Eines Nachts merkte ich, dass er wachte, ich fasste ihn bei der Hand und sagte zu ihm: ›L., ich erlaube, dass du dich freiwillig meldest, ich will so stark sein wie andere Frauen. Aber komm wieder nach Hause.‹ Mit einem Jubelruf riss er mich in seine Arme und mir war das Herz so schwer.«[79] Dieses Dokument legt die Annahme nahe, dass die deutschen Frauen der Vorstellung, der Krieg biete die Möglichkeit zu einer männlichen Bewährungsprobe, vielleicht keine sonderliche Sympathie entgegenbrachten, dass sie aber letztendlich doch dem gesellschaftlichen Druck nachgaben, weil sich der Mann sonst als Drückeberger gefühlt hätte und ausgegrenzt worden wäre. Offensichtlich prägte der kriegerische Patriotismus die allgemeine Stimmung in einem solchen Ausmaße, dass er jede – sich aus humanitären Überlegungen speisende – Skepsis oder gar Gegnerschaft gegen den Krieg verdrängte.

Waren die Männer erst einmal an der Front und sahen sich dort den Gefahren für Leib und Leben ausgesetzt, konnten ihnen die zu Hause gebliebenen Frauen nur noch indirekt beistehen, indem sie ihre Männer mit Briefen aus der Heimat psychologisch stützten. Eine von Frauen für Frauen gemachte nationalistische Propaganda brachte diesen nun die Aufgabe nahe, die zu Helden avancierten Männer zu bewundern und ihnen ihre Dankbarkeit zu bezeugen. Diese Aufgabe erfüllte beispielsweise ein Sammelband mit dem Titel »Unsere Helden. Ein Buch der Dankbarkeit und Verehrung deutscher Frauen« (1915), dem die Herausgeberin Agnes Harden das Motto voranstellte: »Wir glückseligen Frauen haben wieder Helden, an die wir glauben.«[80] Durch Bücher wie diese wurden die Frauen dazu angehalten, die Männer psychisch zu stabilisieren, sie im Glauben an die Notwendigkeit ihres Kriegseinsatzes zu bestärken und ihren Willen zum Durchhalten zu festigen. Die Funktionärinnen der national orientierten Frauenbewegung sahen es als ihre wichtigste Aufgabe an, den Frauen immer wieder den Sinn des Krieges zu erklären. Gleichzeitig bereiteten sie die Frauen auf die Realitäten des Krieges vor, indem sie diese mit dem Gedanken vertraut machten, dass möglicherweise auch sie »Opfer« zu bringen hätten, womit gemeint war, dass sie sich innerlich darauf einstellen sollten, dass auch ihr Mann oder ihr Sohn den Tod an der Front würde erleiden können. Gleichzeitig wurden die Frauen dazu angehalten, sich einer würdigen Art der Trauer zu befleißigen.[81]

In der Summe betrachtet, wurden die Frauen also dahingehend beeinflusst, dass sie sich freiwillig und aktiv in die Kriegsgesellschaft integrierten. Der Patriotismus und die allgemein geglaubte Version, dass Deutschland angegriffen worden sei und sich gegen Feinde ringsum zur Wehr setzen müsse, bildete den ideellen Hintergrund für Millionen von Briefen, welche die Frauen an ihre Männer an die Front schrieben, um sie in ihrer lebensbedrohenden Lage psychisch zu stärken. Diese Haltung war, menschlich gesehen, völlig verständlich. In politischer und militärischer Hinsicht stellte sie eine wichtige Ressource für die Kriegführung dar. Denn die Frauen spielten eine entscheidende Rolle für die Stimmungslage sowohl der Männer an der Front als auch der Bevölkerung in der Heimat.

Marie-Elisabeth Lüders und das »unbekannte Heer« der Frauen

Neben der Frauenrechtlerin und Schriftstellerin Dr. Gertrud Bäumer (1873–1954)[82] war Dr. Marie-Elisabeth Lüders (1878–1966) eine der führenden Persönlichkeiten der bürgerlichen Frauenbewegung zur Zeit des Ersten Weltkrieges.[83] Die in Berlin geborene Frauenfunktionärin gehörte zu den wenigen Frauen ihrer Zeit, die ein akademisches Studium absolviert und mit der Promotion abgeschlossen hatten. Sie engagierte sich seit 1912 in Wohlfahrtsverbänden sowie in der bürgerlichen Frauenbewegung. Während des Ersten Weltkrieges trat sie in leitende Stellungen für den Kriegseinsatz der Frauen ein, also sowohl für den Einsatz als Helferinnen im Sanitätsdienst wie auch als Arbeiterinnen in der Rüstungsindustrie. Als Achtunddreißigjährige ließ sie sich im Jahre 1916 vom Preußischen Kriegsministerium anwerben und übernahm in dem neugegründeten Kriegsamt unter General Wilhelm Groener die Leitung der Frauenarbeitszentrale (FAZ). Deren Aufgabe bestand in der systematischen Erfassung von Frauen und ihrer verstärkten Verwendung in der Kriegswirtschaft. Im Jahre 1919 bewarb sie sich, ebenso wie Gertrud Bäumer, als Kandidatin der liberalen Deutschen Demokratischen Partei (DDP) für die Nationalversammlung, wurde gewählt, später mehrfach wiedergewählt und gehörte bis 1932 als DDP-Abgeordnete dem Deutschen Reichstag an. Nach dem Zweiten Weltkrieg engagierte sie sich noch einmal in der Politik. 1948–1950 war sie Mitglied des Abgeordnetenhauses in West-Berlin und im Jahre 1953 wurde sie als Fünfundsiebzigjährige in den Deutschen Bundestag gewählt, dem sie als FDP-Abgeordnete bis zum Jahre 1961 angehörte. Zeit ihres politischen Lebens setzte sie sich für die Frauenemanzipation ein. In den dreißiger Jahren publizierte Lüders ein Erinnerungswerk mit dem sprechenden Titel »Das unbekannte Heer. Frauen kämpfen für

Deutschland 1914–1918«.[84] Es informiert uns über die Tätigkeit des »Nationalen Frauendienstes«, der reichsweit soziale Hilfstätigkeiten organisierte.[85] Darüber hinaus gibt es uns einen Einblick in die Arbeit der Frauenarbeitszentrale im Preußischen Kriegsministerium in den Jahren 1916–1918. Des Weiteren bietet dieses Buch die Möglichkeit, sich in die Denkstrukturen von fortschrittlich, aber zugleich deutschnational eingestellten Frauen der damaligen Zeit hineinzuversetzen. Lüders' Buch »Das unbekannte Heer« dokumentiert wie kein anderes die Bereitschaft der großen Mehrheit der deutschen Frauen jener Zeit, sich dem »Vaterland« zur Verfügung zu stellen und für dieses »Opfer« zu bringen. Diese Frauen fühlten sich bis zum Ende des Krieges einem Sieg der deutschen Waffen verpflichtet. Lüders bekennt denn auch: »Für Deutschland den Sieg zu gewinnen – war unser einziges Sinnen.«[86]

Von einer spezifisch weiblichen Einstellung zum Krieg hielt Lüders nichts. Sie wollte die Frauen als aktiven Teil der kämpfenden Kriegsgesellschaft sehen, wenn sie etwa forderte: »Wenn auch waffenlos, so doch ein unlösbarer Teil dieses zur Verteidigung zusammengeschmolzenen Volkes, das um seine Existenz kämpfen sollte, wollten auch wir Frauen werden.« Die sozialen Hilfstätigkeiten der Frauen bezeichnete sie als »unsere« Wehrpflicht und vergaß dabei nicht, im Tone des Bedauerns festzustellen, dass den Frauen der Weg an die Front versperrt sei: »Wir konnten nicht in den Tod gehen, trotz der leidenschaftlichen Sehnsucht mancher, ihr ganzes Sein an das Vaterland zu geben.«[87] Sie trug selbst das Ihre dazu bei, die Integration der Frauen in das Kriegssystem zu fördern, und verlangte dafür von der männerdominierten Gesellschaft nicht einmal Gegenleistung. Man könnte es als eine spezielle Variante der Burgfriedenspolitik bezeichnen, dass die bürgerliche Frauenbewegung während des Krieges die Forderung nach politischer und gesellschaftlicher Gleichberechtigung ruhen ließ. Stattdessen hob Lüders auf die »seelische Gemeinsamkeit« der Geschlechter ab, auf das »Volkwerden«, die »Vereinheitlichung«, also, mit anderen Worten ausgedrückt, auf die psychologische Unterstützung des kriegführenden männlichen Teils der Gesellschaft wie auch der Bevölkerung in der Heimat durch die Frauen, die sie als ein beglückendes Erlebnis schildert.

Marie-Elisabeth Lüders gelang es auch, einerseits den Kriegstod so vieler Soldaten als heroisch zu würdigen und andererseits im gleichen Atemzug zur Vermehrung des Lebens aufzurufen: »Vermehrung und Erhaltung des Lebens – dieses Gebot stand über jedem Totenkreuz. Die Massengräber predigten es mit schmerzlicher Eindringlichkeit. Hunderttausende, Millionen sanken unter die Ehrenhügel der Schlachtfelder oder wurden zu lebenslänglichen Krüppeln. An der heranwachsenden Jugend zehrte die Not der Heimat. Die schwere Kriegsarbeit der Frauen und Mädchen schädigte schon die Zukunft der noch Ungeborenen. Angesichts der volkszerstörenden Wirkungen dieses sichtbaren und unsichtbaren Massensterbens empfanden die Frauen von neuem die Berechtigung ihrer oft wiederholten Überzeugung: ›Mutterschaft ist eine nationale Leistung.‹ Sie ist die Voraussetzung für alles andere, auch für die Wehrhaftigkeit eines Volkes.«[88]

National und kriegerisch denkende Frauen wie Marie-Elisabeth Lüders unterschieden sich in ihren politischen Überzeugungen also nicht von der Masse der Männer ihrer Zeit. Sie hatten keinerlei Distanz zum militärischen Milieu der Männer, suchten sie auch nicht, beklagten stattdessen, dass die Frauen einen anderen Kriegsdienst machen mussten als die Männer an der Front. Damit trugen bürgerliche Frauenfunktionärinnen wie Lüders ihren Anteil zur praktischen, emotionalen und politischen Militarisierung der kriegführenden deutschen Gesellschaft bei.

Die sozialdemokratische, später kommunistische Politikerin Clara Zetkin kommentierte die Verhaltensweise der bürgerlichen Frauenbewegung, zu denen sie auch jenen Teil der sozialdemokratischen Frauenbewegung rechnete, der den Kriegskurs mitmachte, folgendermaßen: »Ungeachtet ihrer feierlichen Festgesänge internationaler Schwesternschaft und brennender Friedensliebe betätigten sich die weitaus meisten bürgerlichen Frauenorganisationen aller Länder im Namen der ›Vaterlandsverteidigung‹ als fanatische nationalistische, mordspatriotische Durchhalterinnen des mehr als vierjährigen imperialistischen Völkergemetzels.«[89]

Frauen in der Rüstungsindustrie

Der weibliche Anteil an der deutschen Bevölkerung betrug im Jahre 1914 etwa 30 Millionen Menschen. Von ihnen leisteten weniger als 100 000 Frauen einen Kriegshilfsdienst als Krankenschwestern im organisatorischen Rahmen der Armee, also nur ein verhältnismäßig geringer Teil. Die deutschen Frauen waren jedoch auch auf andere Weise in das Kriegsgeschehen einbezogen, unter anderem durch Arbeit in der Rüstungsindustrie. Zu dieser wurden sie seit dem Dienstantritt der 3. Obersten Heeresleitung unter Hindenburg und Ludendorff im August 1916 in verstärktem Maße herangezogen. Jetzt ging der deutsche Militärstaat daran, junge

Frauen als eine industrielle Reservearmee in den Kriegsdienst einzuspannen. Ludendorff strebte die Dienstpflicht für jeden Deutschen vom 15. bis zum 60. Lebensjahre an, Frauen eingeschlossen.[90] Der Kriegsverlauf in den Jahren 1914 bis 1916, die dramatische Menschenvernichtung an den Fronten und der enorme Verschleiß von Rüstungsmaterial wurde von der OHL mit der Forderung nach einer grundlegenden Militarisierung der Gesellschaft unter Einschluss der Frauen beantwortet. Hatte in Bezug auf die Kriegshilfe der Frauen bislang das Prinzip der Freiwilligkeit gegolten, so sollten sie nun auch gezwungen werden können, sich den Kriegsbedürfnissen zu unterwerfen.

Hindenburg und Ludendorff konnten sich im Herbst 1916 mit ihrer Forderung nach einer allgemeinen Dienstpflicht für die Frauen jedoch nicht durchsetzen. Der Reichskanzler hielt dagegen, dass die fehlende berufliche Qualifikation der Frauen nicht durch Zwangsmaßnahmen wettgemacht werden könne.[91] Daher verzichtete das »Gesetz über den Vaterländischen Hilfsdienst« vom Dezember 1916 auf eine Zwangserfassung der Frauen und ging andere Wege, um zu einer verstärkten Mobilisierung der Frauen im Dienste der deutschen Kriegführung zu gelangen. Nach einer Statistik des Preußischen Kriegsministeriums aus demselben Jahr geht hervor, dass im Sommer 1917 insgesamt 3,6 Millionen Frauen in kriegswichtiger Arbeit standen.[92] Anfang 1918 waren es etwa 4 Millionen, von denen 750 000 in der Rüstungsindustrie beschäftigt waren.[93] Etwa 12 Prozent der deutschen Frauen hatten also eine kriegswichtige Arbeit zu leisten. Demgegenüber leisteten ungefähr 30 Prozent der männlichen Bevölkerung Kriegsdienst.[94]

Ein Blick auf kriegswichtige Frauenarbeit in anderen kriegführenden Ländern zeigt ähnliche Entwicklungen.[95] Auch in Großbritannien und in Frankreich unterstützten die nationalen Frauenbewegungen die Kriegsanstrengungen ihres jeweiligen Landes. Hier wie dort brachte der Erste Weltkrieg mit seiner bis dahin nicht gekannten systematischen, über Jahre hinweg betriebenen Menschenvernichtung das Problem mit sich, dass der Bedarf an Soldaten an der Front nur gedeckt werden konnte, wenn die Frauen einen Teil der kriegswichtigen Arbeiten an der »Heimatfront« übernahmen.

Frauen – ein Protestpotenzial gegen den Krieg?

Nach alledem stellt sich die Frage: Waren die deutschen Frauen zur Zeit des Ersten Weltkrieges eigentlich so vollständig in das militaristische System integriert, dass sich ein davon abweichendes Denken gar nicht entwickeln konnte? Oder schlummerte im weiblichen Teil der Gesellschaft doch ein Protestpotenzial gegen den Militarismus und gegen den Krieg, das sich in krisenhaften Situationen, zum Beispiel bei mangelhafter Lebensmittelversorgung, auch öffentlich zeigen würde?

Für die arbeitenden Frauen war es eine fast unlösbare Aufgabe, sich gegen die mannigfachen Beschwernisse im Arbeitsleben zu wehren. Sie ertrugen den immer schwieriger werdenden Kriegsalltag, versorgten die Kinder und gingen zusätzlich einer Lohnarbeit nach, weil die kärgliche Kriegsunterstützung nicht ausreichte.[96] Sie mussten mit der schon seit 1915 immer schlechter werdenden Lebensmittelversorgung zurechtkommen, mussten den sogenannten Kohlrübenwinter 1916/17 überstehen, und die Masse der Frauen aus den Unterschichten musste mit ansehen, wie es den Reichen auch in dieser Situation wesentlich besser ging als den Armen. Die Frauen erlebten hautnah die Folgen der gesellschaftlichen Militarisierung der Gesellschaft durch das Hindenburg-Programm. Sie mussten mit den Nachrichten von Gefallenen ebenso fertig werden wie mit der Heimkehr von Verwundeten, Invaliden und Krüppeln.

Trotz dieser Fülle von menschenfeindlichen Erfahrungen, die einen kollektiven Protest der Frauen verständlich gemacht hätte, dauerte es lange, bis wenigstens einige von ihnen aufbegehrten. Diese Entwicklung lief übrigens durchaus parallel mit der Desillusionierung der Soldaten. »Zwischen der Kriegsmüdigkeit an der Front und in der Heimat bestand eine enge Wechselwirkung: Urlauber trugen die Missstimmung im Heere in die Heimat und kehrten, erst recht des Krieges überdrüssig, an die Front zurück. [...] Eine ideale Gerüchtebörse war das Eisenbahnabteil: Hier trafen Frauen auf Hamsterfahrt mit Soldaten auf Heimaturlaub zusammen. Und hier wurden die ungeheuerlichsten Geschichten erzählt über die Prassereien der Offiziere in der Etappe und die ausschweifenden Vergnügungen der Kriegsgewinnler und Spekulanten. Solche Gerüchte fanden offene Ohren, weil sie an die für alle sichtbare ungleiche Verteilung anknüpften. Diese Ungleichheit war es, aus der die Kriegsverdrossenheit ständig Nahrung bezog.«[97]

In zunehmendem Maße wurde in Deutschland Kaiser Wilhelm II. für den endlos erscheinenden Krieg verantwortlich gemacht. Eine vergleichbare Entwicklung gab es übrigens weder in Frankreich noch in Großbritannien, da die politische Unterdrückung dort geringer und die Partizipationsmöglichkeiten stärker entwickelt waren.[98] In diesen Ländern wurde der nationale Konsens in keiner Phase des Ersten Weltkrieges in Frage gestellt, während die besonderen Bedingungen in Deutschland – die Militärdiktatur der 3. OHL und deren Unfähigkeit, die Ernährung der deutschen Bevölkerung sicherzustellen – zu den großen Protestbewegungen führten, die sich schließlich auch generell gegen die Fortsetzung des Krieges richteten.

Im Januar 1918 setzte in einigen Großstädten des Reiches erstmals eine breite Streikbewegung ein. An ihr beteiligten sich auch viele Frauen aktiv. Arbeiterinnen legten in Berlin, Kiel, Hamburg, Halle an der Saale und Magdeburg die Arbeit nieder und gingen für ihre Forderung nach »Frieden, Freiheit und Brot« auf die Straße. In Berlin waren es 400 000 Arbeiterinnen und Arbeiter, die an diesen Streiks teilnahmen. Einen ausgesprochenen »Frauenstreik« stellte die Erhebung von etwa 1700 Arbeiterinnen der Deutschen Waffen- und Munitionsfabrik in Berlin-Wittenau vom 17. bis zum 22. August 1918 dar.[99] Es handelte sich bei diesen Streiks nicht nur um Arbeitskämpfe, sondern zugleich um eine Massenbewegung gegen den Krieg und gegen diejenigen im Staate, die ihn noch immer nicht beenden wollten.[100]

Im März 1918 verweigerten deutsche Soldaten an der Westfront massenhaft den Gehorsam, indem sie in einen »verdeckten Militärstreik« traten.[101] Es gärte an der Front und in der Heimat. Kriegsmüdigkeit und Erschöpfung traten im Laufe des Jahres 1918 in einem bis dahin nicht gekannten Maße hervor. Mitte Oktober 1918 kam noch eine Grippeepidemie hinzu, die in Deutschland etwa 180 000 Menschenleben kostete. Das heißt, es gab – zumindest im letzten Kriegsjahr – durchaus ein weibliches Protestpotenzial, das sich gegen den Krieg, gegen die miserable Lebensmittelversorgung und die mangelnde politische Gleichberechtigung richtete. Diese Forderungen, besonders aber die aktive Beteiligung von Frauen an den Massenstreiks des Jahres 1918, wurden von der Obersten Heeresleitung später für die Dolchstoßlegende instrumentalisiert: Als Teil der Heimatfront hätten die Frauen die deutsche Niederlage mit verschuldet.

Das Ziel vieler Frauen war die politische und soziale Gleichberechtigung. Die Frage war nur: Würden die von ihnen während des Krieges getragenen Lasten nach Kriegsende auch in politischer Hinsicht entlohnt werden? Oder würden die Frauen dann ihre Schuldigkeit getan haben und gehen können? Erstaunlicherweise waren es nach dem Kriegsende nicht nur die von Männern beherrschten Institutionen und Verbände, die das Rad zurückdrehen wollten. Auch der »Bund Deutscher Frauenverbände (BDF)« wirkte in dieselbe Richtung. Er verabschiedete auf seiner Weimarer Kriegstagung im Jahre 1916 Richtlinien zur Überleitung der Frauenarbeit aus dem Kriegs- in den Friedenszustand, die auf eine Rückkehr zu der als »natürlich« angesehenen Arbeitsteilung der Geschlechter abzielten. Die BDF-Funktionärin Marie Baum sagte, die Frau solle dann wieder »Hüterin des Hauses und der Familie« werden, und es sei ihre Aufgabe, im Interesse der Familie und des Staates den weiblichen Qualitäten zu mehr Geltung im öffentlichen Leben zu verhelfen.[102]

Bereits Anfang November 1918 gab das Preußische Kriegsministerium Richtlinien zur »Frauenarbeit in der Übergangswirtschaft« heraus.[103] Darin machte die militärische Führung deutlich, dass im Zuge der bevorstehenden Demobilmachung des Heeres und der Rüstungsindustrie die Vorkriegsformen der geschlechtsspezifischen Arbeitsteilung im Erwerbs- und Familienleben wiederhergestellt werden sollten. Die acht Millionen Soldaten, die bis zum Jahresende 1918 von den Fronten zurückkehrten, sollten so bald und so vollständig wie möglich wieder ins Erwerbsleben eingegliedert werden.[104] Das war aber nur möglich, wenn es gelang, die Frauenerwerbsarbeit konsequent zurückzudrängen, was für die Militärs auch ein gesellschaftspolitisches Ziel darstellte.[105] So kam es in den Monaten der militärischen Demobilmachung zu einem großflächigen Rückgang der Frauenarbeit.[106] Der Staat benötigte plötzlich keine Frauen mehr. Auch jetzt war bei den betroffenen Frauen und den Frauenverbänden »eine nur mangelnde Protestbereitschaft« festzustellen.[107] Es gab lediglich vereinzeltes Aufbegehren gegen die rücksichtslose Entlassung weiblicher Kräfte aus privatgewerblichen und behördlichen Stellen.

Das Frauenwahlrecht wurde in Deutschland am 9. November 1918 durch ein Dekret der sozialdemokratischen Revolutionsregierung der Volksbeauftragten eingeführt und dann in die Weimarer Reichsverfassung übernommen. Von welchen Überlegungen ließ sich die Regierung der Volksbeauftragten dabei leiten? Vieles spricht dafür, dass es nicht in erster Linie der Gesichtspunkt war, dass nunmehr die kriegswichtige Frauenarbeit in den zurückliegenden vier Jahren politisch honoriert werden müsse. Vielmehr lösten die Sozialdemokraten mit diesem Dekret einen älteren politischen Programmpunkt ihrer Partei ein. In anderen Ländern, die am

Ersten Weltkrieg beteiligt waren, mussten die Frauen, die ihr Land nicht weniger unterstützt hatten als die deutschen, noch länger auf das Frauenwahlrecht warten. In Frankreich misslang ein 1919 eingeleiteter Versuch. Die französischen Frauen erhielten das Wahlrecht erst 1944.[108] In Großbritannien erhielten sie es zwar schon Anfang 1918, aber unter Ausschluss derer, die das 30. Lebensjahr noch nicht überschritten hatten. Das betraf gerade diejenigen Frauen, die in der britischen Kriegsindustrie tätig gewesen waren.

Die exemplarische Wandlung der Künstlerin Käthe Kollwitz

Die expressionistische deutsche Bildhauerin und Graphikerin Käthe Kollwitz (1867–1945) ist uns heute in erster Linie durch ihr aufsehenerregendes Plakat von 1924 »Nie wieder Krieg!« als Künstlerin des Proletariats und als eine führende Pazifistin der zwanziger Jahre bekannt.[109] Schon vor dem Ersten Weltkrieg widmete sie ihr künstlerisches Schaffen vorwiegend den Schwachen und den Leidenden. Ihre provozierenden »Bilder vom Elend« veröffentlichte sie in der satirischen Zeitschrift »Simplizissimus«. Ihr Bruder Konrad Schmidt war Redakteur der sozialdemokratischen Zeitung »Vorwärts« und sie selbst tendierte ebenfalls zu den Sozialdemokraten. Obwohl die Familie, der sie entstammte, sich dem Bürgertum zugehörig fühlte, gab es in ihr auch etliche Distanz zum Militarismus der wilhelminischen Gesellschaft. Doch die nationale Welle, die durch den Kriegsbeginn von 1914 entfacht wurde, ging auch an der Familie Kollwitz nicht spurlos vorüber.

Bei Kriegsbeginn beschloss Käthe Kollwitz' Sohn Peter, zusammen mit drei Freunden, sich als Kriegsfreiwilliger zu melden. Da er das 18. Lebensjahr noch nicht vollendet hatte, lag es an seinem Vater, ihm seine Einwilligung zu geben. Der Vater wandte große argumentative Energie auf, um den Sohn von seinem Entschluss abzubringen, allerdings ohne Erfolg. Dieser wandte sich nun hilfesuchend an seine Mutter, die sich schließlich schweren Herzens für ihn einsetzte und den Vater damit umstimmte. Sohn Peter meldete sich im August 1914 freiwillig. Bereits am 23. Oktober 1914 war er tot. »Käthe Kollwitz hatte die Bereitschaft ihres Sohnes, sich für das Vaterland zu opfern, akzeptiert und auch ihre (eigene) Handlung als Opfer verstanden.«[110]

Nach dem Tode des jüngsten Sohnes versuchte der Vater, wenigstens das Leben des älteren zu retten, indem er ihn vom Kriegsdienst fernhielt. Er wollte an das Preußische Kriegsministerium schreiben und darum bitten, dass der Junge nicht an die Front geschickt werde. Käthe Kollwitz vertraute ihrem Tagebuch an: »Mir ist das so unangenehm.« Ihr Mann warf ihr vor, sie habe nur Kraft zum Opfern und zum Loslassen, aber nicht die geringste zum Halten. Die Mutter befürchtete, dass ihr Sohn, der doch selbst Soldat werden wollte, durch die Versuche des Vaters, ihm dies zu ersparen, »so ganz und gar beschnitten« werde.[111]

Wie man sieht, führte selbst der Tod ihres jüngsten Sohnes Peter noch nicht dazu, dass die sozial engagierte, aber zugleich patriotisch eingestellte Künstlerin Käthe Kollwitz auf Distanz zum Krieg ging. »Sie empfand es als ihre Aufgabe, das Vaterland auf ihre Art zu lieben, so wie Peter es auf seine Art geliebt hatte. Deshalb hielt sie auch den Kontakt zu seinen Freunden, bis auch diese alle gefallen waren. Mit den Jungen teilte sie lange die Hoffnung, dass sich durch den Krieg vieles zum Guten ändern werde. Die Zweifel an der Richtigkeit des Opfers kamen bald. Im Februar 1915 schrieb sie den für sie wichtigen Satz Goethes in ihr Tagebuch: ›Saatfrüchte sollen nicht vermahlen werden.‹ Aber dann kamen doch immer wieder auch andere Überlegungen dazu: ›Nach wie vor ist mir alles so sehr dunkel. Wie ist das? Nicht nur bei uns geht die Jugend freiwillig und freudig in den Krieg, sondern bei allen Nationen […].[112] Nie wird mir das alles klar werden. Wahr ist nur, dass die Jungen, unser Peter vor zwei Jahren, mit Frömmigkeit in den Krieg gingen, und dass sie es wahr machten, für Deutschland sterben zu wollen.‹ (11. 10. 1916) 1917 setzte sich dann die Überzeugung immer mehr durch, dass unbedingt Friede gemacht werden muss, wobei sie allerdings von der Möglichkeit einer Verständigung ausging.«[113] Im Oktober 1918 wandte sich Käthe Kollwitz öffentlich gegen eine »Verteidigung bis zum Letzten« und gegen eine neuerliche Mobilisierung patriotischer Gefühle zum Zwecke des Durchhaltens um jeden Preis. Im sozialdemokratischen »Vorwärts« schrieb sie jetzt: »Es ist genug gestorben! Keiner darf mehr fallen! Ich berufe mich gegen Richard Dehmel auf einen Größeren, welcher sagte: Saatfrüchte sollen nicht vermahlen werden.«[114] Der nationalistische Schriftsteller Dehmel hatte ein letztes, freiwilliges Aufgebot todbereiter Männer gefordert, die »Deutschlands Ehre« retten sollten.[115]

Käthe Kollwitz machte also einen »schmerzlichen persönlichen Lernprozess« durch.[116] Es handelte sich dabei um eine exemplarische Wandlung, die eine Vielzahl von Deutschen in den Kriegsjahren 1914–1918 so oder in ähnlicher Weise durchlebten. War diese Künstlerin 1914 noch bereit gewesen, die Kriegsfreiwilligkeit ihrer Söhne im Sinne eines Opfers für das Vaterland anzunehmen, so kam sie seit 1915 allmählich zu der Überzeugung, dass die Jugend eine wichtigere Zukunftsaufgabe zu erfüllen habe und daher nicht im Kriege geopfert werden dürfe.[117] Das war ein weiter und mühevoller Weg. Die volle Wendung zur Kriegsgegnerschaft und das Engagement für den Pazifismus, wie er zum Beispiel in ihrem Holzschnittzyklus »Der Krieg« aus den Jahren 1922/23 zum Ausdruck kommt, erfolgte bei Käthe Kollwitz dann in den 20er Jahren.[118] 1918 bis 1933 wirkte die Künstlerin als Professorin an der Kunstakademie in Berlin. Ihre politisch engagierten Werke aus dieser Zeit bringen eine pazifistisch-sozialistische Grundhaltung zum Ausdruck. Sie zeigen den Krieg und seine Folgen ohne jede idealistische Überhöhung. Während ihr Zeitgenosse Otto Dix den Krieg als Gräuel darstellte, thematisierte Käthe Kollwitz »eine weibliche Perspektive auf den Krieg: die Not der Überlebenden, die verstümmelten Heimgekehrten, den Kummer des Verlustes, die Depression, die der Einsicht in die Sinnlosigkeit der gebrachten Opfer folgt«.[119] Mit ihrer kriegsgegnerischen Botschaft aus weiblicher Sicht dürfte diese Künstlerin allerdings kaum in die Welt der deutschen Frauen der Zwischenkriegszeit eingedrungen sein, deren nationalistische Prägung solche Einsichten nicht zuließ.

IV. Weimarer Republik

1. Risse im Fundament

Die antimilitaristische Stoßrichtung der deutschen Revolution von 1918/19

Die Massenbewegung gegen den Krieg kulminierte in der deutschen Novemberrevolution von 1918. Nicht nur in der Industriearbeiterschaft, sondern auch innerhalb des militärischen Apparats gärte es. Der letzte Anstoß zum Umsturz des kaiserlichen Militärstaats kam von Unteroffizieren und Mannschaftssoldaten der Kriegsmarine, die im Zivilberuf qualifizierte Facharbeiter und zum Teil gewerkschaftlich organisiert waren. Als der Waffenstillstand schon in greifbarer Nähe lag, sickerte auf den in Wilhelmshaven an der Nordsee liegenden Kriegsschiffen das Gerücht durch, die Admiralität wolle die deutsche Hochseeflotte noch einmal auslaufen lassen. Die Mannschaftssoldaten interpretierten diesen Plan so, dass die Marineführung die Gelegenheit zu einer heroischen »letzten Schlacht« gegen die britischen Seestreitkräfte suchte. Da sich die Matrosen nicht in einem solchen Untergangs-Projekt »verheizen« lassen wollten, wurden sie aktiv. Sie löschten das Feuer in den Kesseln der Kriegsschiffe und machten damit deren Auslaufen unmöglich. Das war eine offene und kollektive Widerstandshandlung, die man im militärischen Milieu als Meuterei bezeichnet. Die Marineführung wurde auch in der Folgezeit nicht mehr Herr der Lage. Als sie die Hochseeflotte von Wilhelmshaven nach Kiel verlegte, sprang der revolutionäre Funke auch in die Ostseestadt über.[1]

Von der Matrosenrevolte in Wilhelmshaven und in Kiel ging dann das Signal zur deutschen Revolution vom November 1918 aus. Die Aufstandsbewegung breitete sich in wenigen Tagen im ganzen Deutschen Reich aus; zunächst im Küstenbereich der Nord- und Ostsee – Lübeck, Hamburg, Wismar, Schwerin, Rostock, Warnemünde, Brunsbüttel, Cuxhaven, Bremen, Bremerhaven. Am 7. November folgten die Militärrevolte in München und der Sturz der Monarchie in Bayern. Die Revolution überflutete ganz Nord-, Süd- und Ostdeutschland und erreichte schließlich, vergleichsweise spät, am 9. November, die Reichshauptstadt Berlin. In vielen Städten des Reiches wurden jetzt Arbeiter- und Soldatenräte gebildet, die vorübergehend die politische Macht übernahmen.

Ohne Zweifel wurde die – durchaus politisch motivierte – Meuterei in der deutschen Kriegsmarine in erster Linie durch die selbstmörderischen operativen Planungen der Marineführung ausgelöst. Aber man muss auch den Hintergrund sehen: Es gab innerhalb der kaiserlichen Kriegsmarine lange aufgestauten Hass der Soldaten gegen das brutale und menschenverachtende Herrschaftssystem in diesem Teil der Streitkräfte. Dort war es immer wieder vorgekommen, dass arrogante Offiziere die Soldaten misshandelt und ihnen jeden Respekt versagt hatten. Dieses verhasste militärische Ordnungssystem meinten die Matrosen, wenn sie von Militarismus sprachen.

Einer der Leidtragenden, der unter permanenten Demütigungen gelitten hatte, war der Matrose Richard Stumpf. Er war kein radikaler Sozialist, sondern ein national denkender Mann, der aus der christlichen Gewerkschaftsbewegung kam. In beeindruckender und zugleich exemplarischer Weise hat dieser Matrose in seinem Tagebuch schriftlich festgehalten, was ihn dazu veranlasste, die Matrosenmeuterei in Wilhelmshaven aktiv zu unterstützen.[2] Über seine aktive Dienstzeit bei der kaiserlichen Kriegsmarine schreibt er: »Was kein Buch, keine Zeitung und kein Sozialist vermocht hat, das gelang dem System des Militärs. Ich habe diese verkörperte Autorität hassen gelernt wie nichts auf der Welt. Diese Autorität, die ihren Rückhalt nicht in der fühlbaren Überlegenheit, sondern einzig in der Furcht vor den Paragraphen des Militär-Strafgesetzbuches hat. August Bebel, ins Grab hinein rufe ich dir den heißen Dank zu für alle deine Bemühungen zugunsten der armen bedrückten Soldaten!«[3] Vor dem Hintergrund seiner Leidensgeschichte nimmt es nicht wunder, dass Stumpf in seinem Bericht über die revolutionären Vorgänge in Wilhelmshaven zwischen dem 28. Oktober und dem 10. November 1918 gelegentlich einen triumphierenden Ton anschlägt: »[...] die ganze Stadt gleicht einem brodelnden Vulkan. Massenhafte Gehorsamsverweigerungen sind etwas alltäglich Gewordenes, man spricht darüber mit einem Gleichmut wie früher vom Pferderennen. [...] Wo ist die Allmacht der stolzen Kapitäne und Stabsingenieure geblieben? Die jahrelang als Hunde erniedrigten Heizer und Matrosen wissen endlich, dass ohne sie nichts, rein nichts geschehen kann. [...] Jahrelang aufgehäuftes Unrecht hat sich zu gefährlichem Sprengstoff verwandelt und detoniert schon hier und dort mit heftiger Gewalt. […] Noch heute kocht mir das Blut, wenn ich der vielen Demütigungen in meiner aktiven Dienstzeit und auch später gedenke. Jedes Unrecht rächt sich auf Erden, dieses alte Wort gewinnt heute wieder greifbare Gestalt.«[4]

Stimmungen dieser Art führten dazu, dass einfache Soldaten in der revolutionären Umbruchszeit den Offizieren die Achselstücke mit den Dienstgradabzeichen herunterrissen und sie damit symbolisch der Befehlsmacht beraubten, unter der sie so lange gelitten hatten. Sie wollten, dass es »mit der Herrlichkeit der Offiziere« endlich aus sei.[5] Zugleich sollte Schluss sein mit dem ganzen militärischen System der Kaiserzeit. Schmähungen dieser Art hatten die machtbewussten Marineoffiziere zuvor noch nie erlebt. Sie sollten ihnen noch Jahrzehnte lang wie ein Alptraum im Gedächtnis bleiben.

Nachdem die revolutionäre Welle die Reichshauptstadt Berlin erreicht hatte, fielen dort die zentralen politischen Entscheidungen. Die wesentlichen Forderungen der protestierenden Massenbewegung, nämlich »Frieden, Freiheit, Brot!«, wurden – so weit möglich – bereits in den ersten Tagen der Revolution erfüllt. Am 9. November 1918 rief der SPD-Politiker Philipp Scheidemann die Republik aus. Wenig später unterzeichnete der Zentrumspolitiker Matthias Erzberger im Auftrage der Reichsregierung in Compiègne den Waffenstillstand. Die Revolutionsregierung, die sich den Namen »Rat der Volksbeauftragten« gab, ergriff zudem erste Maßnahmen, um die Kriegswirtschaft allmählich auf eine Friedenswirtschaft umzustellen, also auf eine Politik, die endlich wieder dem Leben und nicht mehr dem Vernichten zugewandt war.

Im Dezember 1918 traten in Berlin die im ganzen Reich gewählten Vertreter der revoltierenden Arbeiter und Soldaten zu einem »Reichskongress der Arbeiter- und Soldatenräte Deutschlands« zusammen. Mehrere Tage lang berieten sie darüber, welchen Weg Deutschland nach dem verlorenen Krieg und dem Zusammenbruch der Monarchie nehmen sollte. Auf diesem Kongress, ebenso in unzähligen weiteren revolutionären Versammlungen in nahezu allen größeren Städten des Reiches, zeigte sich, dass sich bei den zumeist sozialdemokratisch orientierten Arbeitern, die jahrelang zum Kriegsdienst oder zur Produktion in Rüstungsfabriken gezwungen worden waren, genau wie bei dem Matrosen Stumpf ein tiefsitzender Hass gegen den Militarismus aufgestaut hatte. Unter diesem Begriff attackierten diese Menschen das gesamte militärisch geprägte System, wie es sich unter den Bedingungen des Krieges herausgebildet hatte.

Der Reichskongress der Arbeiter- und Soldatenräte in Berlin traf die Grundsatzentscheidung gegen ein Rätesystem und für die Einführung einer parlamentarische Demokratie. Zugleich schrieb er Wahlen zu einer Nationalversammlung aus. Breiten Raum nahm auch die Auseinandersetzung mit dem Militarismus ein. Sie fand ihren Niederschlag in grundlegenden Beschlüssen zur Militärpolitik vom 18. Dezember 1918, die als »Hamburger Punkte« bekanntgeworden sind.[6] Schon eine Woche zuvor hatte die Regierung der Volksbeauftragten ihren wichtigsten militärpolitischen Programmpunkt zu realisieren versucht, indem sie per Dekret die Bildung einer Volkswehr angeordnet hatte. Diese Maßnahme versickerte jedoch im Sand der revolutionären Entwicklung. Der Reichskongress blickte in erster Linie auf das real existierende deutsche Militär und verlangte als Sofortmaßnahme, dass die Ausübung der Befehls- und Kommandogewalt auf die Regierung der Volksbeauftragten überzugehen habe, die ihrerseits dem ständig tagenden Berliner Vollzugsrat der Arbeiter- und Soldatenräte verantwortlich sein sollte. Unter Mitwirkung der Volksbeauftragten Friedrich Ebert und Hugo Haase, die zugleich Vorsitzende der SPD und der Unabhängigen Sozialdemokratischen Partei waren, formulierte und verabschiedete der Kongress die politische Forderung, dass alle militärischen Rangabzeichen entfernt und das Waffentragen außer Dienst verboten werden sollte. Wie es in den »Hamburger Punkten« hieß, sollten diese Maßnahmen in der deutschen Öffentlichkeit verstanden werden als »Symbol der Zertrümmerung des Militarismus und der Abschaffung des Kadavergehorsams«.[7]

Weiterhin beschäftigte sich der Reichsrätekongress eindringlich mit einem Problem, das für einen politischen Bruch mit dem System des preußisch-deutschen Militarismus insgesamt von entscheidender Bedeutung war, mit der Frage nämlich, wie die aktuelle, durch die Revolution bewirkte Entmachtung der Offizierskaste dauerhaft gemacht werden konnte. Doch die Beschlüsse des Revolutionsparlaments kamen nicht zur Ausführung. Sie wurden alsbald von anderen, retardierenden Entwicklungen überrollt.[8]

Die militärpolitischen Fragen, mit denen sich der Reichskongress der Arbeiter- und Soldatenräte befasste, waren denen nicht unähnlich, die im Jahre 1919 von den Siegermächten des Ersten Weltkrieges beantwortet werden mussten. Auch sie hatten sich zu fragen: Welche Maßnahmen mussten ergriffen werden, um den preußisch-deutschen Militarismus als Machtfaktor auf Dauer auszuschalten? Die Antworten wurden in den militärischen Bestimmungen des Versailler Friedensvertrages[9] gegeben: Abrüstung der Armee auf eine Höchststärke von 100 000 Mann, der Marine auf 12 000 Mann, Verbot schwerer Waffen, Verbot des Generalstabs, der als das »Nervenzentrum des preußischen Militarismus« angesehen wurde[10], und – nicht zuletzt – ein Verbot der allgemeinen Wehrpflicht.[11] Bei den Alliierten setzte sich nämlich die angelsächsische Theorie durch, dass es dem preußischen Staat erst mittels der allgemeinen Wehrpflicht vollständig gelungen war, die Gesellschaft zu militarisieren und die Massenheere des Weltkrieges 1914–1918 aufzustellen. In Friedenszeiten würde es nach der Überzeugung der Vertreter der Siegermächte völlig ausreichen, ein kleines, unter dem strikten Primat der Politik stehendes Berufsheer zu unterhalten. Die Alliierten machten auch den Versuch, deutsche Kriegsverbrecher vor Gericht zu bringen, was sich unter den damaligen machtpolitischen Rahmenbedingungen jedoch als undurchführbar erwies.[12]

Die antimilitaristische Protestwelle, die mit der Massenbewegung der Jahre 1917 und 1918 begonnen hatte und zur wichtigsten Triebfeder der Revolution geworden war, sollte sich dann ab 1920 in der »Nie-wieder-Krieg!«-Bewegung fortsetzen.[13] Sie vermochte ebenfalls für ein paar Jahre die Massen zu mobilisieren. In ihr fanden sich, was es so in Deutschland zuvor noch niemals gegeben hatte, Kriegsgegner aller Schattierungen zusammen, nämlich Pazifisten, Sozialdemokraten, Linksliberale, Gewerkschafter, Anhänger der katholischen Zentrumspartei und andere.[14] Sie repräsentierten jene Teile der deutschen Bevölkerung in der jungen Weimarer Republik, die – noch unter dem Gefühlsschock des Kriegserlebnisses stehend – die zurückliegenden Kriegsjahre prinzipiell negativ beurteilten und die jede Politik unterstützten, die erklärtermaßen darauf abzielte, dass ein weiterer Krieg unter allen Umständen verhindert werden müsse. Das konnte nach ihrer Überzeugung nur eine demokratische Politik sein, die eine Verständigung mit den Siegermächten suchte und die auf die Restauration der überkommenen Politik der Gewalt verzichtete. Dieses Potenzial verkörperte den Willen eines – durchaus nicht kleinen – Teils der deutschen Gesellschaft, mit den Traditionen des preußischen Militarismus zu brechen und dem »Schwertglauben« abzuschwören.

Das preußische Militär, das in den langen Jahren des Kaiserreiches eine herausgehobene gesellschaftliche Rolle zu spielen gewohnt war, wurde durch die Niederlage im Weltkrieg und die deutsche Revolution nur für einen kurzen historischen Augenblick wirklich entmachtet. Mit verantwortlich dafür war die Bereitschaft führender sozialdemokratischer Politiker wie Friedrich Ebert und Gustav Noske, die jetzt durch die Revolution im Regierungsverantwortung gelangten, mit den Repräsentanten des preußischen Militärs zusammenzuarbeiten.[15] Sie taten dies, obwohl sie deren politischer Loyalität in keiner Weise sicher sein konnten. Im Ergebnis gelang es einem Teil der militärischen Elite, sich in die neue Zeit hinüberzuretten und auch den neuen Streitkräften, nämlich der Reichswehr der Republik, ihren Stempel aufzuprägen. Der Schriftsteller Theodor Plivier brachte diesen Sachverhalt in seinem Revolutionsroman auf die einprägsame Formel: »Der Kaiser ging, die Generäle blieben.«[16]

Restauration militärischer Macht durch Einsätze im Innern

Die Drohung des Kaisers und seiner Regierungen, das Militär auch im Innern einzusetzen, es als Instrument für die Aufrechterhaltung der bestehenden Herrschaftsverhältnisse zu missbrauchen, war von der politischen Opposition immer wieder als ein besonders negativ zu bewertendes Charakteristikum des preußisch-deutschen Militarismus angeprangert worden. Nun war es in den Friedensjahren des Kaiserreichs glücklicherweise niemals zu einem Bürgerkrieg gekommen. Der Militärstaat hatte sich der aufstrebenden Sozialdemokratie zunächst mit dem – von 1878–1890 in Kraft befindlichen – Sozialistengesetz zu erwehren versucht. Während des Weltkrieges hatte dann der Belagerungszustand das Militär in die Lage versetzt, innenpolitisch in seinem Sinne für Ruhe zu sorgen.[17] So blieb es denn, was durchaus als Ironie der Geschichte angesehen werden kann, der Revolution beziehungsweise den seit November 1918 regierenden Sozialdemokraten vorbehalten, erstmals das zu praktizieren, was Kaiser Wilhelm II. mehrfach angedroht, aber nie realisiert hatte, nämlich das Militär im Innern, gegen die eigenen Landsleute, in den Kampf zu schicken. Legitimiert wurden diese Militäreinsätze im Innern damit, dass es um die Wiederherstellung von »Ruhe und Ordnung« gehe sowie um die »Abwehr des Bolschewismus«.

Im welcher politischen Lage fanden diese Ereignisse statt? Die deutsche Armee bestand um die Jahreswende 1918/19 längst nicht mehr aus den Millionen zwangsverpflichteter Soldaten des Kriegsheeres und der Kriegsmarine. Diese waren demobilisiert oder hatten sich selbständig in ihre Heimatorte begeben, um das Weihnachtsfest 1918 endlich wieder bei ihren Familien verbringen zu können. Verblieben war ein »harter Kern« von einigen hunderttausend Berufsmilitärs sowie von jungen, vom mehrjährigen Frontdienst geprägten Offizieren und Unteroffizieren, die außer dem Kriegshandwerk bislang nichts gelernt hatten und die sich nun sträubten, die Uniform auszuziehen und eine Beschäftigung in einem Zivilberuf anzustreben.

Unter dem Eindruck der revolutionären Unruhen in der Reichshauptstadt Berlin im Januar 1919, die zum Ziel hatten, die steckengebliebene Revolution weiterzutreiben, traf die sozialdemokratische Regierung der Volksbeauftragten eine folgenschwere Entscheidung. Sie beauftragte den für das Militär zuständigen Minister Gustav Noske mit der Wiederherstellung von »Ruhe und Ordnung« in der Reichshauptstadt. Sie verzichtete damit darauf, den Versuch zu unternehmen, die lokalen Ausschreitungen durch Polizeikräfte eindämmen zu lassen. Aktuell ließ sich die Regierung von dem – aus ihrer Sicht bedrohlichen – Tatbestand beeindrucken, dass eine kleine Gruppe von Linksradikalen einige Gebäude des Berliner Zeitungsviertels mit Waffengewalt besetzt hatte und in ihrer Propaganda zum Weitertreiben der Revolution aufforderte. Allerdings wird man die – schwer verständliche – Entscheidung der Regierung für den Einsatz von Militär im Innern nicht alleine mit der aktuellen Konfliktkonstellation erklären können. Man wird sie auch mit der Deformation des politischen Denkens durch den Weltkrieg in Verbindung bringen müssen. Die Politiker hatten sich über Jahre hinweg an kriegerische Konfliktmuster gewöhnt und dadurch die Polizei, die für die Ordnung im Innern zuständig war, weitgehend aus den Augen verloren.

Da in Berlin im Januar 1919 keine einsatzbereiten Truppen zu Verfügung standen, rief der Volksbeauftragte Noske nun zur Bildung von Freiwilligenformationen auf. Für sie bürgerte sich rasch die Bezeichnung »Freikorps« ein. Dem Aufruf »Freiwillige vor!« folgten nun vornehmlich revolutionsfeindlich eingestellte Desperados, rechtsradikale politische Heißsporne. Formal unterstanden die Freikorpskämpfer zwar der sozialdemokratischen Regierung der Volksbeauftragten. Das bedeutete aber nicht, dass sie mit der neugegründeten Republik irgendein Gefühl der Loyalität verbunden hätte. Ihre ideologische Prägung war eher durch die Devise des preußischen Militärs von 1848 / 49 vorgegeben: »Gegen Demokraten helfen nur Soldaten!« Allerdings hatte sich ihr Feindbild zwischenzeitlich erweitert. Neben den »Reichsfeinden« früherer Jahrzehnte waren jetzt jene radikalen Linken in das Blickfeld der Militärs gerückt, die man mit dem Feindbild »Bolschewisten« belegte.

Einige der radikal antisemitisch und antibolschewistisch eingestellten

Offiziere nahmen den Kampf gegen den »inneren Feind« sogleich in die eigenen Hände. Sie verlegten sich auf das Mittel des politischen Mords. Seit Januar 1919 töteten sie führende Politiker der Linken, aber auch einfache Menschen, bei denen sie eine – aus ihrer Sicht – »feindliche« politische Einstellung ausmachten oder unterstellten. In den ersten Jahren der Republik wurden mehr als 300 Deutsche Opfer dieser rechtsradikalen Gewalt. Zu den Prominenten unter ihnen gehörten Rosa Luxemburg und Karl Liebknecht, die sich in den zurückliegenden Jahren als Kriegsgegner exponiert und um die Jahreswende 1918/19 die Kommunistische Partei Deutschlands (KPD) gegründet hatten, ebenso der bayerische Ministerpräsident Kurt Eisner (USPD), ein bekennender Pazifist, der Zentrumspolitiker und Reichsfinanzminister Matthias Erzberger, der bei den Rechtsradikalen als »Erfüllungspolitiker« verschrien war, sowie der Reichsaußenminister Walther Rathenau, dem sie seine jüdische Abstammung anlasteten.[18]

Militärputsch gegen die junge Republik

Die zweite Welle der deutschen Revolution wurde in der ersten Hälfte des Jahres 1919 mit dem Einsatz der »Noske-Garden«, wie die Regierungstruppen im Volksmund alsbald genannt wurden, zum Schweigen gebracht. In den bürgerkriegsähnlichen Kämpfen verloren mehrere tausend Menschen ihr Leben. Einen ähnlichen Blutzoll hatten innere Konflikte in Deutschland seit dem Dreißigjährigen Krieg nicht mehr gefordert. Diese Eskalation der Gewalt war keineswegs zwingend vorgezeichnet. Vielmehr standen am Beginn dieser Entwicklung Entscheidungen der Regierung der Volksbeauftragten und des für das Militär zuständigen Ministers Noske, deren Notwendigkeit zumindest zweifelhaft war und die selbst eskalierend wirkten. Sie beruhten auf problematischen Lagebeurteilungen, die maßgeblich von Militärs beeinflusst waren, die ihre Existenzberechtigung unter Beweis zu stellen trachteten. Noske musste dann erleben, dass er die Geister, die er zur Niederschlagung der sozialrevolutionären Unruhen gerufen hatte, alsbald nicht mehr los wurde. Die militärische Gewalt verselbständigte sich. Schließlich, im März 1920, wagte ein Teil der Truppen sogar den Putsch gegen die junge Republik.

Wie kam es dazu? Im August 1919 nahm die Deutsche Nationalversammlung mit Mehrheit den von den Siegermächten diktierten Versailler Friedensvertrag einschließlich der militärischen Abrüstungsbestimmungen an. Einige der Freikorps, die zwischenzeitlich in die Vorläufige Reichswehr eingegliedert worden waren, verweigerten in der Folgezeit ihre – sich aus der Umsetzung der Versailler Vertragsbestimmungen ergebende – Auflösung. Dieser Konflikt bildete den unmittelbaren Anlass zu dem Militärputsch vom 13. März 1920, der mit den Namen des preußischen Beamten Wolfgang Kapp und des Generals Walther Freiherr von Lüttwitz verbunden ist, der zu diesem Zeitpunkt der höchstrangige deutsche Offizier war. Man spricht daher vom Kapp-Lüttwitz-Putsch.[19] Auch der starke Mann der aufgelösten 3. Obersten Heeresleitung, General Erich Ludendorff, mischte mit, allerdings eher hinter den Kulissen.

Die nicht aktiv am Putsch beteiligen Verbände der Reichswehr standen unter dem Kommando des Chefs der Heeresleitung, General Hans von Seeckt. Es entstand nun eine charakteristische Konfliktkonstellation, welche die Schwäche der Republik und die ungebrochene Stärke des deutschen Militärs offenbarte: Als Seeckt von der demokratisch legitimierten Regierung aufgefordert wurde, sie mit seinen Truppen zu schützen, machte er große Politik, indem er die Politiker beschied: »Reichswehr schießt nicht auf Reichswehr!« Die Reichsregierung unter dem sozialdemokratischen Kanzler Gustav Bauer fühlte sich damals nicht stark genug, den unbotmäßigen General in die Wüste zu schicken. Stattdessen zog sie Konsequenzen in den eigenen Reihen: Reichswehrminister Gustav Noske wurde zum Rücktritt gedrängt, da das Militär seiner politischen Führung entglitten war.

Schließlich musste die Reichsregierung, nachdem sie von den Putschtruppen aus Berlin vertrieben worden war, zusammen mit den Gewerkschaften und den demokratischen Parteien einen politischen Generalstreik organisieren, um sich der Träger des rechtsradikalen Militärputschs wieder zu entledigen. Im Gefolge dieses Generalstreiks kam es in verschiedenen Reichsgebieten zu schweren Unruhen, unter anderem im Ruhrgebiet, in Thüringen und im Vogtland. Im Ruhrgebiet rekrutierten sozialistisch eingestellte Arbeiter verschiedener politischer Richtungen eine »Rote Armee«. In der Folgezeit kam es zu der grotesken Situation, dass die Regierung im Verbund mit der Reichswehr Teile jener Freikorps einsetzte, die zuvor auf Seiten der Putschisten gestanden hatten. Es entwickelten sich blutige Kämpfe, die mit einem Höchstmaß an Grausamkeit ausgetragen wurden.[20] Dieser innere Krieg gegen die »Rote Ruhrarmee« bildete für das alte Militär eine zusätzliche Legitimationsgrundlage für seine Fortexistenz. Während die junge Republik im März 1920 insgesamt geschwächt dastand, hatte die Reichswehr durch ihr Stillhalten gegenüber den Gefahren von rechts und durch ihre erfolgreichen Einsätze gegen links im Innern an politischem Gewicht gewonnen.

Im Winter 1923/24 führten innenpolitische Spannungen in einigen Teilen des Reichs dazu, dass Reichspräsident Friedrich Ebert den Ausnahmezustand ausrufen musste. Damit wurde die Vollziehende Gewalt erneut, wie schon während des Weltkrieges, auf die Militärbefehlshaber übertragen. Mit diesen Vollmachten ausgestattet, ging der sächsische Wehrkreisbefehlshaber, General Alfred Müller, gegen die aus SPD- und KPD-Ministern gebildete sächsische Landesregierung vor und übernahm selbst die Staatsgewalt, abgesichert durch die ihm unterstehenden Truppen. Auch gegen die thüringische Regierung sowie gegen einen kommunistischen Aufstand in Hamburg gingen Reichswehrtruppen gewaltsam vor.[21] Damit hatte sich das Militär im ersten Jahrfünft der Republik als ein schlagkräftiges Instrument der Reichsgewalt erwiesen. Die Offiziere kämpften allerdings weniger für die Republik, als vielmehr – in der Kontinuität ihrer eigenen Geschichte seit 1848 – gegen alles, was ihnen als »links« galt, und für einen militärischen Machtstaat der Zukunft.

Freikorpskämpfer – die Elite der »soldatischen Männer«

In den letzten Jahren sind mehrere Anläufe unternommen worden, die Befindlichkeit der Freikorpskämpfer, die den äußeren Krieg der Jahre 1914–1918 ohne Unterbrechung in den Nachkriegskämpfen im Innern Deutschlands fortsetzen, besser zu verstehen. Auf diesem Feld hat sich unter anderem die neuere geschlechtergeschichtliche Forschung betätigt.[22] Hier ist beispielhaft auf René Schillings Buch »Kriegshelden. Deutungsmuster heroischer Männlichkeit in Deutschland 1813–1945«[23] aufmerksam zu machen, ebenso auf die Arbeiten von Thomas Kühne über Kriegskameradschaft und Männlichkeit[24] sowie auf die Untersuchung von Ulrike Brunotte, die unter dem Titel »Zwischen Eros und Krieg. Männerbund und Ritual in der Moderne«[25] erschienen ist. Als Klassiker in der psychologischen Deutung der Freikorpskämpfer kann das 1980 erstmals veröffentlichte Buch »Männerphantasien« des Freiburger Germanisten Klaus Theweleit angesehen werden. Er untersucht den Typus des »soldatischen Mannes«. Seine Deutungen sind geeignet, unsere Einblicke in die Psyche der deutschen Gewaltmenschen jener Zeit zu erweitern.[26] Was den Autor umtreibt, ist die Erkenntnis, dass es einigen Generationen deutscher Männer leichter fiel, »die halbe Welt in die Luft zu sprengen und einige Millionen Menschen zu töten, als den Ansprüchen ihrer verschiedenen Erzieher wirklichen Widerstand entgegenzusetzen«.[27]

Theweleit liest die Freikorps-Literatur der 20er Jahre – also die Romane, autobiographischen Berichte und Kriegserzählungen dieser Soldaten – anders, als Historiker es zu tun pflegen.[28] Er versteht sie als »Krankenberichte« von Menschen, die in ihrer Kindheit und Jugend bleibende psychische Deformationen erlitten haben.[29] In den Gewaltmenschen sieht er Leute, »die im Zustand bestimmter frühkindlicher ›Störungen‹ bleiben, [...] Leute, bei denen in den Vorgängen der Ich-Bildung so etwas wie ein ›Schmerzprinzip‹ das Lustprinzip ersetzt hat, Menschen, die durch bestimmte Züge ihrer Entwicklung dazu verdammt sind [...], in ihrer Art der ›Realitätsbewältigung‹ die Lebensvorgänge Arbeit, Liebe, Geburt, Erkenntnis nicht von Gewaltvorgängen abkoppeln zu können.«[30]

Zu den frühkindlichen Störungen rechnet Theweleit den Drill im Elternhaus, in der Schule und im Militär, wie er für die Erziehung im damaligen Deutschland charakteristisch war. Der »soldatische Mann«, so seine These, ist »durch körperliche Eingriffe hergestellt worden, insbesondere durch den Drill«.[31] Von noch größerer Bedeutung als die Familie war für die Heranbildung soldatischer Männer die preußische Kadettenanstalt, die der Autor – im Hinblick auf die psychische Zurichtung der jungen Menschen – als die eigentliche Kaderschmiede des soldatischen Mannes ansieht.[32] Die Mehrzahl der Kadetten trat bereits im Alter von zehn bis zwölf Jahren in diese Anstalt ein. Nach der Reichseinigung 1871 gab es in Deutschland sieben Kadettenanstalten mit insgesamt 1848 Plätzen, die sich bis 1918 auf 2600 erhöhten. Jährlich traten etwa 190 Kadetten in die Armee über, womit fast die Hälfte des Offiziersbedarfs gedeckt wurde.[33] Über die Rolle, welche die Kadetten später in der Armee und im politischen Herrschaftssystem des deutschen Kaiserreichs spielten, ist gesagt worden: »Aufgrund ihrer intensiven militaristischen Erziehung und Ausbildung vermochten die aus dem Kadettenkorps hervorgegangenen Offiziere sehr oft nicht nur den Ton im Offizierkorps anzugeben, sondern auch in führende militärische Stellen aufzurücken.«[34] Somit bildeten sie eine feste Stütze des preußisch-deutschen Militärstaates.

Wie sah die Erziehung aus, welche die Kadetten in ihren Anstalten erhielten? Einer, der sie von seinem 10. bis zu seinem 20. Lebensjahr selbst genossen hatte, war der spätere Schriftsteller, Offizier und Pazifist Fritz von Unruh, Sohn eines preußischen Generalleutnants. Im Jahre 1948, also nach der Erfahrung des Zweiten Weltkriegs, hatte Unruh die Gelegenheit, in der Frankfurter Paulskirche, wo 1848 das erste gewählte deutsche Parlament getagt hatte, in einer öffentlichen Rede über seine Erfahrungen im preußischen Kadettenkorps zu berichten. Er charakterisierte die Kadettenanstalt als »Zuchthaus«[35], in dem die jungen Menschen zugleich massiv politisch indoktriniert wurden. Unruh führte aus: »Zehn Jahre in einem Kadettenkorps, diesem Urmodell späterer Konzentrationslager, hörte ich [...] vom Wecken bis zum Abendgebet nur von Kaisern, Königen und ihren Paladinen. Von ›Schlachtenglorie‹ und der freudigen Pflicht ›pro patria mori‹. Wohl büffelten wir in den Griechenstunden die Tragödien des Sophokles. Aber von der Tragödie der Paulskirche erfuhren wir nichts. Liberale oder radikale Gedanken waren als ›staatsfeindlich‹ geächtet. Der Liberalismus gebrandmarkt als ›eine Krankheit wie Rückenmarksdürre‹ und der Liberale, nach Friedrich Wilhelms IV. Formulierung, verrufen als ein scheußlicher ›Bastard von Teufel und Mensch‹, der das Volk, ›diese Kanaille‹, souverän machen will.«[36]

Neben den antidemokratischen Inhalten und dem Feinddenken war die Erziehung in den Kadettenanstalten an den religiös überhöhten Werten »Gehorsam, Ehre, Pflicht« orientiert. Mit besonderer Brutalität wurde das Erziehungsziel »Gehorsam« eingeübt. Bereits durch demütigende Aufnahmeprozeduren wurde die Identität des Neuankömmlings, der ja noch ein Kind war, systematisch zerstört. Um die Brücken zu seiner bisherigen Umwelt abzubrechen und die Kinder in Uniform auf ihr künftiges Kriegerdasein vorzubereiten, redeten die Vorgesetzten die zehn- bis zwölfjährigen Kadetten mit »Herr« und »Sie« an.

Eine typische Ansprache eines Ausbilders an Neuankömmlinge schildert der Freikorps-Schriftsteller Ernst von Salomon, selbst ein ehemaliger Kadett, in seinem 1933 publizierten Buch »Die Kadetten«: »Sie haben von nun an keinen freien Willen mehr; denn Sie haben gehorchen zu lernen, um später befehlen zu können. Sie haben von nun an nichts anderes zu wollen, als was sie zu wollen haben.«[37] Die Persönlichkeitszerstörung nahm ihren Fortgang durch einen minutiös geplanten Tagesablauf, durch Postzensur, durch gezielte Demütigungstechniken, durch totale soziale Kontrolle und ein rigoroses Bestrafungssystem, in dem physische Gewalt, ja Quälerei, ihren festen Platz hatten. Diese Härte wurde ideologisch gerechtfertigt durch den künftigen kriegerischen Kampf, in dem nur der Stärkere bestehen könne. Der Krieg wurde den jungen Menschen als »der Gipfel persönlicher und kollektiver Lebensbewährung« hingestellt.[38]

Belegt ist, dass die soldatischen Männer, die in den Friedensjahren des Kaiserreichs erzogen wurden, einen Krieg regelrecht herbeisehnten. Denn er versprach ihnen »Bewährungen, Siege, Aufstiege, Ausbrüche, die der preußische militärische Alltag keineswegs bereithielt«. Für diese Männer zwischen 18 und 35 Jahren »bot lediglich ein Krieg die Aussicht, endlich als ausgewachsen angesehen zu werden, und entsprechende Aufgaben übertragen zu bekommen«. Der deutsche Militarismus erschien diesen Menschen »als Kraft, die ihnen das Leben zu bringen versprach«.[39] Den jungen Kadetten Rossbach (späterer Freikorpsführer) lässt der Autor Arnolt Bronnen über seine Empfindungen bei Kriegsbeginn 1914 sagen: »Wir saßen grollend auf unseren Zimmern und warteten darauf, dass diese ganze versaute Erde mit großem Knall explodierte. Von Zeit zu Zeit hielt jemand blutrünstige Reden und gab mit schwärmerischer Innigkeit dem Wunsche Ausdruck, die gesamte ältere Generation, da sie offenbar total verderbt und verfault sei, an die Wand zu stellen und abzuknallen [...]«.[40]

Entgegen der von den meisten Historikern vertretenen Auffassung, dass erst das Erlebnis des Kampfes in den Schützengräben des Weltkrieges 1914–1918 den Typus des soldatischen Mannes geschaffen habe, vertritt Theweleit die These, dass die psychische Struktur dieser Männer bereits vor 1914 ausgebildet gewesen sei und sich in den Weltkriegsjahren lediglich verfestigt habe. Man müsse erkennen, dass »der Typ Mann, der entscheidend zum Sieg des Faschismus beigetragen hat, zu Beginn des Krieges 1914 in seinen wesentlichen Zügen längst vorhanden war«.[41] Er wurde produziert in der Zeit des »wilhelminischen Friedens«.

Freikorpskämpfer und Freikorpsautor Friedrich Wilhelm Heinz notierte: »Man redete uns vor, dass der Krieg nun zu Ende sei. Wir lachten darüber. Denn der Krieg, das waren wir selbst. Seine Flamme brannte in uns fort und umzog unser ganzes Tun mit dem glühenden und unheimlichen Bannkreis der Zerstörung.«[42] Aus dieser Perspektive betrachtet, traf der verlorene Krieg das Männlichkeitsgefühl mehrerer deutscher Männergenerationen an der empfindlichsten Stelle, nämlich »in der Überzeugung, zu Kriegern und Siegern geboren zu sein. Daher weigerten sich die soldatischen Männer, die Realität der Niederlage Deutschlands und des Kriegsendes zur Kenntnis zu nehmen. Sie spürten, dass sie nicht mehr für das Zivilleben taugten und dass sie mit dem Frieden nichts anzufangen wussten. Er erschien ihnen als Bedrohung, als eine Neuauflage der trostlosen Zeit vor 1914. Daher fühlten sie sich unter einem inneren Zwang, weiterkämpfen zu müssen, egal wo und egal gegen wen. Sie glaubten, sie hätten einen Anspruch auf »ein Leben in der Gewalt«.[43] Die Revolution nahmen sie als »Mistgeruch« wahr, und der neue Staat war für sie »Schande, Verrat, Schmutz und Elend«. Auf diesem Humus konnte ein Jahrzehnt später das Konstrukt des Untermenschen gedeihen.[44]

Der namhafte deutsche Zeithistoriker Hans Mommsen ist ebenfalls der Ansicht, dass die ungewöhnliche Enthemmung im Gebrauch der Gewalt, wie sie für die soldatischen Männer typisch war, mit erotisch gefärbten »Männerphantasien« zu tun habe.[45] In dem Kriegs- und Männlichkeitskult eines Ernst von Salomon beispielsweise erscheine »die Gewalt als wahre Klimax orgiastischer Lebenserfüllung«, wie eine Gefechtsbeschreibung dieses Schriftstellers belegt: »Das Gewehr bebte zwischen meinen Knien wie ein Tier. […] War es nicht, als spürte ich an den zuckenden Metallteilen des Gewehrs, wie das Feuer in warme, lebendige Menschenleiber schlug? Satanische Lust, wie, bin ich nicht eins mit dem Gewehr?«[46]

Die in den Kadettenanstalten erfolgte militärische Jugenderziehung war mit dafür verantwortlich, dass später in Deutschland mit der Hitler-Diktatur »ein Regime wachsen konnte, das die Glorifizierung des Krieges und die Lebensvernichtung zum Ausdruck seiner Existenz gemacht hat«.[47] Diesen Zusammenhang bestätigt auch Jürgen-K. Zabel, Verfasser eines Buches über das preußische Kadettenkorps vor 1914. Aus den ehemaligen Kadetten wurden die Freikorpsoffiziere der Nachkriegszeit, die in der Folgezeit als Organisatoren der »Schwarzen Reichswehr« operierten. Später, unter der nationalsozialistischen Herrschaft, übernahmen diese pervertierten Männer in der Wehrmacht, in der SA und in der SS wichtige Führungspositionen. In der psychischen Prägung dieser professionellen Soldaten findet der Autor der »Männerphantasien« also den Schlüssel für die Beantwortung der selbstgestellten Frage, weshalb »einige Generationen junger deutscher Männer« es leichter fanden, »die halbe Welt in die Luft zu sprengen und einige Millionen Menschen zu töten, als den Ansprüchen ihrer verschiedenen Erzieher wirklichen Widerstand entgegenzusetzen«.[48]

2. Elemente der machtpolitischen Kontinuität

Das Fundament der Republik von Weimar hatte von Anfang an Risse. Denn es gelang den demokratischen politischen Akteuren dieser Zeit nicht, einen grundlegenden Bruch mit dem tradierten militaristischen System herbeizuführen. Das lag unter anderem daran, dass die nach der

Revolution von 1918 regierenden Sozialdemokraten dieses Ziel nicht mit Nachdruck verfolgten, sondern sich stattdessen – angesichts der bürgerkriegsähnlichen Unruhen – in ihrer praktischen Politik dem naheliegenden Ziel der innenpolitischen Befriedung verpflichtet fühlten. Das Resultat war, dass das aus der Kaiserzeit überkommene Militär seine Existenzberechtigung erneut unter Beweis stellen und wiederum Einfluss auf die Politik gewinnen konnte.

Im Deutschland der Weimarer Zeit (1918–1933) gab es zwar nur ein kleines Heer und eine noch kleinere Kriegsmarine. Aber die Kopfstärke der Streitkräfte sagt nur wenig aus über den Militarismus, der auch unter dem Dach der Republik fortlebte und zu neuer Machtentfaltung drängte. Unter den gegebenen politischen Rahmenbedingungen nahm er primär die Form eines Gesinnungsmilitarismus an, und dieser war, wie schon im Kaiserreich, bei vielen Zivilisten ebenso verbreitet wie bei den Militärs. Greifbar sind die militaristischen Tendenzen in der Kontinuität tradierter Kriegsideologien, in geheimen Rüstungsplanungen, in der Bildung eines ganzen Netzes paramilitärischer Organisationen, in der politischen und justiziellen Bekämpfung jeder Art von Pazifismus und schließlich in der Neuformation der nationalistischen Strömungen. Diese schlossen sich am 11. Oktober 1931 zu einem Bündnis zusammen, das sich »Harzburger Front« nannte. Neben der NSDAP und der DNVP gehörten ihr der rechtsgerichtete Frontsoldatenbund »Stahlhelm« und die Vereinigung Vaterländischer Verbände an. Auf der Basis dieses innenpolitischen Bündnisses kam anderthalb Jahre später Adolf Hitler an die Macht.

Die Generäle Groener und von Seeckt

In welche Richtung ging das Denken von führenden deutschen Militärs nach der Niederlage und nach der Annahme des Versailler Friedensvertrages, dessen wichtigstes politisches Ziel es war, eine neuerliche militärische Machtentfaltung Deutschlands zu verhindern? Akzeptierten die Generäle die neuen politischen Rahmenbedingungen oder nicht? Wie dachten die beiden einflussreichsten unter ihnen, nämlich Wilhelm Groener und Hans von Seeckt, über die militärische Zukunft des Landes?

Der württembergische General Wilhelm Groener (1867–1939) war einer der intelligentesten Spitzenmilitärs der Kaiserzeit. Was ihn unter anderem auszeichnete, war seine Fähigkeit zu differenziertem politischen Denken. 1918 wurde er Nachfolger von Erich Ludendorff als Erster Generalquartiermeister in der 3. Obersten Heeresleitung unter Hindenburg. Damit war er in der letzten Phase des Krieges der neben Hindenburg einflussreichste deutsche Offizier. Seine führende Funktion brachte es mit sich, dass er dem Politiker Friedrich Ebert (SPD), der jetzt den Vorsitz in der Regierung der Volksbeauftragten führte, im November 1918 die Bereitschaft der Obersten Heeresleitung zur Zusammenarbeit signalisierte. In der Literatur ist gelegentlich von einem »Bündnis Ebert–Groener« die Rede. Man kann den Vorgang auch so lesen, dass Ebert die Zusammenarbeit mit Groener zum Zwecke der Demobilisierung des Millionenheeres wünschte, ohne damit die Machtposition zu akzeptieren, welche die OHL in den Jahren zuvor innegehabt hatte.[49] Jedenfalls entwickelte sich seitdem ein persönliches Verhältnis zwischen dem führenden sozialdemokratischen Politiker und dem flexiblen General und Vertreter der Obersten Heeresleitung.

Der Weimarer Republik diente Groener zunächst als Reichsverkehrsminister (1920–23) und schließlich, 1928–1932, als Reichswehrminister[50] und 1931/32 zugleich als Reichsinnenminister. Er galt unter den Offizieren seiner Generation als ein Gemäßigter. Politisch soll er der liberalen Deutschen Demokratischen Partei (DDP) nahe gestanden haben. Er war also wohl einer jener »Vernunftrepublikaner«, die nicht von vorneherein auf einen Konfrontationskurs mit dem neuen demokratischen Staat gingen. Umso wichtiger ist es zu erkennen, dass selbst dieser liberal eingestellte Spitzenmilitär sich in seinem Denken nicht von der militaristischen Tradition zu lösen vermochte und dem überkommenen Gewaltglauben auch unter den Bedingungen des Weimarer Staates verhaftet blieb.

Als exemplarischer Beleg hierfür kann ein Brief gelten, den Groener im Herbst 1919, also im ersten Jahr der Republik, an Reichspräsident Friedrich Ebert schrieb, der ihm durch die frühere Zusammenarbeit gut bekannt war.[51] Groener sah sich angesichts der massenhaften kriegsgegnerischen und pazifistischen Proteste in der deutschen Bevölkerung veranlasst, den höchsten Repräsentanten des Staates vor einer – aus seiner Sicht – gefährlichen Entwicklung zu warnen. Er legte Ebert seine Weltsicht folgendermaßen dar: »Wir dürfen niemals der Selbsttäuschung pazifistischer Ideologen unterliegen, als ob durch Unterdrückung jeglichen nationalen und kriegerischen Geistes in einer Nation der ewige Friede und die menschliche Glückseligkeit erreichbar wären […] Nur im *dauernden* Kampf um das Leben werden die geistigen und sittlichen Kräfte gestärkt und gestählt, die allein die Schwingen bilden für den Aufstieg eines Volkes. Welches Volk gegen dieses Naturgesetz verstößt, ist innerlich krank und zum Niedergang bestimmt. Falsche Propheten sind es, die dem Volke empfehlen, im Kampf um das Dasein auf die Stählung und Anwendung auch der physischen Kräfte zu verzichten.« In den folgenden Friedensjahren müsse sich Deutschland, empfahl der General dem Reichspräsidenten, stark machen »als großes Volk, das nicht niedergehen *will*, das am Willen zum Kampf ums Dasein festhält und diesen Kampf mit den Völkern der Erde wieder aufnimmt in dem Maße und mit den Mitteln, die ihm vernünftigerweise nach dem Zustand seiner Kraft zu Gebote stehen.«

Also: Keine Akzeptanz der politischen Rahmenbedingungen, die durch Versailles vorgegeben waren. Stattdessen entwickelte dieser General schon ein knappes Jahr nach dem Ende des Ersten Weltkriegs die Perspektive eines neuen Krieges, der aufzunehmen sei nach Maßgabe der zur Verfügung stehenden Mittel. Im Hintergrund stand das sozialdarwinistische Argumentationsmuster: Es gebe das Naturgesetz des ewigen Kampfs ums Dasein, weshalb das Wachhalten des kriegerischen Geistes und eine vorbereitende Kriegsrüstung die Aufgaben der Staatsführung seien. Die Friedensbewahrung sei eine Selbsttäuschung pazifistischer Ideologen. Wer ihnen folge, verschulde den Niedergang des eigenen Volkes.

Die Nähe dieser konservativ-nationalen Kriegsideologie zum rechtsradikalen Biologismus, wie er für Hitlers Denken charakteristisch war, springt in die Augen. Hitler erklärte in seinem »Zweiten Buch«, das im Jahre 1928 geschrieben, aber nicht veröffentlicht wurde, Politik sei »in Wahrheit die Durchführung des Lebenskampfes eines Volkes«, und in jedem Falle sei das Leben »der ewige Einsatz«. Die ständige Aufgabe der Politik sei daher nicht die »beschränkte Vorbereitung für den Krieg als vielmehr die unbeschränkte innere Durch- und Ausbildung eines Volkes« für den Krieg.[52] Hier wie dort finden wir also das sozialdarwinistische Denkmuster des ewigen Lebenskampfes der Völker, der in kriegerischen Formen ausgetragen werde und dem man sich nur bei Strafe des Untergangs des eigenen Volkes entziehen könne.

Im Jahre 1920 wurde General Hans von Seeckt (1866–1936) unter der Amtsbezeichnung »Chef der Heeresleitung« an die Spitze der Reichswehr berufen.[53] Er blieb ihr politischer und militärischer Kopf bis zu seiner Entlassung im Jahre 1926. Nach dem Tode von Reichspräsident Friedrich Ebert erwog er 1925 eine Kandidatur als Reichspräsident, trat aber dann doch nicht gegen den Generalfeldmarschall des Ersten Weltkrieges und legendären Kriegshelden Paul von Hindenburg an.[54]

In der Frühphase der Weimarer Republik wandte sich Generalmajor von Seeckt, der damals den Posten des Chefs des Allgemeinen Truppenamtes im neugeschaffenen Reichswehrministerium bekleidete, in der Form eines schriftlichen Erlasses an die Generalstabsoffiziere der Vorläufigen Reichswehr.[55] »Meine persönliche historische Bildung hindert mich daran, in dem Gedanken des ewigen Friedens mehr als einen Traum zu sehen – gleichviel, ob man diesen nach Moltkes Wort einen ›schönen Traum‹ zu nennen vermag.« Er, Seeckt, wolle jedenfalls nicht auf den Schutz durch den Völkerbund und damit auf die Hilfe anderer setzen. Vielmehr blieben auch in der neuen Zeit zwei deutsche Sprichwörter wahr: »Selbst ist der Mann« und »Wehrlos – ehrlos«. Zwar ließen sich die vom Versailler Vertrag vorgeschriebenen Rüstungseinschränkungen nicht umgehen, aber – so argumentierte der General in der Kontinuität des traditionellen »Schwertglaubens« – kein Friedensvertrag könne das »männliche Denken« und die geistige »Wehrhaftmachung« verbieten: »Niemals ist der deutsche Offizier und insbesondere der des Generalstabes Raufbold, Abenteurer und Kriegshetzer gewesen. Er soll es auch jetzt nicht sein; aber lebendig soll in ihm die Erinnerung an die kriegerischen Großtaten deutscher Waffen bleiben. Sie in seinem Innern und im Volk zu pflegen sei ihm heilige Pflicht. Dann wird er und mit ihm das Volk nicht in verweichlichende Friedensträumereien verfallen, sondern sich bewusst bleiben, dass nur der eigene Wert des Mannes und der Nation bei der letzten Entscheidung gilt. Ruft erneut das Schicksal das deutsche Volk zu den Waffen – und unausbleiblich kommt einmal wieder dieser Tag –, dann soll er kein Volk von Schwächlingen, sondern von Männern finden, die kraftvoll zur schnell vertrauten Waffe greifen. Die Form dieser Waffe ist nicht so wichtig, wenn Hände von Stahl und Herzen von Eisen sie führen. Tun wir alles, was wir können, dass der Zukunftstag beide findet, arbeiten wir unermüdlich an der eigenen Wehrhaftmachung von Geist und Körper und an der der Volksgenossen.«[56]

Also: Polemik gegen »verweichlichende Friedensträumereien«, die nur ein »Volk von Schwächlingen« hervorbringen könnten, Besinnung auf die eigene militärische Kraft. Nur diese werde in dem – vom Schicksal gesandten – Zukunftskrieg zählen. Der Generalstabsoffizier als Erzieher und Führer der Nation. Seeckt war es, der den Zwang zur personellen Reduzierung der Reichswehr in eine enorme Leistungssteigerung der Berufsmilitärs ummünzte. Seine Elitetruppe setzte sich ganz überwiegend aus den intelligentesten Abkömmlingen adliger Offiziersfamilien zusammen. Juden,

Kommunisten, Sozialdemokraten und andere dezidierte Demokraten fanden in der Reichswehr der Republik keinen Platz.[57] Schließlich hätten sie keine Gewähr dafür geboten, dem tradierten »Schwertglauben« unbesehen zu huldigen.

Vor dem Hintergrund solcher Anschauungen wundert es nicht, dass in der Ära Seeckt die Friedensbedingungen in vielfacher Weise umgangen wurden, um den Aufbau einer Armee der Zukunft vorzubereiten. Dabei beschränkte sich der Chef der Heeresleitung, was etliche Militärhistoriker nicht erkannt haben, keineswegs auf die Erfordernisse der Landesverteidigung. Vielmehr dachte er – in der Tradition der wilhelminischen Ziele – in den Kategorien eines wünschenswerten neuerlichen Griffs nach der Weltmacht. Im Jahre 1925 äußerte sich Seeckt einmal in schöner Offenheit zu diesen Fragen: »Wir müssen Macht bekommen, und sobald wir diese Macht haben, holen wir uns selbstverständlich alles wieder, was wir verloren haben.«[58] Bemerkenswert an dieser Zielsetzung ist weniger die ökonomische als vielmehr die rein machtpolitische Motivation, die schon die Politik Bismarcks und des preußischen Kriegsministers Albrecht Graf von Roon in der Reichsgründungsphase bestimmt hatte.[59]

Rüstungspläne der Reichswehr für den Zukunftskrieg

Heute wissen wir, dass die Reichswehrführung unter Generaloberst Hans von Seeckt bereits in der Mitte der zwanziger Jahre umfangreiche Rüstungsplanungen für einen Krieg der Zukunft zu Papier bringen ließ. Carl Dirks und Karlheinz Janßen veröffentlichten 1999 das Buch »Der Krieg der Generäle« mit dem provozierenden Untertitel »Hitler als Werkzeug der Wehrmacht«[60], in welchem sie auch von dem »Großen Plan« berichteten. Gemeint war eine Geheimstudie der Reichswehr aus dem Jahre 1925 über eine künftige deutsche Aufrüstung. Der Hamburger Schifffahrts-Kaufmann Carl Dirks hatte das umfangreiche Dokument in den National Archives in Washington entdeckt und zu entschlüsseln vermocht.

Worin bestand die politische Brisanz des sogenannten Großen Plans aus dem Jahre 1925? Hinter dem Rücken der Reichsregierung und des Parlaments entwarf eine seit 1924 im Auftrage Seeckts arbeitende Gruppe von 14 jüngeren Generalstabsoffizieren der Reichswehr ein Stärke-, Gliederungs- und Ausrüstungskonzept für ein Heer der Zukunft, das bis ins letzte Detail hinein ausgearbeitet war. Das Zukunftsheer war um das Achtundzwanzigfache größer als das von den Siegermächten des Weltkriegs zugestandene 100 000-Mann-Heer. Der Vision Seeckts zufolge sollte das Heer irgendwann einmal 102 Divisionen mit 2,8 Millionen Mann umfassen. In die Augen springt der verblüffende, aber schwerlich nur zufällige Tatbestand, dass am 1. September 1939, als Hitler mit dem Angriff auf Polen den Zweiten Weltkrieg entfesselte, ein deutsches Heer mit eben diesem Volumen bereitstand. Das muss nicht unbedingt bedeuten, dass rund anderthalb Jahrzehnte lang konsequent auf der Basis dieses Konzepts gerüstet worden ist. Aber eine gedankliche Orientierung hat er den Rüstungsplanern der dreißiger Jahre, wie die Autoren zu belegen vermögen, zweifellos geboten.

Im historischen Rückblick gewinnt das politische Denken, das dem »Großen Plan« zugrunde lag, eine entscheidende Bedeutung. Weder die Niederlage von 1918 noch die Revolution noch die durch Versailles erzwungene Teilabrüstung hatten das Weltmachtstreben und den Kriegsglauben der nationalistischen deutschen Eliten brechen können. Sie setzten sich selbst bei jenen Militärs fort, die sich mit den neuen innenpolitischen Verhältnissen einigermaßen zu arrangieren vermochten. Auch im Hinblick auf Seeckt ist, wie zuvor schon über Groener, zu sagen, dass es von seinem Denken aus zu Hitlers sozialdarwinistischer Kriegsideologie nur ein kleiner Schritt war. Die Reichswehr-Planer hatten die Perspektive eines großen Angriffsheeres vor Augen, mit dem ein neuerlicher Griff nach der Weltmacht gewagt werden konnte. Die Reichswehrführung war daher auch die treibende Kraft für die Ingangsetzung einer Militarisierung von Wirtschaft und Gesellschaft, welche die Voraussetzungen für den Zukunftskrieg schaffen sollte.

Der deutsch-amerikanische Historiker Alfred Vagts forderte in seinem 1937 publizierten Werk »A History of Militarism« dazu auf, zwischen Militär und Militarismus klar zu unterscheiden. Nach Vagts' Definition zeichnet sich der »military way« dadurch aus, »dass Menschen und Material in erster Linie mit äußerster Effizienz auf die Durchsetzung bestimmter Machtziele konzentriert werden, d. h. mit den geringsten Kosten an Blut und Sachaufwand«.[61] Also sei es »kein Militarismus, wenn Armeen den rationellen, vernünftigen, modernen und bis zu einem gewissen Grade menschlichen Gebrauch der ihnen zur Verfügung stehenden Ausrüstungen und Streitkräfte verlangen und diese entsprechend einsetzen; wenn sie sich für den Krieg vorbereiten, dessen Führung nicht von ihnen selbst, sondern von den zivilen Machthabern des Staates entschieden worden ist […]«.[62] Dieser Definition zufolge hat also effizientes militärisches

Planen und Handeln unter dem Primat der Politik an sich noch nichts mit Militarismus zu tun.

Die deutschen Offiziere, die in den 20er Jahren Pläne für den Krieg der Zukunft entwarfen, betrachteten es – ganz im Sinne von Alfred Vagts – als ihre professionelle Aufgabe, die Erfahrungen des tendenziell total gewordenen Weltkriegs 1914–1918 zu analysieren und in ihren Planungen umzusetzen, also:

- die Industrialisierung der Kriegführung,
- die gesteigerte Bedeutung der Kriegspropaganda für Front und Heimat,
- die Einbeziehung großer Teile der Gesellschaft in das Kriegsgeschehen, und
- die »Sozialisierung der Gefahr«, also die Erkenntnis, dass es nicht mehr das Privileg der Soldaten war, im Kriege getötet zu werden, sondern dass der Krieg auch für die Zivilbevölkerung eine reale Gefahr darstellte, beispielsweise, wenn er als Bomben- oder Gaskrieg geführt wurde.[63]

Auch der Historiker Michael Geyer, der die Rüstungspolitik deutscher Militärs in der Weimarer Republik und in der NS-Zeit analysiert hat, möchte – im Anschluss an Alfred Vagts – offen lassen, ob es wirklich gerechtfertigt ist, die in der Reichswehr betriebenen Planungen für einen großen Zukunftskrieg als militaristisch zu bewerten.[64] Er meint, das sei letztlich eine politische Entscheidung.[65] Im Übrigen verweist er auf den Tatbestand, dass die beschriebenen militaristischen Tendenzen in der Zwischenkriegszeit eine internationale Erscheinung darstellten und durchaus kein Spezifikum des revisionistischen Deutschland. Mit dem Blick auf die internationale Szene spricht er von einem »zweckrationalen Militarisierungsanspruch des Militärs«, der aber durchaus »kein Produkt deutscher Tradition« war, sondern »eines der Grundprobleme der Organisation und Anwendung von Gewalt in der Phase industrialisierter Kriegsführung« darstellte.[66]

Man mag also, insoweit den Historikern Alfred Vagts und Michael Geyer folgend, das Feld der militärfachlichen Planung eines Zukunftskrieges als Teil des »military way« ansehen, als einen normalen Bestandteil der professionellen Arbeit dieses Berufsstandes. Einer politischen Bewertung entgeht man dadurch nicht, gilt es doch auch die Prämissen dieser Professionalität zu bedenken. Im Falle der deutschen Reichswehr lauteten diese: 1. Wir Reichswehrplaner halten uns nicht an die Vorgaben des Versailler Vertrages, die für den Weimarer Staat gesetzlich verbindlich waren. 2. Wir beschränken unsere Planungen nicht auf die Organisation des Landesschutzes. 3. Damit lehnen wir es ab, den Willen der demokratischen Regierungen, nämlich die Organisation der Landesverteidigung, als verbindliche Vorgabe zu akzeptieren. 4. Stattdessen orientieren wir unsere Aufrüstungspläne an einer zukünftigen Regierung in einem erst noch zu konstituierenden nationalen Machtstaat.

Was wir bei den Rüstungsplanungen der Reichswehr vor uns haben, geht also über die effiziente Organisation von militärischer Gewalt im Rahmen der politischen Vorgaben der republikanischen Regierungen weit hinaus. Es handelt sich um die Definition von Machtzielen durch das Militär selbst, also um eine klare Missachtung des Primats der Politik. Von einem zukünftigen Machtstaat erwarteten die deutschen Militärs, und das ist der entscheidende Punkt, den unbedingten Willen zu politischen Gewaltlösungen, an deren historische Notwendigkeit man seit den Zeiten Bismarcks alternativlos glaubte.

Wissenschaftler, Politiker, ehemalige Offiziere und Pazifisten als Kritiker des Militarismus

Nach der deutschen Revolution von 1918 und dem Versailler Friedensvertrag konnte das tradierte System des Militarismus, welches das gesamte staatliche und gesellschaftliche Leben erfasst hatte, nicht in den gewohnten Formen fortleben. Die Siegermächte des Ersten Weltkriegs schränkten den Bewegungsspielraum der deutschen Militärplaner erheblich ein. Eine Folge dieser machtpolitischen Veränderungen war, dass der Militarismus gleichsam in den Untergrund ging. Er lebte als Gesinnung fort, die sich nicht verbieten ließ, und er organisierte sich im Geheimen als Paramilitarismus. Wir haben es in den Jahren der Weimarer Republik (1918–1933) also mit einem Wandlungsprozess des Militarismus zu tun, mit einer Anpassung an die machtpolitisch vorgegebenen Umstände.

Zu den Zeitgenossen, die diese Formveränderung des Militarismus frühzeitig durchschauten, gehörten einige der Wortführer des damaligen Pazifismus. Unter ihnen gab es Männer, die in der Zeit des Kaiserreichs aktive Berufsoffiziere gewesen waren, die in den deutschen Kolonialkriegen sowie im Ersten Weltkrieg eigene Kriegserfahrungen gesammelt hatten, sich dann aber – häufig schon während des Krieges 1914–1918 – zu Pazifisten gewandelt hatten. Jetzt, unter der demokratischen Republik, engagierten sie sich in der Deutschen Friedensgesellschaft und anderen Organisationen der zeitgenössischen Friedensbewegung.[67] Während die nationalistische Rechte gegen das »Diktat von Versailles« wetterte und die deutsche »Wehrlosigkeit« beklagte, wiesen diese »pazifistischen Offiziere« auf Missstände hin. Sie erklärten öffentlich, dass jenseits der von den Alliierten erzwungenen personellen und materiellen Teilabrüstung andere Formen des Militarismus fortlebten und seine Anhänger nur auf den Tag warteten, an dem der kriegerische Machtstaat, der ihr gesamtes politisches Denken beherrschte, wiederbelebt werden konnte.

Unter den zeitgenössischen Politikern, die sich als scharfe Kritiker des Militarismus exponierten, ragt der Sozialdemokrat Heinrich Ströbel (1869–1944) heraus.[68] Er ist heute fast vergessen, obwohl er mehr als drei Jahrzehnte lang zu den Spitzenpolitikern seiner Partei gehörte und in den Revolutionsmonaten November 1918 bis Januar 1919 sogar das hohe politische Amt des preußischen Ministerpräsidenten bekleidete. Vergessen hat man ihn wahrscheinlich absichtsvoll, weil er ein nonkonformistischer Politiker war, der seine pazifistischen, sozialistischen und demokratischen Überzeugungen mit großer Konsequenz durchhielt. Wenn es um die Fragen von Militarismus und Krieg ging, legte er sich sowohl mit den Kommunisten als auch mit seiner eigenen Partei an. Sein ganzes Leben war, wie der Historiker und Ströbel-Biograph Lothar Wieland resümiert, dem Bestreben gewidmet, den preußisch-deutschen Militarismus zu überwinden. Dieser bedeutete für ihn: Verherrlichung von Gewalt, Verlust von Humanität, kulturelle Rückständigkeit, Untertanengesinnung, Barbarei, Demokratiefeindschaft und friedensfeindliche Mentalität. Ströbel quälte sich bei dem Gedanken, dass sich seine eigene Partei 1914 in den Militarismus hatte hineinziehen lassen[69] und dass sie sich während der Revolution von 1918/19 durch die Zusammenarbeit mit der Offizierskaste erneut kompromittiert hatte.[70] Er verlangte den Bruch mit den militärstaatlichen Traditionen im Sinne einer geistigen, an weltbürgerlichen Idealen orientierten Revolution.

Besonders in den süddeutschen Staaten gab es seit den Zeiten des Vormärz Vorbehalte gegen den preußischen Militarismus, die sich auch nach der Reichseinigung nicht aufgelöst hatten. Einer der Offiziere, die ihre antipreußischen Affekte in einer systematischen Analyse des zeitgenössischen Militarismus zu fundieren wussten, war der bayerische Oberst Alfons Falkner von Sonnenburg (1851–1929). Der gebildete und weitgereiste Mann gehörte zu jener kleinen Gruppe von »pazifistischen Offizieren«, die sich im Kaiserreich und hernach in der Weimarer Republik immer mehr aus dem militaristischen Milieu lösten und zu friedenspolitischen Positionen gelangten.[71] Lange vor 1914 erkannte Sonnenburg, dass im Weltmachtstreben Berlins die Ursachen eines künftigen Krieges lägen. Im Laufe seines Lebens gewann er Einblick in die Komplexität des zeitgenössischen Militarismus, als deren maßgebliche Träger er die Offizierskaste, die Nationalisten und die Schwerindustrie ausmachte. Ebenso erkannte er die gesellschaftspolitische Dimension des Militarismus und das Überwuchern der zivilen Politik durch militärische Einflüsse.

Generalmajor Paul Freiherr von Schoenaich, ein ehemaliger preußischer Berufsoffizier, der von 1929 bis 1933 den Vorsitz der Deutschen Friedensgesellschaft (DFG) innehatte, gehörte ebenfalls zu der Gruppe der zu Pazifisten gewandelten Offiziere. In den zwanziger Jahren war er einer der prominentesten Vorkämpfer der deutschen Friedensbewegung.[72] Seiner militärischen Sozialisation in den Friedensjahrzehnten des deutschen Kaiserreichs entsprechend, neigte er zunächst zu einer durchaus ambivalenten Auffassung vom preußischen Militarismus. Erst in den zwanziger Jahren rang er sich zu einer grundsätzlichen Kritik am Militarismus durch. Weitsichtig verband Schoenaich Einsichten in die weltwirtschaftlichen Verflechtungen, in den qualitativen Wandel der Kriegstechnik und die besondere Bedrohung der Zivilbevölkerung zu einer fundierten Militarismuskritik. In Anknüpfung an den Offizier und Schriftsteller Franz Carl Endres[73] und an den Pädagogen Friedrich Wilhelm Foerster[74] suchte der »Vernunftpazifist«, wie Schoenaich sich selbst bezeichnete, den Ausweg in einer »Abrüstung der Köpfe«.

Der ehemalige Offizier Franz Carl Endres charakterisierte den zeitgenössischen Militarismus als »Geistesverfassung des Nichtmilitärs«.[75] Er wusste genau, dass es in Deutschland auch nach der Teilabrüstung noch immer Millionen von ausgebildeten, jederzeit reaktivierbaren Soldaten gab, was von den Siegermächten des Ersten Weltkrieges auch durchaus als eine potenzielle Gefahr erkannt wurde. Aber wichtiger noch war der Gesinnungsmilitarismus, der in den nationalistisch eingestellten Teilen der deutschen Bevölkerung weithin ungebrochen geblieben war und der eine Restauration der militärisch-kriegerischen Machtpolitik begünstigte. Wenn der 1920 ermordete Hans Paasche seinen Zeitgenossen beschwörend und gleichzeitig ohnmächtig zurief: »Ändert Euren Sinn!«[76], meinte er damit nichts anderes als: Nehmt Abschied von dem verderblichen »Schwertglauben«!

Nach der Überzeugung dieser zum Pazifismus konvertierten Offiziere handelte es sich bei dem Militarismus ihrer Zeit also primär um eine Gesinnung, die alternativlos auf Gewalt setzte. Alle anderen Faktoren – geheime Rüstung, geheime Militärausbildung, paramilitärische Organisationen, Militärbudget, technische Entwicklungen – schienen demgegenüber von zweitrangiger Bedeutung zu sein. Der pazifistische Pädagoge Friedrich Wilhelm Foerster beklagte den »Schwertglauben«, den »preußischen Gewaltgeist«, den »militaristischen und nationalistischen Wahn«, die »militaristische Denkweise« und die in Deutschland verbreitete »allgemeine Machtvergötterung«[77], die er für so etwas wie eine nationale Krankheit hielt.

Landesverratsprozesse: Das Zusammenspiel von Reichswehr und Justiz

Zu den politischen Kräften, die pazifistische Bestrebungen bekämpften und der Erneuerung des Militärstaates zuarbeiteten, gehörte auch die deutsche Justiz der Weimarer Zeit. Sie hat das Recht immer wieder im Dienst machtpolitischer Interessen instrumentalisiert und ist insoweit als politische Justiz tätig geworden. Man kann, was die Orientierung an besagten machtpolitischen Interessen angeht, von einem »traditionellen Wesenszug der deutschen Justiz« sprechen. »Um Pazifisten zu kriminalisieren oder Militaristen zu schützen, griffen die Gerichte immer wieder zu abenteuerlichen Begriffskonstruktionen. In der Minderzahl blieben demokratisch-rechtsstaatliche Entscheidungen, die das Militär in seine Schranken wiesen und Pazifisten Meinungsfreiheit zugestanden.«[78] Bei dieser »justizförmigen Bekämpfung des Friedensgedankens« bediente sich die Justiz der folgenden strafrechtlichen Vorwürfe: Verfahren wegen angeblichen Landesverrats, Wehrverrats, Wehrkraftzersetzung, Verfassungsverrat, Nötigung und immer wieder wegen Beleidigung von Soldaten und Militärpolitikern.

In Anlehnung an einen bekannten Buchtitel des bereits erwähnten Schriftstellers Theodor Plivier, der das Fortwirken militärischer Machtstrukturen im Blick hatte, könnte man formulieren: Der Kaiser ging, die Juristen blieben. Ginge es im politischen und gesellschaftlichen Leben nach den Gesetzen der Logik, so hätten die meisten der im Staatsdienst beschäftigten deutschen Juristen nach der Revolution von 1918/19 abtreten und einer neuen, republiktreuen Elite Platz machen müssen. Denn sie waren, ebenso wie die Angehörigen der traditionellen konservativen Führungsschichten insgesamt, in ihrer großen Mehrheit nicht bereit und nicht willens, die militärische Niederlage Deutschlands im Jahre 1918 als Tatsache anzuerkennen[79] und die revolutionären Veränderungen des November 1918 sowie den aus ihnen hervorgegangen republikanischen Staat zu akzeptieren. Sie blieben innerlich dem monarchischen Obrigkeits- und Militärstaat verhaftet und brachten der demokratischen Republik kein Vertrauen entgegen.

Eine Auswechslung der Funktionseliten scheiterte in der Zeit des Übergangs von der Monarchie zur Republik in der Justiz ebenso wie im Militär und in der Bürokratie, und zwar aus mehreren Gründen: Erstens stand nicht genügend demokratisch eingestelltes Personal zur Verfügung. Zweitens – wichtiger noch – verhielten sich die neuen republikanischen Regierungen allzu zaghaft, als es darum ging, wenigstens das vorhandene demokratische Personal in Positionen zu bringen.[80] Drittens schließlich war das überkommene Staatspersonal in Justiz, Bürokratie und Militär nicht bereit, freiwillig das Feld zu räumen. Stattdessen begaben sich die alten Eliten nunmehr in eine politische Kampfposition, die sich gegen die Anhänger der Republik von Weimar richtete. Auf lange Sicht gesehen, zielten ihre Bestrebungen auf die Wiedergeburt eines nationalen Machtstaates. In seinem Werk »Bündnis der Eliten« hat der Historiker Fritz Fischer beschrieben, in welcher Weise diese Funktionseliten die Machtstrukturen in Deutschland in der Zeit zwischen der Reichsgründung 1871 bis zum Ende des Dritten Reiches 1945 beherrschten.[81] Sie hielten die staatlichen und gesellschaftlichen Schlüsselpositionen besetzt und arbeiteten im Dienste einer gemeinsamen Staatsideologie eng zusammen.

In ihrem politischem Kampf gegen den Pazifismus hat die Justiz der Weimarer Zeit »den Schutz der Todfeinde der geltenden demokratischen Verfassung« übernommen.[82] Sie betrachtete die deutsche Innenpolitik durch die Kimme der kriegerischen Logik. Ins Visier kamen auf diese Weise letztlich die Wortführer all jener Parteien, Verbände und Vereinigungen, die eine wohlfahrtsstaatliche, demokratische und am Frieden orientierte Richtung verfolgten oder, wie man heute sagen würde, die an die Stelle einer militarisierten Gesellschaft und eines militärischen Machtstaates eine demokratische Republik und eine Zivilgesellschaft setzen wollten.

Die Justiz führte in den Jahren der Weimarer Republik einen betont politischen Kampf gegen die Pazifisten. Erstens schützte sie die Mörder von Pazifisten, zweitens schüchterte sie die Kritiker illegaler Geheimrüstung durch Landesverratsprozesse und Strafen ein, und drittens wehrte sie pazifistische Kritik an Militär und Militarismus durch Beleidigungsverfahren ab. Der Schwerpunkt ihrer Tätigkeit lag auf der juristischen Verfolgung von Presse- und Buchveröffentlichungen über die geheime Rüstung in Deutschland. Diese wurde von den Pazifisten als ein großangelegter und permanenter Verstoß gegen den Friedensvertrag von Versailles und damit zugleich die Weimarer Reichsverfassung angesehen, während die Justiz eine ganz andere Position vertrat. In dieser Kontroverse lag das Kernproblem des Verhältnisses von »Pazifismus und Justiz« in jener Zeit begründet.[83] In einer neueren juristischen Dissertation werden die damals vor dem Reichsgericht wegen des Verdachts auf publizistischen Landesverrat geführten Prozesse untersucht.[84] Von den Beschuldigten der etwa 400 Verfahren, die das Reichsgericht in den Jahren 1919–33 wegen publizistischen Landesverrats einleitete, wurden nur 13 auch verurteilt, unter ihnen die bekannten Pazifisten Friedrich Küster, Berthold Jacob und Carl v. Ossietzky.[85] Das bedeutet, dass die Masse der Landesverratsprozesse das Ziel verfolgte, eine abschreckende Wirkung zu entfalten.[86]

Der Paramilitarismus und die Reichswehr als »Staat im Staate«

Die deutsche Politik, also die Politik der Weimarer Koalitionsregierungen unter wechselnden Reichskanzlern, ist den Weg der friedlichen Aussöhnung mit den früheren Kriegsgegnern nur eine Zeitlang gegangen und schwenkte dann seit Anfang der dreißiger Jahre wieder auf den – durch die militaristischen Traditionen vorgezeichneten – Weg der Gewalt ein. Wie kam es dazu?

Von maßgeblicher Bedeutung war der bereits beleuchtete Sachverhalt, dass es in der Gründungsphase der Weimarer Republik nicht in hinreichendem Maße gelang, das im Kriege mobilisierte Gewaltpotenzial zu entschärfen. Eine relevante Anzahl von Soldaten, die nicht in der kleinen Reichswehr unterkam, suchte zunächst in einem der vielen Freikorps Zuflucht und später in illegalen paramilitärischen Verbänden.[87] Das Fortbestehen militaristischer Mentalität und die Bildung von staatlich zwar nicht ausdrücklich legitimierten, aber doch geduldeten Verbänden gab dem Militarismus der Weimarer Zeit sein charakteristisches Gepräge.

Für die paramilitärischen Verbände kam auch das Schlagwort »Schwarze Reichswehr« auf. Die »Deutsche Liga für Menschenrechte«, eine pazifistische Organisation, publizierte im Jahre 1925 ein »Weißbuch über die Schwarze Reichswehr«. Darin wurde dargelegt, dass die Schwarze

Reichswehr etwa seit 1922/23 entstand und dass sie »vom äußerlich harmlosen Wehr- und Sportverein, vom Verein der Kleinkaliber-Schützen, vom streng militärisch formierten Geheimbund [...] bis zu den Verbänden, bei denen es unmöglich ist, sie noch von der legalen Reichswehr zu unterscheiden«, reiche.[88]

Einer der ehemaligen Freikorps-Führer, die jetzt unabhängig von den offiziellen staatlichen Instanzen paramilitärische Organisationen aufstellten, war der rechtsradikale Major a. D. Ernst Buchrucker. Ihm schwebte die Bildung einer »nationalen Diktatur« vor.[89] Er stellte aus sogenannten Arbeitskommandos eine regelrechte Streitmacht zusammen, nämlich vier Grenzschutzbataillone und Stammpersonal für vier Regimenter sowie einige Sonderformationen.

Ein weiteres Instrument zur militärischen Ausbildung von Männern außerhalb des vorgeschriebenen Hunderttausend-Mann-Heeres war das Zeitfreiwilligensystem.[90] Mit ihm legte das Reichsheer seit 1923 unter Umgehung der Versailler Vertragsbestimmungen und der Internationalen Militär-Kontroll-Kommission (IMKK) das Fundament zu einer Ersatzorganisation für die bewaffnete Macht, die im Mobilmachungs- oder Kriegsfall verwendet werden sollte. Es gab die »Schwarze Reichswehr« also. Sie war kein Phantom, wie Reichswehrminister Otto Gessler (DDP) der deutschen und internationalen Öffentlichkeit weiszumachen versuchte.[91] Gessler hielt es für seine Pflicht, die Reichswehr gegenüber Parlament und Öffentlichkeit abzuschirmen. Von dem Gedanken, dass ihm primär die Aufgabe oblag, das Militär, das ja vor 1918 eine parlamentarische Kontrolle gar nicht gekannt hatte, politisch zu überwachen, konnte er nicht überzeugt werden.

Ganz den Denktraditionen des preußischen Militarismus verpflichtet, ohne jedes wirkliche Zugeständnis an den republikanischen Staat, auf den er vereidigt war, vertrat Seeckt – in einer für den damaligen Offiziersstand typischen, selbstherrlichen Anmaßung – den Standpunkt, das Heer sei der Staat: »Nicht zum Staat im Staat soll das Heer werden, sondern im Staat dienend aufgehen und selbst zum reinsten Abbild des Staates werden [...]. ›Hände weg vom Heer!‹ rufe ich allen Parteien zu. Das Heer dient dem Staat, nur dem Staat; denn es ist der Staat.«[92] In dieser militaristischen Definition des Wesens des Staates spielte die zivile Behördenstruktur der Republik nur eine untergeordnete Rolle. Es handelte sich also um eine vom Ansatz her republikfeindliche Beschreibung des Selbstverständnisses der Reichswehr. Der britische Militärhistoriker Francis Carsten urteilt daher zu Recht: »Gerade der Abschluss von der zivilen Umwelt, von allen neuen Gedanken und von den politischen Parteien, verbunden mit großer politischer Macht, ergab, dass die Reichswehr einen Staat im Staate bildete.«[93] Unausgesprochen steckte hinter dieser militaristischen Staatsideologie die Erwartung, eines Tages wieder einen Staat zu bekommen, mit dem sich die – von den militaristischen Traditionen Preußens geprägten – Militärs leichter würden identifizieren können als mit der Republik, die in ihren Kreisen als kraftlos und pazifistisch verspottet wurde.

Militarisierung der deutschen Politik in den Jahren 1929–1933

Seit dem Beginn der Weltwirtschaftskrise im Jahre 1929 griff in den deutschen Mittelschichten eine tiefe ökonomische Verunsicherung um sich. Sie führte dazu, dass sich viele Menschen von der Demokratie wie auch von der bislang betriebenen Verständigungspolitik mit den Siegermächten des Weltkrieges abwandten und bei neuen politischen Orientierungen Zuflucht suchten.

In diese Zeit fällt ein mentalitätsgeschichtlich bedeutsamer Vorgang. Im Zuge der Wirtschaftskrise, die sich schon bald zu einer Krise des republikanischen Systems auswuchs, fanden in Deutschland Bücher, Zeitschriften und Filme mit pazifistischer Tendenz immer weniger Interesse. Stattdessen boomte eine Literatur, die zum Teil schon gleich nach dem Kriege verfasst worden war, aber jetzt erst richtig entdeckt wurde.[94] Es handelte sich um eine ausgesprochen kriegsverherrlichende Literatur, die so weit ging, den Krieg als einzig lebenswerten Zustand zu beschreiben. Der einflussreichste Vertreter dieser literarischen Richtung, die treffend als »kriegerischer Nationalismus«[95] bezeichnet wurde, war Ernst Jünger. Was er und seine nationalistischen Autoren-Kollegen anboten und was jetzt massenhaft konsumiert wurde, war Gesinnungsmilitarismus reinsten Wassers. Die Literaten des »kriegerischen Nationalismus« kümmerten sich in keiner Weise um internationale Verträge, völkerrechtliche Kriegsächtung oder demokratische Prinzipien der Konfliktregelung, sondern sie reaktivierten den alten militaristischen »Schwertglauben«, der in den wenigen stabilen Jahren der ersten deutschen Politik etwas in den Hintergrund getreten war.

Auf der Basis dieses Gesinnungsmilitarismus war jede Politik legitimierbar, in der Gewalt eine ausschlaggebende Rolle spielen sollte und die sich anschickte, erneut militärische Ordnungsmuster auf die Gesamtgesellschaft zu übertragen. Angeleitet von der bellizistischen Literatur, der nationalistischen Agitation der Rechtsparteien, seit 1930 zunehmend der Nationalsozialistischen Deutschen Arbeiterpartei (NSDAP), schwenkte ein beträchtlicher Teil der öffentlichen Meinung allmählich auf den Kurs gewaltsamer Lösung der politischen Probleme um, denen sich das damalige Deutschland gegenübersah. Die behutsame Politik der kleinen Schritte, gerade auch jener zur friedlichen Revision des Versailler Vertrages, die keineswegs erfolglos war, geriet in die Defensive. Zivilistische und pazifistische Positionen waren nicht mehr gefragt. Stattdessen befanden sich große Worte, »starke Männer« und ein Wiederaufleben des – politisch rechtsradikal orientierten – Irrationalismus in den Krisenjahren der Weimarer Republik (1930–33) buchstäblich im »Vormarsch«.

Die Etappen bis zum Regierungsantritt Hitlers sollten auch unter dem Gesichtspunkt einer neuerlichen Militarisierung des politischen und gesellschaftlichen Lebens in Deutschland gelesen werden. In der historischen Literatur wird noch immer zu wenig beachtet, dass sich in den Jahren 1930 bis 1933 nicht nur der Niedergang der ersten deutschen Demokratie vollzog, an welche sich die nationalsozialistische Machtergreifung anschloss, sondern dass in diesen Jahren auch wichtige Voraussetzungen für einen neuen Weg in den Krieg geschaffen wurden. Im Jahre 1930, nach dem Sturz der Koalitionsregierung unter dem sozialdemokratischen Reichskanzler Hermann Müller, ernannte Hindenburg den nationalistisch eingestellten Zentrumspolitiker Heinrich Brüning zum Reichskanzler. Dieser ehemalige Weltkriegsoffizier präsentierte der Öffentlichkeit seine Minister mit der – für das Anschwellen der militaristischen Grundstimmung bezeichnenden – Qualitätsbeschreibung, es handle sich um ein »Kabinett der Frontsoldaten«.[96] Den Sturz Brünings führte ein Reichswehrgeneral namens Kurt von Schleicher herbei, ein Mann, der 1918 als Major unter Hindenburg und Ludendorff in der 3. Obersten Heeresleitung gedient und der seitdem als aktiver Militär hinter den Kulissen Reichswehrpolitik gemacht hatte. Sein Einfluss beruhte auf seinem ständigen Zugang zu Reichspräsident Paul von Hindenburg, dem legendären Feldmarschall, dessen Truppen im Jahre 1915 bei Tannenberg einen Sieg erfochten hatten, der 1916–1918 Chef der 3. Obersten Heeresleitung gewesen war, welche faktisch eine Militärdiktatur über Deutschland ausgeübt hatte, und der 1925, wie oben bereits dargelegt, den Sozialdemokraten Friedrich Ebert als Reichspräsident der Republik von Weimar abgelöst hatte.[97] Die Vorstellung, dass der politisierende Offizier Kurt von Schleicher das Ohr des Reichspräsidenten hatte, erinnert unmittelbar an die besonderen Rechte, über welche das Militär in der Zeit des Deutschen Kaiserreiches verfügte, nämlich den parlamentarisch nicht kontrollierbaren Zugang zum Monarchen. Ein weiterer Spitzenmilitär aus der Zeit der 3. OHL, General Wilhelm Groener, fungierte seit 1929 als Reichswehrminister und 1931 zusätzlich als Reichsinnenminister. Er trug ein großes Maß an Verantwortung für die Ausschaltung des parlamentarischen Systems und die Etablierung von Präsidialregierungen, die – im Rückblick betrachtet – ihrerseits den Übergang zur Diktatur Hitlers bildeten.[98]

Der Finanzstaatssekretär im Kabinett Brüning, Hans Schäffer, brachte im Oktober 1931 die Machtverhältnisse zur Zeit der Präsidialregierungen folgendermaßen auf den Punkt: »Hinsichtlich des Etats leben wir schon heute in einer Militärdiktatur.«[99] Man kann also sagen: In der Krisenphase der Weimarer Republik hatten die politisierenden Militärs der ehemaligen Obersten Heeresleitung die entscheidenden politischen Positionen inne, und sie nutzten diese auch in ihrem Sinne.[100] Bedrohlich stand ihnen insbesondere die für 1932 geplante Genfer Abrüstungskonferenz vor Augen, deren Ziele ihrer eigenen Aufrüstungspolitik diametral widersprachen.[101]

Durch seine Verbindungen zum Reichspräsidenten stürzte Schleicher erst Brüning, dann von Papen, um hernach selbst zunächst Reichswehrminister und dann kurzfristig Reichskanzler zu werden. Schließlich betraute der greise Reichspräsident von Hindenburg, der sich in der deutschen Öffentlichkeit auch in den Krisenjahren der Weimarer Republik in seiner preußischen Marschallsuniform mit Pickelhaube zu zeigen pflegte, den Gefreiten des Ersten Weltkriegs, Adolf Hitler, mit dem Reichskanzleramt.

V. Die Zeit des Nationalsozialismus

Der Staat Hitlers ist in einer Vielzahl von historischen Darstellungen als eine totalitäre Diktatur beschrieben worden, welche in einem diametralen Gegensatz zur Demokratie stand. In einer ähnlichen Verkürzung haben Historiker den Zweiten Weltkrieg gelegentlich als »Hitlers Krieg« beschrieben und damit – gewollt oder unbeabsichtigt – einer Kanalisierung der politischen Verantwortung auf eine einzige Person das Wort geredet. In beiden historiographischen Interpretationsmodellen kommt das bestimmende Gewicht der militaristischen Traditionen in Deutschland entweder gar nicht oder doch zumindest nicht hinreichend zum Ausdruck.

Im Gegensatz zu diesen Interpretationen wird hier eine andere Sicht vertreten. Sie lautet, dass es eine Kontinuität des preußisch-deutschen Militarismus über das Jahr 1933 hinaus gegeben hat. Den extremen Militarismus, der sich in der Zeit des Nationalsozialismus herausbildete, mag es in dieser Weise zuvor nicht gegeben haben. Aber in seiner Grundstruktur stellte er doch kaum etwas Neues dar. Das lässt sich schon daran ablesen, dass er von der – sich revolutionär gebenden – nationalsozialistischen Partei und den alten Eliten gemeinsam getragen wurde. Dadurch erhielt der tradierte Militarismus ein »neues Gesicht«[1], bewahrte aber zugleich viele Elemente seines alten Charakters. Manfred Messerschmidt erläutert: »Dieses neue Gesicht des Militarismus ist durch einen besonders markanten Zug gekennzeichnet gewesen: [...] durch den aggressiven, parteiprogramm-orientierten Militarismus der ›Bewegung‹, d.h. letztlich ihres Führers, okkupierte Hitler auch die Militärpolitik und die Vorgabe der kriegerischen Ziele und Zeitplanung. Hatte vor 1914 die Generalstabsplanung den Weg in den Krieg bestimmt, lag nun die Wegzielbestimmung eindeutig bei Hitler. Jetzt wurden auch Entscheidungen getroffen, die der Generalstab für falsch oder voreilig hielt [...].«[2]

Mit anderen Worten: Eine der entscheidenden Veränderungen, die das tradierte System des preußisch-deutschen Militarismus infolge der Machtübernahme durch die Nationalsozialisten erfuhr, bestand darin, dass der »Führer« der NSDAP nunmehr sowohl die politische wie auch die militärische Macht in seiner Hand vereinigte und damit den politischen Einfluss der Militärelite zurückdrängte. Wenn es trotz dieser innenpolitischen Machtverschiebung zuungunsten der traditionell machtbewussten Militärelite zu einer weithin reibungslosen Kooperation der nationalsozialistischen Staatsführung mit dem führenden Personal von Reichswehr respektive Wehrmacht kam, so ist der Grund dafür in der weitreichenden Übereinstimmung der Interessen beider Partner auf zentralen Feldern der Politik zu suchen: zunächst in der Aufrüstung und Kriegsvorbereitung und dann, seit 1939, in der kriegerischen Machtentfaltung selbst. Wir können demzufolge von einem neuen Typ des Militarismus in der Zeit des Nationalsozialismus sprechen. Seine Charakteristika sollen im Folgenden näher betrachtet werden.

1. Der neue Typ des Militarismus im NS-Staat

Von den militaristischen Ideologien, die während der Jahre der Weimarer Republik im Lager der politischen Rechten vertreten wurden, führt ein direkter Weg zum praktizierten Militarismus der NS-Zeit. Allgemein lässt sich sagen: »Die völkischen, antisemitischen, obrigkeitsstaatlichen und militaristischen Traditionen aus der wilhelminischen Epoche waren in großen Teilen der deutschen Bevölkerung ebenso lebendig wie der Nationalismus. Die NSDAP ist auf dieser Welle geschwommen und hat sie sich dienstbar gemacht.«[3] Hitlers politisches Denken stellte im Kern eine Radikalisierung bisheriger Militarismus-Konzepte dar.[4] In seiner sozialdarwinistisch geprägten Vorstellungswelt gehörte der Krieg als eine Form des permanenten Lebenskampfes der Völker zu den natürlichen Gegebenheiten. Die Geschichte stellte sich ihm dar als eine Abfolge solcher Lebenskampf-Kriege.[5]

Die NSDAP als militärisch geprägte Kampfpartei

Die NSDAP war keine zivile politische Partei wie die demokratischen Parteien der Weimarer Republik, sondern im Kern eine von militärischen Mustern geprägte Kampforganisation. Sie konkurrierte nicht um Machtanteile in einem pluralistischen politischen System, sondern sie kämpfte um die ganze Macht und baute diese – nach der Ernennung Hitlers zum Reichskanzler – in einem längeren Prozess der Machtergreifung zur totalen Herrschaft in einem militarisierten Staat aus.

Vor 1933 warb die NSDAP mit einer suggestiven, emotionalen Propaganda sowie mit der Faszination, die damals für viele Menschen von der demonstrativen Gewalt uniformierter Marschkolonnen ausging. Für diese Aufgabe waren in erster Linie die nationalsozialistischen »Sturm-Abteilungen (SA)« zuständig.[6] Sie stellten einen genuinen Bestandteil der Partei dar – SA-Männer waren Parteimitglieder – und sie gaben dieser jenes spezifisch paramilitärische Gepräge, das sowohl bei den politischen Kundgebungen der NSDAP als auch bei den vielen gewaltsamen Auseinandersetzungen mit politischen Gegnern auf der Straße beobachtet werden konnte. Die SA rekrutierte sich durchgängig aus Männern mit einer militaristischen Gesinnung und einem entsprechenden Habitus. Sie gehörten zu jenen – politisch rechtsradikal eingestellten – Gewaltmenschen der Nachkriegszeit, die nicht ins Zivilleben zurückgefunden hatten, die daher zunächst in die Freikorps gegangen waren und dann auf verschiedenen Umwegen schließlich in die paramilitärischen Organisationen der Nationalsozialisten gelangten, besonders in die SA.[7] Hier konnten sie ihrem Gesinnungsmilitarismus und ihrem heißen politischen Wunsch nach einem totalitären Machtstaat Ausdruck geben. Ursprünglich für den Schutz parteipolitischer Versammlungen und als Leibgarde für führende NS-Funktionäre aufgestellt, entwickelten sich die Sturm-Abteilungen in den Jahren 1930–33 zu einer regelrechten Parteiarmee, die in größeren uniformierten Formationen öffentlich aufmarschierte und damit Gegner einschüchterte und Anhänger begeisterte.[8] Im Jahre 1934 stellte die SA eine Massenarmee dar, der 4,5 Millionen Männer angehörten.

Die führenden nationalsozialistischen Funktionäre, voran Hitler selbst, traten bereits vor 1933 häufig uniformiert – mit Braunhemd, Koppel und Schaftstiefeln – auf, was zu dem militärähnlichen Erscheinungsbild der Partei zusätzlich beitrug und dem Publikum permanente Gewaltbereitschaft signalisierte.[9] Nach 1933 zeigte sich Hitler in der Öffentlichkeit in einer sogenannten politischen Uniform, die militärische Stilelemente hatte, es jedoch gleichzeitig vermied, die Uniform einer der NS-Organisationen zu kopieren.[10] Seit Kriegsbeginn 1939 trug Hitler den feldgrauen Rock der Wehrmacht ohne Rangabzeichen, aber mit der Hakenkreuzbinde und seinen Auszeichnungen aus dem Ersten Weltkrieg.[11] Der Fotograf Heinrich Hoffmann, der Hitler seit den 20er Jahren immer wieder porträtierte und damit dessen Image in der Öffentlichkeit nachhaltig beeinflusste, zeigte den »Führer« nur selten in Zivil. Das belegt eine Zusammenstellung der Titelbilder der NSDAP-Wochenschrift »Illustrierter Beobachter« aus den Jahren 1926–1945.[12] Hitler wurde auf insgesamt 235 Titelseiten abgebildet. Auf den – zumeist von Hoffmann stammenden – Porträtfotos trägt Hitler fast durchgängig Uniform.

Einen ausgesprochen militaristischen Zuschnitt hatten auch die politischen Kundgebungen der NSDAP sowie die jährlichen Parteitage.[13] Bis ins Kultische hinein waren sie kalkuliert als öffentliche Gewaltdemonstrationen. Zu Beginn einer Massenversammlung zelebrierten die »Sturmabteilungen« in der Regel einen feierlichen Fahneneinzug, begleitet von Marschmusik und Trommelwirbel, stellten sich dann mit Hakenkreuzfahnen und Standarten in Reih und Glied auf und bildeten eine sogenannte Rednerwache. Es wurden Kampflieder gesungen. Nach oft stundenlanger Einstimmung des Publikums durch militärische Rituale dieser Art trat dann der Redner auf. Er befleißigte sich seinerseits regelmäßig einer spezifischen Gewaltsprache, das heißt eines Vokabulars, das den Willen zum Gebrauch der Gewalt ständig zum Ausdruck brachte. Eine große Rolle spielte in diesen Reden der Terminus »vernichten«, der bekanntlich auch in der zeitgenössischen Militärsprache (»Vernichtungsschlacht«, »Vernichtungskrieg«) gang und gäbe war.

Nach der Ernennung Hitlers zum Reichskanzler wuchs die Parteiarmee SA zu einer solchen Stärke an, dass die Reichswehr um ihre Position als einzig legitimer Waffenträger der Nation fürchten musste. Da Hitler auf die Zusammenarbeit mit dem Militär nicht verzichten wollte und konnte, opferte er nun die SA und ließ ihre Führer 1934 ermorden. Dieses Verbrechen wurde dann von der NS-Propaganda in den sogenannten Röhm-Putsch umgelogen.[14] Hernach führte die SA nur noch ein Schattendasein und es begann der Aufstieg der nationalsozialistischen »Schutzstaffeln« (SS).

Die von Heinrich Himmler aufgebaute und geführte SS war, ebenso wie zuvor die SA, ein Teil der NSDAP, deren spezifisch militärische Struktur sich dadurch noch verstärkte.[15] Die SS-Leute trugen eine schwarze Uniform und ein Totenkopfabzeichen auf der Schirmmütze beziehungsweise dem Stahlhelm. Der »Orden unter dem Totenkopf« sammelte ebenfalls ehemalige Freikorpskämpfer und nationalsozialistische Parteiveteranen, bot aber auch – indem Himmler den Elitecharakter der SS betonte – Mitgliedern des alten Adels und des Bildungsbürgertums ein Betätigungsfeld.[16] Schon vor dem Kriege entwickelte sich die SS, legitimiert durch den Willen des »Führers« und dadurch zugleich den allgemeinen Rechtsnormen entzogen, zu einem »Staat im Staate«. Sie erhielt eine eigene Gerichtsbarkeit, um ihr gewalttätiges Vorgehen gegen offene und vermeintliche

Gegner des Regimes nicht vor normalen Gerichten aufdecken zu müssen. Da Himmler seit Mitte 1936 auch die gesamte deutsche Polizei unterstellt war, wurden die Grenzen zwischen den uniformierten Exekutivorganen des Staates und der Partei immer fließender. Der »SS-Staat« als ein allumfassendes Herrschafts- und Kontrollsystem entstand.[17]

Nach Kriegsbeginn wurden auch die Grenzen zwischen Wehrmacht und SS immer undeutlicher. Denn die SS stellte jetzt, nachdem sie bereits 1938 das Waffenmonopol der Wehrmacht durchbrochen hatte, mit der Waffen-SS[18] militärische Verbände und Großverbände auf, die sich wie die Wehrmacht an der Kriegführung beteiligten und damit zu einem gewichtigen militärischen Faktor im Deutschland Hitlers wurden.[19] Weiterhin organisierte die SS sogenannte Einsatzgruppen, die während des Zweiten Weltkriegs als spezifische Mordkommandos für die rassistischen Vernichtungsziele des Regimes tätig werden sollten.[20]

In der Summe lässt sich sagen, dass die NSDAP seit 1933 der entscheidende Träger eines neuen Typs des deutschen Militarismus wurde. Sie stellte eine politische Organisation dar, die radikaler als jede andere politische Kraft zuvor dem militärischen Geist als Ordnungs- und Gestaltungsmuster huldigte. Die streng hierarchische Gliederung der Partei orientierte sich am militärischen Vorbild. Das Führer-Gefolgschafts-Prinzip war im Grunde genommen nichts anderes als das in die politische Sphäre verlagerte militärische Gesetz von Befehl und Gehorsam. Die NSDAP brachte ihre militaristischen Grundmuster auch in ihrer Parteiorganisation zum Ausdruck, indem sie regelrechte Parteiarmeen (erst SA, dann SS) unterhielt, deren Führungspersonen wichtige Felder der Politik okkupierten.

Kontinuität: Zur Rolle des preußischen Militäradels im NS-Staat

Von einigem Interesse ist die Frage, welche Entwicklung der preußische Adel, der in Deutschland über viele Jahrzehnte hinweg das Führungspersonal der Streitkräfte gestellt hatte und der seit den Jahren der Reichsgründung politisch und gesellschaftlich einflussreich war, in der Zeit des Nationalsozialismus genommen hat.

Zunächst ein kurzer, differenzierender Rückblick: Im Jahre 1865 konnte der Adel die Mehrheit am gesamten Offizierkorps mit 51,1 Prozent gerade noch – ein letztes Mal in der preußisch-deutschen Militärgeschichte – behaupten.[21] Bis zum Beginn des Ersten Weltkriegs reduzierte sich dann der Anteil adliger Offiziere auf 30 Prozent. Im Verlaufe des Krieges übernahmen Zehntausende von Offizieren bürgerlicher Provenienz Führungsstellen in Heer und Marine, was jedoch nicht bedeutete, dass auch der »adlige Geist« im Offizierkorps geschwunden wäre. Vielmehr ging mit der soziologischen Verbürgerlichung eine mentale Feudalisierung des Offizierkorps einher.[22] Bürgerliche rückten vereinzelt auch in militärische Spitzenpositionen auf, wie die Beispiele des Generals Erich Ludendorff – Generalquartiermeister in der 3. Obersten Heeresleitung unter Generalfeldmarschall Paul von Hindenburg – und sein Nachfolger General Wilhelm Groener zeigen. Als das Offizierkorps in den frühen Jahren der Weimarer Republik aufgrund der militärischen Bestimmungen des Versailler Friedensvertrages massiv reduziert werden musste, gelang es der militärischen Personalpolitik, die adligen Generalstabsoffiziere systematisch zu bevorzugen und die bürgerlichen Frontoffiziere zurückzudrängen. Das Ergebnis lautete, dass das Offizierkorps der Reichswehr erneut zu etwas über 20 Prozent aus Adligen bestand, in den Generalsrängen sogar zu über 50 Prozent.[23]

Wenn es richtig ist, dass die Reichswehr zu den Wegbereitern Hitlers gehörte, so bedeutet das – aus sozialgeschichtlicher Perspektive – zugleich, dass der traditionelle preußische Militäradel für diese Entwicklung in erheblichem Maße mitverantwortlich war. Das ist eines der wichtigsten Ergebnisse der Forschungen des Berliner Historikers Stephan Malinowski, die er in seinem 2003 erschienenen Buch »Vom König zum Führer. Deutscher Adel und Nationalsozialismus« vorstellte.[24] Der Monarchie verlustig gegangen, gegen Demokratie und Pazifismus eingestellt, sehnte sich der preußisch-deutsche Adel nach einem autoritären Staat und nach einem Königs- beziehungsweise Kaiser-Ersatz, einem politischen Führer, der Deutschland wieder zu einem militärisch agierenden Machtstaat auszugestalten versprach. Das war der Nährboden, auf dem die Unterstützung Hitlers durch den Adel gedeihen konnte.

Der vielleicht prominenteste Adlige jener Zeit, der sich als glühender Anhänger Hitlers hervortat und von diesem im April 1930 mit der »sensationell niedrigen Mitgliedsnummer 24« in die NSDAP aufgenommen wurde, war einer der Söhne des letzten deutschen Kaisers Wilhelm II. und der Kaiserin Auguste Victoria von Preußen, der Hohenzollern-Prinz August Wilhelm von Preußen (1887–1949), genannt »Auwi«.[25] Im NS-Staat wurde er mit dem Rang eines SS-Obergruppenführers belohnt, was dem militärischen Rang eines Generals der Infanterie entsprach. Gleichzeitig war er NSDAP-Reichstagsabgeordneter, preußischer Staatsrat und Reichsredner der NSDAP ohne besondere Aufgaben, blieb aber, weil von den Nazis nicht ernst genommen, politisch kaltgestellt.

Eine weitere Symbolfigur für das Zusammengehen der preußischen Militärelite mit Hitler war der greise Generalfeldmarschall August von Mackensen, der sich immer wieder in seiner traditionsreichen, theatralischen Husarenuniform im Umfeld Hitlers öffentlich zeigte.[26] Der 1849 geborene Mackensen durchlebte die gesamte Geschichte des ersten deutschen Nationalstaats. Als »schneidiger« Offizier diente er im Großen Generalstab unter dem alten Moltke und später unter Schlieffen und wurde »Flügeladjutant« Kaiser Wilhelms II. Obwohl er 1914 schon 65 Jahre alt war, ging er nicht in den Ruhestand, sondern übernahm den Befehl über eine deutsch-österreichische Heeresgruppe. Im Laufe des Ersten Weltkrieges wurde er – nach Hindenburg – zum populärsten deutschen Heerführer. Nach dem Kriege beteiligte er sich an vorderster Stelle an der Pflege des nationalistischen Toten- und Heldenkults. Zugleich dirigierte er in den zwanziger Jahren die Dachorganisation der antidemokratischen Soldatenverbände. Stets ein Feind der Weimarer Republik, begrüßte er die politische Zäsur von 1933 und erlebte, seit dem »Tag von Potsdam« von Hitler hofiert, ein politisches Comeback auf der Staatsbühne. Nach dem Tode Hindenburgs dienstältester Offizier der alten preußischen Armee, posierte der nun schon weit über Achtzigjährige – gleichsam als Ersatz-Hindenburg – bei einer Vielzahl von Veranstaltungen des NS-Staates. So trug der adlige Kriegsheld Mackensen auch dazu bei, die Bevölkerung mental auf den Zweiten Weltkrieg einzustimmen. Hitler seinerseits instrumentalisierte den Pensionär ganz bewusst als Symbolfigur für die Kontinuität des kriegerischen preußisch-deutschen Machtstaates. Noch im November 1944 rief der greise Mackensen öffentlich die deutsche Jugend, genauer gesagt: die Vierzehn- bis Sechzehnjährigen, dazu auf, sich für den Tod fürs Vaterland zu begeistern.

Unter der Diktatur Hitlers zeigte sich der Adel insgesamt kooperativ, eingeschlossen zunächst die späteren Widerstandskämpfer des 20. Juli 1944. Er reihte sich in die nationalsozialistische »Volksgemeinschaft« ein, was für eine gesellschaftliche Gruppe, die auf eine jahrhundertelange Herrschaftserfahrung zurückblickte, gewiss nicht ganz einfach gewesen sein dürfte. Aber in dem auf »Wiederwehrhaftmachung« programmierten NS-Staat verbesserten sich die beruflichen Chancen des Militäradels und gleichzeitig stieg ihre – unter der Republik so sehr vermisste – gesellschaftliche Anerkennung. Außerdem waren adlige Militärs wie von Blomberg, von Reichenau, von Fritsch, von Stülpnagel in wichtigen militärischen Führungspositionen der Wehrmacht vertreten. Man muss sich die Dynamik der personellen Aufrüstung vergegenwärtigen: Bei Kriegsbeginn 1939 konnte die Wehrmacht etwa 4556000 Mann mobilisieren, von denen 750000 Mann zum aktiven Bestand und 3,8 Millionen zum Ersatz zählten.[27] Das aktive Heer verfügte 1939 über etwa 150000 Unteroffiziere und etwa 22600 Offiziere.[28] Der Adel konnte diesen Offizierbedarf längst nicht decken. 1937 stellte er noch 15,3 Prozent des Wehrmacht-Offizierkorps, 1943 nur noch 7,1 Prozent.[29] Die Tradition wirkte sich jedoch insoweit aus, als die adligen Generalstabsoffiziere der ehemaligen Reichswehr nunmehr in die Führungspositionen der Wehrmacht aufrückten.

Bekanntlich hegte Hitler trotz der grundlegenden Übereinstimmung mit den Denkstrukturen der Militärs insgesamt tiefes Misstrauen gegen die alten konservativen Eliten. Er hielt die Masse des überkommenen Offizierkorps für reaktionär. Vor diesem Hintergrund wird verständlich, weshalb mancher NS-Führer demonstrativ einen Adligen zu seinem Gehilfen machte. So hielt sich beispielsweise Reichspropagandaminister Joseph Goebbels mit Friedrich Christian Prinz zu Schaumburg-Lippe einen adligen Adjutanten; und Reichsmarschall Hermann Göring, der zweitmächtigste Mann im NS-Staat, beschäftigte einen Christoph Prinz von Hessen als Sekretär.[30]

Was die personelle Struktur der Wehrmacht angeht, so interessierte sich die NS-Führung im Allgemeinen nicht sonderlich für die soziale Homogenität des Offizierkorps, sondern setzte sich eher für soziale Durchlässigkeit ein. In der Praxis überließ sie die Personalpolitik weitgehend der Wehrmachtbürokratie, die nach den tradierten Prinzipien handelte.[31] Für das NS-Regime war die Kriegsverwendungsfähigkeit des Führungspersonals das entscheidende Auswahlkriterium. Daher war es nur konsequent, wenn in der Wehrmacht des Zweiten Weltkriegs nicht der Generalstabsoffizier, sondern der – vom nationalsozialistischen Gedankengut überzeugte – Frontoffizier aus der Mittel- und Unterschicht zur Leitfigur wurde.[32]

Als Fazit kann somit Folgendes festgehalten werden: Die traditionelle, adlige Offizierselite war während der NS-Herrschaft noch in starkem Maße in den Spitzenpositionen präsent, während das Offizierkorps insgesamt sozial durchlässiger wurde. Hatte das adlige Offizierkorps in der Kaiserzeit und auch noch in der Zeit der Weimarer Republik sein Selbstbewusstsein aus dem Gefühl bezogen, die staatstragende Führungsschicht zu verkörpern[33], so waren es jetzt die Angehörigen eines sozial heterogenen Offizierkorps der Wehrmacht, die sich als nationale Elite fühlten.[34] Diese Entwicklung war einerseits das Produkt eines »chronischen Offiziersmangels«[35], andererseits einer Politik, die an der Vision einer »nationalsozialistischen Volksarmee« orientiert war. So jedenfalls hat der Historiker Bernhard R. Kroener die Wehrmacht charakterisiert.[36] In der deutschen Bevölkerung wurde diese Entwicklung damals übrigens als großer Fortschritt angesehen: »Soziale Egalisierung gerade in dem als elitär angesehenen Offizierkorps erreicht zu haben, verschaffte dem Regime in breiten Schichten eine Zustimmung, die unterschwellig von der Hoffnung getragen war, selbst diesem bisher unerreichbaren, da exquisiten Zirkel angehören zu dürfen.«[37]

Das bedeutet, dass der deutsche Militarismus unter der Herrschaft der Nationalsozialisten eine soziale Formveränderung erlebte. Die bis 1918 in Militär, Staat und Gesellschaft dominierende Schicht des Militäradels, die es vermocht hatte, in der Reichswehr der Weimarer Republik noch einmal die wichtigsten Führungspositionen zu besetzen, passte sich dem NS-Staat politisch an. Im Zuge der personellen Aufrüstung und dann des Krieges rückten Angehörige des preußischen Offizieradels in Spitzenstellungen der Wehrmacht auf. Insgesamt mussten sie ihren Führungsanspruch nunmehr jedoch mit Offizieren aus anderen gesellschaftlichen Schichten teilen, da das NS-Regime soziale Durchlässigkeit für ein nationalsozialistisches Volksheer anstrebte. Die gesellschaftlichen Organisationen, die sich im Vorfeld der Wehrmacht aktiv an der Militarisierung der Gesellschaft beteiligten, also Jungvolk, Hitlerjugend, Bund Deutscher Mädchen (BDM) und Reichsarbeitsdienst, wurden nicht von ehemaligen Offizieren, sondern von NS-Funktionären geführt. Das unterschied den NS-Militarismus von dem der Kaiserzeit. Der Sache nach ging es jedoch hier wie dort um vormilitärische Jugendausbildung als Vorbereitung für einen Kriegseinsatz.

Die Wehrmacht als »zweite Säule« des NS-Staates

In seiner ersten öffentlichen Proklamation als Regierungschef, die Hitler am 1. Februar 1933 über den Rundfunk sprach, kam die Reichswehr überhaupt nicht vor. Der von Hindenburg zum Reichskanzler ernannte »Führer« der NSDAP vermied jedes Säbelrasseln. Stattdessen sprach er von seinem »aufrichtigsten Wunsch« nach »Erhaltung und Festigung des Friedens« sowie nach »Beschränkung der Rüstungen«. Innenpolitisch wolle die neue Regierung einen »Akt der Versöhnung«[38], der zum Wiederaufstieg der Nation führen solle. Lediglich am Schluss seiner Rede verwandte Hitler eine militaristische Redewendung. Sie war an die Adresse der Anhänger des »Ersatzkaisers« Hindenburg gerichtet und sollte die Gefühle aller militärhörigen Deutschen mit Untertanengesinnung ansprechen: »Getreu dem Befehl des Generalfeldmarschalls« wolle »die nationale Regierung« mit diesem Werk beginnen.[39]

Wenige Tage später, am 3. Februar 1933, traf Hitler in Berlin in der Privatwohnung des Chefs der Heeresleitung, General der Infanterie Kurt Freiherr von Hammerstein-Equord[40], erstmals mit den Befehlshabern der Reichswehr und der Reichsmarine zu einer geheimen Besprechung zusammen.[41] Hitler legte seinen neuen Kurs in einer grundsätzlichen Rede dar, die in denkbar scharfem Kontrast zu seiner öffentlichen »Friedensrede« vom 1. Februar stand. Die gegenwärtige Krise, führte er aus, könne erst durch die »Eroberung neuen Lebensraums im Osten und dessen rücksichtslose Germanisierung« eine endgültige Entlastung erfahren. Dafür sei zunächst die »völlige Umkehrung« der gegenwärtigen innenpolitischen Zustände als Voraussetzung nötig: »Straffste autoritäre Staatsführung, Beseitigung des Krebsschadens der Demokratie, [...] Ausrottung des Marxismus mit Stumpf und Stiel.« Als weitere Voraussetzungen für seine Eroberungspolitik nannte der neue Regierungschef die »Wiederwehrhaftmachung«, also »Stärkung des Wehrwillens« der Bevölkerung »mit allen Mitteln«, Bekämpfung des Pazifismus, Aufrüstung, Beschränkung der SA auf politische Aufgaben, Nichteinmischung der Wehrmacht in den inneren Kampf.

Hitler verkündete den Befehlshabern der Reichswehr also in unmissverständlichen Worten sein Programm für den Aufbau eines autoritären Regimes sowie für eine grundlegende Militarisierung von Staat, Wirtschaft und Gesellschaft mit dem Ziel der Eroberung von »Lebensraum«, also seinen Kriegskurs. Im Kreise der Generäle und Admiräle gefiel der »starke Wille und ideale Schwung« in der Rede Hitlers.[42] Zu nennenswertem Protest kam es jedenfalls nicht, was sich aus dem Tatbestand erklärt, dass die Militärs nun hoffen konnten, ihren in der Kaiserzeit innegehabten gesellschaftlichen Status wiederzugewinnen. Das Hitler'sche Programm einer »Wiederwehrhaftmachung« der gesamten Nation entsprach den in der Reichswehr verbreiteten Vorstellungen von einer Totalisierung des Zukunftskrieges. Der neue Reichswehrminister von Blomberg sprach daher gewiss für die Befehlshaber insgesamt, wenn er an jenem 3. Februar 1933 erklärte, das Kabinett Hitler sei die »Verwirklichung dessen, was viele der Besten seit Jahren angestrebt« hätten, weil es die Voraussetzung für die »Wehrhaftmachung des breiten Volkes« biete.[43] Hier bestand also eine weitreichende Identität der Interessen von NS-Regierung und Wehrmacht, die Hitler wiederholt als die »zweite Säule« des NS-Staates bezeichnete.[44] Gleiches gilt auch für die längerfristige Perspektive eines Zukunftskrieges. Es konnte den Offizieren ja nicht verborgen geblieben sein, dass die von Hitler angekündigte Aufrüstung nicht etwa der Stärkung der Landesverteidigung über das bisherige Maß hinaus dienen sollte – was an sich schon gegen die Bestimmungen des Versailler Vertrages verstoßen hätte –, sondern der Vorbereitung eines weitreichenden Eroberungsprogramms. Zwischen Hitler und der Reichswehrführung bestand demnach schon von diesem frühen Zeitpunkt an Einvernehmen über die Politik einer Militarisierung der deutschen Gesellschaft als einer notwendigen Voraussetzung für spätere Aggressionskriege. Man kann von einem Bündnis für die Durchführung eines geradezu klassisch zu nennenden militaristischen Programms sprechen.

Im Jahre 1934 wurde die Konkurrenz zwischen der Parteiarmee SA und der Reichswehr um das Waffenmonopol im Staate zugunsten der Letzteren entschieden, was zu einem weiteren Zusammenrücken von Hitler und Militär führte. Nach dem Tode Hindenburgs legte Hitler am 2. August 1934 das Amt des Reichskanzlers mit dem des Reichspräsidenten zusammen.[45] Das bedeutete, dass Hitler fortan auch als Oberster Befehlshaber der Wehrmacht fungierte. Er vereinigte nun in seiner Person – wenn man seiner Zwei-Säulen-Theorie folgen will – die Macht des »Führers« der Säule NSDAP wie auch die des Oberbefehlshabers der Säule Wehrmacht.

Von einschneidender Bedeutung für die gesamte weitere Entwicklung war die am gleichen Tag durch einen Befehl des Reichswehrministers, General Werner von Blomberg, durchgesetzte Vereidigung der Reichswehrsoldaten auf die Person Hitlers.[46] Die neue Eidesformel lautete: »Ich schwöre bei Gott diesen heiligen Eid, dass ich dem Führer des deutschen Reiches und Volkes, Adolf Hitler, dem Oberbefehlshaber der Wehrmacht, unbedingten Gehorsam leisten und als tapferer Soldat bereit sein will, jederzeit für diesen Eid mein Leben einzusetzen.«[47] Damit war eine wesentliche demokratische Errungenschaft, nämlich das Treuegelöbnis auf die Reichsverfassung der Weimarer Republik, zumindest faktisch außer Kraft gesetzt zugunsten des Rückgriffs auf eine Regelung, wie sie in dieser personalen Zuspitzung nicht einmal zur Zeit der absoluten Monarchie gegolten hatte.[48] In diesem Zusammenhang ist die Tatsache von Bedeutung, dass die Initiative zu diesem loyalitätsstiftenden und in seinen Konsequenzen noch kaum abzusehenden Akt nicht etwa auf Verlangen Hitlers oder eines anderen Politikers der NSDAP hin erfolgte, sondern dass sie Hitler vom Reichswehrminister, General Werner v. Blomberg, und seinem Führungsgehilfen, Oberst Walther v. Reichenau, aus eigener Initiative angetragen wurde.[49] Hitler bedankte sich für diese Vorleistung mit der kühl kalkulierten Versicherung, er werde es jederzeit als seine »höchste Pflicht ansehen, für den Bestand und die Unantastbarkeit der Wehrmacht einzutreten in Erfüllung des Testaments des verewigten Generalfeldmarschalls und getreu meinem eigenen Willen, die Wehrmacht als einzigen Waffenträger in der Nation zu verankern«.[50]

Traditionsstiftung am Tag von Potsdam (21. März 1933)

Eine nicht unwichtige Rolle bei der Festigung des Bündnisses von NS-Führung und Reichswehr spielte der Tatbestand, dass Hitler immer wieder betonte, er fühle sich den Traditionen verpflichtet, die der Feldmarschall und Reichspräsident Hindenburg verkörpere. Auf die Militaristen preußisch-konservativer Prägung wie auch auf die deutschen Eliten aus Industrie, Adel, Militär, Kirchen, Justiz und Bürokratie insgesamt machte es gewiss einen nachhaltigen Eindruck, wenn der Gefreite des Ersten Weltkriegs, Adolf Hitler, sich am 21. März 1933, dem »Tag von Potsdam«[51], in wohlkalkulierter Symbolik vor dem greisen Feldmarschall vor den Augen von Reichswehrsoldaten ehrfürchtig verbeugte.[52] Der Reichspräsident war in ordensgeschmückter Uniform, mit Marschallstab und Pickelhaube erschienen. Damit repräsentierte er, wie er auch in seiner Ansprache sagte, das alte Preußen.[53] Die vom neuen Reichspropagandaminister Joseph Goebbels zentral gelenkten Printmedien übermittelten dieses Bild an ein Millionenpublikum. Noch mehr Menschen dürften durch die eine Direktübertragung der Feierlichkeiten im Rundfunk erreicht worden sein. Die politische Botschaft des »Tages von Potsdam« war die militaristischer Kontinuität. Sie wurde unterstrichen durch die Anwesenheit des greisen, seit 1920 pensionierten preußischen Generalfeldmarschalls August von Mackensen.[54] An der Spitze einer Ehrenkompanie des nationalistischen Frontsoldatenbundes »Stahlhelm« marschierten in Potsdam die beiden

Hohenzollernprinzen Eitel Friedrich (1883–1942), Generalmajor a. D., und Oskar (1888–1958), der 5. Sohn Kaiser Wilhelms II. und ehemaliger Oberst.[55] Ein anderer Hohenzollern-Abkömmling, Prinz August Wilhelm (1887–1949), ebenfalls Oberst a. D., zudem Abgeordneter der NSDAP, präsentierte sich in SA-Uniform.[56]

Der evangelische Generalsuperintendent Otto Dibelius, der kein christlicher Friedensprediger, sondern Anhänger einer Kriegstheologie war[57], stellte das Ereignis in der Potsdamer Nikolaikirche unter das nationalistische Motto, das seine Kirche schon zum Kriegsbeginn 1914 ausgegeben hatte: »Ist Gott für uns, wer mag wider uns sein.«[58] Damit stattete er den – sich in der Tradition des preußischen Militärstaats präsentierenden – Reichskanzler Adolf Hitler gleichsam mit kirchlicher Legitimität aus, was für breite protestantische Bevölkerungsschichten von gar nicht zu unterschätzender Bedeutung war. Hindenburg legte an den Särgen der Preußenkönige Lorbeerkränze nieder. Hernach nahm er gemeinsam mit Hitler den Vorbeimarsch von Formationen der Reichswehr, der nationalsozialistischen Parteitruppen SA und SS sowie des Frontsoldatenbundes »Stahlhelm« ab. Deren gemeinsames Auftreten demonstrierte ebenso wie der symbolische Händedruck zwischen Hindenburg und Hitler die neue Machtkonstellation. In der britischen Presse wurden die Potsdamer Vorgänge denn auch unter Überschriften wie »Rückkehr des preußischen Militarismus« oder »Vorkriegsszenen in Deutschland« kommentiert.[59]

Für das deutsche Publikum produzierte die NSDAP eine Propagandabroschüre mit dem Titel »Der Tag von Potsdam«. Sie zeigte auf dem Titelblatt den Preußenkönig Friedrich II. in Uniform mit den für ihn typischen Utensilien, nämlich Spitzhut und Krückstock, mit der Potsdamer Garnisonskirche im Hintergrund.[60] Auf Plakaten und Postkarten wurden die Porträts Friedrichs II., des Reichsgründers Bismarck und des »Führers« der NSDAP und Reichskanzlers Adolf Hitler gestaffelt nebeneinander gezeigt, um die NS-Politik nahtlos in die gewünschte nationalistisch-machtstaatliche Kontinuitätslinie einzubetten.[61]

Insgesamt gesehen, gelang es der nationalsozialistischen Regie mit ihrer Inszenierung des »Tages von Potsdam«, Hitler und die NSDAP vor den Augen der Öffentlichkeit – der deutschen ebenso wie der Weltöffentlichkeit – in die Tradition des preußisch-deutschen Militärstaates hineinzustellen.[62] Das demonstrative Zusammenspiel der preußischen Feldmarschälle und der Reichswehrgeneräle mit dem »Gefreiten des Ersten Weltkrieges«, wie sich Hitler bei dieser Gelegenheit selbst titulierte, signalisierte nicht nur die »Einswerdung« von Preußentum und Nationalsozialismus[63], sondern machte den Deutschen auch deutlich, wie weit zurück die Tage der zivilen Weimarer Republik inzwischen bereits lagen.

In der Historiographie wird gelegentlich von einer Vereinnahmung der preußischen Militärtradition durch die NS-Propaganda gesprochen. Darin schwingt der Unterton mit, dies könne womöglich gegen den Willen der eigentlichen Träger dieser Tradition geschehen sein; in Wirklichkeit habe es das militaristische Bündnis zwischen der aufstrebenden NSDAP und den alten Militäreliten so gar nicht gegeben. Wer sich an die Reaktionen der Militärs auf die Grundsatzerklärung Hitlers am 3. Februar 1933 erinnert und die gemeinsame Parade der Reichswehr mit SA, SS und Stahlhelm in Potsdam vor Augen führt, wird zu einem anderen Ergebnis kommen: Das mit der »Harzburger Front« im Oktober 1931 begonnene und im März 1933 in Potsdam bekräftigte Bündnis der alten, nationalistischen Eliten mit Hitler war von beiden Seiten gewollt, von der Reichswehr nicht weniger als von der NSDAP. Es entsprach ihren gemeinsamen politischen Interessen.

Vor dem Hintergrund der Interessenparallelität – zumindest Teilidentität der Interessen – von NS-Regierung und Reichswehr funktionierte die Zusammenarbeit zwischen diesen beiden wichtigsten Staatsorganen in den folgenden Jahren denn auch ziemlich reibungslos. Wenn es in der Reichswehrspitze vereinzelte oppositionelle Regungen gab, so resultierten sie nicht aus grundsätzlichen Einwänden gegen den Kriegskurs Hitlers, sondern eher aus militärfachlichen Bedenken gegen das Tempo seines Vorgehens.[64] Jedenfalls wusste die Führung der Reichswehr beziehungsweise der Wehrmacht, wie sie seit 1935 hieß, recht genau, wohin die Reise führen würde. Im Hinblick auf die Öffentlichkeit war Hitler demgegenüber in den Friedensjahren 1933–1939 bestrebt zu verhindern, dass seine wirklichen Ziele offenbar wurden.[65] Mit seiner Friedenspropaganda inszenierte er über Jahre hinweg ein Versteckspiel, das keineswegs überall durchschaut wurde.

Wiedereinführung der Wehrpflicht 1935 und Aufrüstung

Den endgültigen Bruch mit dem Versailler Vertrag vollzog Hitler, indem er 1935 die Wiedereinführung der Wehrpflicht verkündete.[66] Mit ihr ging eine Droh-Propaganda gegenüber der eigenen Bevölkerung einher: Wer den militärischen Zwangsdienst ablehnte, sollte als ehrloser Pazifist und Volksverräter gebrandmarkt und ins gesellschaftliche Abseits verbannt werden können.[67] Von hier aus war es dann nicht mehr weit bis zur Androhung der Todesstrafe für Kriegsdienstverweigerer und Deserteure. Im neuen Wehrgesetz wurde im Übrigen der bisherige Reichswehrminister in »Reichskriegsminister« umbenannt, und die Reichswehr hieß jetzt »Wehrmacht«.

Auf der Basis des Wehrgesetzes wuchs der personelle Umfang der Wehrmacht rasch an. Insgesamt durchliefen die Wehrmacht in den 10 Jahren ihres Bestehens (1935–1945) etwa 18 bis 19 Millionen Männer, also ungefähr die Hälfte der Gesamtzahl der männlichen deutschen Bürger. Geht man davon aus – genaue Zahlen sind schwer zu ermitteln –, dass ungefähr ein bis zwei Millionen Soldaten Freiwillige waren, so resultiert daraus, dass etwa 17 bis 18 Millionen Angehörige der Wehrmacht aufgrund der Wehrpflicht Kriegsdienst leisteten, als Zwangsverpflichtete also.[68] So wurde die Wehrmacht, um eine Formulierung aus der Geschichte des preußisch-deutschen Militarismus im späten 19. Jahrhundert zu benutzen, für etwa ein Viertel der gesamten deutschen Bevölkerung zur »Erziehungsschule der Nation«[69] – im Sinne von Gehorsamsproduktion und Kriegstüchtigkeit. Einen so hohen Militarisierungsgrad hatte es in der Geschichte Preußen-Deutschlands bislang noch in keiner Phase gegeben. Gleichzeitig ist zu berücksichtigen, dass die Wehrmacht ja nicht die einzige, sondern nur die größte Institution zur geistigen und mentalen Militarisierung der Nation war. Seit Mitte der 30er Jahre war die Wehrmacht in der Herrschaftsstruktur des Dritten Reichs neben der NSDAP auch faktisch zur »zweiten Säule« des Regimes geworden. Bis zum Kriegsende sollte sie der »stählerne Garant«[70] des NS-Regimes bleiben.

Was die materielle Aufrüstung angeht, so konnten der neue Reichswehrminister von Blomberg sowie die führenden Offiziere des Heeres und der Marine an Rüstungsplanungen der Weimarer Republik anknüpfen, an den »Großen Plan« von 1925 sowie an das erste Rüstungsprogramm von 1928 und das zweite Rüstungsprogramm von 1931.[71] Die Rüstungsplanungen von 1936 hatten bereits einen unverkennbar offensiven Charakter.[72]

Insgesamt lässt sich die Aufrüstung der Wehrmacht nach 1933 charakterisieren »als ein zunächst kaum gehemmter, in den Dimensionen und im Tempo bisher beispielloser Auf- und Ausbau der Wehrmachtteile. [...] Anerkannter Grundsatz war, möglichst viel und möglichst schnell zu produzieren.«[73] Trotz des Fehlens präziser politischer Zielvorgaben und der daraus resultierenden zügellosen Aufrüstung sowie trotz der temporären Schwierigkeiten bei der Beschaffung von rüstungswichtigen Rohstoffen erreichte das Deutsche Reich bis 1939 einen so hohen Rüstungsstand, dass es als die stärkste, modern ausgerüstete Militärmacht gelten konnte.[74] Gewiss gab es auch auf dem Gebiet der Rüstungspolitik Störfaktoren, die einer Optimierung der Rüstungsanstrengungen im Wege standen: die fehlende zentrale Planung, das für das NS-Regime typische Gerangele um Kompetenzen, die Rivalität der Wehrmachtteile Heer, Marine und Luftwaffe und anderes. Aber das politische Gewicht dieser Querelen relativiert sich angesichts des interessenbedingten Zusammenspiels der traditionellen Eliten mit Hitler.

Militarisierung der Volksgemeinschaft und »Menschenverteilung«

Schon in seinen ersten programmatischen Erklärungen als Reichskanzler hatte Hitler deutlich gemacht, dass das Ziel der »Wiederwehrhaftmachung« des deutschen Volkes für ihn weit mehr bedeutete als die personelle und materielle Aufrüstung der Wehrmacht. Das »ganze Volk« müsse sich auf den zukünftigen Kampf einstellen. Dazu seien die »Ertüchtigung der Jugend und Stärkung des Wehrwillens mit allen Mitteln« erforderlich.[75] In der Verfolgung dieser Ziele setzte Hitler bereits im Jahre 1933 einen »Reichsverteidigungsausschuss« ein, der die Aufgabe hatte, die »Mobilmachung von Staat und Volk in Übereinstimmung mit der militärischen Mobilmachung« zu lenken.[76]

Ein wesentliches Element dieses Militarisierungsprozesses stellten die Erfassung der knappen Ressource Mensch und ihre Verplanung für den Zukunftskrieg dar. Im zeitgenössischen Jargon sprach man von »Menschenverteilung«. Göring ließ sich hierüber in einer Sitzung des »Reichsverteidigungsrats« am 18. November 1938 folgendermaßen aus: »Jeder deutsche Mensch, Mann oder Frau zwischen 14 und 65 Jahren, muss eigentlich eine Mobilmachungsorder in der Tasche haben, muss wissen, wohin er soll. Wir können in einem zukünftigen Krieg weder auf die Vierzehnjährigen noch auf die Sechzigjährigen verzichten, irgend etwas kann jedem zu tun gegeben werden. Es muss uns gelingen, alle zu erfassen und sie alle genau einzuteilen, zu wissen: der kommt zum Militär, dafür der in die Fabrik, der bleibt in der Fabrik, der rückt ab und übergibt das seiner Frau. […] Wichtig ist die richtige Lenkung der Jugend von Anfang an, die Umschichtung von nicht nötigem Können auf notwendiges Können, Ausnutzung jeder menschlichen Kraftquelle in jeder Form, schärfste Durchsiebung und Prüfung, wo Menschen notwendig und wo sie nicht nötig sind, und schließlich auch die Bestimmung, wo die Menschen bei der letzten Auseinandersetzung hingehören, dabei möglichste Überwindung aller bürokratischen und stumpfsinnigen Einschränkungen.«[77]

In der deutschen »Wehrgemeinschaft« gab es im Grunde genommen keine Zivilisten mehr. Ein SA-Führer drückte das im Jahre 1939 einmal so aus: »Alle deutschen Menschen, ganz gleich, wo sie stehen oder ob sie gerade den feldgrauen Rock tragen oder nicht, sind Soldaten. [...] Jeder hat der Gemeinschaft zu dienen und sich in sie einzuordnen, da er von ihr abhängig ist und ohne sie nicht existieren kann. Im Kriegsfalle steht das ganze Volk, angefangen vom Kind [...] bis zum ältesten Greise einschließlich der Frauen im Abwehrkampf.«[78]

Um einen Eindruck vom quantitativen Ausmaß der Militarisierung der deutschen Gesellschaft zu gewinnen, muss man sich zunächst vergegenwärtigen, dass die Bevölkerung des Deutschen Reiches 1939 etwa 80 Millionen Menschen zählte.[79] Die männliche Bevölkerung machte etwa 39 Millionen aus. Von diesen waren etwa 12 Millionen älter als 65 Jahre oder jünger als 14 Jahre. Etwa 25 Millionen Männer standen in einem zivilen Arbeitsverhältnis. 3,4 Millionen wurden in der Zeit zwischen der Wiedereinführung der Wehrpflicht im Jahre 1935 und dem Kriegsbeginn 1939 zur Wehrmacht eingezogen, und etwa 1,3 Millionen dienten im Arbeitsdienst. Die Wehrmacht hatte am 1. September 1939 eine Gesamtstärke – Freiwillige plus Wehrpflichtige – von 4,5 Millionen Männern.[80] Das war also in sieben Jahren rasanter Aufrüstung aus dem 100 000-Mann-Heer geworden, das die Siegermächte des Ersten Weltkrieges im Jahre 1919 Deutschland vorgeschrieben hatten!

Schon im Laufe der dreißiger Jahre hatte der Aufrüstungsboom zu Vollbeschäftigung geführt, ja zu Überbeschäftigung. Bei Kriegsbeginn herrschte bereits ein spürbarer Arbeitskräftemangel, da alleine im Sommer 1939 etwa 2,5 Millionen erwerbstätige wehrpflichtige Männer zur Wehrmacht eingezogen und damit dem Wirtschaftsprozess entzogen wurden.[81] Nach Kriegsbeginn konnte der steigende Personalbedarf der Wehrmacht und der Rüstungsindustrie immer weniger befriedigt werden. Das System der Unabkömmlichkeitsstellungen (uk-Stellungen) – Freistellung vom Kriegsdienst wegen der Unentbehrlichkeit ihrer momentanen zivilen Tätigkeit – zeigte an, dass die »Menschenverteilung« zwischen Industrie und Wehrmacht an ihre Grenzen gelangt war, jedenfalls nicht beliebig verändert werden konnte.

In der Zeit der Blitzkriege 1939–41 – das erste Halbjahr des Russlandkrieges eingeschlossen – ließ sich der Mangel an menschlicher Arbeitskraft noch einigermaßen überbrücken. Das änderte sich mit dem gescheiterten Russlandfeldzug des Jahres 1941, in noch dramatischerer Weise nach der Schlacht von Stalingrad 1942/43, als sich die deutsche Führung auf einen länger dauernden Abnutzungskrieg einrichten musste, der gegen eine materiell vielfach überlegene Kriegskoalition zu führen war, die nun auch die strategische Initiative übernahm. Jetzt griff das Regime ungeachtet rassenideologischer Bedenken auf Zwangsarbeiter und Kriegsgefangene zurück, um in der deutschen Rüstungsindustrie überhaupt zu Produktionssteigerungen gelangen und um deutsche Arbeitskräfte als Personalersatz in die Wehrmacht entsenden zu können. Auch mehrere hunderttausend KZ-Häftlinge, meist Juden, wurden zu schwersten Arbeiten gezwungen.[82] 1944 arbeiteten mehr als sieben Millionen Fremdarbeiter und Kriegsgefangene im Deutschen Reich.

Erziehung zum Tod

Das NS-Regime bewegte sich in seinen Erziehungsgrundsätzen weitgehend in der bekannten militaristischen Tradition. An der Übernahme des Langemarck-Mythos wird das exemplarisch deutlich. Historisch knüpfte dieser Mythos an die erste große Flandernschlacht im Oktober 1914 an. In der Umgebung des belgischen Ortes Ypern kamen auch neu aufgestellte Reservekorps zum Einsatz, die aus schnell und unzureichend ausgebildeten jungen Freiwilligen und älteren Reservisten bestanden. Obwohl der Einsatz zu einem militärischen Fehlschlag geriet, deutete ihn der Heeresbericht sogleich in einen Sieg um und schuf damit die Grundlage für den Mythos von Langemarck. Dessen Leitmotiv lautete: Die deutsche Jugend opfert sich euphorisch für die Nation.

Die nationalsozialistische Propaganda gab dem Langemarck-Mythos dann eine neue Stoßrichtung. Sie löste die bildungsbürgerliche Verankerung auf und bettete ihn in die angestrebte nationalsozialistische Volksgemeinschaft ein, in die alle Schichten des Volkes gleichermaßen integriert sein sollten. In der Hitler-Jugend wurden die solchermaßen gewendeten Langemarck-Rituale stetig gepflegt. Seit 1933 war dieser Kult verpflichtender Bestandteil des Schulunterrichts. So wurden die jungen Menschen auf »Heldentum« und »freiwillige Opferbereitschaft« eingeschworen.

Im Zweiten Weltkrieg erhielten Einheiten der Waffen-SS, die aus flämischen Freiwilligen bestanden, Langemarck als »Ehrennamen«. Noch im April 1945 kämpften deutsche und flämische Jugendliche in einem »Hitler-Jugend-Bataillon Langemarck«.[83] Man erkennt die jahrzehntelange Kontinuität der nationalistischen und später nationalsozialistischen Bestrebungen, die in den Ausbildungsjahren stehenden jungen Männer auf Krieg und Opfertod einzustimmen.

Der Obrigkeitsstaat und sein gesellschaftliches Produkt, der Untertan, wurden bekanntlich ebenfalls nicht von Hitler erfunden.[84] Was den NS-Staat in dieser Hinsicht charakterisierte, war die Totalität des Anspruchs auf Gehorsam sowie die kompromisslose Ausschaltung jeder Opposition. Das Kaiserreich hatte sich, zumal vor 1914 und trotz starker Bestrebungen zu einer gesellschaftlichen Militarisierung, durchaus noch oppositionelles Denken gefallen lassen. Der Staat Hitlers, der die Gesellschaft zu einer einzigen Gewaltmaschine umzubauen suchte, kannte solche Toleranz nicht. Um den eigenen Herrschaftsanspruch zu sichern sowie Staat und Gesellschaft nach den Regeln einer Diktatur neu zu organisieren, schaltete er zunächst die Parteienlandschaft gleich und verbot alle selbständigen gesellschaftlichen Organisationen.

Die nationalsozialistische Regierung legte darüber hinaus besonderen Wert auf eine aktive Jugend- und Schulpolitik. Sie zielte darauf ab, das militärische Prinzip von Befehl und Gehorsam in der nationalsozialistischen Abwandlung von Führer und Gefolgschaft nicht nur rational, sondern auch gefühlsmäßig in Millionen junger Menschen zu verankern.[85] Für die nationalsozialistisch eingefärbte Pädagogik war es charakteristisch, dass die Lehrer und Jugendführer die ihnen anvertrauten Jugendlichen nicht zu selbständigem Denken erziehen sollten, sondern sie auf Werte wie Opferbereitschaft, Ehre, Treue und bedingungslosen Gehorsam hin zu orientieren hatten.[86] Dazu erfolgten auch Rückgriffe auf eine angeblich lange »germanische« Traditionslinie sowie auf den germanischen Ahnen- und Heldenkult. In der nationalsozialistischen Auffassung von Ehre wurde eine selbstverständliche Beziehung zwischen Gehorsam, kriegerischem Kampf und möglichem Opfertod hergestellt.[87]

Was den organisatorischen Zugriff auf die Jugend anging, so überließ der NS-Staat nichts dem Zufall. Hitler selbst hat das Modell der systematischen Gehorsamsproduktion[88] in den verschiedenen nationalsozialistischen Kollektiven einmal – in einer Rede in Reichenberg im Jahre 1938, die in diesem Kontext als ein Schlüsseltext gelesen werden sollte – folgendermaßen beschrieben: »Wenn diese Knaben mit zehn Jahren in unsere Organisation hineinkommen und dort zum erstenmal überhaupt eine frische Luft bekommen und fühlen, dann kommen sie vier Jahre später in die Hitlerjugend, und dort behalten wir sie wieder vier Jahre. Und dann geben wir sie erst recht nicht zurück in die Hände unserer alten Klassen und Standeserzeuger, sondern dann nehmen wir sie sofort in die Partei, in die Arbeitsfront, in die SA oder in die SS, in das NSKK[89] usw. Und wenn sie dort zwei Jahre oder eineinhalb sind und noch nicht ganze Nationalsozialisten geworden sein sollten, dann kommen sie in den Arbeitsdienst und werden dort wieder sechs oder sieben Monate geschliffen [...] und was dann noch an Klassenbewusstsein oder Standesdünkel da und da vorhanden sein sollte, das übernimmt dann die Wehrmacht zur weiteren Behandlung auf zwei Jahre. Und wenn sie nach zwei, drei oder vier Jahren zurückkehren, dann nehmen wir sie, damit sie auf keinen Fall rückfällig werden, sofort wieder in die SA, SS usw. [...] und sie werden nicht mehr frei ihr ganzes Leben.«[90]

Zum Erscheinungsbild der militarisierten Volksgemeinschaft der NS-Zeit gehörte auch die NSDAP selbst mit ihren 8 Millionen Mitgliedern und einem hauptamtlichen Funktionärskorps von fast 45 000 Personen, die Hitler-Jugend mit etwa 7 Millionen Mädchen und Jungen, die SA mit 1,2 Millionen Mitgliedern im Jahre 1938 (1934 waren es noch 4,5 Mio. gewesen), die Deutsche Arbeitsfront (DAF) mit 1933 7–8 Millionen und 1935 16 Millionen Mitgliedern, die Frauenverbände mit 2,3 Millionen Mitgliedern, die SS mit 230 000 und die Waffen-SS mit (1944) rund 900 000 Angehörigen, das Nationalsozialistische Kraftfahrkorps (NSKK), dem bei Kriegsbeginn 500 000 Mann angehörten, das Nationalsozialistische Fliegerkorps und eine Vielzahl weiterer Organisationen, die allesamt paramilitärisch geprägt waren.[91]

Die deutsche Gesellschaft war seit Mitte der 30er Jahre in einem so hohen Grade von militärischen und militärähnlichen Strukturen geprägt, wie dies nie zuvor in der Geschichte des deutschen Militarismus der Fall gewesen war. Man muss sich zudem klarmachen, dass der militärische Habitus und das Denken in den Kategorien des Krieges in den Jahren der »Wiederwehrhaftmachung« zu einer Selbstverständlichkeit geworden waren. Die fast lückenlose Kontrolle von oben wurde so gehandhabt, dass die beteiligten jungen Menschen das Gefühl hatten, sie hätten sich in einer freiwilligen Selbstorganisation zusammengefunden, in welcher ihre Bedürfnisse nach Sicherheit und Gemeinschaft befriedigt würden. Geschickt griff die Hitlerjugend auch auf Formen der autonomen Jugendbewegung zurück, beispielsweise das Jugendlager, und machte sie ihren eigenen Interessen dienstbar. Die Jugendlichen wurden auf ihre spätere Soldatenrolle in doppelter Weise vorbereitet: durch paramilitärische Ausbildung sowie durch emotionale Militarisierung.

Die Wirkungen dieser Erziehung lassen sich exemplarisch an Feldpostbriefen einfacher Wehrmachtsoldaten ablesen, die aus der deutschen Sportbewegung kamen, genauer gesagt, aus einem Sportverein in der württembergischen Kleinstadt Metzingen, südöstlich von Stuttgart.[92] Für die jungen Männer, die ihm angehörten, war der Sportverein neben der Familie so etwas wie eine zweite Heimat. Im Verein wurden die sportlichen Leistungen gewürdigt. Man erlebte Kameradschaft und konnte zu gesellschaftlichem Ansehen gelangen. Eine kleine Welt für sich, ein vom Sport geprägtes Milieu, so möchte man meinen, in dem man der großen Politik wenig Interesse entgegenbrachte. Die jungen Mitglieder des Metzinger Sportvereins, meist Leistungssportler, schrieben aus dem Kriege an ihren ehemalige Kinder- und Jugendturnwart Albert K., der im Ersten Weltkrieg als Frontsoldat gekämpft hatte und von den Jugendlichen als erfahrener Kämpfer mit einem »soldatischen« Weltbild wahrgenommen wurde.[93] Im Metzinger Sportverein war eine deutsch-nationale politische Orientierung vorherrschend, die von den Mitgliedern bezeichnenderweise als »unpolitisch« interpretiert wurde. Die Ergebnisse der Fallstudie, die etwa 300 Feldpostbriefe dieser Metzinger Sportler-Soldaten auswertet, sind wenig überraschend. Es zeigt sich »ein hohes Maß an Konformität mit einem nationalsozialistischen Ideologiehorizont«.[94] Die große Mehrheit der Autoren ließ »keinen Zweifel an ihrer grundsätzlichen Akzeptanz des NS-Regimes und seiner kriegspolitischen Ziele«. Dem »Führer« brachten sie unbedingten Gehorsam entgegen. Die Lektüre der Feldpostbriefe lässt auch erkennen, dass die Sportler-Soldaten von einer »zutiefst militaristischen Grunddisposition« geprägt waren, »die selbst im Verlauf der sich zunehmend verschlechternden Kriegslage eine grundsätzliche Akzeptanz des eigenen Kriegseinsatzes sicherstellte. Unterfüttert wurde diese Disposition wiederum nicht zuletzt durch den Rekurs auf einen tradierten Tugendkanon männlicher Härte sowie das Ideal des ›echten Sportlers‹ [...]«. Kein einziger dieser Sportler-Soldaten aus dem deutschnational geprägten Sportverein Metzingen gelangte »zu einer definitiven Ablehnung des Krieges oder gar zur Infragestellung des dafür verantwortlichen Regimes«. Es war also eine der Leistungen des Sportvereins, dass junge Sportler »zur Übernahme nationalistischer und militaristischer, aber auch explizit nationalsozialistischer Dispositionen bewogen und auf ihre Rolle im Krieg vorbereitet wurden, dass hier zudem *bis zum bitteren Ende* zur Stabilität dieser Dispositionen beigetragen wurde«.[95] Diese erstaunlich stabilen Einstellungsmuster der Sportler-Soldaten deuten darauf hin, dass die in der frühen, während der dreißiger Jahre erfolgten Vereinssozialisation herausgebildeten Orientierungen während des gesamten Krieges beibehalten wurden und fortwirkten.

Jenes »bittere Ende« war auch dadurch charakterisiert, dass gerade die Soldaten der jungen und mittleren Jahrgänge nicht nur kritiklos, sondern zum Teil sogar mit euphorischer Opferbereitschaft die Kampfhandlungen fortsetzten, und zwar noch zu einer Zeit, als die meisten Deutschen längst wussten, dass der Krieg für Deutschland nicht mehr gewonnen werden konnte. Wer dieses – aus heutiger Sicht kaum noch verständliche – Phänomen erklären möchte, wird an der hier geschilderten Erziehung zum Tod nicht vorbeikommen, welche der nationalsozialistische Staat den zwischen 1933 und 1945 sozialisierten jungen Deutschen angedeihen ließ. In einem späteren Abschnitt wird zu fragen sein, ob der heroische Kampf bis zum Untergang ein Spezifikum des nationalsozialistischen Militarismus war oder ob es auch hier eine ältere Militärtradition gegeben hat, worauf unter anderem die Übernahme des Langemarck-Mythos in die nationalsozialistische Wehrerziehung hindeutet.[96]

2. Der Ort der Frauen im NS-Militarismus

Hitlers programmatischen Schriften kann man entnehmen, dass er sich den völkischen Machtstaat der Zukunft als reinen Männerstaat vorstellte. Die Frau sollte sich auf die Mutter- und Gefährtinnenrolle beschränken. Im öffentlichen Leben hatte sie nichts zu suchen.[97] Auch der NSDAP-Parteiideologe Alfred Rosenberg verkündete in seinem Buch »Der Mythus des 20. Jahrhunderts« (1930), dass die Frau in einem künftigen nationalsozialistischen Staat die ehrenvolle Stellung der Mutter einnehmen werde, die als »Hüterin der Rasse«, also des germanischen Blutes, eine wichtige Aufgabe im »Lebenskampf« zu erfüllen habe.[98] In einem 1933 bereits in 5. Auflage veröffentlichten »ABC des Nationalsozialismus« heißt es: »Die deutschen Frauen wollen [...] in der Hauptsache Gattin und Mutter, sie wollen nicht Genossin sein, wie die roten Volksbeglücker es sich und ihnen einzureden versuchen. Sie haben keine Sehnsucht nach der Fabrik, keine

Sehnsucht nach dem Büro und auch keine Sehnsucht nach dem Parlament. Ein trautes Heim, ein lieber Mann und eine Schar glücklicher Kinder steht ihrem Herzen näher.«[99] Diese Rollenbeschreibung wurde von den NSDAP-Vordenkern nicht etwa als frauenfeindlich angesehen, sondern als natürlich.

Frauen im nationalsozialistischen Männerstaat

Wurden diese ideologischen Positionen auch nach der Machtübernahme durch die Nazis beibehalten? Zunächst ja, wie einer für die nationalsozialistische Frauenpolitik grundlegenden Rede Hitlers zu entnehmen ist, die er auf dem Nürnberger Parteitag der NSDAP am 8. September 1934 hielt. Er führte dort aus, das Wort Frauen-Emanzipation sei ein »vom jüdischen Intellekt erfundenes Wort«; die deutsche Frau brauche sich nicht zu emanzipieren.[100] Es sei »ganz natürlich«, dass die Welt des Mannes und die der Frau geschieden seien. Wörtlich: »Was der Mann einsetzt an Heldenmut auf dem Schlachtfeld, setzt die Frau ein in ewig geduldiger Hingabe, in ewig geduldigem Leid und Ertragen. Jedes Kind, das sie zur Welt bringt, ist eine Schlacht, die sie besteht für das Sein oder Nichtsein ihres Volkes. Und beide müssen sich deshalb auch gegenseitig schätzen und achten, wenn sie sehen, dass jeder Teil die Aufgabe vollbringt, die ihm Natur und Vorsehung zugewiesen hat. [...] Wir Nationalsozialisten haben uns daher viele Jahre hindurch gewehrt gegen eine Einsetzung der Frau im politischen Leben, die in unseren Augen unwürdig war.«[101] Die Mitglieder der NS-Frauenschaft, die diese Worte Hitlers im Nürnberger Stadion hörten, dürften kaum überrascht gewesen sein. Denn in Deutschland gab es, worauf die französische Historikerin Rita Thalmann zu Recht hinweist, schon lange vor Hitler Ärzte, Politiker und Publizisten, die Liebe, Empfängnis und Geburt als »heroische Höhepunkte« des weiblichen Lebens und die Verweigerung der Mutterschaft als »Fahnenflucht« bezeichneten.[102]

Im NS-Staat wurden die Frauen zunächst propagandistisch umgarnt, dann staatsbürgerlich entrechtet und schließlich in neu geschaffenen nationalsozialistischen Frauenorganisationen diszipliniert. Nach den Angaben der »Reichsfrauenführerin« Gertrud Scholtz-Klink waren im Jahre 1941 von den 30 Millionen deutschen Frauen, die über 18 Jahre alt waren, etwa sechs Millionen entweder in der NS-Frauenschaft oder im NS-Frauenwerk organisatorisch erfasst, also etwa jede fünfte Frau.[103] Die berufstätigen Frauen waren darüber hinaus in der Deutschen Arbeitsfront (DAF) zwangsorganisiert. Seit der Einführung der Arbeitsdienstpflicht im Jahre 1935 konnte der Reichsarbeitsdienst (RAD) theoretisch alle 18-jährigen Mädchen als »Arbeitsmaiden« einziehen und sie ein halbes Jahr lang in brauner Uniform mit Hakenkreuzbinde am Ärmel zu Hilfsdiensten einsetzen, vor allem in der Landwirtschaft. Im Dezember 1936 rief das NS-Regime den »Bund Deutscher Mädel (BDM)« ins Leben.[104] In diesem Bund sollten sämtliche gesunden »arischen« Mädchen von zehn bis sechzehn Jahren organisiert werden. Die 17- bis 20-jährigen jungen Frauen wurden in der Organisation »Glaube und Schönheit« erfasst. Mit diesen Maßnahmen gelang es dem Regime, nahezu vier Millionen Angehörige der jüngeren weiblichen Generation unter seinen Einfluss zu bringen und sie ihren Familien zu entfremden. Natürlich verband das Regime mit dieser staatlichen Erfassung von Mädchen und jungen Frauen politische Ziele. Es sollte ein bestimmter Frauentyp – »Arierin der Zukunft« – herangebildet werden, der Disziplin, Ausdauer, Opferbereitschaft und Führergläubigkeit als zentrale Werte betrachtete.[105]

Obwohl die Frauen aus herausgehobenen Positionen des öffentlichen Lebens ausgeschaltet und auf eine enge häusliche Rolle beschränkt wurden, hatte die Mehrzahl der deutschen Frauen offenbar nicht den Eindruck, repressiv behandelt oder unterdrückt zu werden. »Autobiographische Berichte schildern die ›Bezauberung‹ durch den Nationalsozialismus, die ›Begeisterung‹ über den ›geschlossenen Einsatz‹ der Frau in der großen Volksgemeinschaft‹.«[106]

Die Militarisierung der weiblichen Jugend bis 1939

Entgegen allen Ankündigungen, dass die Frau im öffentlichen Raum nichts zu suchen habe, hielt der NS-Staat in der Phase der Kriegsvorbereitung, als die deutsche Gesellschaft einer systematischen Militarisierung ausgesetzt wurde, für die Frauen eine wichtige, integrale Rolle bereit. Sie sollten im Sinne einer großen Arbeitsteilung zwischen den Geschlechtern im Wesentlichen die Voraussetzungen schaffen, die dem männlichen Teil der Bevölkerung eines Tages das Kriegführen ermöglichen würden. Die Erfahrungen des Ersten Weltkriegs standen dabei zweifellos Pate.[107] Die Frauen sollten den Männern gleichsam den Rücken freihalten für den Eroberungskrieg.

Im nationalsozialistischen Staat war es infolgedessen Aufgabe der Frauen,

- viele Kinder zu gebären und ihre Mutterrolle optimal auszufüllen,
- in der Kindererziehung auf die Vermittlung militärischer Tugenden zu achten,
- durch aktive Mitarbeit in der nationalsozialistischen Gesellschaft der Jugend ein Beispiel zu geben,
- sich den ideologischen Herrschaftsansprüchen des Regimes zu unterwerfen,
- das Bewusstsein rassischer Höherwertigkeit zu pflegen und an die Kinder weiterzuvermitteln,
- nicht aufzubegehren gegen die Diskriminierung derjenigen, die das Regime zu Minderwertigen erklärte und ausgrenzte,
- den Familienhaushalt selbständig und optimal zu führen, damit der Mann zum Kriegsdienst freigestellt werden konnte,
- sich im Haushalt flexibel auf die Probleme einzustellen, die sich aus der Autarkiewirtschaft ergaben,
- insgesamt das Funktionieren der privaten Haushalte im Kriege sicherzustellen, mit anderen Worten, um die Heimatfront zu stabilisieren.

So betrachtet, stellte die Beschränkung der meisten Frauen auf Haushalt und Kinder nicht etwa eine Schwächung der nationalsozialistischen Volksgemeinschaft dar, die sich auf den Krieg vorbereitete, sondern diese Rollenverteilung wirkte im Sinne einer Stabilisierung des militarisierten Gesellschaftssystems. Im Übrigen schuf das Regime bereits in den 30er Jahren Zug um Zug die gesetzlichen Voraussetzungen für die Dienstverpflichtung von Frauen im Kriegsfalle. Dieser Prozess begann mit dem Wehrgesetz vom März 1935, mit dem auch – erstmals in der deutschen Geschichte – die Rechtsgrundlage für den Zugriff auf die andere Hälfte der Bevölkerung geschaffen wurde, nämlich die Frauen. Es hieß dort: »Im Krieg ist über die Wehrpflicht hinaus jeder deutsche Mann und jede deutsche Frau zur Dienstleistung für das Vaterland verpflichtet.«[108] Damit war als Grundsatz festgelegt, dass die Dienstleistungen von Frauen in einem künftigen Krieg nicht mehr, wie 1914–18, auf freiwilliger Basis erfolgen sollten, sondern dass diese auch gesetzlich erzwungen werden konnten, wenn die sogenannten Kriegsnotwendigkeiten es erforderten.

Je näher der Krieg rückte, desto intensiver dachten die Vertreter des Regimes über die Fragen nach, die sich aus den ideologischen Vorgaben auf der einen Seite und den Erfordernissen einer effektiven Kriegsvorbereitung auf der anderen ergaben. Auch die für die wirtschaftliche Kriegsvorbereitung verantwortlichen Offiziere der Wehrmacht drängten »auf die totale Mobilmachung der Frauen für die Rüstung«.[109] Das Ergebnis der Entwicklung bis Kriegsbeginn 1939 macht einen widersprüchlichen Eindruck: Propagiert wurde nach wie vor der Schutz der Würde und Ehre der Frau, aber gleichzeitig waren Millionen von Frauen bereits in dieser oder jener Weise in die Kriegsvorbereitung integriert. Wie weit die Frauen diese Zusammenhänge damals durchschauten, muss dahingestellt bleiben. Es gab eine Fülle von Möglichkeiten, sie auszublenden und kritische Fragen zu umgehen. So wurde beispielsweise die Mitarbeit im Deutschen Roten Kreuz (DRK) als rein humanitäres Engagement angesehen, obwohl auch diese Organisation fest in das NS-System eingebunden war und seine Kriegsziele unterstützte.[110]

Zögerliche Mobilmachung der Frauen im Krieg

Wer die deutsche Kriegführung im Zweiten Weltkrieg aus dem Blickwinkel des totalen Krieges betrachtet, wird vermuten, dass das NS-Regime seine bisherige, weitgehend ideologisch motivierte Zurückhaltung in der Rekrutierung von Frauen für den mittelbaren und unmittelbaren Kriegsdienst nun aufgegeben und den vielbeschworenen Kriegsnotwendigkeiten zu ihrem Recht verholfen habe. Tatsächlich trifft diese Vermutung jedoch nicht zu. Auch nach dem Beginn des Zweiten Weltkriegs und selbst im Zeichen des seit 1943 totaler werdenden Krieges blieb die Mobilisierung der Frauen zögerlich. Es gab keine einheitliche Entwicklung, sondern ein im Einzelnen nur schwer durchschaubares Auf und Ab des weiblichen Arbeits- und Kriegseinsatzes.[111]

Damit unterschied sich die Entwicklung in Deutschland übrigens merklich von jener in England, wo mit der Vorstellung vom totalen Kriegseinsatz wirklich Ernst gemacht wurde. Hitlers Rüstungsminister Albert Speer führte den Vergleich mit England in einem Schreiben vom Juni 1944 an den NSDAP-Gauleiter Fritz Sauckel, der mit der Funktion des Generalbevollmächtigten für den Arbeitseinsatz betraut war, näher aus. Er stellte fest, »dass der Fraueneinsatz in England bereits wesentlich weiter gediehen ist als bei uns. Von einer Gesamtbevölkerung von 33 Millionen zwischen 14 und 65 Jahren sind 22,3 Millionen im Wehrdienst oder in der Wirtschaft tätig. Von 17,2 Millionen Frauen sind 7,1 Millionen ganztägig und weitere 3,5 Millionen Frauen nicht ganztägig oder halbtägig in der Wirtschaft beschäftigt. Im Ganzen sind also von 17,2 Millionen Frauen in

England 10,4 Millionen, das sind 61 % beschäftigt. Im Vergleich dazu sind in Deutschland von etwa 31 Millionen Frauen zwischen 14 und 65 Jahren 14,3 Millionen ganz- oder halbtägig beschäftigt. Das sind 46 %. Der Prozentsatz der beschäftigten Frauen liegt in Deutschland also wesentlich niedriger.«[112]

Tatsächlich steigerte sich in Deutschland die Zahl der beschäftigten Frauen nach dem Kriegsbeginn 1939 zunächst nicht. Sie nahm sogar ab.[113] Betrug die Anzahl der beschäftigten Frauen im Mai 1939 14,6 Millionen, so sank sie bis Mai 1940 auf 14,4 Millionen, bis Mai 1941 sogar auf 14,1 Millionen, wuchs bis Mai 1942 wieder auf 14,3 Millionen, erreichte im Mai 1943 14,8 Millionen und im September 1944 14,9 Millionen. Das heißt, die Frauenarbeit schwankte während des Zweiten Weltkrieges lediglich zwischen 14,1 und 14,9 Millionen. Man muss allerdings hinzufügen: die Arbeit *deutscher* Frauen; denn für diese geringe Steigerung war der Einsatz von Kriegsgefangenen und von ausländischen Zwangsarbeiterinnen ursächlich.

Während der letzten Phase der Schlacht von Stalingrad, im Januar 1943, versuchten Teile der NS-Führung, zu denen auch Propagandaminister Goebbels und der spätere Rüstungsminister Albert Speer gehörten, eine weitere Mobilisierung der Frauen durchzusetzen. Unter diesem Druck unterzeichnete Hitler am 13 Januar 1943 den geheim gehaltenen – »Führererlass über den umfassenden Einsatz von Männern und Frauen für Aufgaben der Reichsverteidigung«. Dort wurden folgende Ziele formuliert: »Der Bedarf an Kräften für Aufgaben der Reichsverteidigung macht es notwendig, alle Männer und Frauen, deren Arbeitskraft für diese Zwecke nicht oder nicht voll ausgenutzt ist, zu erfassen und ihrer Leistungsfähigkeit entsprechend zum Einsatz zu bringen. Das Ziel ist, die wehrfähigen Männer für den Fronteinsatz freizumachen.«[114] Besonders Goebbels engagierte sich in der Folgezeit für eine Arbeitspflicht für Frauen. In seiner berüchtigten Rede vom 18. Februar 1943 über den totalen Krieg stellte er auch die folgende rhetorische Frage: »Ich frage Euch [...]: Wollt Ihr, insbesondere ihr Frauen selbst, dass die Regierung dafür sorgt, dass auch die deutsche Frau ihre ganze Kraft der Kriegführung zur Verfügung stellt und überall da, wo es nur möglich ist, einspringt, um Männer für die Front freizumachen und damit ihren Männern an der Front zu helfen?«[115]

Gleichwohl kam es auch jetzt noch nicht zu einer allgemeinen Frauenarbeitspflicht. Insbesondere wurden Frauen aus der Ober- und oberen

Mittelschicht nicht zu irgendwelchen Kriegsdiensten gezwungen. Die unterprivilegierten Frauen aus der Arbeiterschaft, dem unteren Mittelstand sowie der kleinen und mittleren Bauernschaft waren dagegen längst einem faktischen Arbeitszwang unterworfen.[116] Der Militärhistoriker Franz W. Seidler berichtet, besonders viele »Drückebergerinnen« seien aus den sogenannten besseren Kreisen gekommen.[117] Um den Bedarf an weiblichen Arbeitskräften zu befriedigen, entschloss sich das Regime, in großem Umfang Zwangsarbeiterinnen zur Sklavenarbeit in der deutschen Rüstungsindustrie einzusetzen. Von den 7,6 Millionen Zwangsarbeitern, die 1944 in Deutschland eingesetzt wurden, waren 1,5 Millionen Frauen, die aus den besetzten Ländern verschleppt worden waren. Der deutschen Wirtschaft brachten sie einen doppelten Vorteil: »Die Kosten waren geringer und erlaubten die Schonung der deutschen Frauen, deren Einsatzbereitschaft ohnehin zweifelhaft schien.«[118] Das Regime weigerte sich auch noch in den Kriegsjahren, gegen die widerspenstigen Frauen einzuschreiten und deren Arbeitsleistung für den Krieg brutal zu erzwingen.

Für die »Aufbringung« von Arbeitskräften aus dem Gebiet der von der Wehrmacht besetzten Teile der Sowjetunion war der »Generalbevollmächtigte für den Arbeitseinsatz«, Fritz Sauckel, verantwortlich.[119] Er wurde dabei von der Wehrmacht unterstützt, die in der Rekrutierung eines Millionenheeres von Ostarbeitern eine »Aufgabe von kriegsentscheidender Bedeutung« sah.

Über die Befindlichkeit der deutschen Frauen im Zweiten Weltkrieg lässt sich zusammenfassend Folgendes sagen: Sie verhielten sich in ihrer großen Mehrheit so, wie das NS-Regime es sich wünschte. Sie waren unpolitisch und angepasst; sie waren gute Mütter, fleißige Arbeiterinnen, überzeugte Kriegerfrauen, die ihre Männer an der Front moralisch unterstützten und die ihren eigenen Beitrag zum Kriege leisteten. Der NS-Staat war bestrebt, die Frauen der Soldaten in materieller Hinsicht gut zu versorgen und sie damit bei Laune zu halten.[120] Politischer Widerstand lag den meisten deutschen Frauen vollständig fern. Gelegentlicher Unmut über die Doppelbelastung in der Familie und am Arbeitsplatz führte nicht zu einer widerständigen Einstellung im politischen Sinne. Abweichende, nonkonformistische Denkhaltungen wurden allenfalls von einer Minderheit kultiviert, häufig in der familiären Nische. Der Kriegsdienst deutscher Frauen fand jedoch nicht nur an der »Heimatfront« statt. Es gab über eine halbe Million Wehrmacht- und SS-Helferinnen, die in den deutsch besetzten Gebieten eingesetzt wurden, und zwar nicht nur in den unter Zivilverwaltung stehenden, sondern auch im rückwärtigen Heeresgebiet. Über diese Frauen »im Umfeld der Wehrmacht« soll im Folgenden berichtet werden.

Frauen im Umfeld der Wehrmacht: Wehrmachthelferinnen, Luftschutz, Rotes Kreuz

Die Literatur über den Zweiten Weltkrieg und die Wehrmacht trägt dem Kriegsdienst deutscher Frauen noch immer nicht in angemessener Weise Rechnung.[121] Die Historikerin Birthe Kundrus konstatiert: »Aus dem kulturellen Gedächtnis scheint weitgehend verbannt zu sein, dass die Wehrmacht eine Institution war, die sich aus Männern und Frauen zusammensetzte. Arbeiterinnen und weibliche Angestellte waren bei den deutschen Streitkräften zwischen 1933 und 1945 eine alltägliche Realität. Auch für Ehefrauen, Kinder, Freundinnen und Soldaten spielte das Militär eine wichtige Rolle, die dadurch ihrerseits ins Blickfeld der Wehrmachtführung rückten.«[122] Allerdings kann festgestellt werden, dass sich in Deutschland in den letzten Jahren auch die historische Frauenforschung des Feldes der Militärgeschichte angenommen hat, wie etwa die Arbeiten der Soziologin Ruth Seifert[123] und der Historikerinnen Ute Benz, Gaby Zipfel, Gudrun Schwarz[124] und Claudia Koonz zeigen.

Die am Hamburger Institut für Sozialforschung arbeitende Historikerin Gaby Zipfel hat ermittelt, dass der Vernichtungskrieg im Südosten und im Osten Europas keineswegs eine reine Männerangelegenheit gewesen ist.[125] Vielmehr waren Frauen dort nicht nur Mitwisserinnen, sondern auch Mittäterinnen. Wolle man die durchaus aktive Rolle der deutschen Frauen in der NS-Zeit angemessen beschreiben, so müsse man von Kriegerinnen an den verschiedenen Fronten sprechen, nämlich »an der Gebärfront, an der Arbeitsfront, an der Heimatfront und an der Kriegsfront«.[126] Claudia Koonz, Autorin des Buches »Mütter im Vaterland. Frauen im ›Dritten Reich‹«[127], vertritt die Grundthese: »[...] alles hing davon ab, ob die Frauen kooperierten.«[128]

Während des Ersten Weltkriegs leisteten die deutschen Frauen Kriegshilfsdienste außerhalb des organisatorischen Rahmens der Streitkräfte.[129] Das sollte sich im Zweiten Weltkrieg grundlegend ändern. In der Wehrmacht arbeiteten etwa 500 000 bis 600 000 Frauen, meist im Status von Wehrmachthelferinnen.[130] Die Ableistung von Kriegsdienst durch Frauen im organisatorischen Rahmen der Wehrmacht stellte ein Novum in der deutschen Militärgeschichte dar. Sie signalisierte eine neue Qualität der Militarisierung deutscher Frauen. Die Tätigkeiten der Wehrmachthelferinnen »reichten vom Fernmeldebetriebsdienst als Telefonistinnen, Fernschreiberinnen und Funkerinnen über den Stabsdienst als Stenotypistinnen, Bürohilfskräfte und Botinnen bis zum Einsatz als Hilfskanoniere an Flakhilfsgeräten. Tausende dienten in der Reichsluftverteidigung zur Abwehr feindlicher Flugzeuge im Horchdienst, Flugwachdienst, Flugmeldedienst, Wetterdienst, Jägerleitdienst und Luftschutzdienst. Sie übernahmen in steigendem Maße die Plätze von Soldaten, die an die Front geschickt wurden.«[131]

Bei den meisten Wehrmachthelferinnen handelte es sich um junge Frauen, die zumindest einen Teil ihrer schulischen Ausbildung in der NS-Zeit erhalten hatten und die dann im BDM und im RAD oder anderen nationalsozialistischen Organisationen im Sinne des Regimes sozialisiert wurden. Die Erziehung in diesen Organisationen, welche die Einübung militärischer Disziplin einschloss[132], trug dazu bei, die jungen Frauen zu einem aktiven Bestandteil der militarisierten Volksgemeinschaft zu formen. Gleichzeitig hatten sie zu akzeptieren, dass alle Positionen, die mit realen Machtbefugnissen verbunden waren, von Männern besetzt waren. Im Heer waren die Nachrichtenhelferinnen in sogenannten Kameradschaften zusammengefasst, die aus einer Oberhelferin und etwa zehn Helferinnen bestanden. Zwei bis fünf Kameradschaften bildeten einen »Zug«, und in zwei bis vier Züge gliederte sich eine »Bereitschaft«. Sie wurde von einer Oberführerin geleitet, die ihre Weisungen von einem militärischen Vorgesetzten erhielt. Es handelte sich bei den Einheiten der Nachrichtenhelferinnen also – und analog bei anderen Helferinnen – um eine militärähnliche Organisation.

Die Wehrmachthelferinnen leisteten unmittelbaren Kriegsdienst, und zwar in direktem Kontakt mit den Soldaten der Wehrmacht. Noch wesentlich mehr Frauen waren in mittelbaren Kriegsdiensten tätig. Zum Beispiel übernahmen mehr als 500 000 Frauen aktive Funktionen im Luftschutz. Ebenso viele Frauen dürften im Sanitätsdienst des Roten Kreuzes beschäftigt gewesen sein.[133] Die Führung der Hilfsorganisation entwickelte den Ehrgeiz, dass die DRK-Schwestern, die man jetzt auch als »Wehrmachtsschwestern« bezeichnete, »wehrmachtsgleich« wurden – analog zu den Bereitschaften des militärischen Sanitätsdienstes –, um in der zukünftigen »Kriegsarbeit«, wie es hieß, bestehen zu können.[134] Bereits zu Kriegsbeginn 1939 dienten 15 000 Schwestern und Schwesternhelferinnen des Roten

Kreuzes in der Wehrmacht.[135] In den DRK-Bereitschaften mit ihren 196 000 männlichen und 190 896 weiblichen Mitgliedern (Stand vom 31. 3. 1939) stand dem NS-Staat darüber hinaus ein zuverlässiges Sanitäts-Reservekorps zur Verfügung.[136] Wie der Historiker Dieter Riesenberger ermittelt hat, befanden sich »von September 1939 bis März 1943 über 414 000 DRK-Frauen von der Helferin bis zur Ärztin und rund 177 500 DRK-Männer im Kriegsdienst«.[137]

7,85 Millionen deutsche Frauen arbeiteten direkt in der Rüstungsindustrie.[138] Obwohl es einem Teil der Frauen aus der Oberschicht und der oberen Mittelschicht gelang, sich mit Hilfe ihrer speziellen Beziehungen zu Repräsentanten des Regimes vor allen Verpflichtungen zu drücken, lässt sich sagen, dass die überwiegende Mehrheit der Frauen im arbeitsfähigen Alter durch unmittelbare und mittelbare Kriegsdienste zu einem festen Bestandteil der militarisierten NS-Volksgemeinschaft geworden ist.

Im November 1944 vertrat der Chef der NSDAP-Reichskanzlei, Martin Bormann, gegenüber Goebbels erstmals die bislang tabuierte Auffassung, dass es jetzt die Aufgabe der Partei und der Frauenschaft sein müsse, »stimmungsmäßig das deutsche Volk darauf vorzubereiten, dass in Zukunft Frauen in noch größerem Umfang unter Umständen sogar mit der Waffe eingesetzt werden«.[139] Tatsächlich wurde das bislang geltende Waffenverbot für Frauen dann in einem Geheimbefehl des Oberkommandos der Wehrmacht vom 28. Februar 1945 aufgeweicht.[140] Bormann seinerseits erlaubte nun in einem Rundschreiben an die Gauleiter der NSDAP, dass Frauen zu ihrem eigenen Schutz an Handfeuerwaffen ausgebildet wurden, sei es durch Einheiten des Ersatzheeres, der Waffen-SS oder der Polizei.[141] In der Schlussphase des Krieges war Hitler dann jedes Mittel recht, um den »Untergang« hinauszuzögern. Ende Februar 1945 genehmigte er die probeweise Aufstellung eines Frauenbataillons: »Die Frauen sollen so rasch wie möglich tadellos ausgebildet werden, Aufstellung des Frauenbataillons mit der Reichsfrauenführung. Bewährt sich dieses Frauenbataillon, sollen sofort weitere aufgestellt werden.«[142] Die alten Grundsätze galten jetzt nicht mehr. Hitler soll gesagt haben: »Ob Männer oder Frauen, ist ganz wurscht: Eingesetzt muss alles werden.«[143] Goebbels, der schon seit 1943 auf die verstärkte Rekrutierung von Frauen gedrängt hatte, schrieb befriedigt in sein Tagebuch, der Führer sei endlich »damit einverstanden, dass wir in Berlin nunmehr Frauenbataillone aufstellen. Es gibt unzählige Frauen, die sich jetzt zum Fronteinsatz melden, und der Führer ist auch der Meinung, dass diese, soweit sie freiwillig kommen, zweifellos fanatisch kämpfen werden. Man müsse sie in der zweiten Linie einsetzen; dann würde den Männern schon die Lust vergehen, in der ersten Linie zu retirieren.«[144] Tatsächlich ist es in den Turbulenzen der letzten Kriegswochen zur Aufstellung und zum bewaffneten Kriegseinsatz von Frauenbataillonen dann nicht mehr gekommen.[145]

Auch in der Phase des totalen Krieges wurde also nur eine Minderheit der einsatzfähigen deutschen Frauen zu direkten Hilfsdiensten in der Wehrmacht herangezogen. Andere Frauen arbeiteten in mittelbaren Kriegsdiensten, nämlich in der Rüstungsindustrie und in der Landwirtschaft.[146] Die Mehrheit der deutschen Frauen wurde im Zweiten Weltkrieg nicht gezwungen, ihr bisheriges Leben als Hausfrau und Mutter zu ändern, was während der gesamten Zeit des Krieges zu sozialen Spannungen führte.[147] Diese Mehrheit der deutschen Frauen stand gleichwohl nicht außerhalb der militarisierten nationalsozialistischen Volksgemeinschaft. Vielmehr nahm sie in der arbeitsteilig organisierten Gesellschaft kriegswichtige Aufgaben wahr. Waren es während des Ersten Weltkrieges noch Funktionärinnen der Frauenbewegung gewesen, die im Auftrage des Preußischen Kriegsministeriums die weiblichen Arbeitskräfte für die Kriegsproduktion mobilisierten, so wurde diese Aufgabe unter der Herrschaft des Nationalsozialismus durch Wehrmacht und NSDAP übernommen.

3. »Heroischer Untergang« – Entartung oder Konsequenz des Militarismus?

Als Diktator mit der offiziellen Bezeichnung »Führer und Reichskanzler« vereinte Adolf Hitler die politische und die militärische Führung in seiner Hand und agierte damit während des Zweiten Weltkriegs in Deutschland als der allein entscheidende politische Stratege.[148] Unter seiner Führung kämpfte die deutsche Volksgemeinschaft seit 1941 gegen eine Feindkonstellation, die ihr hinsichtlich ihrer militärischen und ökonomischen Fähigkeiten uneinholbar überlegen war. Für klar denkende Deutsche, die sich ihr selbständiges Urteil noch nicht durch die Propagandaphrasen des NS-Regimes hatten beeinträchtigen lassen – und zu diesen gehörte gewiss auch Hitler selbst –, war eigentlich schon seit dem Steckenbleiben der Wehrmacht vor Moskau im Winter 1941 klar, dass Deutschland diesen Krieg nicht mehr gewinnen konnte. Wer das zu diesem Zeitpunkt noch nicht wahrhaben wollte, musste zumindest seit dem Desaster von Stalingrad nachdenklich werden. Spätestens aber seit dem Sommer 1944 konnten sich die Deutschen nicht mehr der Illusion hingeben, dass noch eine Chance bestand, den Krieg mit einem deutschen Sieg zu beenden. Denn die alliierten Streitkräfte waren siegreich in der Normandie gelandet, und im Osten hatte die Rote Armee eine erfolgreiche Großoffensive unternommen, die zum Zusammenbruch der deutschen Heeresgruppe Mitte führte.[149]

Die Erkenntnis von der Nichtgewinnbarkeit des Krieges fand jedoch augenscheinlich keinen Eingang in die politischen und strategischen Entscheidungen Hitlers und der Wehrmachtführung. In den neun Monaten zwischen Juli 1944 und Mai 1945 tat die deutsche Führung so, als sei der von ihr sogenannte »Endsieg« noch immer erreichbar. Jeder Gedanke an einen Waffenstillstand, an Friedensverhandlungen oder an eine Kapitulation wurde rundweg abgelehnt. Einen Zusammenbruch wie 1918 durfte es nach der festen Überzeugung der politischen und militärischen Akteure des NS-Staates unter keinen Umständen noch einmal geben.

Die in dieser letzten Phase des Krieges von Hitler erlassenen »Führerbefehle« machen ein abenteuerliches Szenario erkennbar. Machen sie doch deutlich, dass das NS-Regime entschlossen war, den Krieg in einem Prozess permanenter Radikalisierung nach innen und außen bis zum eigenen Untergang durchzufechten. Kämpfend sollte das deutsche Volk ein heroisches Ende herbeiführen, aus dem der Nationalsozialismus eines Tages wieder neu entstehen würde. In diese Richtung gingen jedenfalls die mythischen Hoffnungen einzelner NS-Führer. Die Vorstellung, dass ein großartiger Akt der Selbstzerstörung die Basis für ein späteres Wiederauferstehen des deutschen Volkes sein könnte, ist den deutschen Menschen des 21. Jahrhunderts zutiefst fremd und bedarf daher einer angemessenen Erklärung.

Vernichtungskrieg, Schuld und Untergang

Über die möglichen Konsequenzen einer deutschen Niederlage war sich Hitler schon in einem frühen Stadium des Krieges im Klaren gewesen. Bereits am 16. Juni 1941, wenige Tage vor dem Überfall auf die Sowjetunion, hatte er Goebbels in einem Vieraugengespräch seine Überzeugung anvertraut: »Wir haben sowieso so viel auf dem Kerbholz, dass wir siegen müssen, weil sonst unser ganzes Volk, wir an der Spitze mit allem, was uns lieb ist, ausradiert würde.«[150] Die Alternative Sieg oder Untergang war also schon früh entworfen. Hitler entwickelte sie aus der sozialdarwinistischen These vom Recht des Stärkeren heraus. Wenn der Schwächere schon dem Stärkeren weichen musste, so sollte dieses Weichen wenigstens in heroischen Formen stattfinden.

Was hatte das kriegführende Deutschland im Juni 1941 bereits »auf dem Kerbholz«? Es waren unter anderem die Überfälle der Wehrmacht auf Belgien, die Niederlande, Frankreich, Dänemark, Norwegen, Jugoslawien, der Luftkrieg gegen England und die Verfolgung der Juden in einigen dieser Länder. Das Schuldkonto sollte nach dem Überfall auf die Sowjetunion, der von Hitler und der Wehrmachtgeneralität als ein Vernichtungskrieg geplant war und auch so geführt wurde, größer werden.[151] Die deutsche Strategie zielte nun nicht allein auf die Niederzwingung des kämpfenden Feindes in der Schlacht, sondern darüber hinaus auch auf die Vernichtung der feindlichen Soldaten, die in deutsche Kriegsgefangenschaft geraten waren.[152] Damit hielt sich die Wehrmacht nicht an die völkerrechtlichen Regeln, die in den Haager Konferenzen von 1899 / 1907 und späteren Vereinbarungen verbindlich gemacht worden waren.[153] Fast schon regelmäßig warf das deutsche Militär im Zweiten Weltkrieg Rechtsnormen zugunsten von sogenannten Kriegsnotwendigkeiten über Bord.[154] Man denke an die systematische Ermordung der Politkommissare der Roten Armee, an das Massensterben sowjetischer Kriegsgefangener in deutschem Gewahrsam und an die Ermordung unzähliger Zivilisten in den eroberten Ländern.

Die Weisung, dass in dem rassenideologischen Krieg im Osten, der in der NS-Sprache auch mit dem Begriff »Weltanschauungskrieg« umschrieben wurde, der Feind nicht »konserviert«, also lediglich kampfunfähig gemacht, sondern vernichtet werden sollte, gab Hitler selbst aus. Es gehört zu den absoluten Tiefpunkten der deutschen Militärgeschichte, dass die Generäle der Wehrmacht sich dieser Art von Kriegführung nicht verweigerten. Als Hitler ihnen am 30. März 1941, also ein paar Monate vor dem Überfall auf die Sowjetunion, sein erkennbar völkerrechtswidriges, rassenideologisches Vernichtungsprogramm vortrug, stieß er bei den Militärs auf keinen nennenswerten Widerspruch.[155] Stattdessen setzten die 250 anwesenden Generäle der Führungsstäbe und des zukünftigen deutschen Ostheeres diese politischen Vorgaben im Anschluss an diese Generalsversammlung gleichsam geschäftsmäßig in militärische Befehle um. Damit übernahmen sie ihren Teil der Verantwortung dafür, dass der am 22. Juni 1941 mit dem deutschen Überfall beginnende Krieg gegen die Sowjetunion als ein Vernichtungskrieg geführt wurde.[156]

In Ansätzen schon seit 1939, besonders aber seit 1941, verschränkten sich in der Vorstellungswelt der Nationalsozialisten wie auch der meisten Wehrmacht-Generäle Krieg und rassenideologisches Vernichtungsprogramm. Gewiss war der maßgebliche Träger des Vernichtungsprogramms die SS; aber sie wurde von der Wehrmacht unterstützt. Wehrmacht und SS arbeiteten auf allen in Frage kommenden Ebenen, vom OKW und OKH angefangen bis hinunter zu den Feld- und Ortskommandanturen, eng zusammen, in der Regel reibungslos.[157]

Mit dieser Kriegführung und systematischen Vernichtung wuchs das deutsche Schuldkonto immer weiter an. Hitlers Kerbholz-These von 1941, die einen allgemeinen Zusammenhang von Schuld und Kriegsausgang herstellte, erfuhr durch die deutsche Kriegs- und Vernichtungspolitik der folgenden Kriegsjahre eine immer dramatischere Steigerung. In den Denkkategorien Hitlers war die Perspektive »Sieg oder Untergang« also keineswegs bloße Rhetorik, sondern sehr real.

»Heroischer Untergang« in der traditionellen Vorstellungswelt deutscher Militärs

Der Hamburger Historiker Bernd Wegner hat nachgewiesen, dass Hitler das Kriegsende 1945 tatsächlich als einen Untergang inszenierte. Wegner beließ es jedoch nicht bei einer auf die Person Hitlers bezogenen Betrachtung, sondern analysierte auch die ideengeschichtlichen Hintergründe: »Die Bejahung und Gestaltung des eigenen Untergangs [...] stellte für den Diktator und darüber hinaus für einen Teil der Generation, die das Ende des Ersten Weltkrieges bewusst erlebt hatte, einen durchaus geläufigen Topos dar. Hitler selbst und nicht wenige seiner Paladine sahen sich als Vollender einer quasiromantischen Tradition, die nicht nur den Krieg an sich als belebendes und verjüngendes Element im Leben der Völker, als Vehikel sittlichen Fortschritts und nationaler Integration gefeiert, sondern gerade auch Niederlage und Untergang – mehr noch als den Sieg – zur Stunde des Helden verklärt hatte. Die Freiheit und Autonomie menschlichen – genauer gesagt: männlichen – Willens bewies sich diesem Verständnis zufolge gerade in der Bereitschaft, einem überlegenen Schicksal die Stirn zu bieten und dem eigenen Untergang furchtlos entgegenzusehen. Nicht zufällig wurde das Nibelungenlied mit seinem Todespathos zu einem Lieblingsstoff deutscher Romantiker und in der Interpretation Richard Wagners[158] zugleich zum wohl tiefsten Bildungserlebnis des jungen Hitler, der vor allem in der Gestalt Siegfrieds das ›herrliche Mysterium des sterbenden Heros‹ verehrte.«[159]

Ein weiterer Protagonist solcher Anschauungen über den Untergang im Krieg war ein preußischer Reformgeneral, den man eigentlich als einen aufgeklärten und kühlen Kriegstheoretiker kennt: General Carl von Clausewitz. Eine Schrift aus dem Jahre 1812, also aus der Zeit der Befreiungskriege gegen die napoleonische Fremdherrschaft, zeigt, dass auch diesem preußischen Theoretiker des Krieges das Pathos des heroischen Untergangs keineswegs fremd war. Clausewitz schrieb, dass ein Volk nichts höher zu achten habe »als die Würde und Freiheit seines Daseins«, die es »mit dem letzten Blutstropfen verteidigen« solle. Er glaubte, »dass selbst der Untergang dieser Freiheit nach einem blutigen und ehrenvollen Kampfe die Wiedergeburt des Volkes sichert und der Kern des Lebens ist, aus dem einst ein neuer Baum die sichere Wurzel schlägt«, und er erklärte, »dass ich mich nur zu glücklich fühlen würde, einst in einem herrlichen Kampfe um Freiheit und Würde des Vaterlandes einen glorreichen Untergang zu finden!«[160] Hitler hat diese Clausewitz-Passagen schon früh rezipiert und sie zum festen Bestandteil seiner politischen Überzeugungen und zur »Richtschnur seines Handelns« gemacht.[161] In vielen seiner Kriegsreden berief er sich auf Clausewitz' pathetische Idee des Untergangs.

Im Übrigen wurde die Idee vom heldenhaften Sterben im deutschen Militär während des gesamten 19. Jahrhunderts gepflegt. Die vielgelesenen deutschen Dichter der Befreiungskriege Johann Gottlieb Fichte, Ernst Moritz Arndt und Theodor Körner priesen den Tod für das Vaterland als höchste Sinngebung des Lebens. Der Historiker René Schilling hat die Ideengeschichte der deutschen »Kriegshelden« zwischen 1813 und 1945 untersucht und dabei eine lange Tradition des deutschen, militärisch akzentuierten Heldenkults erschlossen.[162] Vor 1914 und während des Ersten Weltkriegs wurde dieses heroische Denken neuerlich angeregt durch literarische Werke wie Rainer Maria Rilkes »Cornet« und Walter Flex' Kriegsroman »Wanderer zwischen den Welten«, die seinerzeit in Deutschland große Verbreitung fanden. Diese Schriftsteller dachten in deutsch-völkischen Kategorien. Charakteristisch für ihre neoromantische Kriegsdichtung war vielmehr die Botschaft, dass der Einsatz des Lebens und die Bereitschaft zum heroischen Sterben als Teil des Lebenskonzepts begriffen werden müsse.[163] Mit Rilke und Flex entwickelten noch etliche andere Literaten, die zu den bürgerlichen oder adligen Kriegsbegeisterten gehörten, den »Kult der bedingungslosen, nicht nach Erfolg trachtenden Hingabe«.

Er gewann, zumal bei jungen Offizieren, den Charakter einen Auswahlkriteriums: »Die Bereitschaft zum Tode wurde damit zum Maßstab erhoben, welcher die Würdigen von den Unwürdigen schied. Das Kostbare an der ›deutschen Treue‹ sei, wie zum Beispiel der Germanist Gustav Roethe 1915 formulierte, ›das rückhaltlose Einsetzen des ganzen Menschen, das nicht dingt, nicht wägt, nicht schwankt, sondern durchhält bis zuletzt, und mag der Erdball darüber in Trümmer gehen‹.«[164]

Im Kreis der OHL entstand im Oktober 1918 die Idee des »Königtodes«. Die Generalstabsoffiziere stellten sich vor, Kaiser Wilhelm II., der zugleich König von Preußen war, könne durch einen inszenierten Heldentod an der Front die Schmach der militärischen Niederlage mindern und damit die Ehre der Monarchie retten.[165] Aber es kam anders. Kaiser Wilhelm II. begab sich bei Nacht und Nebel gefahrlos über die belgisch-niederländische Grenze ins Exil. Nicht wenige deutsche Offiziere haben ihm dies als Fahnenflucht ausgelegt und sich damit innerlich von der Monarchie losgesagt.[166]

Im Sommer 1919 empörte man sich in Deutschland über die harten Friedensbedingungen der Siegermächte. Eine Offizierskamarilla hielt »Kriegsrat« und überlegte ernsthaft, ob Deutschland den am 9. November 1918 geschlossenen Waffenstillstand von Compiègne brechen und die Kriegshandlungen wieder aufnehmen sollte.[167] Vizeadmiral Adolf von Trotha, der im Herbst 1918 einer der maßgeblichen Anstifter zu der Idee einer Todesfahrt der Hochseeflotte gewesen war, tönte nun erneut: »Die Marine will, dass die Ehre gewahrt wird.«[168]

Der bekannteste unter den deutschen Heerführern, Generalfeldmarschall Paul von Hindenburg, mischte sich im Jahre 1919 mit einem ähnlichen Vorschlag in die Politik ein. In einem Telegramm an den sozialdemokratischen Reichswehrminister Gustav Noske vom 17. Juni 1919 stellte er zunächst die Aussichtslosigkeit einer erfolgreichen Wiederaufnahme der Kampfhandlungen fest und legte als logische Konsequenz die Unterzeichnung des Friedensvertrages nahe. Hernach betonte er, was in krassem Widerspruch zu seiner eigenen Analyse stand: »[...] aber ich muss als Soldat den ehrenvollen Untergang einem schmählichen Frieden vorziehen.«[169] Bei der Formulierung dieses Telegramms spielten wohl in erster Linie propagandistische Motive eine Rolle. Der Feldmarschall wollte sich mit dem Hinweis auf den soldatischen Mythos eines »ehrenvollen Untergangs« jenen Nationalisten empfehlen, denen militärische Ehrbegriffe wichtiger waren als die nüchterne Sicht des politisch Möglichen. Jedenfalls stellte Hindenburgs Telegramm eine Ermutigung zur Realitätsflucht dar, die mit der Dolchstoßlegende und der verdrängten Niederlage begonnen hatte.[170]

Untergänge: Das Schlachtschiff »Bismarck« und die 6. Armee in Stalingrad

In der deutschen Kriegsmarine gab es schon zur Zeit des deutschen Kaiserreiches die Regel, dass ein Schiff eher »mit wehender Fahne untergehen« sollte, als zu kapitulieren. Das Ritual lautete: Wenn der Kapitän eines besiegten Schiffes die Flagge nicht einholte, signalisierte er damit dem maritimen Feind, dass er die Kapitulation verweigerte und sich lieber der Gefahr aussetzte, dass sein Schiff zusammengeschossen wurde und unterging. Übrigens kannte man diese Figur eines »Untergang in Ehren« auch in der japanischen, russischen, britischen und französischen Marine.[171] In der Armee dagegen, auch in der preußischen, galt eine Kapitulation in aussichtsloser Lage traditionell nicht als unehrenhaft. Wir haben es also mit einer Besonderheit der maritimen Streitkräfte zu tun.

In Preußen-Deutschland leitete sich die Idee der Kapitulationsverweigerung aus einem spezifischen Ehrenkodex ab, der nicht nur als ungeschriebenes Gesetz galt, sondern auch Gegenstand kaiserlicher Weisungen war. So wurden die Kommandanten der im Ausland operierenden deutschen Schiffe am 17. März 1885 durch Befehl des Kaisers Wilhelm I. für den Kriegsfall dazu verpflichtet, sich an »die Gebote der militärischen Ehre« zu halten. Wörtliches Zitat aus dieser Weisung: »Ich hoffe, dass selbst im Unglück ein ehrenvoller Untergang Meine Schiffe davor bewahren wird, die Flagge streichen zu müssen.«[172] Es war vor allem die Angst vor einem Prestigeverlust, den die Übergabe eines Schiffes bedeutet hätte, der zu Weisungen dieser Art führte. Mit zweckrationalem militärischem Handeln oder gar mit der Verantwortung des Kapitäns für das Leben der ihm anvertrauten Menschen hatten diese Vorstellungen nichts zu tun. Die Ehrenidee wurde auch praktisch umgesetzt, wie der Fall des Admirals Maximilian Graf Spee beweist. Als sich das von ihm befehligte Geschwader am 8. Dezember 1914 bei den Falklandinseln in einer ausweglosen Lage befand, ließ er die ihm anvertrauten Schiffe lieber zusammenschießen als zu kapitulieren, was 2000 deutschen Seeleuten das Leben kostete.[173] Nationalisten und Marinehistoriker, unter ihnen der spätere Großadmiral Erich Raeder, berauschten sich hernach immer wieder am vermeintlichen Heroismus dieses Geschwaders.

Im Jahre der Machtübernahme durch die Nationalsozialisten lief in den deutschen Kinos der Ufa-Film »Morgenrot« an. Zu seiner Premiere erschien am 2. Februar 1933 der soeben zum Reichskanzler ernannte Hitler mit seinem Kabinett. In diesem Film sagt ein U-Boot-Kommandant namens Liers zu seiner Mutter: »Leben können wir Deutsche vielleicht schlecht, aber sterben können wir jedenfalls fabelhaft.«[174] Admiral Raeder erließ am 22. Dezember 1939 eine Weisung, die den kollektiven Selbstmord verbindlich machte: »Das deutsche Kriegsschiff kämpft unter vollem Einsatz seiner Besatzung bis zur letzten Granate, bis es siegt oder mit wehender Fahne untergeht.«[175] Wir sehen also, dass in den Köpfen deutscher Marineoffiziere die Denkfigur des heroischen Untergangs seit dem Kaiserreich präsent war und auch in der NS-Zeit weiter kultiviert wurde.

Ein herausragendes Beispiel für die Realisierung solcher Untergangsmystik aus der Zeit des Zweiten Weltkrieges ist der Untergang eines deutschen Schlachtschiffes, das nach dem Reichsgründer Bismarck benannt war. Die »Bismarck« sank am 27. Mai 1941 im Ostatlantik.[176] Das hochmoderne, 251 Meter lange und 36 Meter breite und damit seinerzeit größte deutsche Schlachtschiff mit einer Besatzung von 2200 Mann war erst im Februar 1939 von Hitler in Dienst gestellt worden. Im Zuge des Unternehmens »Rheinübung« im Atlantik – eine Operation im Rahmen des Zufuhrkrieges gegen Großbritannien – kam es zu Seegefechten mit Schiffen der britischen Home Fleet. In ihrem Verlauf wurde zunächst das britische Schlachtschiff »Hood« mit 1416 Mann versenkt. Dann machte die britische Flotte Jagd auf die »Bismarck«, bis es am 27. Mai 1941 zum Seegefecht kam. In dessen Verlauf wurde die »Bismarck« zum Wrack zusammengeschossen. Der Kommandant, Kapitän zur See Ernst Lindemann, befahl nun die Selbstversenkung. 2106 Seeleute kamen ums Leben, nur 115 wurden gerettet.[177] Ein Überlebender dieses Kampfes berichtet über den Abgang des Kommandanten: »[...] militärisch grüßend, die Hand an der Mütze, vor der Fahne salutierend, einem Standbild gleich, Ausdruck eisernen Willens. So jedenfalls soll Ernst Lindemann gestorben sein, seines Zeichens Kapitän zur See, Kommandant der ›Bismarck‹, oder – wie Lindemann es bevorzugt hätte – des ›Bismarck‹, denn ein so großes und starkes Schiff kann nur ein ›Er‹ und keine ›Sie‹ sein«.[178] Das Durchschnittsalter der über 2000 ums Leben gekommenen Soldaten betrug 21 Jahre. Noch am Abend vor dem Untergang hatte der Kommandant in aussichtsloser Lage einen in pathetischer Sprache gehaltenen Funkspruch nach Berlin absetzen lassen: »Wir kämpfen bis zum Letzten im Glauben an Sie, mein Führer, und im felsenfesten Vertrauen auf Deutschlands Sieg.«[179] Lindemann folgte damit dem bereits zitierten Erlass der Seekriegsleitung, »bis zur letzten Granate« kämpfend unterzugehen. Einen Abbruch des Gefechts und damit eine Kapitulation vor den Engländern erwog der Kommandant nicht.

Zum Hintergrund der Verhaltensweise seines Kommandanten weiß der überlebende Kapitänleutnant Müllenheim-Rechberg Interessantes zu berichten. In der Tat des Kapitäns zur See Lindemann habe sich »die dämonisch anmutende Jugendsehnsucht eines Mannes erfüllt, der im Alter von 13 Jahren eine Versessenheit auf die Marine entwickelte und es damals im Kreise seiner Brüder und Freunde wiederholt als seinen ›Höchsten Wunsch‹ geäußert hatte, einmal sein eigenes Schiff zu kommandieren und auf ihm ›mit wehender Fahne unterzugehen‹.«[180] Der Historiker Bernd Ulrich kommentiert das Geschehen folgendermaßen: »So führten Sehnsüchte eines Pubertierenden die Regie in der Apotheose eines kaiserlich-deutschen, republikanischen und schließlich nationalsozialistischen Marineoffiziers. Der Offizier stirbt seinen Männern vor. Nur dass es in diesem Fall kaum mehr etwas ›vorzusterben‹ gab; als Lindemann mit der Hand an der Mütze in die Tiefe rauschte, sind die meisten Besatzungsmitglieder schon tot, rund achthundert schwimmen noch im Meer. Einige von ihnen haben uns als Augenzeugen die Szene überliefert; sie gehören zu den 115 Überlebenden, die zum größten Teil von einem englischen Kreuzer und einem Zerstörer, zu einem kleineren von einem deutschen U-Boot und einem Versorgungsschiff gerettet werden konnten. Dieser Überlebenden bedurfte Lindemann. Gewiss hielt er seinen Tod für vorbildhaft, doch nicht alle durften seinem Vorbild folgen. Zur Verwirklichung seines Traumes gehörten die Geretteten. Ohne sie wäre sein Tod unbezeugt und damit nicht tradierbar gewesen. Nur so konnte sein individueller Tod den Massentod der anderen ›überstrahlen‹. Die Sprache dieses Todes ist die des Heroismus. Sie wirkte auf jene im Wasser erhaben – und erhebend noch in der Erinnerung. Keines der zahlreichen Marine-Militaria-Werke, das die Tat des Bismarck-Kommandanten nicht erwähnte.«[181]

Zweieinhalb Jahre später, im Dezember 1943, führte der Kapitän des deutschen Schlachtschiffes »Scharnhorst« im Nordmeer gegen überlegene und zudem unsichtbare britische Schiffe wiederum einen Kampf »bis zur letzten Granate«, um dann mit wehender Fahne und 1932 Seeleuten unterzugehen.[182]

Über sechzig Prozent der U-Boot-Besatzungen fanden in Zweiten Weltkrieg den Tod. Auch sie folgten der Devise ihres Oberbefehlshabers, des

Großadmirals Karl Dönitz: »Lieber ehrenvoll untergehen als die Flagge streichen.«[183] Solche Bekenntnisse zu einer Strategie des Untergangs gefielen Hitler, weil sie mit seinen eigenen Vorstellungen übereinstimmten. So kann es nicht verwundern, dass er kurz vor seinem Selbstmord am 29. April 1945 nicht einen der hohen Parteifunktionäre zu seinem Nachfolger ernannte, sondern den Oberbefehlshaber der Kriegsmarine, Dönitz. In den Monaten zuvor schon hatte Hitler Marineoffiziere zu Kommandanten der Atlantikfestungen ernannt, weil sie die Garantie dafür zu bieten schienen, dass nicht kapituliert, sondern »bis zur letzten Patrone« gekämpft wurde.[184] In seinem politischen Testament gab er seiner Erwartung Ausdruck, dass die Untergangsmentalität der Marineoffiziere für die gesamte Wehrmacht verbindlich werden würde: »Möge es dereinst zum Ehrbegriff des deutschen Offiziers gehören – so wie dies in unserer Marine schon der Fall ist –, dass die Übergabe einer Landschaft oder einer Stadt unmöglich ist und dass vor allem die Führer hier mit leuchtendem Beispiel voranzugehen haben in treuester Pflichterfüllung bis in den Tod.«[185] Dönitz allerdings sollte die Untergangsstrategie Hitlers nicht fortführen. Nach dem Tode Hitlers leitete er alsbald die Kapitulation ein.

Noch opferreicher als der Verlust der »Bismarck« und der »Scharnhorst« war die vernichtende Niederlage der 6. Armee im Kessel von Stalingrad 1942/43. Sie wurde von der nationalsozialistischen Propaganda mit dem mythischen Begriff »Untergang« begleitet, zweifellos in Anlehnung an die Untergangsideologie der Kriegsmarine. Hitler, Göring und Goebbels erwarteten, dass die 260 000 Soldaten der 6. Armee »bis zum letzten Mann« und »bis zur letzten Patrone« kämpften und dann sterben sollten.[186] Wenn sie schon nicht siegen konnten, so durften sie auch keinen riskanten Ausbruchsversuch wagen oder gar kapitulieren und sich in russische Kriegsgefangenschaft begeben. Sie sollten »untergehen«, sei es durch die Hand des Feindes, durch Hunger, Kälte oder durch Selbstmord. In der Folgezeit unternahmen es die NS-Führer, die grausame Wirklichkeit des Massensterbens im Kessel von Stalingrad vor der deutschen Bevölkerung zu verbergen und es durch einen Heldenmythos zu verklären.[187]

Indem die NS-Propaganda das militärische Desaster von Stalingrad in den Rang eines Opfertodes von historischer Dimension erhob, begab sie sich in eine abstrakte, erhabene, vermeintlich höherwertige Welt.[188] Mit quasireligiösen Begriffen wie »heiliger Schauder«, »Ehrfurcht«, »Allmacht«, »Vorsehung« und »Glauben« betrieben Hitler, Göring und Goebbels schon damals eine systematische Strategie der Derealisierung.[189] Am besten lässt sich dies an der Rede Görings vom 30. Januar 1943, wenige Tage vor der endgültigen Kapitulation der Reste der 6. Armee, verdeutlichen, die von den noch lebenden deutschen Soldaten im Kessel von Stalingrad als ihre »eigene Leichenrede« interpretiert wurde. Göring griff auf zwei historische, längst mythologisch verklärte Ereignisse zurück, die wohl vielen Deutschen jener Zeit noch aus dem Schulunterricht bekannt waren. Die eine Geschichte spielte in der Zeit des griechischen Altertums. Eine Truppe von 300 Spartanern unter ihrem Führer Leonidas hatte sich im Jahre 480 v. Chr. an dem griechischen Küstenpass der Thermopylen von den Persern abschlachten lassen, sich also aufgeopfert, um einem höheren Kriegsziel zu dienen. Göring bewertete dieses »heroische Opfer« der Spartaner als Beispiel »höchsten Soldatentums«.[190] Des Weiteren erinnerte er an »ein gewaltiges Heldenlied von einem Kampf ohnegleichen« aus der deutschen Geschichte, nämlich den »Kampf der Nibelungen«: »Auch sie standen in einer Halle voll Feuer und Brand, löschten den Durst mit ihrem eigenen Blut, aber sie kämpften bis zum Letzten.«[191]

Hitler beförderte angesichts des unmittelbar bevorstehenden »Untergangs« der Reste der 6. Armee den ranghöchsten Offizier im Kessel von Stalingrad, Generaloberst Friedrich Paulus, zum Feldmarschall und würdigte ihn öffentlich als »den heldenhaften Verteidiger von Stalingrad«.[192] Mit der Beförderung verband Hitler die Erwartung, dass Paulus Selbstmord begehen und damit anderen Offizieren ein Beispiel dafür geben würde, was die nationalsozialistische Führung in Berlin von den Generälen einer besiegten deutschen Armee erwartete. Die im Kessel eingeschlossenen deutschen Generäle waren jedoch keineswegs geneigt, der Devise »Sieg oder Untergang« auch dann Folge zu leisten, wenn dadurch ihr eigenes Leben in Gefahr geriet. Hitler war außer sich, als er erfuhr, dass sich Paulus wenige Stunden nach seiner Beförderung zusammen mit zahlreichen Generälen und Stabsoffizieren hatte gefangen nehmen lassen.[193] In einem Gespräch mit Goebbels bekräftigte er noch einmal seinen Grundsatz, von »uns« werde man »niemals das Wort Nachgiebigkeit oder Kapitulation« hören.[194]

Der inszenierte Untergang von 1945: Propaganda und Strategie der Selbstvernichtung

In allen Phasen des Krieges hatte Hitler eine ziemlich genaue Vorstellung von der militärischen Lage. Er war über die realen Kräfteverhältnisse der Kriegsparteien, insbesondere die entscheidenden wirtschaftlichen Daten, jeweils gut unterrichtet. Zudem verfügte er »über ein modernes und komplexes Kriegsbild in gesamtgesellschaftlichen Zusammenhängen«.[195] Die Erkenntnis, dass der Krieg für Deutschland nicht mehr gewonnen werden konnte, war im Winter 1944/45 sowohl dem Führungspersonal des NS-Staates als auch dem »kleinen Mann« präsent. Aber diese Einsicht durfte nicht öffentlich geäußert werden. Wer es dennoch tat, riskierte, wegen »Wehrkraftzersetzung« mit dem Tode bestraft zu werden. Das heißt, wer seinen gesunden Menschenverstand betätigte, wurde kriminalisiert.[196]

Hinsichtlich der Propaganda und Strategie der NS-Führung liest sich der Verlauf der letzten Kriegsmonate wie eine Kopie der Stalingrad-Erfahrung in einer größeren Dimension: Wie einst die 6. Armee an der Wolga, so sollte jetzt die deutsche Nation insgesamt kämpfend untergehen. Am 19. März 1945 erklärte Hitler seinem Rüstungsminister Albert Speer: »Wenn der Krieg verloren geht, wird auch das deutsche Volk verloren sein. Es ist nicht notwendig, auf die Grundlagen, die das deutsche Volk zu seinem primitivsten Weiterleben braucht, Rücksicht zu nehmen. Im Gegenteil, es ist besser, selbst diese Dinge zu zerstören. Denn das Volk hat sich als das schwächere erwiesen, und dem stärkeren Ostvolk gehört ausschließlich die Zukunft. Was nach diesem Kampf übrig bleibt, sind ohnehin nur die Minderwertigen, denn die Guten sind gefallen.«[197]

Die nationalsozialistische Propaganda gab im Frühjahr 1945 die Parolen aus: »Sein oder Nichtsein!«, »Endsieg oder Untergang!« und »Siegen oder fallen!«.[198] Damit wurden die Deutschen mit der Vorstellung vertraut gemacht, dass es keinen Waffenstillstand und keinen Friedensschluss geben werde, sie stattdessen zum »fanatischen Durchhalten« bereit sein müssten. Die NS-Propaganda verfolgte jetzt die Strategie »Kraft durch Furcht«.[199] Das heißt, sie zeichnete die Gefahren, die den Deutschen im Falle einer militärischen Niederlage angeblich drohten, in denkbar dramatischer Weise. Eine der Behauptungen lautete, die Feindmächte wollten das deutsche Volk »ausrotten«. Dabei handelte es sich um eine gedankliche Übertragung der eigenen – also der deutschen – Vernichtungspolitik auf die alliierten Kriegsgegner.

Nicht nur in Worten, sondern auch in Taten fuhren Hitler und die ihm ergebene Wehrmachtführung nun den Kurs einer kompromisslosen Durchhaltepolitik. In der Schlussphase des Krieges galt der Befehl: »Wer zurückweicht, wird erschossen!«[200] Wehrmacht und Volkssturm wurden unter Androhung der Todesstrafe angewiesen, Städte und Dörfer »bis zum letzten Mann« und »bis zur letzten Patrone« zu verteidigen.[201] Der »Führerbefehl Nr. 11« vom 8. März 1944 verpflichtete die Kampfkommandanten »Fester Plätze«, sich äußerstenfalls vom Gegner einschließen zu lassen und keinesfalls aus eigener Entscheidung auszuweichen oder gar die Waffen zu strecken, sondern »bis zum Letzten zu halten«. Schließlich nahm der Befehl Hitlers vom 19. März 1945 über »Zerstörungsmaßnahmen im Reichsgebiet« – später als »Nero-Befehl« bezeichnet – auch die eigene Zivilbevölkerung, militärische Verkehrs-, Nachrichten-, Industrie- und Versorgungsanlagen sowie Sachwerte innerhalb des Reichsgebietes nicht mehr von den Folgen der Zerstörungs- und Vernichtungsmaßnahmen aus.[202]

Das Regime zwang in der Schlussphase des Krieges Alte und Jugendliche, ja selbst Frauen und Kinder, zu angeblich »freiwilligen« Kriegs- und Kriegshilfsdiensten. Die Militarisierung der nationalsozialistischen Volksgemeinschaft erlebte ihren Höhepunkt. Gleichzeitig wurde die Kriegführung selbst immer radikaler. Gegen alle Widerstände erzwangen die politischen und militärischen Spitzen des NS-Regimes die Fortsetzung des Krieges gegen eine personell und materiell erdrückende feindliche Übermacht. Sie riefen die Deutschen zum Hass gegen den Feind auf und forderten, ihn dort, wo er in das Reich eingedrungen war, »überall mit aller Unnachgiebigkeit und Unerbittlichkeit« zu bekämpfen, und zwar »bis zum letzten Atemzug« und »bis zur letzten Patrone«. Der Chef der NSDAP-Parteikanzlei und Reichsleiter Martin Bormann, Hitlers rechte Hand, gab die unmissverständliche Devise aus: »Siegen oder fallen!«[203]

Da und dort zeichneten sich trotz dieses Durchhalteterrors Auflösungserscheinungen ab.[204] Es gab Sabotage in der Rüstungsindustrie, desertierende Wehrmachtsoldaten, Offiziere, die nicht bereit waren, die Befehle zur Selbstzerstörung zu befolgen, die Städte, Dörfer und Kulturgüter zu retten versuchten. Es gab Frauen, die Deserteure versteckten und die zum Schutz ihrer Häuser und Dörfer weiße Fahnen heraushängten. Gegen diese »Defätisten« und Deserteure gingen Wehrmacht, SS und Justiz mit äußerster Brutalität vor, nämlich mit einer Vielzahl von Todesstrafen und willkürlichen Hinrichtungen.

Kämpfe »bis zur letzten Patrone« und Selbstmorde

Das letzte Dreivierteljahr des Zweiten Weltkriegs war für die Deutschen die mörderischste und zerstörerischste Phase des gesamten Krieges. Denn jetzt wurde an allen Fronten gegen eine feindliche Übermacht gekämpft. Die Amerikaner und die Briten eskalierten ihren Luftkrieg gegen deutsche Städte[205] und beschränkten ihre Bombenangriffe keineswegs auf militärische Ziele, sondern richteten sie auch gegen Wohngebiete, um die Kriegsmoral der Deutschen zu brechen und das NS-Regime auf diesem Umweg zur Kapitulation zu bewegen. Das gelang zwar nicht; aber eine deutsche Stadt nach der anderen sank in Schutt und Asche.

Gleichzeitig ging der Landkrieg in immer radikaleren Formen weiter. Die Folge war, dass in den zehn Monaten zwischen Juli 1944 und der Kapitulation der deutschen Wehrmacht am 8. Mai 1945 in Deutschland mehr Menschen durch Kriegseinwirkungen ums Leben kamen als in den fast fünf Jahren zuvor, also zwischen 1939 und 1944. In der Endphase fanden monatlich etwa 300 000 bis 400 000 Deutsche den Tod – Soldaten wie Zivilisten.[206] Von den etwa 5,3 Millionen Wehrmachtsoldaten, die während des Zweiten Weltkriegs ihr Leben verloren, fanden ungefähr 2,6 Millionen in dieser letzten Kriegsphase zwischen Juli 1944 und Mai 1945 den Tod. Soldaten wie Zivilbevölkerung wurden jetzt von der kriegerischen Gewalt eingeholt, welche die Wehrmacht seit 1939 durch ihre Überfälle auf die europäischen Nachbarstaaten entfesselt hatte. Insgesamt verloren im Zweiten Weltkrieg mehr als 50 Millionen Menschen das Leben, unter ihnen allein 27 Millionen Bürger der Sowjetunion, davon 10 Millionen Soldaten und 15 Millionen Zivilisten.[207] Anders in Deutschland: Von den 7 Millionen Deutschen, die im Zweiten Weltkrieg ums Leben kamen, waren etwa 5,3 Millionen Soldaten.

Die im Osten eingesetzten Soldaten der Wehrmacht wurden in sinnlosen Abwehrschlachten geopfert: »Nicht mehr kalkulierbare operative Planungen, sondern der fanatische Abwehrkampf bis zur Selbstvernichtung war Grundlage der Kriegführung geworden. Dass Truppen in bestimmten Lagen bis ›zum letzten Mann‹ kämpften, hat durchaus seine Tradition in der Kriegsgeschichte, dass jedoch eine Militärführung in aussichtsloser Lage die Substanz des eigenen Volkes aufs Spiel setzt, ist singulär.«[208] Bereits seit dem Herbst 1944 hatte die deutsche militärische Führung bestimmte Städte zu Festungen erklärt, die unter keinen Umständen preisgegeben werden durften und »bis zum letzten Mann zu verteidigen« waren.

Um diese Kampfweise am Beispiel der Festung Posen zu illustrieren: In der Hauptstadt des damaligen Warthegaus befanden sich im Januar 1945 etwa 150 000 Polen und 15 000 schlecht ausgebildete deutsche Soldaten. Als Zweifel aufkamen, ob Generalmajor Mattern die Festung »bis zum letzten Mann« verteidigen würde, löste der Befehlshaber des Ersatzheeres, Heinrich Himmler, ihn ab und ersetzte ihn durch den Obersten Gonell, der Garantie dafür zu bieten schien, dass eine Kapitulation nicht in Frage kam.[209] Entsatz oder Ausbruch waren daher die einzigen Rettungsmöglichkeiten für die von Truppen der Roten Armee eingeschlossenen deutschen Soldaten. Da das Führerhauptquartier keinen Ersatz sandte und Kapitulation und Ausbruch untersagte, kamen in den Endkämpfen um die Festung Posen mehr als zehntausend Soldaten ums Leben. Bevor Soldaten der Roten Armee seinen Gefechtsstand eroberten, tötete sich Oberst Gonell Ende Februar 1945 selbst. Das war die »Pflichterfüllung bis in den Tod«, wie Hitler sie sich vorstellte.[210]

Als die Festung Breslau am 9. Februar 1945 von der Roten Armee eingeschlossen wurde, stand dem Kommandanten eine etwa 46 000 Mann starke Truppe zur Verfügung, die sich aus Männern des Heeres, der Luftwaffe, der Kriegsmarine, des Volkssturms und der Hitler-Jugend zusammensetzte.[211] Obwohl ein Halten der Stadt unmöglich war, musste auch Breslau bis zur letzten Patrone verteidigt werden. Vor allem durch die Kampfführung unter dem deutschen Festungskommandanten Generalleutnant Niehoff verwandelte sich Breslau immer mehr in ein Trümmerfeld. In der Altstadt wurde Platz für eine Rollbahn freigesprengt, für deren Bau unzählige Menschenleben geopfert wurden. Als die Rote Armee Anfang April 1945 das Stadtzentrum in ein Flammenmeer verwandelte und ein Ausbruch der deutschen Verteidiger die einzig verbliebene Überlebenschance bedeutete, befahl Hitler wiederum: »Die Besatzung hat die Festung bis zum letzten Mann zu verteidigen.«[212] In den nun folgenden Kämpfen starben weitere 6000 deutsche Soldaten und eine unbekannte Zahl von Zivilisten. Entgegen den Befehlen Hitlers und des Generals Ferdinand Schörner übergab schließlich Niehoff am 6. Mai 1945 das, was von Breslau und seinen Verteidigern geblieben war, der Roten Armee. Der selbstmörderische Kampf in dieser Stadt hatte ungefähr 29 000 Soldaten und 80 000 Zivilisten das Leben gekostet. Von der Stadt selbst war nur »verbrannte Erde« geblieben. Am 15. April 1945, als einige der Festungen noch standhielten, ließ Hitler die Befehlshaber der Heeresgruppen fernschriftlich wissen: »Die Festungen Breslau, Glogau, Posen sind leuchtende

Beispiele deutschen Soldatentums und der Kraft entschlossener Führer.«[213]

Bekannt ist, dass die japanischen Streitkräfte in der Endphase des pazifischen Krieges sogenannte Kamikaze-Flieger als Selbstopferkommandos einsetzten.[214] Tatsächlich gab es ähnliche Kommandos 1945 auch in der deutschen Wehrmacht, besonders in der Luftwaffe.[215] Im Kampfgeschwader 200 wurden Freiwillige für den Totaleinsatz unter Aufopferung des eigenen Lebens ausgebildet. Einige Dutzend Soldaten sollen bei solchen Einsätzen ums Leben gekommen sein. Andere Militärpiloten stürzten sich mit ihren kleinen Flugzeugen auf feindliche Bomber, um sie durch Rammen zu beschädigen und dadurch zum Absturz zu bringen. Diese sogenannten Rammjäger hatten ebenfalls kaum eine Chance, mit dem Leben davonzukommen. In der deutschen Kriegsmarine wurden Ein-Mann-U-Boote eingesetzt, die ihr Ziel erreichen, aber nicht zurückkehren konnten. Die Zahl der Männer, die sich bei solchen Einsätzen selbst opferten, dürfte nicht sonderlich groß gewesen sein. Sie stehen gleichwohl für den Befund, dass es in Deutschland auch diese Facette des militärischen »Unterganges« gegeben hat, die gewöhnlich nur in Japan verortet wird.

Es ist nicht abschließend erforscht, wie viele NS-Führer, Waffen-SS-Generäle und Wehrmachtgeneräle bei Kriegsende Selbstmord begingen und so ihren ganz persönlichen Untergang gestalteten.[216] Bekannt ist immerhin, dass von den 43 NSDAP-Gauleitern, die am Ende des Krieges im Amt waren, sich 11 selbst das Leben nahmen, also jeder Vierte.[217] Suizid begingen auch führende Köpfe der Geheimen Staatspolizei, des Reichssicherheitshauptamts, etliche Höhere SS- und Polizeiführer (nämlich 7 von 47) und andere Angehörige der NS-Elite (ungefähr jeder Vierte).[218] Mit ihnen gingen den selbstzerstörerischen Weg in den Untergang auch eine beachtliche Zahl von Generälen der Wehrmacht, der Waffen-SS und der Polizei.[219] Eine Übersicht nennt 35 Generäle des Heeres, 6 Generäle der Luftwaffe, 8 Admirale der Marine, 13 Generäle der Waffen-SS und 5 Generäle der Polizei.[220] Besonders in den östlichen Regionen Deutschlands, die 1945 von der Roten Armee erobert wurden, machten viele verzweifelte Deutsche ihrem Leben selbst ein Ende. In dem Städtchen Demnin in Pommern beispielsweise sollen an dem Tag, an dem die Nachricht vom Tode Hitlers durch die Lautsprecher schallte, über 1000 Menschen sich selbst und ihre Familien getötet haben.[221] In Neubrandenburg gab es mindestens 600 Freitote, in Burg Stargard 120, in Neustrelitz 681, in Penzlin 230, in Tessin 107 und so weiter. Es wird berichtet, dass überall dort, wo die Rote Armee vorrückte, »eine beispiellose Selbstmordwelle entlang der Frontlinie« verlief.[222] Insgesamt sollen sich Zehntausende Deutsche während der letzten Kriegswochen das Leben genommen haben, Schuldige und Unschuldige, Nazi-Größen, Gestapo-Beamte und kleine Mitläufer, die zum Teil ihre Familien mit in den Untergang rissen. Manche Historiker sprechen gar von 100 000 Selbstmordfällen.[223]

Die Motive für diese Selbstmorde dürften ganz unterschiedlich gewesen sein: Angst vor Strafe durch die Kriegsgerichte der Alliierten, Einsicht in eigene Schuld wegen begangener Verbrechen, Furcht vor der Rache der feindlichen Soldaten, insbesondere der Russen, Angst vor Vergewaltigung oder Scham nach erfolgter Vergewaltigung, allgemeine Gefühle des Verlustes wegen des Todes des »Führers« und des Zusammenbruchs des nationalsozialistischen Staates, Perspektivlosigkeit.

Es ist Hitler, der NS-Führung und der willfährigen Wehrmachtelite also tatsächlich gelungen, einen Teil der deutschen Bevölkerung mit sich in den Untergang zu reißen.

Allerdings sind die Proportionen zu beachten: Die große Mehrzahl der fast 80 Millionen deutschen Menschen, ob uniformiert oder nicht, wurde nicht von dem propagierten Untergangspathos erfasst. Die im letzten halben Jahr des Krieges in Berlin, Hamburg und Nürnberg von der Wehrmachtpropaganda ermittelten Stimmungen lassen nicht erkennen, dass sich die Masse der Deutschen in dieser Kriegsphase von einer Lust am Untergang hätte leiten lassen. Vielmehr vermitteln sie den Eindruck, dass die Masse der Menschen in der existenziellen Notlage realistisch dachte und handelte. Sie setzten dem Untergangspathos der herrschenden Eliten ihren ausgeprägten Überlebenswillen entgegen.[224] Allerdings lähmte der extrem radikalisierte Militarismus der NS-Zeit zugleich jeden Ansatz zu einer Beendigung des Krieges »von unten«. Die auf einen totalen Krieg eingestimmte deutsche Gesellschaft hatte den Willen und die Kraft verloren, politisch wirksamen Widerstand gegen den Krieg zu mobilisieren.

Selbstzerstörung als Konsequenz des deutschen Militarismus?

Welchen Typ von Militarismus, so ist an dieser Stelle noch einmal bilanzierend zu fragen, hat der Nationalsozialismus hervorgebracht? Im NS-Staat wurde der frühere Dualismus von Politik und Militär aufgehoben.

Damit wurde die Verschmelzung der politischen mit der militärischen Sphäre in der Person des »obersten Soldaten« Hitler zu einem charakteristischen Merkmal dieses neuen Typs von Militarismus. Mit besagter Bündelung der Macht befand sich das NS-Regime allerdings nicht außerhalb der Tradition. Vielmehr handelte es im Denkhorizont der nationalistischen Militärtheorien, die im Deutschland der 20er Jahre entwickelt worden waren. Nicht anders verhielt es sich mit der Mobilisierungspolitik des Regimes. Als es sich anschickte, die ganze deutsche Nation – deren männlichen Teil fast ausnahmslos, den weiblichen mit gewissen Einschränkungen –, zu militarisieren und zu einer Kriegswaffe umzuschmieden, führte es ebenfalls Ideen der Militärplaner aus der Zeit der Weimarer Republik aus. Mit der rasanten personellen Aufrüstung in den Jahren 1933–1939 veränderte sich die Sozialstruktur des Militärs grundlegend. Der traditionell einflussreiche Militäradel konnte sich zwar noch in militärischen Spitzenpositionen halten, musste sich die übrigen Führungsstellen jedoch mit Offizieren aus allen gesellschaftlichen Schichten teilen. Insoweit wandelte sich die gesellschaftliche Rolle des Militärs. Durch die systematische Militarisierung der deutschen Gesellschaft wurde das Besondere des Militärs gleichsam zur Normalität für alle. Die Uniformierung der Nation brachte tendenziell eine Egalisierung mit sich. Mit Recht ist gesagt worden, die Wehrmacht sei das »nationalsozialistische Volksheer« gewesen. Es wurde zum Schmelztiegel der militarisierten Volksgemeinschaft. Die für den Militarismus typische Gewaltmentalität erfasste in der NS-Zeit nahezu die gesamte deutsche Gesellschaft. Zudem beherrschte ein nationalistisch und rassistisch eingefärbtes Freund-Feind-Denken die Nation.

Die gesamtgesellschaftliche Militarisierung lähmte den partiell vorhandenen Widerstandswillen in einer Weise, dass sich eine – mit dem Jahre 1918 vergleichbare – Massenbewegung gegen Hitler und den Krieg auch in der Schlussphase des Zweiten Weltkriegs nicht herausbilden konnte. Im Frühjahr 1945 unternahm das NS-Regime den historisch singulären Versuch, den im deutschen Militär, insbesondere in der Marine, seit dem 19. Jahrhundert tradierten Topos vom heroischen Untergang auf das ganze deutsche Volk anzuwenden. Die vom Regime propagandistisch und strategisch inszenierte Politik der Selbstzerstörung erreichte zwar nur Teile der Wehrmacht und der deutschen Bevölkerung. Den Überlebenswillen der großen Mehrheit vermochte sie nicht zu brechen. Gleichwohl wird man die bedingungslose Kapitulation der deutschen Wehrmacht am 8. Mai 1945 nicht nur als Folge des militärischen Sieges der Alliierten interpretieren dürfen. Sie war auch ein Symbol für die Selbstzerstörung des preußisch-deutschen Militarismus.

Bleibt zu fragen: Stellte diese neue Form des nationalsozialistischen Militarismus mit seiner Vernichtungs- und Selbstzerstörungspraxis eine Entartung älterer Entwicklungen dar, die für das preußisch geprägte Deutschland charakteristisch waren? Oder wird man in ihr die Konsequenz einer Entwicklung sehen können, in der militärische Gewalt immer radikaler eingesetzt und aus ihren bisherigen rechtlichen und moralischen Beschränkungen entlassen wurde? Wie gezeigt werden konnte, war das Denken in den Kategorien des heroischen Untergangs bereits seit dem frühen 19. Jahrhundert fester Bestandteil der militärischen Traditionen und der nationalistischen Literatur des Landes. Das nationalsozialistische Regime unternahm es dann, und das war das Neue, diese – durch sozialdarwinistisches Denken verschärften – selbstmörderischen Handlungsgesetze dem gesamten deutschen Volk aufzuzwingen. Somit liegt es nahe, in der 1945 staatlich inszenierten Politik der Selbstzerstörung eine im militärischen Denken der Deutschen bereits angelegte, aber erst unter dem Hypermilitarismus der NS-Zeit tatsächlich praktizierte Konsequenz dieses kriegerischen Systems zu sehen.

VI. Militarismus nach 1945 in Westdeutschland?

Die Geschichte des preußisch-deutschen Militarismus, so die verbreitete Deutung, endet im Jahre 1945 mit dem Zusammenbruch des hypermilitaristischen NS-Staates. Für diese Sicht spricht vieles: Nach der Kapitulation lösten die Siegermächte die bewaffneten Formationen des Hitler-Staates auf. Knapp zwei Jahre später erfolgte – durch das Gesetz Nr. 46 des Alliierten Kontrollrats vom 25. Februar 1947 – die formelle, staatsrechtlich verbindliche Auflösung des Staates Preußen.[1]

In den drei westlichen Besatzungszonen, aus denen 1949 die Bundesrepublik Deutschland hervorging – parallel dazu in der sowjetischen Besatzungszone die Deutsche Demokratische Republik (DDR) –, gab es ein ganzes Jahrzehnt lang (1945–1955) keine Militärorganisation. Dieser Zustand war in der deutschen Geschichte beispiellos. Der erste Bundeskanzler der Bundesrepublik Deutschland, Konrad Adenauer (CDU), brachte die Zäsur von 1945 mit der ihm eigenen Gabe zur sprachlichen Komprimierung komplexer politischer Vorgänge auf den Punkt, indem er sagte: »So viel Anfang war noch nie!«[2] Mit dieser Feststellung hat er vermutlich die Empfindungen der meisten Deutschen seiner Zeit getroffen. Der rückblickende Historiker darf sich allerdings von einem solchen Pathos des Neubeginns nicht blenden lassen. Wie die zeitgeschichtliche Forschung überzeugend herausgearbeitet hat, war in der Bundesrepublik noch in der ersten Hälfte der 50er Jahre ein rückwärts gewandtes politisches Meinungsklima vorherrschend. Der Historiker Norbert Frei stellte fest, in gewisser Weise habe »die nationalsozialistische Volksgemeinschaft damals ihre sekundäre Bestätigung« erfahren.[3]

1. Die »Ausrottung« des Militarismus als Kriegsziel der Alliierten

Bereits auf ihren Kriegskonferenzen legten die Alliierten ihr zentrales Kriegsziel fest. Es lautete, den »deutschen Militarismus und Nazismus« auszurotten. Die Regierungen der alliierten Siegermächte beschränkten die Verantwortung für den Zweiten Weltkrieg also nicht auf das politische Führungspersonal des NS-Staates, also auf Hitler, Göring, Goebbels oder Himmler, auch nicht auf die mehr als 3000 Generäle der Wehrmacht. Vielmehr nahmen sie das für Deutschland charakteristische System des Militarismus in den Blick. Im Übrigen tagten sie im Sommer 1945 nicht in Berlin, München oder Nürnberg, sondern in Potsdam, der symbolbeladenen Hauptstadt des preußischen Militarismus.[4] Dort hatte sich Hitler 12 Jahre zuvor, am 21. März 1933, dem »Tag von Potsdam«, demonstrativ mit der preußisch-deutschen Militärelite verbündet.[5]

Im Sprachgebrauch der Alliierten wurden die Begriffe Militarismus und Nazismus weitgehend synonym gebraucht. Im Potsdamer Abkommen vom 2. August 1945 heißt es: »Der deutsche Militarismus und Nazismus werden ausgerottet, und die Alliierten treffen […] Maßnahmen, die notwendig sind, damit Deutschland niemals mehr seine Nachbarn oder die Erhaltung des Friedens in der ganzen Welt bedrohen kann.«[6] Erst nach der Beseitigung dieser Übel werde Deutschland in der Lage sein, »sein Leben auf einer demokratischen und friedlichen Grundlage von neuem wieder aufzubauen«.[7]

Mit den Begriffen Demokratie und Frieden zeigten die Alliierten gleichzeitig ihre konstruktive politische Alternative auf. Die Politik der Alliierten in der Nachkriegszeit lässt erkennen, dass sie auf der Basis einer Militarismus-Theorie operierte, die sich durchaus auf der Höhe der Zeit befand. Sie sahen den Militarismus in seinen vielschichtigen strukturellen Zusammenhängen. Davon legen die »Politischen Grundsätze« des Potsdamer Protokolls vom 2. August 1945 ein markantes Zeugnis ab.[8] Sie lassen sich in sechs Punkten zusammenfassen:

1. »Völlige Abrüstung und Entmilitarisierung Deutschlands und die Ausschaltung der gesamten deutschen Industrie, welche für eine Kriegsproduktion benutzt werden kann, oder deren Überwachung.« Das bedeutete die Entmachtung von Wirtschaftseliten, die Festlegung von Produktionsgrenzen, Produktionskontrollen, Entflechtung, Dekartellisierung und eine gemäßigte Antitrustpolitik. Auch die Kriegsverbrecherprozesse gegen Wirtschaftsführer gehörten zu dieser Politik der wirtschaftlichen Entmilitarisierung.
2. Hinsichtlich der bewaffneten Formationen des NS-Staates wurde festgelegt: »Alle Land-, See- und Luftstreitkräfte Deutschlands, SS, SA, SD und Gestapo mit allen ihren Organisationen, Stäben und Ämtern, einschließlich des Generalstabes, des Offizierkorps, der Reservisten, der

Kriegsschulen, der Kriegervereine und aller anderen militärischen und halbmilitärischen Organisationen zusammen mit ihren Vereinen und Unterorganisationen, die den Interessen der Erhaltung der militärischen Tradition dienen, [werden] völlig und endgültig aufgelöst, um damit für immer der Wiedergeburt oder Wiederaufrichtung des deutschen Militarismus und Nazismus vorzubeugen.«

3. Des Weiteren wollten die Alliierten völlige Klarheit in der Kriegsschuldfrage schaffen und die Entstehung einer neuen Dolchstoßlegende verhindern: »Das deutsche Volk muss überzeugt werden, dass es eine militärische Niederlage erlitten hat und dass es sich nicht der Verantwortung entziehen kann für das, was es selbst dadurch auf sich geladen hat, dass seine eigene mitleidlose Kriegführung und der fanatische Widerstand der Nazis die deutsche Wirtschaft zerstört und Chaos und Elend unvermeidlich gemacht haben.«[9]
4. Auch im Hinblick auf die Behandlung deutscher Kriegsverbrecher sollte konsequenter als 1918/19 gehandelt werden: »Kriegsverbrecher und alle diejenigen, die an der Planung oder Verwirklichung nazistischer Maßnahmen, die Greuel oder Kriegsverbrechen nach sich zogen oder als Ergebnis hatten, teilgenommen haben, sind zu verhaften und dem Gericht zu übergeben.«[10]
5. Die für Militarismus und Nazismus verantwortlichen Eliten sollten »aus den öffentlichen und halböffentlichen Ämtern und von den verantwortlichen Posten in wichtigen Privatunternehmen« entfernt und durch Personen ersetzt werden, »welche nach ihren politischen und moralischen Eigenschaften fähig erscheinen, an der Entwicklung wahrhaft demokratischer Einrichtungen in Deutschland mitzuwirken.«[11]
6. Schließlich beschäftigte die Alliierten auch die deutsche Kriegsmentalität. Sie legten – unter maßgeblichem Einfluss der Amerikaner – ein Programm der »Umerziehung« (re-education)[12] fest: »Das Erziehungswesen in Deutschland muss so überwacht werden, dass die nazistischen und militaristischen Lehren völlig entfernt werden und eine erfolgreiche Entwicklung der demokratischen Ideen möglich gemacht wird.«[13]

Wir haben es also insgesamt mit einem breitgefächerten politischen Programm zur Entmilitarisierung und zur Demokratisierung Deutschlands zu tun. In einer Rundfunkansprache an die amerikanische Bevölkerung vom 9. August 1945 fasste der amerikanische Präsident Harry S. Truman die Prinzipien der Alliierten folgendermaßen zusammen: »Sie bemühen sich darum, Deutschland vom Militarismus zu befreien, der es so lange zu einem gefürchteten und verhassten Land machte und der es jetzt in ein vollkommenes Unglück gestürzt hat. Sie sollen den Nazismus, die Rüstung, die Kriegsindustrie, den gesamten deutschen Generalstab und seine militärische Tradition eliminieren.«[14]

Besonderes Interesse darf die Re-education-Politik der Angelsachsen beanspruchen, hatte sie sich doch mit dem Gesinnungsmilitarismus der Deutschen auseinanderzusetzen. Sie ging von der Überzeugung aus, dass das militaristische System die deutschen Menschen nicht erst seit 1933, sondern schon seit Generationen geformt hatte, wodurch die Deutschen zu einem aggressiven, gewalttätigen Volk geworden seien. Bei den Briten, aber nicht nur bei ihnen, herrschten Vorstellungen über den deutschen Nationalcharakter, die auf den Hang zum Militarismus, auf übertriebene Disziplin und Ordnung sowie auf Autoritäts- und Obrigkeitshörigkeit gegenüber »Vater Staat« abhoben.[15] »Das aggressive Herrschaftsstreben und der Untertanengeist der Deutschen stellten für die Beobachter jenseits des Kanals keineswegs einen Widerspruch dar, sondern zwei Seiten ein und derselben Medaille.«[16] Die Briten glaubten, »dass nicht der Nationalsozialismus, sondern der deutsche Hang zum Militarismus das eigentliche Erbübel sei«.[17] Daher müsse ein tiefgreifender Gesinnungswandel erreicht werden.

Es war die Überzeugung der Angelsachsen, dass das militaristische Denken die ganze deutsche Gesellschaft erfasst hatte und zu einem charakteristischen Strukturmerkmal der deutschen politischen Kultur geworden war. Aus diesem Grunde sahen sie es jetzt als eine zentrale Aufgabe an, die Kriegsmentalität des deutschen Volkes zu verändern und es zu einer friedlichen Gesinnung zu bewegen, um auf diesem Wege »ein Deutschland zu schaffen, das zu der Gesellschaft der friedlichen Nationen wieder zugelassen werden kann«.[18] Die Umerziehung wurde als eine »weithin psychologische« Aufgabe begriffen.[19] Die Umerziehungsgrundsätze fanden in der Folgezeit nicht nur im Schul- und Hochschulwesen, sondern auch in der Medienpolitik ihren Niederschlag.

Auch die Siegermacht Sowjetunion betrieb in ihrer Zone, der späteren Deutschen Demokratischen Republik (DDR), eine strikte Entmilitarisierungspolitik. Sie folgte der marxistisch-leninistischen Theorie insoweit, als hier der Schwerpunkt zunächst einmal auf die Entmachtung der wirtschaftlichen Eliten gelegt wurde, ohne dass darüber die politischen und militärischen vergessen worden wären.[20] Nach Ansicht der sowjetischen

Politiker und Militärs musste dem deutschen Militarismus in erster Linie seine sozioökonomische Basis entzogen werden. Dann würde sich die geistige und mentale Entmilitarisierung der Bevölkerung von selbst ergeben. Das heißt, dass sich die Sowjets für die Geistesverfassung und die Kriegsmentalität der Deutschen weniger interessierten als die Westmächte. Im Übrigen wird im Rückblick erkennbar, dass die Politik der Entmilitarisierung in der Sowjetischen Besatzungszone Deutschlands (SBZ) konsequenter durchgeführt wurde als in den Westzonen. Das betraf sowohl die Demontagepolitik als auch die Entfernung der gesellschaftlichen Eliten des NS-Staates aus dem öffentlichen Raum.

2. Wiederbewaffnung: »Neue Form, alter Geist«

Die Tatsache, dass es im ersten Nachkriegsjahrzehnt in Westdeutschland kein Militär gab, bedeutete nicht, dass das ehemalige Führungspersonal der Wehrmacht in dieser Zeit tatenlos geblieben wäre. Etwa 250 Angehörige der Wehrmachtelite arbeiteten jetzt als Kriegsgefangene in der »Historical Division« der US-Army. Auch die anderen Alliierten machten sich das Wissen der deutschen Kriegsspezialisten zunutze. In der Historical Division schrieben die deutschen Generalstäbler nicht nur ihre Erfahrungen im Krieg gegen die Rote Armee auf, sondern unternahmen auch den Versuch, den Amerikanern die Kategorien des totalen Krieges zu vermitteln, das heißt, sie für eine Strategie gegen die Sowjetunion zu gewinnen, in welcher dem massiven Einsatz von Atomwaffen eine entscheidende Bedeutung zukommen sollte.[21]

Der bald nach 1945 entstandene Kalte Krieg zwischen den ehemaligen Kriegsverbündeten USA und Sowjetunion ließ das Interesse der amerikanischen Politik an einer deutschen Wiederbewaffnung entstehen.[22] Aus der Sicht des deutschen Regierungschefs Konrad Adenauer ergab sich damit eine große politische Chance: Er konnte seine Bereitschaft zur Aufstellung deutscher Streitkräfte mit der Perspektive einer Souveränitätsgewinnung für den westdeutschen Teilstaat verbinden. Seit Dezember 1949 erfuhr die deutsche Bevölkerung aus dem Munde Adenauers von dem Aufrüstungsprojekt.[23] Seine Befürworter sahen sich jetzt genötigt, den Verdacht zu zerstreuen, dass es nunmehr zu einer Wiederbelebung der – gerade erst beerdigt geglaubten – militaristischen Traditionen kommen könnte. Um dem entgegenzuwirken, vermieden sie den Begriff der Remilitarisierung und verwendeten stattdessen den neutraler erscheinenden Begriff »Wiederbewaffnung«.[24] Er sollte Distanz zur Vergangenheit signalisieren und die Bedenken der Kritiker beschwichtigen.

Die innenpolitischen Gegner des Projekts, und das war in der ersten Hälfte der 50er Jahre eine deutliche Mehrheit der Bevölkerung der Bundesrepublik, fürchteten jedoch eben diese Remilitarisierung und verwendeten den Terminus daher auch ganz bewusst. Da er gleichzeitig in der gegen die Bundesrepublik gerichteten Propaganda der DDR und der Sowjetunion benutzt wurde, wurde der Begriff Militarismus weitgehend entwertet. In der Atmosphäre des Kalten Krieges der 50er Jahre erhielt er erneut die Funktion eines politischen Kampfbegriffs, die er bereits in seiner Entstehungsgeschichte in den 60er Jahren des 19. Jahrhunderts gehabt hatte.[25] Das aber führte dazu, dass er in der wissenschaftlichen Debatte fortan als politisch belastet galt – und für das nächste halbe Jahrhundert weitgehend aus dem Verkehr gezogen wurde. Auch in der politischen Sphäre wurde er als diffamierend empfunden und daher tabuiert.

In den Kreisen ehemaliger Wehrmachtoffiziere bezeichnete man als Ziel der Wiederbewaffnung übrigens die Aufstellung einer »neuen Wehrmacht«, die nur in die Fußstapfen der alten Wehrmacht der NS-Zeit zu treten brauche.[26] Diese Kontinuitätslinie wurde ganz unverblümt und bar jeder Selbstkritik gezogen. Als Kanzler Adenauer im Jahre 1950 Regierungsberater und Militärexperten in dem abgelegenen Eifelkloster Himmerod zusammenrief, hatten die ehemaligen Wehrmachtoffiziere Gelegenheit, ihre militärpolitischen Zukunftsvorstellungen zu entwickeln. Das Ergebnis der Beratungen wurde in der »Himmeroder Denkschrift« festgehalten, die später als die »Magna Charta der Bundeswehr« bezeichnet worden ist.[27] Sie sah eine angriffsfähige deutsche Massenarmee modernen Typs vor, deren Personal durch Allgemeine Wehrpflicht rekrutiert werden sollte.

Die ehemaligen Wehrmachtoffiziere wussten, dass die »neue Wehrmacht« nicht ohne das alte Personal aufgebaut werden konnte. Daher stellten sie jetzt politische Bedingungen für ihre Mitarbeit: Freilassung der als Kriegsverbrecher verurteilten Soldaten und öffentliche Ehrenerklärungen für die Angehörigen der Wehrmacht. So kam es, dass im Jahre 1951 zunächst der NATO-Oberkommandierende in Europa, der amerikanische General Dwight D. Eisenhower, und wenig später Bundeskanzler Konrad Adenauer unter dem Druck führender Vertreter der ehemaligen Wehrmachtelite solche Ehrenerklärungen tatsächlich abgaben. Allerdings sprach Adenauer die Wehrmacht nicht pauschal frei, sondern beschränkte die Entlastung auf jene Soldaten »die sich nichts hatten zuschulden kommen lassen«.[28] Für die ehemalige Wehrmacht-Elite war damit die Phase der Demütigungen und der fehlenden beruflichen Perspektiven im Wesentlichen vorbei. Sie hatten wieder »Oberwasser«.

Die Siegermächte – in diesem Falle die westlichen –, die 1945 angetreten waren, den deutschen Militarismus »für alle Zeiten auszurotten«, schlossen also schon wenige Jahre später ihren Frieden mit den wichtigsten Repräsentanten eben dieses Militarismus. Ehemalige Wehrmachtoffiziere durften nun im Auftrage der Regierung Adenauer die »neue Wehrmacht« planen. Sie wurde erst 1956 offiziell in »Bundeswehr« umgetauft.[29] Die bis zum Jahre 1957 ernannten 44 Generäle und Admirale stammten sämtlich aus der Wehrmacht, überwiegend aus dem Generalstab des Heeres. Im Offizierkorps befanden sich 1959 unter 14900 Berufssoldaten 12360 Wehrmachtoffiziere sowie 300 aus dem Führerkorps der SS.[30] Diese personelle Kontinuität stellte für das Innenleben der Bundeswehr eine schwere Belastung dar, wie sich in der Folgezeit erweisen sollte.

Die Tatsache, dass auch einem Ausländer, nämlich dem amerikanischen General und späteren US-Präsidenten Eisenhower, eine Ehrenerklärung für die Wehrmacht abverlangt wurde, verweist zugleich auf die neue außenpolitische Konstellation, die man durchaus als revolutionär bezeichnen kann, nämlich die Internationalisierung der deutschen Militärpolitik nach 1945.[31] Eine nationale deutsche Armee hätte nach dem Zweiten Weltkrieg niemals die Zustimmung der Siegermächte gefunden. Das westdeutsche Kontingent sollte entweder in ein westeuropäisches oder in ein atlantisches Bündnis eingebettet werden und damit dem Oberkommando der Alliierten unterstellt bleiben. Die Nationale Volksarmee (NVA) der DDR wurde auf ähnliche Weise in das östliche Militärbündnis eingebunden. Die Internationalisierung des Bundeswehr blieb auch in der Folgezeit ein tragender Pfeiler der bundesdeutschen Militärpolitik. Sie trug dazu bei, die national-militaristischen Tendenzen in der Bundeswehr, die es zumindest noch bis in die 70er Jahre hinein gegeben hat, zu domestizieren.

Innenpolitisch hing alles von den Strukturen ab, in welche die »neue Wehrmacht« eingebunden wurde. Wesentliche Weichenstellungen hatten im Jahre 1949 bereits die Mütter und Väter des Grundgesetzes der Bundesrepublik Deutschland vorgenommen. Der Verfassungsgeber hatte in der Präambel des Grundgesetzes das Friedensgebot als vorrangiges Staatsziel festgeschrieben und sich damit von der kriegerischen Vergangenheit des

Deutschen Reiches eindeutig distanziert. Weiterhin hatte er einen Katalog von Grundrechten in die Verfassung aufgenommen, darunter – zweifellos als Antwort auf den Hypermilitarismus der NS-Zeit – das Recht auf Kriegsdienstverweigerung. Schließlich war die Vorbereitung eines Angriffskrieges verfassungsrechtlich verboten worden.

Als die deutsche Politik dann Mitte der 50er Jahre daranging, die neuen Streitkräfte in der Verfassung zu verankern und die dazugehörigen Wehrgesetze auszugestalten, achtete sie streng darauf, dass eine mit dem demokratischen Staat kompatible Struktur gefunden wurde. Den Primat der Politik schrieb der Gesetzgeber dadurch fest, dass er die oberste »Befehls- und Kommandogewalt« dem Bundeskanzler beziehungsweise dem Bundesverteidigungsminister vorbehielt. Der für die Bundeswehr zuständige Minister war dem Parlament in vollem Umfang rechenschaftspflichtig, was im Hinblick auf das früher gegenüber der Öffentlichkeit abgeschottete Innenleben der Streitkräfte von großer Bedeutung war.[32] Die Bundeswehr sollte ein Parlamentsheer sein. Um diesen Anspruch zu unterstreichen, bestellte der Deutsche Bundestag eigens einen Wehrbeauftragten aus den Reihen der Abgeordneten, an den sich beschwerdeführende Bundeswehrangehörige wenden konnten. Nach der Konzeption des Militärreformers Wolf Graf von Baudissin wurde der Soldat jetzt »Staatsbürger in Uniform« mit Pflichten und Rechten, die im Soldatengesetz festgeschrieben wurden.[33] Er hatte das aktive und das passive Wahlrecht. Soldatenschinderei und Kadavergehorsam sollte es nicht mehr geben. Vom einzelnen Soldaten wurde verlangt, dass er einem Befehl, der ein Vergehen oder Verbrechen beinhaltete, nicht gehorchte.

Insgesamt schuf die Politik damit einen strukturellen Rahmen, der Gewähr dafür zu bieten versprach, dass sich einige der Fehler der militaristischen Vergangenheit nicht wiederholten. Insbesondere sollten die Berufsmilitärs nicht wieder ein von der Gesellschaft losgelöstes Eigenleben führen können. Kontrolle war nötig, da die Gesinnung der Offiziere auch weiterhin großenteils von der Wehrmacht geprägt blieb. Also: »Neue Form, alter Geist.«[34] Hier war eine Ambivalenz angelegt, welche die Geschichte der Bundeswehr und der deutschen Militärpolitik über mehrere Jahrzehnte hinweg prägen und belasten sollte.

3. Militaristische Tendenzen in der Bonner Republik

Nachdem der Begriff Militarismus um die Mitte der 50er Jahre aus dem politischen Sprachgebrauch Westdeutschlands verschwunden war, begannen kritische Beobachter das Gemeinte mit Begriffen wie »restaurativer Traditionalismus«, Rückwärtsgewandtheit und Ähnlichem zu umschreiben.[35] Einige ehemalige Generäle entwickelten bereits während der Nürnberger Kriegsverbrecherprozesse eine kompakte Strategie zur Entlastung der Wehrmacht, die sich in der Folgezeit Millionen ehemaliger Soldaten zu eigen machten, und nicht nur diese. Sie zeichneten das Bild von einer Wehrmacht, die einen rein militärischen Krieg geführt habe, mit den Verbrechen der SS nicht in Berührung gekommen und Hitler gegenüber in Opposition gestanden sei.[36] Immer wieder unternahmen sie es, die militaristischen Traditionen durch die Beschwörung angeblich zeitloser soldatischer Tugenden in die Gegenwart hinüberzuretten und in die Bundeswehr zu integrieren.

Die meisten Offiziere taten sich, wie schon in den Jahren der Weimarer Republik, generell schwer damit, den demokratischen Staat aus Überzeugung zu akzeptieren.[37] Demokratie hatten sie nie »gelernt«, sondern lediglich deren Unvereinbarkeit mit der militärischen Formenwelt, und gleichzeitig hatten sie selbst erlebt, dass die Wehrmacht als williges Werkzeug, ja als »stählerner Garant« der nationalsozialistischen Diktatur fungiert hatte.[38] Ihre Sozialisation mag man exemplarisch an der Biographie des Generals Adolf Heusinger ablesen, dem ersten Generalinspekteur der Bundeswehr.[39] Geboren 1897, hatte er dem Kaiser gedient, auch im Weltkrieg 1914–1918, dann widerstrebend der Weimarer Republik, hatte es schließlich in Hitlers Wehrmacht bis zum Generalleutnant gebracht, und zwar in den Kriegsjahren 1940–1944 in der bedeutenden Funktion des Chefs der Operationsabteilung im Oberkommando des Heeres. Er hatte jahrelang neben Hitler am Kartentisch gestanden und den Vernichtungskrieg im Osten planend begleitet. Heusinger wusste natürlich genau, dass sich die Wehrmacht unter dem Deckmantel der »Bandenbekämpfung« an der »systematischen Reduzierung des Slawen- und Judentums« beteiligt hatte.[40] Nun also, im vierten Staat, der ihm auf seinem Lebensweg begegnete, wurde der flexible Mann oberster Soldat der Bundeswehr in einer von Kanzler Adenauer autoritär regierten Demokratie, die in Militärkreisen gerne – im Tone der Anerkennung – als »Demokratur« bezeichnet wurde.

Zu den militaristischen Tendenzen, die im Militär der Bonner Republik fortlebten, gehörte das sogenannte »Sui-generis«-Denken, also der Anspruch des Militärs, wie zuvor im Kaiserreich und in der NS-Zeit eine gesellschaftlich herausgehobene Position einzunehmen.[41]

Dagegen drückte Kanzler Adenauer 1954 im Deutschen Bundestag einen ganz anders lautenden Konsens der demokratischen Parteien aus. Er erteilte den militaristischen »Sui-generis«-Ideen eine klare Absage, indem er ausführte: »Der Militarismus ist tot.« Nie wieder werde es die »zentrale Stellung« eines ambitionierten Offizierkorps vergangener Zeiten geben. Das »Soldatsein« sei ein Beruf, der »gleich geachtet neben anderen steht«.[42]

Das Weiterwuchern militaristischer Tendenzen war mit diesem Diktum allerdings noch lange nicht unterbunden. Es zeigte sich in charakteristischer Weise bei der Namensgebung von Kasernen und anderen militärischen Anlagen. Die militärische Führung griff in der Aufbauphase der Bundeswehr bedenkenlos auf Namensvorschläge zurück, die schon 1937/38 auf Weisung Hitlers zusammengestellt worden waren. Obwohl unter diesen Offizieren Antisemiten, bekennende Nationalsozialisten und Kriegsverbrecher waren, bedurfte es hernach jahrzehntelanger Kämpfe von Aktivisten der Zivilgesellschaft, um diese im Dienste einer militaristischen Tradition stehende Namensgebung wieder rückgängig zu machen.[43]

An militaristische Zeiten, in denen die Gewerkschaften zu den »inneren Feinden« gerechnet wurden, erinnerte auch die Reaktion führender Bundeswehr-Generäle auf den »Gewerkschaftserlass«, den Bundesverteidigungsminister Kai-Uwe von Hassel (CDU) am 1. August 1966 herausgab. Er gestattete es den Gewerkschaften, in den Kasernen Mitglieder zu werben, und schuf damit ein weiteres Stück demokratischer Normalität. Hiergegen mobilisierten hohe Offiziere politischen Widerstand, angeführt vom Generalinspekteur der Bundeswehr, Heinz Trettner, und dem Inspekteur der Luftwaffe, Werner Panitzki. Die in der Öffentlichkeit als »Generalskrise« wahrgenommene Affäre endete damit, dass Trettner und andere Generale aus Protest von ihren Ämtern zurücktraten.

Den nächsten Eklat produzierte der stellvertretende Heeresinspekteur, General Hellmut Grashey, der schon zuvor mit völkischen Äußerungen aufgefallen war, als er im Jahre 1969 in einer an der Führungsakademie der Bundeswehr in Hamburg gehaltenen Rede die decouvrierende Forderung stellte, die Bundeswehr müsse die »Maske« der »Inneren Führung«, hinter der sie sich allzu lange habe verstecken müssen, nun endlich ablegen.[44] Das hieß: Sie müsse ihr wahres Gesicht zeigen, nämlich ihre nie aufgegebene

Ausrichtung am Vorbild Wehrmacht und ihre innere Distanz zu den demokratischen Militärreformen der 50er Jahre.

Im Juni desselben Jahres bekam die Öffentlichkeit Kenntnis von einer Denkschrift des Heeresinspekteurs, General Albert Schnez, in der Forderungen enthalten waren, die auf nichts Geringeres als eine Restauration alter militaristischer Strukturen hinausliefen. Schnez stellte den Primat der Politik in Frage, indem er zu bedenken gab, dass die Demokratie für das Militär nur »ohne übertriebene parlamentarische Kontrolle« akzeptabel sei. Sein militaristisches Credo mündete in die Forderung, die Bonner Republik brauche eine »Umformung der zivilen Gesellschaft an Haupt und Gliedern« nach militärischem Vorbild.[45] Der neue Verteidigungsminister Helmut Schmidt (SPD) erkannte damals die Gefahr einer neuerlichen Entwicklung der Bundeswehr zu einem »Staat im Staate«. Im Weißbuch 1970 mahnte er daher in dringlichen Worten: »Wenn sich die Bundeswehr den vorherrschenden Wertvorstellungen und Verhaltensweisen der zivilen Gesellschaft entzieht, läuft sie Gefahr, sich von der Gesellschaft wegzuentwickeln. Es ist notwendig, dass das Militär Wertvorstellungen und Verhaltensweisen der Gesellschaft verwirklicht.« Daher sei es, so Schmidt noch 15 Jahre nach der Gründung der Bundeswehr, eine vordringliche politische Aufgabe, die Streitkräfte unzweideutig »in das Gefüge von Verfassung und Staat« einzuordnen.[46]

Als Ergebnis kann festgehalten werden, dass es lange Zeit im Offizierkorps der Bundeswehr der Bonner Republik die zwar nicht durchgängige, aber doch vorherrschende Tendenz gab, sich an den Traditionen vor 1945 zu orientieren. Von einem vollständigen Bruch mit dem Militarismus, dessen Existenz in diesen Kreisen ohnehin geleugnet wurde, wollte man in der Bundeswehr weithin kaum etwas wissen. Erst vor diesem Hintergrund kann die enorme politische Bedeutung der Internationalisierung des deutschen Militärs einerseits und seiner konsequenten Einbindung in die Strukturen des demokratischen Staates andererseits angemessen gewürdigt werden.

4. Mentalitätswandel: Vom Militarismus zur zivilen Gesellschaft

In der westdeutschen Gesellschaft insgesamt vollzogen sich nach dem Zweiten Weltkrieg vergleichsweise positivere Wandlungen. Sowohl bei den deutschen Politikern, mehr noch in breiten Schichten der deutschen Bevölkerung, fand in den Jahrzehnten nach 1945 ein großer Lernprozess in Sachen Frieden statt. Er war keineswegs gradlinig und auch kein Selbstläufer. Wer die Entwicklung studiert, wird erkennen, dass dieser Prozess stets von Rückfällen bedroht war. Das bedeutete, dass jeder einzelne Schritt innergesellschaftlich und innenpolitisch erkämpft werden musste, nicht anders, als dies in früheren Phasen der deutschen Geschichte der Fall gewesen war.[47] Mit einem entscheidenden Unterschied allerdings: Erstmals waren in diesem innenpolitischen Ringen jetzt die Anhänger des militaristischen Denkens in der Minderheit und die Befürworter der Leitgedanken Frieden und Zivilität in der Mehrheit. Offensichtlich handelte es sich dabei auch nicht um eine temporäre Erscheinung. Vielmehr schien sie auf Kontinuität und Unumkehrbarkeit hin angelegt zu sein. Abzulesen war diese Entwicklung insbesondere an einem Mentalitätswandel der Deutschen, das heißt, an einer Zivilisierung der Einstellungsmuster, Verhaltensweisen und Umgangsformen – von der Abschaffung der Prügelstrafe über die Demontage alter Autoritäten bis hin zur zunehmenden Tolerierung der Kriegsdienstverweigerung.[48] Erstmals in der jüngeren deutschen Geschichte sahen die Eliten in Staat und Gesellschaft den Krieg nicht mehr generell als normales Mittel der Politik an. Sie anerkannten jetzt den Frieden als politische Norm. Bei den deutschen Außenpolitikern vollzog sich ein Umdenken hin zu einer Relativierung der Rolle des Nationalstaats, zur Befürwortung internationaler Verflechtungen, zum Denken in Kategorien einer europäischen Friedensordnung und zu transatlantischer Kooperation – dies alles allerdings bei gleichzeitiger Rückversicherung in einer militärischen Politik der Stärke.[49] Die westdeutschen Sicherheitseliten stellten sich, anders als in der Weimarer Zeit, der Zivilisierung der Gesellschaft zumindest nicht geschlossen in den Weg und trugen auf diese Weise wenigstens indirekt dazu bei, dass sich eine Friedensordnung entwickeln konnte.[50]

Von wahrscheinlich zentraler Bedeutung war die Erfahrung der Bürger der Bundesrepublik, dass es für ein Leben in Sicherheit und Wohlstand keines kriegerischen Kampfes um einen »Platz an der Sonne«, um ein ausbeutbares Kolonialreich in Europa oder Übersee bedurfte, wie es zuvor fast ein Jahrhundert lang den Menschen in Deutschland von den herrschenden Eliten vorgegaukelt worden war. Die 50er Jahre, gepriesen als die Zeit des »Wirtschaftswunders«, führten jedermann vor Augen, dass sich der Frieden »lohnte«, dass in ihm Wohlstand produziert und Rechtssicherheit garantiert werden konnten.[51] Die positiven Seiten der Abwesenheit von Krieg wurden jetzt für jedermann erlebbar.

Gesellschaftliche Lernprozesse wurden vorangetrieben durch die Studentenrevolte von 1968, die Proteste gegen den Vietnamkrieg sowie durch die Entspannungspolitik der sozialliberalen Regierung in den 70er Jahren. Jetzt vollzog sich in der Bundesrepublik ein breitangelegter Wertewandel, der bereits deutliche Kennzeichen einer Friedenskultur aufwies.

Zusammenfassend lässt sich im Hinblick auf die Bonner Republik (1949–1989) feststellen: Anders als nach dem Ersten Weltkrieg vermochte es nach dem Zweiten eine Mehrheit der westdeutschen Gesellschaft, sich von der militaristisch geprägten Vergangenheit zu lösen und zu neuen Ufern aufzubrechen. In einem sich über mehrere Jahrzehnte hinweg erstreckenden Prozess entwickelte sich in der Bundesrepublik Deutschland eine zivile Gesellschaft, die sich durch Friedfertigkeit auszeichnete und auch international so wahrgenommen wurde.[52] Gleiches gilt für den Versuch der Demokratisierung, der in der Weimarer Republik fehlgeschlagen war. Er verlief beim zweiten Anlauf erfolgreicher. Der deutsch-amerikanische Zeithistoriker Konrad Jarausch, der sich mit den politischen und gesellschaftlichen Wandlungen in der Bonner Republik zwischen 1945 und 1995 – also in der Zeit vom Ende des Zweiten Weltkrieges bis zur Wiedervereinigung der beiden deutschen Staaten – beschäftigt hat, zog in seinem 2004 veröffentlichten Buch »Die Umkehr« das folgende positive Resümee: »Nach Weltkrieg und Holocaust scheint heute erreicht, was undenkbar war: Deutschland ist ein Musterbeispiel für eine gelungene Demokratisierung und eine Nation unter Gleichen.«[53] Ein anderer Historiker, der Heidelberger Zeitgeschichtler Edgar Wolfrum, beschreibt die Geschichte der Bundesrepublik Deutschland ebenfalls als eine Erfolgsgeschichte und spricht von einer »geglückten Demokratie«.[54]

An dieser Entwicklung hin zur Akzeptanz von Demokratie und Frieden haben viele politische und gesellschaftliche Kräfte in unterschiedlicher Weise mitgewirkt: direkt nach dem Kriege die westlichen Besatzungsmächte, sodann die Regierungen jener europäischen Staaten, die trotz der Erfahrungen in den Jahren des Krieges bereit waren, mit dem Bonner Staat zusammenzuarbeiten, sodann die Regierungen und das Parlament der

Bonner Republik selbst und – in besonderer Weise – die breite außerparlamentarische Friedensbewegung, die jede Remilitarisierung bekämpfte und für einen entschiedeneren friedenspolitischen Kurs eintrat, sowie nicht zuletzt die Millionen deutscher Menschen, die bereit waren, aus dem »Zeitalter der Extreme« zu lernen, dass sich Diktatur, Krieg und Verbrechen nicht wiederholen durften.[55]

Im Rückblick betrachtet, stellt die Abkehr der Deutschen von dem Kernstück aller kriegerischen Machtpolitik, nämlich dem Glauben, der Krieg sei gleichsam ein Naturgesetz, das man fatalistisch hinnehmen müsse, einen großen Schritt nach vorn dar. Damit wurden wesentliche Voraussetzungen für die Distanzierung von der überkommenen kriegerischen Kultur und für die allmähliche Ausbildung einer Friedenskultur geschaffen.

5. Neue Entwicklungen im Zeitalter der Globalisierung

Mit dem Zusammenbruch der Sowjetunion und dem Ende des Ost-West-Konflikts am Ausgang der 80er Jahre des 20. Jahrhunderts löste sich die Feindkonstellation aus der Zeit des Kalten Krieges auf. Die Epoche der ökonomischen Globalisierung begann. Günstige internationale Bedingungen und eine friedliche Revolution im Innern führten zum Ende der DDR. Nach dem Fall der Mauer kam es am 3. Oktober 1990 zur Wiedervereinigung der beiden deutschen Staaten zu den Bedingungen des Bundesrepublik Deutschland. Die Nationale Volksarmee (NVA) der DDR wurde abgerüstet. Auch die Bundeswehr erlebte zu Beginn der 90er Jahre eine drastische Verminderung von Personal und Gerät. Diese Entwicklung signalisierte allerdings keine Delegitimierung des Militärs in einer friedlicher gewordenen Welt, sondern lediglich eine neue politische und strategische Ausrichtung der deutschen Streitkräfte.

Führende deutsche Militärs hatten die 1989/90 eingetretenen Veränderungen schon einige Jahre zuvor antizipiert und sich darüber Gedanken gemacht, wie es in einem befriedeten europäischen Kontinent mit den deutschen Streitkräften weitergehen könnte und sollte. Der seit 1955 geltende Verteidigungsauftrag war überholt, was nun? Welche Aufgaben sollten die Streitkräfte des geeinten und souverän gewordenen zweiten deutschen Nationalstaates erhalten? Die Antwort auf diese Frage ergab sich aus gemeinsamen amerikanischen und deutschen Interessen. Nach dem Zusammenbruch der Sowjetunion waren die USA als einzige Supermacht übrig geblieben, was ihren machtpolitischen Einfluss naturgemäß ins potenziell Grenzenlose steigerte. In dieser Situation bot der amerikanische Präsident George Bush d. Ä. Deutschland eine »partnership in leadership« an. Das konnte nur heißen, dass das machtpolitisch aufgewertete Deutschland sich nun auch weltpolitisch engagieren sollte. Von den deutschen Militärs wurde dieses Angebot sogleich als Chance der Existenzsicherung und der zukunftsträchtigen Neuausrichtung interpretiert.

Im Gefolge dieser grundlegenden Weichenstellung gab Deutschland seit den frühen 90er Jahren seine bis dahin auf dem Gebiet der Außenpolitik geübte »Kultur der Zurückhaltung« auf. Dies geschah nicht plötzlich, durch eine einmalige Entscheidung, sondern in einem mehrjährigen Prozess, in dessen Verlauf die handelnden Politiker auf die friedfertige Grundeinstellung der deutschen Bevölkerung Rücksicht zu nehmen hatten. Die Bundeswehrpropaganda jener Jahre arbeitete mit Vokabeln wie »Helfen, retten, schützen, bewahren«. Gleichzeitig vermied sie strikt negativ besetzte Begriffe wie Krieg, Töten und Sterben.[56] Damit suggerierte sie der Bevölkerung, es gehe bei den künftigen Militäraufgaben lediglich um humanitäre Hilfsaktionen, schlimmstenfalls um »robuste Einsätze« zur Friedenserzwingung. Diese beschönigende Sprachstrategie kann man als einen mittelbaren Beweis für die am Wert Frieden orientierte Mentalität der Gesamtgesellschaft lesen.

Intern gab ein Bundeswehrgeneral jetzt allerdings ganz ungeschützt zu erkennen, was viele in seinem Milieu dachten, nämlich: »Der Krieg ist der Ernstfall!«[57] Endlich konnte man das – in diesen Kreisen seinerzeit mit Empörung quittierte – Diktum des vormaligen Bundespräsidenten Gustav W. Heinemann (SPD), »der Frieden ist der Ernstfall«, umkehren und an die kriegerischen Traditionen anknüpfen: »Auf die Kriegstüchtigkeit der Bundeswehr hin ist also alles auszurichten, Ausbildung, Ausrüstung und Struktur. Ethos, Erziehung, Sinnvermittlung und Motivation müssen sie mit einschließen [...].«[58] Die Bundesregierung Helmut Kohl (CDU) mit ihrem Verteidigungsminister Volker Rühe (CDU) und dem unermüdlich eine neue Militärpolitik einfordernden Generalinspekteur der Bundeswehr, Klaus Dieter Naumann, waren es, die in den 90er Jahren eine »Salamitaktik« anwandten, um die deutsche Bevölkerung allmählich an die Vorstellung zu gewöhnen, dass nun wieder deutsche Soldaten nicht nur im Bündnisgebiet, sondern auch außerhalb desselben (»out of area«) eingesetzt werden konnten.[59]

Am ausgeprägten Friedenswillen der deutschen Gesellschaft hat dieser Politikwechsel allerdings nichts zu ändern vermocht. Die Massendemonstrationen in Deutschland gegen den – von der UNO legitimierten – Golfkrieg von 1991 sowie gegen den Irak-Krieg von 2003, geführt von einer »Koalition der Willigen« unter der Leitung der USA und Großbritanniens, legten davon ein beredtes Zeugnis ab. Auf der anderen Seite muss man sehen, dass die deutsche Gesellschaft gegen die Preisgabe zurückhaltender Außenpolitik auch nicht grundlegend aufbegehrte, sondern dass sie sich die neue Militärpolitik hat gefallen lassen. Weder der Deutsche Bundestag noch die deutsche Öffentlichkeit haben eine wirkliche Grundsatzdebatte über die Notwendigkeit und die Gefahren dieses Politikwechsels gefordert oder gar erzwungen.

Das Bundesverfassungsgericht reagierte auf die neuen Herausforderungen in der Weise, dass es in seiner Entscheidung vom 12. Juli 1994 Militäreinsätze in aller Welt für zulässig erklärte. Damit wurde der im Grundgesetz festgeschriebene Begriff der Landesverteidigung überdehnt, ja nahezu vollständig ausgehöhlt. Im Sinne des allgemeinen Friedensgebots in der Präambel des Grundgesetzes, des Verbots des Angriffskrieges und der Verpflichtung auf das friedenssichernde Völkerrecht hätte es im Ermessen der Richter gelegen, auch eine andere Entscheidung zu treffen.[60] Schließlich gab es keine zwingende Notwendigkeit, die Kultur der Zurückhaltung preiszugeben, wenn auch der internationale Druck auf die deutschen Außen- und Sicherheitspolitiker nicht unterschätzt werden sollte, sich in die auch vom Militär geprägte Weltordnung einzufügen. Mit ihrer Entscheidung knüpften die Verfassungsrichter im Übrigen an ältere machtstaatliche Traditionen der deutschen Justiz an.[61]

Im Gefolge dieser weitreichenden Legitimierung deutscher Militäreinsätze »out of area« kam es im Jahre 1999 zum ersten Kriegseinsatz deutscher Soldaten seit 1945. Unter der politischen Verantwortung der seinerzeit amtierenden rot-grünen Bundesregierung (Kanzler Gerhard Schröder, Außenminister Joseph Fischer, Verteidigungsminister Rudolf Scharping) beteiligten sich deutsche Piloten am – moralisch umstrittenen und zudem völkerrechtswidrigen – Angriffskrieg gegen die Bundesrepublik Jugoslawien, dem sogenannten Kosovo-Krieg.[62] Dies war ein Präzedenz- und Sündenfall zugleich. Wenig später erklärte Bundeskanzler Schröder (SPD) seinen Landsleuten, eine »Enttabuierung des Militärischen« in der deutschen Außenpolitik sei angesagt.[63] Damit war nicht etwa gemeint, dass sich die Deutschen an die Existenz von Militär im eigenen Lande gewöhnen sollten.

Vielmehr wollte Schröder deutlich machen, dass die Bundeswehr künftig ein normales Instrument der deutschen, weltweit operierenden Außenpolitik sein würde: »Armee im Einsatz«. Verteidigungsminister Peter Struck (SPD) prägte schließlich ein Jahr später die markante Positionsbestimmung, die Sicherheit der Bundesrepublik werde heute »auch am Hindukusch« verteidigt, also potenziell überall in der Welt.[64]

Die Normalisierung des Militärischen als Mittel der deutschen Außenpolitik stellte den Kernpunkt des Veränderungswillens jener Politiker und Militärs dar, die seit der deutschen Wiedervereinigung 1990 von der »Neuen Normalität« und der »gewachsenen Verantwortung« Deutschlands sprachen, die es zu gestalten gelte. Nicht wenige Politiker und Militärs wollten nun das geeinte und souveräne Deutschland in der Tradition des ersten deutschen Nationalstaats (1871–1945) sehen, zumindest was seinen machtpolitischen Aktionsradius angeht. Die Geschichte der Bonner Republik mit ihrer »Machtvergessenheit«[65] erschien aus dieser Perspektive als ein Sonderweg, den man beenden musste.[66] Führende Militärs wollten weg von der defensiven Behutsamkeit und hin zu machtstaatlicher Betätigung weltweit. Bereits in den »Verteidigungspolitischen Richtlinien« des Ministers Volker Rühe vom November 1992 ist von nationalen »deutschen Interessen« und vom »ungehinderten Zugang zu Märkten und Rohstoffen in aller Welt« die Rede, die gegebenenfalls – offenbar nach dem Vorbild der USA – mit militärischer Gewalt durchgesetzt werden müssten.[67]

Nicht erst als Reaktion auf den terroristischen Anschlag auf das World Trade Center in New York am 11. September 2001, sondern schon Anfang der 90er Jahre des letzten Jahrhunderts, forderten konservative deutsche Politiker überdies, den Weg für den Einsatz der Bundeswehr im Innern frei zu machen. Dies sollte möglichst durch eine Änderung des Grundgesetzes realisiert werden. Der damalige Vorsitzende der CDU/CSU-Bundestagsfraktion, Wolfgang Schäuble, wollte damals die Bundeswehr zur Unterstützung der Polizei eingesetzt sehen, um illegale Einwanderer an den Landesgrenzen aufzufangen. Er wurde auch hernach nicht müde zu betonen, dass sich im Zeitalter »weltweiter Wanderungsbewegungen und internationalen Terrorismus« die Grenzen zwischen innerer und äußerer Sicherheit verwischt hätten und es daher an der Zeit sei, die »besonders strengen Einschränkungen«, welche die Verfassung dem Militär »aus historischen Gründen« auferlege, auf ein Maß zu bringen, das in »anderen Demokratien ganz normal« sei. Hier wurde also an einem weiteren Tabu gerüttelt. Galt doch bereits den Demokraten zur Zeit des deutschen Kaiserreichs die

Bereitstellung des Militärs zum Einsatz im Innern, also gegen die Bevölkerung des eigenen Landes, als ein charakteristisches Kennzeichen des zeitgenössischen preußisch-deutschen Militarismus.[68] Wir haben es hier wohl mit einer weiteren Facette im Prozess einer schleichenden Militarisierung der deutschen Außen- und Innenpolitik zu tun.

Die deutsche Militärorganisation, also die Bundeswehr, wurde nach 1990 einem grundlegenden Wandel unterworfen. Aus einer Verteidigungsarmee, welche durch ihre bloße Präsenz den Krieg verhindern sollte, wurde eine »Armee im Einsatz« mit globalem Aktionsradius. Die vormalige Massenarmee wurde stark reduziert – die Kopfstärke nahezu halbiert – und umgerüstet. Der Bedarf an Wehrpflichtigen sank, sodass nur noch ein Bruchteil eines Jahrgangs einberufen wurde.

Nach alledem ist zu fragen: Haben wir es bei der Entwicklung, die der zweite deutsche Nationalstaat seit 1990 genommen hat, in der Summe betrachtet mit einem neuen Typ von Militarismus zu tun oder nicht? Angesichts der diversen Enttabuierungen des Militärischen befürchteten Kritiker dies in der Tat. Es bestehen jedoch entscheidende Unterschiede zu den in diesem Buch beschriebenen früheren Phasen des Militarismus in Deutschland. So gibt es beispielsweise einen Kämpferkult beziehungsweise eine kriegerische Mentalität allenfalls in Teilen der Bundeswehr, nicht aber in der Zivilgesellschaft. Für diese ist das Militär weit weg. Im Übrigen ist sie über das Innenleben der Bundeswehr kaum informiert, folgt sie doch anderen Orientierungen und interessiert sich nicht für die »Schule der Gewalt«.[69] Der Wandel von einer Verteidigungsarmee zu einer »Armee im Einsatz« vollzog sich also ohne eine breitflächige soziale Militarisierung. Die Krisenszenarios und die moderne Waffentechnik lassen eine solche als unzeitgemäß erscheinen. Für die antizipierten bewaffneten Auseinandersetzungen des 21. Jahrhunderts werden in der Regel keine wehrpflichtigen Infanteristen benötigt, sondern gut ausgebildete, professionelle Kämpfer. Anders als früher sind die meisten deutschen Familien daher von den weltweiten Militäreinsätzen der Bundeswehr persönlich nicht tangiert.

Wir haben es in der Gegenwart des frühen 21. Jahrhunderts also mit einem widersprüchlichen Gesamtbild zu tun: Auf der staatlichen Ebene ist nach dem Ende des Kalten Krieges in Deutschland eine zunehmende Tendenz zum Einsatz von Militär in der Außen- und teilweise auch der Innenpolitik zu beobachten.[70] Gegenläufig zu dieser Entwicklung demonstrierte die deutsche Bevölkerung ihren ausgeprägten Friedenswillen. Er ist Ergebnis einer bemerkenswerten historisch-politischen Lernfähigkeit in jenem halben Jahrhundert seit dem Zweiten Weltkrieg. Im Gefolge dieser Entwicklung vergrößerte sich die Distanz zwischen Militär und deutscher Gesellschaft. Damit fehlt im zweiten deutschen Nationalstaat bislang der Humus für die Entwicklung eines neuen Militarismus im Sinne eines Systems, das staatliche, wirtschaftliche, ideologische und gesellschaftliche Sektoren integriert und militärischen Interessen dienstbar macht.

Sich mit der Geschichte des Militarismus in Deutschland zwischen 1871 und 1945 zu befassen bedeutet heute, sich einmal mehr die Gefahren vor Augen zu führen, die in früheren Phasen der deutschen Geschichte von ihm ausgingen. Die Geschichtswissenschaft leistet hierzu ihren Beitrag, indem sie – nach dem Ende des Kalten Krieges und dem Eintritt in das Zeitalter der Globalisierung – an die historische Debatte über den preußisch-deutschen Militarismus anknüpft, die vor mehr als einem halben Jahrhundert durch den Beginn des Kalten Krieges und die Wiederaufrüstung ihr abruptes Ende fand. Eine vergleichende Betrachtung damaliger und heutiger Entwicklungen kann dazu beitragen, die Fähigkeit zu angemessener politischer Gewichtung zu schärfen und die Menschen zu sensibilisieren für das Erkennen neuer Gefahren.

VII. Anhang

Anmerkungen

Einführung

1 Osseg, Militarismus (1876), Einleitung, S. VI.
2 Quidde, Militarismus (1893). Zit. nach ders., Caligula (1977), S. 107.
3 Endres, Militarismus (1927). In: Berghahn, Militarismus (1975), S. 99–101.
4 »Abkommen von Potsdam« vom 2. August 1945, unterzeichnet von Stalin, Truman und Attlee. Text in: Deuerlein, Potsdam 1945 (1963), S. 353.
5 Meinecke, Katastrophe (1946), S. 73.
6 Ritter, Problem des Militarismus (1954), S. 47.
7 Adenauer am 15. 12. 1954 im Bundestag. Siehe: Deutscher Bundestag, Stenographische Berichte, 61. Sitzung, S. 3134; zit. nach Bald, Bundeswehr (2005), S. 42 f.
8 Craig, Über die Deutschen (1983), S. 273.

I. Wege und Irrwege der Militarismus-Forschung

1 Osseg, Militarismus (1875), Einleitung, S. VI.
2 Ebda.
3 Ebda., S. VIII.
4 Vgl. Höhn, Armee als Erziehungsschule (1963) .
5 Zit. nach Dülffer, Pazifismus als Feind (2003), S. 173.
6 Hitlers zweites Buch (1928), S. 47.
7 Ebd., S. 69.
8 Hitler, Mein Kampf (1930), S. 689. Vgl. auch Hitlers zweites Buch (1928), S. 107 u. 111 ff.
9 Hitlers zweites Buch (1928), S. 62.
10 Vortrag Hitlers vor westdeutschen Wirtschaftlern am 27. Januar 1932, S. 28. Wiederabdruck in Domarus, Hitler, Bd. I. (1963), S. 68–90.
11 Siehe Teil V: Die Zeit des Nationalsozialismus.
12 Zur Begriffsgeschichte vgl. Assmus, Diskussion um den Militarismus (1951).
13 Conze / Geyer / Stumpf: Militarismus (1978), S. 7–22.
14 Conze, Militarismus (1978), S. 1.
15 Berghahn, Militarismus-Debatte (1986), S. 9.
16 Spencer, Principles of Sociology, Bd. II / 2 (1886), S. 568–602. Deutsche Überset-

zung in: Berghahn, Militarismus (1975), S. 40 ff. Inhaltliche Zusammenfassung in: Berghahn, Militarismus-Debatte (1986), S. 15–19.

17 Hintze, Staatsverfassung (1906). Die Grundgedanken werden referiert und kommentiert in: Berghahn, Militarismus-Debatte, S. 19–23.

18 Siehe Berghahn, Militarismus-Debatte (1986), S. 19 ff.

19 Dies betont Conze, Militarismus (1978), S. 1.

20 Ritter, Staatskunst, 4 Bde. (1954–1968).

21 Ritter, Problem des Militarismus (1958), S. 21–48, hier: S. 46 f.

22 Wiedergabe nach Berghahn, Militarismus-Debatte (1986), S. 3 f.

23 Berghahn, Einleitung, in: ders., Militarismus (1986).

24 Vgl. dazu Vogel, Militarismus (1986).

25 Berghahn, Militarismus (1975).

26 Stig Förster in seiner Rezension des Buches von Willems, Militarismus, in: Militärgeschichtliche Mitteilungen 1/1985, S. 137 f.

27 Zum Beispiel in dem Buch von Willems, Militarismus (1984).

28 Vgl. Berghahn, Militarismus-Debatte (1986), S. 5; zum Vergleich von deutschem und japanischem Militarismus vgl. ebda., S. 61–84.

29 Vgl. dazu einführend Willems, Militarismus (1984), Abschnitt 7: Transkulturelle Dimensionen des europäischen Militarismus, S. 145–185.

30 Vgl. das »Abkommen von Potsdam« vom 2. August 1945, unterzeichnet von Stalin, Truman und Attlee. Text in: Deuerlein, Potsdam 1945 (1963), S. 353.

31 Siehe dazu im Einzelnen Teil VI, Kap. 1.

32 Vgl. Wette, Militärpolitik (1996), S. 11; siehe auch Bald, Wehrmacht (1983), S. 387.

33 Beide Zitate nach Gebhardt, Militär und Krieg (1990), S. 82.

34 Siehe dazu Teil VI, Kap. 2.

35 Vgl. Schulin, Meinecke (1971), S. 39–57, mit bibliographischen Hinweisen.

36 Meinecke, Katastrophe (1946), Vorbemerkung, S. 6.

37 Meinecke, Katastrophe (1946), besonders Kap. VI: Militarismus und Hitlerismus, S. 64–78.

38 Ebda., S. 73.

39 Meinecke, 1848 (1948).

40 Ebda., S. 9.

41 Ebda. S. 11, zum Folgenden 11 ff.

42 Ebda. S. 28 f.

43 Zur Auseinandersetzung mit dieser These vgl. Fischer, Hitler war kein Betriebsunfall (1992), sowie sowie Steinle, Hitler als Betriebsunfall (1994).

44 Diese These schwingt auch noch in einer neueren Gesamtdarstellung der Geschichte des »Dritten Reiches« mit. Siehe Thamer, Verführung (1986).

45 Ritter, Problem (1954), S. 21 ff.

46 Siehe auch Berghahn, Militarismus-Debatte (1986), S. 69–73.

47 Vgl. dazu auch Teil III, Kap. 1.3.

48 Ritter, Staatskunst, Bd. 1 (1954), S. 13.

49 Ritter, Problem, S. 47.

50 Zu Person und Werk Dehios vgl. Berghahn, Dehio (1972).
51 Dehio, Militarismus (1955), S. 63. Wiederabdruck in Berghahn, Militarismus (1975), S. 218–235.
52 Dehio, Militarismus (1955), S. 74.
53 Dehio, Militarismus (1955), S. 63.
54 Vgl. Kehr, Schlachtflottenbau (1930), sowie ders., Primat der Innenpolitik (1965).
55 Vgl. das Hauptwerk von Dehio, Gleichgewicht oder Hegemonie (1948).
56 Ritter, Staatskunst, Bd. 1, Nachwort zur 3. Aufl. 1965, S. 398.
57 Craig, Armee (1960).
58 In Anlehnung an die Zusammenfassung von Sauer, Geschichte der deutschen Armee (1965), S. 343 f.
59 Fischer, Griff (1961).
60 Fischer, Bündnis der Eliten (1979), S. 7; siehe auch Berghahn, Militarismus-Debatte (1986), S. 75, und Wehler, Kaiserreich, 5. Aufl. (1983), besonders die Kapitel über Rüstungspolitik, Imperialismus, Außenpolitik und Ersten Weltkrieg.
61 Exemplarisch die Forschungen von Messerschmidt, Wehrmacht im NS-Staat (1969); ders., Militär und Politik (1975); ders.: Politische Geschichte (1983); ders.: Aspekte (1988).
62 Vgl. Wette, Friedensforschung (1975); ders., Geschichte und Frieden (1987).
63 Vgl. den Sammelband: Militärgeschichte. Probleme, Thesen, Wege (1982); sowie Maier, Überlegungen (1993).
64 Vgl. Vilmar, Rüstung (1970), besonders 3. Kap.: Funktionen des Militarismus im Spatkapitalismus, und Senghaas, Rüstung und Militarismus (1972).
65 Berghahn, Militarismus (1975).
66 Willems, Militarismus (1984).
67 Bredow, Moderner Militarismus (1983).
68 Förster, Der doppelte Militarismus (1985).
69 Aus der Sicht der Historischen Friedensforschung Sywottek, Der Kalte Krieg (1994); grundlegend jetzt Stöver, Der Kalte Krieg (2007).
70 Siehe dazu Teil VI, Kap. 2.
71 Vgl. Bracher / Schulz / Sauer, Machtergreifung (1960), Teil III.; sowie Bracher, Nationalsozialismus (1993).
72 Arendt, Elemente (1958).
73 Vgl. exemplarisch Bracher, Krise Europas (1976); siehe auch die erweiterte Studienausgabe (1993) mit dem Begriffspaar »Demokratie und Antidemokratie« (S. 98 ff.) und der kompletten Ausklammerung des Phänomens Militarismus.
74 Hier sind etwa zu nennen Bracher, Diktatur (1969), Broszat, Staat Hitlers (3. Aufl. 1973).
75 Vgl. die umfassende Literaturübersicht in dem Sammelband von Müller / Volkmann, Wehrmacht (1999), S. 1232–1297.
76 So auch Wegner, Kriegsgeschichte (1990), S. 104.

77 Stig Förster, Imperialismus (1990), zum »imperialistischen Militarismus« besonders S. 722–731.
78 Förster, Imperialismus (1990), S. 715, unter Bezugnahme auf Willibald Gutsche.
79 Liebknecht, Militarismus und Antimilitarismus (1907). Vgl. dazu Wohlgemuth, Charakterisierung (1980).
80 Förster, Imperialismus (1990), S. 724, unter Berufung auf Paulus, Herausbildung (1980), S. 36.
81 Giertz / Küttler, Probleme der Erforschung des Militarismus (1980).
82 Vgl. die Zusammenstellung von Ernst / Gudzent / Schramm, Auswahlbibliographie zur Geschichte des Militarismus (1980).
83 Berthold / Neef: Militarismus und Opportunismus (1978).
84 Ruge, Novemberrevolution (3. Aufl. 1988).
85 Bachmann / Zeisler, Militarismus (1971, 1983).
86 Nuss / Charisius / Förster / Hübner, Militarismus (1980).
87 Vgl. die Presseberichte von Pitt von Bebenburg: Arnulf Barings Entgleisungen. In: Frankfurter Rundschau vom 9. 9. 2006, S. 1, und von Volker Ullrich: Entgleist. Arnulf Barings fataler Beitrag zur Patriotismus-Debatte. In: Die Zeit, 21. 9. 2006, S. 59.
88 Hillgruber, Großmachtpolitik (1974).
89 Geyer, Aufrüstung oder Sicherheit (1980); siehe dazu auch Teil IV, Kap. 2.2.
90 Hillgruber, Großmachtpolitik (1974), Vorwort, S. 7.
91 Ebda., sowie S. 37.
92 Ebda., S. 8.
93 Salewski, Preußischer Militarismus (2001), S. 29.
94 Clark, Preußen (2007).
95 So die Überschrift der Rezension des Buches von Clark von Patrick Bahners in: Frankfurter Allgemeine Zeitung Nr. 68, 21. 3. 2007, S. L 17.

II. Die Zeit des Deutschen Kaiserreichs

1 Siehe Messerschmidt, Das preußische Militärwesen (2001), S. 329–363.
2 Puhle / Wehler, Preußen im Rückblick (1980).
3 Messerschmidt, Preußens Militär (1980).
4 Schoeps, Preußen (2000).
5 Gesetz Nr. 46 des Alliierten Kontrollrats in Deutschland vom 25. 2. 1947. In: Amtsblatt des Alliierten Kontrollrats in Deutschland Nr. 13 vom 31. 3. 1947.
6 Clark, Preußen (2007).
7 Preußen. Der kriegerische Reformstaat. Spiegel Spezial Geschichte Nr. 3 / 2007.
8 Bachmann / Zeisler, Militarismus, Bd. 1 (1971, 2. Aufl. 1986).
9 Messerschmidt, Preußens Militär (1980), S. 52, 55 u. a., spricht sowohl vom »altpreußischen Militarismus« als auch vom »preußischen Militärstaat«.
10 Puhle, Preußen (1980), S. 11–42, hier: S. 19, 20, 22, 27, 33.
11 Ritter, Staatskunst und Kriegshandwerk, Bd. 1 (1954).

12 Büsch, Militärsystem (1962).
13 Hans Herzfeld: Einleitung. In: Büsch, Militärsystem, S. V.
14 Rosenberg, Bureaucracy (1958).
15 Vgl. Krippendorff, Staat und Krieg (1985).
16 Vgl. Bröckling: Disziplin (1997); sowie Bröckling / Sikora, Armeen und ihre Deserteure (1998).
17 Bräker, Lebensgeschichte (1789). Selbstzeugnisse auch in Lahnstein, Report (1977); vgl. auch Wette, Krieg des kleinen Mannes (1992), dort besonders die Beiträge von Bernhard Kroener, Jürgen Kuczynski und Klaus Latzel.
18 Zur Psychostruktur dieses friedfertigen Königs vgl. Spillmann / Spillmann, Friedrich Wilhelm I. (1988).
19 Vgl. Kunisch, Fürst, Gesellschaft, Krieg (1992), mit einem Kapitel über Friedrich den Großen als Feldherr.
20 Messerschmidt, Preußens Militär (1980), S. 57 f.
21 Eine kurze Geschichte der Militärkritik von der Aufklärung im 18. Jahrhundert bis zur Militarismus-Diskussion in Frankreich und in Preußen zwischen 1848 und 1870 bietet Conze, Militarismus (1978), S. 7–22.
22 Rotteck, Stehende Heere und Nationalmiliz (1816). In: ders., Sammlung kleinerer Schriften. Bd. 2. (1829), S. 214 f.
23 Die aus den zeitgenössischen Quellen gearbeitete Darstellung von Höhn, Armee als Erziehungsschule (1963), macht deutlich, dass diese Idee, die als ein Kernelement des wilhelminischen Militarismus anzusehen ist, insbesondere als ein Kampfmittel des Militärstaats gegen die Sozialdemokratie eingesetzt wurde.
24 Zeitgenössische Belege bei Conze, Militarismus (1978), S. 19.
25 Conze, Militarismus (1978), S. 19.
26 Sinngemäße Wiedergabe des genauen Zitats bei Conze, Militarismus (1978), S. 22.
27 Schulze- Bodmer, Rettung (1859), nach der zusammenfassenden Interpretation von Michael Geyer, Militarismus (1978), S. 22 f.
28 Geyer, Militarismus (1978), S. 22.
29 Karl Gustav Julius v. Griesheim (1798–1854), »Gegen Demokraten helfen nur Soldaten«, Flugschrift vom November 1848, verbreitet nach dem Staatsstreich in Berlin. G., seit Mai 1848 Direktor des Allgemeinen Kriegsdepartements im Preußischen Kriegsministerium, formulierte in einflussreichen Flugschriften den Standpunkt des preußischen Offizierkorps. Vgl. auch Gerd Fesser zum gleichnamigen Stichwort in: Pätzold / Weissbecker, Schlagwörter (2006), S. 127 f.
30 Zur Militärgeschichte der 48er Revolution vgl. Messerschmidt, Politische Geschichte (1983), S. 132–159, zum Staatsstreich vom November 1848 ebda., S. 156–159.
31 Vgl. hierzu auch die Überblicksdarstellung von Ostertag, Militärgeschichte (1993).
32 Messerschmidt, Politische Geschichte (1983), S. 160 f.

33 Zum preußischen Verfassungskonflikt vgl. im Einzelnen Messerschmidt, Politische Geschichte (1983), S. 177–200.
34 Fürst Bismarcks Reden (um 1905). Die Rede in der 94. Sitzung des preußischen Landtags am 30. September 1862 ebda., S. 17–20, Zitat S. 19.
35 Eine aktuelle Zusammenstellung der Literatur zu den Reichseinigungskriegen findet sich in der Habilitationsschrift von Becker, Bilder (2001), S. 576–579.
36 Vgl. Zentner, Illustrierte Geschichte (1986), S. 120–123.
37 Vgl. das Gemälde »Die Proklamierung des Deutschen Kaiserreiches am 18. Januar 1871 im Spiegelsaal von Versailles« von Anton von Werner (1885). Abdruck in: Schoeps, Preußen (2000), S. 148 f.
38 Siehe dazu Teil II, Kap. 3.1.
39 Becker, Bilder (2001).
40 Becker, Bilder, S. 487.
41 Wehler, Gesellschaftsgeschichte Bd. 3 (1995), S. 768.
42 Siehe Höhn, Armee als Erziehungsschule (1963); Messerschmidt, Militär und Schule (1978); Doderer, Vormilitärische Erziehung (1998).
43 Zum Forschungsstand vgl. Wehler, Gesellschaftsgeschichte Bd. 3 (1995), Kap. IV / 6: Das politische System des Deutschen Kaiserreiches von 1871, S. 355–376; sowie die ältere Darstellung von Huber, Verfassungsgeschichte Bd. 3 (1963), mit einer positiven Bewertung des monarchischen Militärstaats.
44 Dies bestimmte der Artikel 61 der Verfassung des Deutschen Reiches vom 16. 4. 1871. Text in: Hildebrandt, Verfassungen (1954), S. 109.
45 Messerschmidt, Militär und Politik (1975), Abschnitt III: Reichsgründung – Militär in der Verfassung, S. 32–54, hier: S. 41.
46 Artikel 11 der Verfassung des Deutschen Reiches vom 16. 4. 1871.
47 Diesen Aspekt betont Messerschmidt, Militär und Politik (1975), S. 36 f.; sowie ders., Politische Geschichte (1983), Kap. »Die Militärverfassung des Deutschen Reiches«, S. 213 ff., und Kap. »Armee und Innenpolitik 1871–1890«, S. 227 ff.
48 Kehr, Primat der Innenpolitik (1965).
49 Berghahn, Tirpitz-Plan (1971).
50 Wehler, Krisenherde (1970).
51 Stürmer, Deutschland (1970).
52 Siehe im Einzelnen Messerschmidt, Militär und Politik (1975), S. 42 f.
53 Stürmer, Staatsstreichgedanken (1969), S. 566–615.
54 Messerschmidt, Militär und Politik (1975), S. 39.
55 Reichstagsrede des konservativen Abgeordneten Elard von Oldenburg-Januschau vom 29. 1. 1910. Text in: Fenske, Unter Wilhelm II. (1982), S. 288 f.
56 Zum Komplex der militärischen Ehrvorstellungen vgl. Messerschmidt, Militärwesen (2001), S. 423 ff.
57 Vgl. Wiedner, Soldatenmisshandlungen (1982).
58 Messerschmidt, Militärische Eliten. In: ders., Militarismus (2006), S. 3.
59 Siehe Demeter, Offizierkorps (2. Aufl. 1962), S. 22; detailliertere Zahlen bei Messerschmidt, Militärwesen (2001), S. 420 f.

60 Messerschmidt, Militärische Eliten. In: ders., Militarismus (2006), S. 13.
61 Erlass Kaiser Wilhelms II. vom 29. 3. 1890. In: Messerschmidt / v. Gersdorff, Offiziere im Bild (1964), Dok. Nr. 59, S. 8 f.
62 Ebda.
63 Zahlenangaben nach Demeter, Offizierkorps (1962), S. 47.
64 Siehe Görlitz, Generalstab (1955); Förster / Otto / Schnitter, Generalstab (1964); Bald, Generalstab (1977).
65 Förster, Militär und Militarismus (2005), S. 44.
66 Vgl. Stoneman, Krieger (2001), S. 25–63.
67 Kutz, Realitätsflucht (1990); ders., Realitätsflucht (2001).
68 Helmuth von Moltke, Geschichte des Krieges 1870 / 71 (1992), S. 241.
69 Siehe die Tabelle »Die preußischen Kriegsminister zur Zeit des Kaiserreichs« in: Grundzüge der deutschen Militärgeschichte, Bd. 1 (1993), S. 204.
70 Zentner, Illustrierte Geschichte (1986), S. 46.
71 Bismarck, Gedanken (1898), zit. nach Zentner, Illustrierte Geschichte (1986), S. 110.
72 Roehl, Wilhelm II. (1993), S. 377.
73 Ebda., S. 418.
74 Ebda., Kapitel »Die Kriegsbesessenheit des Grafen von Waldersee«, S. 603–616, Zitat S. 600.
75 Deist, Kaiser Wilhelm II. (1991), S. 29.
76 Ansprache Kaiser Wilhelms II. am 23. 11. 1991 in Potsdam. Nach einer Mitteilung der Reisser Zeitung. Text in: Schulthess' Europäischer Geschichtskalender. Neue Folge. Hrsg. v. Hans Delbrück. 7. Jg. 1891. Munchen 1892, S. 141.
77 Ebda.
78 Quidde, Caligula (1894). Wieder veröffentlicht in: Quidde, Caligula, hrsg. von H.-U. Wehler, (1977), S. 61–80.
79 Quidde: Wilhelm II. In: Quidde, Caligula, hrsg. v. H.-U. Wehler (1977), S. 51 und 59.
80 Ebda., S. 56 f.
81 Typisches Bild in: Zentner, Illustrierte Geschichte (1986), S. 6.
82 Siehe dazu Teil II, Kap. 1.1.
83 Siehe dazu Teil II, Kap. 2.5.
84 Jansen, Bürger (2004), mit dem Einleitungsbeitrag: Die Militarisierung der bürgerlichen Gesellschaft im 19. Jahrhundert, S. 9–26, hier: S. 9.
85 Vgl. Sikora, Liberalismus (1998).
86 Vgl. Kehr, Genesis (1928).
87 John, Reserveoffizierkorps (1981), S. 46.
88 Meinecke, Katastrophe (1946), S. 25.
89 Wilamowitz-Moellendorff, Militarismus und Wissenschaft (1915), S. 83 f., zit. nach Mertens, Privileg (1986), S. 59.
90 Zum Forschungsstand vgl. Mertens, Privileg (1986). Der Autor unterscheidet nicht genau zwischen Berufsoffizieren und Reserveoffizieren und vermag daher

die spezifische gesellschaftspolitische Funktion der letztgenannten nicht genügend scharf herauszuarbeiten.

91 John, Reserveoffizierkorps, S. 57–60.

92 Ebda., S. 57 f.; ebenso Huber, Verfassungsgeschichte Bd. 1 (2. Aufl. 1967), S. 247.

93 John, Reserveoffizierkorps, S. 59 f.; dieser Aspekt wird von Mertens, Privileg, S. 63, vollständig verkannt, wenn er den Tatbestand erwähnt, dass Friedrich Engels 1841 ebenfalls als Einjährig-Freiwilliger diente.

94 Den Volksschullehrern widmet John, Reserveoffizierkorps (1981), S. 85–112, ein ausführliches Kapitel.

95 Mertens, Privileg, S. 62.

96 John, Reserveoffizierkorps, S. 84.

97 Ebda., S. 53.

98 Ebda., S. 136.

99 Zur Rolle ehemaliger Unteroffiziere in der Zivilgesellschaft siehe Willems, Militarismus (1984), S. 53, 92.

100 Kehr, Genesis (1928), S. 59.

101 Messerschmidt, Preußens Militär (1980), S. 60.

102 Heinrich Mann, Untertan (1963). Siehe auch die Literaturverfilmung von Wolfgang Staudte: Der Untertan. Satire. DDR 1951.

103 Wehler, Gesellschaftsgeschichte, Bd. 3 (1995), S. 880–885, sieht im »Sozialmilitarismus« das wichtigste Kennzeichen des Strukturwandels des deutschen Militarismus vor 1914.

104 Vgl. Elias, Studien (1992), Kap. Zum Ethos des wilhelminischen Bürgertums; sowie Becker, Bilder (2001), S. 501.

105 Siehe Zentner, Illustrierte Geschichte des deutschen Kaiserreiches (1986), S. 120–123.

106 Wortlaut des »motivierten Votums« – also die Begründung des Abstimmungsverhaltens – der Reichstags-Abgeordneten Liebknecht und Bebel vom 21. Juli 1870 in: Leidigkeit, Leipziger Hochverratsprozess vom Jahre 1872 (1960), S. 307.

107 Hinweis des Herausgebers in: Leipziger Hochverratsprozess (1960), S. 312. Das Urteil wurde in der fraglichen Edition unverständlicherweise nicht abgedruckt.

108 Fischer / Krause, Bebel (1988), S. 49.

109 Vgl. Kramer / Wette, Recht (2004).

110 Vgl. die Resolution gegen das System der Stehenden Heere des 5. Vereinstags der Deutschen Arbeitervereine 1868 in Nürnberg. In: Drott, Sozialdemokratie und Wehrfrage (1956), S. 20 f.

111 Siehe das Kapitel »Volkswehr an Stelle der Stehenden Heere«. In: Kautsky / Schoenlank, Grundsätze (2. Aufl. 1892), S. 37 f.

112 Vgl. Wette, Kriegsverhinderung durch »allgemeine Volksbewaffnung«? Liberale und sozialistische Milizvorstellungen im 19. Jahrhundert. In: ders., Militarismus und Pazifismus (1991), S. 1–10.

113 Vgl. den Artikel von Wolfgang Schröder zum gleichnamigen Schlagwort in: Pätzold / Weissbecker, Schlagwörter (2006), S. 86–88.

114 Neff, »Dekorationsmilitarismus« (2005); ders., Paradetruppe (2004).
115 Siehe zum Folgenden Wette, Noske (2. Aufl. 1988), S. 65–84.
116 Vgl. dazu im Einzelnen Höhn, Sozialismus und Heer, Bd. 3 (1969).
117 Belege siehe Wette, Noske, S. 81 f.
118 Vgl. Höhn, Armee als Erziehungsschule (1963).
119 Förster, Der doppelte Militarismus (1985).
120 Ebda., Abbildungen 5.3. und 5.4., S. 76 f.
121 Ebda., S. 80.
122 Ebda., S. 52.
123 Kriegsrüstung und Kriegswirtschaft. Bearbeitet im Reichsarchiv. Bd. 1. Berlin 1930, S. 217–220. Zit. nach Afflerbach, »Bis zum letzten Mann und letzten Groschen?« (1994), S. 75 f.
124 Ebda., S. 76.
125 Vgl. Rohkrämer, Militarismus der »kleinen Leute« (1990).
126 Siehe auch Rohkrämer, Gesinnungsmilitarismus (2. Aufl. 1995).
127 Vgl. Düding, Kriegervereine (1986)
128 Rohkrämer, Militarismus der »kleinen Leute« (1990), S. 56.
129 Ebda., S. 23.
130 Ebda., S. 265.
131 Riesenberger, Innenansichten (1996).
132 Vogel, »Folkloremilitarismus« (2005); ders., Nationen im Gleichschritt (1997).
133 Vgl. Rürup, »Geist von 1914« (1984); Kruse, Kriegsbegeisterung (1997), S. 159 ff.; Verhey, »Spirit of 1914« (1991).
134 Rohkrämer, Militarismus der »kleinen Leute« (1990), S. 263.
135 Für Deutschland vgl. Klenke, Gemeinschaftsideal (1995).
136 Vgl. Becker, »Bewaffnetes Volk« (2004).
137 Becker, »Bewaffnetes Volk«, S. 173; sowie Caron, Frankreich (1991), S. 466 ff.
138 Becker, »Bewaffnetes Volk«, S. 174.
139 Siehe Tucholsky, Unser Militär! (1982), S. 485.
140 Stössinger, Wesen des Militarismus (1924).
141 Liebknecht, Militarismus und Antimilitarismus (1907). In: ders., Gesammelte Reden und Schriften, Bd. 1 (1958), S. 308.
142 Endres, Soziologische Struktur (1927).
143 Vgl. die Neuauflage der Autobiographie von Voigt, Hauptmann von Köpenick (2006).
144 Zuckmayer, Hauptmann von Köpenick (1931).
145 Jeck, Befehl (2006).
146 Siehe Wehler, Fall Zabern (1970), S. 65–83; Grundzüge der deutschen Militärgeschichte Bd. 1 (1993), S. 207; Messerschmidt, Militärwesen (2001), S. 449 f.
147 Diese Informationen aus Nitschke / Fröba, Durchfall in Zabern (1982).
148 Ebda., S. 46.
149 Vgl. Jahr, Presse (1999).
150 Deimling, Zeit (1930), S. 153.

151 Zit. nach Nitschke / Fröba: Durchfall in Zabern (1982), S. 120.
152 Stenographische Berichte über die Verhandlungen des Deutschen Reichstages, Bd. 228, 24. 4. 1907, S. 1101.
153 Ebda., S. 1098; siehe auch Wette, Noske (1987), S. 77 f.
154 Vgl. Miller, Burgfrieden und Klassenkampf (1974).
155 Noske, Erlebtes (1947), S. 30.
156 Siehe: Protokoll über die Verhandlungen des Parteitages der Sozialdemokratischen Partei Deutschlands. Abgehalten zu Essen vom 15. bis 17. September 1907. Berlin 1907; die sogenannte Noske-Debatte S. 229–265.
157 Ebda., S. 254.
158 Liebknecht, Militarismus und Antimilitarismus (1907). Vgl. auch die Biographien von Trotnow, Liebknecht (1980); Flechtheim, Liebknecht (1985); Laschitza, Die Liebknechts (2007).
159 Wette, Noske (1987), S. 75 f.
160 SPD-Parteitag Essen 1907, S. 260 f.; zit. nach Wette, Noske (1987), S. 76. Vgl. die Kurzbiographie von Keller, Ledebour (1997).
161 SPD-Parteitag Essen 1907, 254 f.
162 Ebda., S. 261. Vgl. auch Wette, Kriegstheorien (1971), Kap. über Karl Kautsky; sowie Steinberg, Kautsky (1997).
163 Vgl. dazu Teil II, Kap. 3.1.
164 Bebel am 9. 11. 1911 im Reichstag. Stenographischer Bericht über die Verhandlungen des Deutschen Reichstags, Bd. 529, S. 7730. Bebel fuhr fort: »Aber nach meiner Überzeugung steht hinter dem Generalmarsch der große Kladderadatsch«, womit er die soziale Revolution meinte.
165 Vgl. Boll, Frieden ohne Revolution? (1980), S. 80–92.
166 Vgl. Wette, Verteidigungslügen. In: ders., Militarismus und Pazifismus (1991), S. 16.
167 Kurzvita August Siemsen von Hans-Joseph Steinberg in: Donat / Holl, Friedensbewegung (1983), S. 357–359.
168 Siemsen, Preußen (1981), Kapitel »Die Sozialdemokratie«, S. 79–85. Die Herausgeberin Anna Siemsen (1882–1952), Schwester des Autors, war Pädagogik-Professorin, Pazifistin und sozialdemokratische Politikerin, u. a. Reichstagsabgeordnete 1928–1930.
169 Vgl. hierzu auch Teil II, Kap. 3.3. und 3.4.
170 Siemsen, Preußen, S. 81 f.
171 Ebda., S. 84 f.
172 Riesenberger, Katholische Militarismuskritik (2005), S. 55–75.
173 Osseg, Militarismus (1876); siehe auch Teil I, Kap. 1.
174 Lasswell, Kasernenstaats-Hypothese (1962). In: Berghahn, Militarismus (1975), S. 115–138, mit Hinweisen auf Publikationen aus den Jahren 1938 und 1943 ebda., S. 136.
175 Frevert, Kasernierte Nation (2001).
176 Holl, Militarismuskritik (2005), S. 76–90.

177 Siehe Teil II, Kap. 2.3.
178 Quidde, Militarismus (1893). Wiederabdruck in: Quidde, Caligula, hrsg. v. H.-U. Wehler (1977), S. 81–130.
179 Holl, Quidde (2007).
180 Quidde, Militarismus (1893), S. 10; zit. nach Holl, Militarismuskritik (2005), S. 80, bzw. Quidde, Caligula, hrsg. v. H.-U. Wehler (1977), S. 84.
181 Vossische Zeitung vom 6. 12. 1894; zit. nach Winkler, Weg nach Westen, Bd. 1 (2000), S. 279.
182 Quidde, Militarismus (1893), S. 27.
183 Holl, Militarismuskritik (2005), S. 80–82.
184 Ebda., S. 87.
185 Siehe dazu Rohkrämer, Militarismus (1990).
186 Quidde, Militarismus (1893), S. 34. Vgl. die Zusammenfassung von Berghahn, Militarismus (1986), S. 23 f. Dass es während des Ersten Weltkrieges kaum zu einer Weiterentwicklung der pazifistischen Militarismuskritik kam, belegt das Werk von Quidde, Der deutsche Pazifismus (1979).
187 Holl, Militarismuskritik (2005), S. 84 f.
188 Vgl. dazu die auf die Zeit vor dem Ersten Weltkrieg bezogenen Ausführungen von Endres, Soziologische Struktur (1927).
189 Vgl. Grünewald, Nieder die Waffen! (1992), S. 20 f.
190 Bröckling, Kriege (2005), auch zum Folgenden.
191 Vgl. hierzu Kühne, Männergeschichte (1996).
192 Von Rolf Hochhuth 1974 als Komödie bearbeitet.
193 May, Deutsch sein (1998), Kapitel »›Herrliche Zeiten‹ auch für Frauen?«, S. 307–327, hier: S. 321.
194 Siehe das Beispiel ebda., S. 320, Karte Nr. 457, mit Erläuterungen S. 325.
195 Vgl. Wehler, Gesellschaftsgeschichte Bd. 3 (1995), S. 1095 f.
196 May, Deutsch sein (1998), S. 306, Karten Nr. 423, 424, 425, mit Erläuterungen S. 319.
197 Ebda., Abb. 424.
198 Bebel, Frau (1879).
199 May, Deutsch sein (1998), S. 306, Abb. 426 (Postkarte aus dem Jahre 1910).
200 Siehe den Artikel von Wickert, Frauen und SPD (1986).
201 Zur Gruppe dieser deutschen feministischen Pazifistinnen gehörte auch die Bremerin Auguste Kirchhoff. Siehe Wottrich, Kirchhoff (1990).
202 Zur Vita vgl. Borries, Suttner (1983).
203 Die militärischen Einflüsse waren allerdings eher indirekt. Denn Bertha von Suttners Vater starb bereits kurz vor der Geburt der Tochter im Alter von 75 Jahren. Siehe Hamann, Suttner (2. Aufl. 1996), S. 12.
204 Hamann, Suttner, S. 416.
205 Suttner, Die Waffen nieder! (1889).
206 Vgl. Grünewald, Nieder die Waffen! (1992).
207 Hamann, Suttner (2. Aufl. 1996).

208 Ebda., S. 71.
209 Vgl. dazu Berghahn, Militarismus-Debatte (1986).
210 Hamann, Suttner (2. Aufl. 1996), S. 169.
211 Ebda., S. 184; vgl. auch Schleyer, Sybel und Treitschke (1965).
212 Brief Bertha von Suttners an Hermann Fried vom 15. 9. 1897. Zit. nach Hamann, Suttner, S. 237.
213 Suttner am 7. 11. 1899 an Hermann Fried; zit. nach Hamann, Suttner, S. 257.
214 Hamann, Suttner, S. 396.
215 Vgl. Hamann, Suttner, Kapitel »Hoffnung auf die Mächtigen«, S. 369–401.
216 Zum Folgenden siehe Hamann, Suttner, S. 388 f.
217 Ebda., S. 391.

III. Militarismus und Weltkrieg 1914–1918

1 Förster, Der doppelte Militarismus (1985).
2 Den missverständlichen Begriff »doppelter Militarismus« ersetzte der Autor bei anderer Gelegenheit durch gängigere Termini: Vgl. Förster, Alter und neuer Militarismus (1986).
3 Ebda., S. 132 f.
4 Zu den folgenden Phasen der Rüstungspolitik siehe ebda., S. 125–127.
5 Zur Tirpitz'schen Flottenrüstung vgl. Berghahn, Tirpitz-Plan (1971); sowie Deist, Flottenpolitik (1976).
6 Frymann (Pseudonym für Heinrich Claß), Kaiser (1912), S. 104.
7 Brief Moltkes vom 11. Dezember 1880 an den Heidelberger Staatsrechtler Bluntschli, in: Moltke, Gesammelte Schriften Bd. 3 (1892/93), S. 154.
8 Vgl. Ulrich, Desillusionierung (1995), S. 110–126, hier: S. 113 f., mit Beispielen.
9 Vgl. Lemmermann, Kriegserziehung (1984).
10 Vgl. auch Bendele, Krieg (1984).
11 Vgl. dazu die Beiträge des Sammelbandes von Dülffer/Holl, Bereit zum Krieg (1986).
12 Kriegsrüstung und Kriegswirtschaft (1930), S. 39 ff.; zit. nach Canis, Rüstungsfragen (1992), S. 71.
13 Engels, Was nun? (1890), S. 9.
14 Engels, Kann Europa abrüsten? (1893), S. 373.
15 Zit. nach Canis, Rüstungsfragen (1992), S. 72.
16 Der Brief ist abgedruckt in: Eliza von Moltke, Moltke (1922), S. 3–7.
17 Förster, Krieg der Willensmenschen (1999), S. 30.
18 Vgl. etwa Friedrich Wilhelm Foerster, Kampf (1920).
19 Stig Förster, Krieg der Willensmenschen (1999), S. 32.
20 Ebda., S. 33.
21 Ebda., S. 33, unter Hinweis auf Wehler, Gesellschaftsgeschichte Bd. 3, S. 1000–1006.
22 Klaus Böhme, Aufrufe und Reden (1975).

23 Kehr, Primat der Innenpolitik (1965). S. 256.
24 Klaus Böhme, Aufrufe und Reden (1975), Einleitung, S. 6.
25 Text des Aufrufs an die Kulturwelt in: Böhme, Aufrufe, S. 47–49.
26 Einstein, Frieden (1975), S. 639, Anm. 3.
27 Einstein, Frieden (1975), S. 21. Vgl. im Einzelnen Ungern-Sternberg/Ungern-Sternberg, Aufruf (1996).
28 Aufruf an die Kulturwelt. In: Klaus Böhme, Aufrufe und Reden (1975), S. 48 f.
29 Text in: Klaus Böhme, Aufrufe und Reden (1975), Dok. 2, S. 49 f.
30 Ebda.
31 Georg von Below: Heinrich von Treitschkes deutsche Sendung. In: Der Panther 5 (1917), S. 437; zit. nach Klaus Böhme, Aufrufe und Reden (1975), Einleitung, S. 24.
32 Zu dieser traditionsreichen Positionierung deutscher Gelehrter gehörte es, die Kultur zu überhöhen und die Politik zu verachten. Vgl. dazu den Überblick zur deutschen Geistesgeschichte von Lepenies, Kultur (2006).
33 Plenge, 1789 und 1914 (1916). Vgl. auch die Schrift des Schweden Kjellén, Ideen von 1914 (1915).
34 Sombart, Händler und Helden (1915). Sombart war vor dem Ersten Weltkrieg einer der »Kathedersozialisten«, wandelte sich später aber zu einem sozialkonservativen Wegbereiter des Nationalsozialismus.
35 Aus: Sombart, Händler und Helden (1915), S. 84 f.; zit. nach Winkler, Weg nach Westen (2000), S. 339.
36 Text in Nicolai, Biologie des Krieges (1917), Vorwort; sowie in Einstein, Frieden (1975), S. 22 f.
37 Das zitierte Hauptwerk von Nicolai, Biologie des Krieges, konnte während des Ersten Weltkrieges in Deutschland nicht veröffentlicht werden.
38 Vgl. die Kurzvita von Donat, Nicolai (1983).
39 Einstein, Frieden (1975), S. 24.
40 Vgl. Lederer, Soziologie (1915), in: ders., Kapitalismus (1979), S. 137.
41 Vgl. Joas, Sozialwissenschaften (1996), 28 f.
42 Vgl. dazu Quidde, Pazifismus (1979).
43 Berghahn, Rüstung und Machtpolitik (1973).
44 Vgl. Vilmar, Rüstung (1970); Mechtersheimer, Komplex (1971).
45 Vgl. dazu Michalka, Kriegsrohstoffbewirtschaftung (1994).
46 Vgl. Ullmann, Kriegswirtschaft (2003), S. 220–232.
47 Ebda., S. 222.
48 Fischer: Kaiser Wilhelm II. (1991); sowie Deist: Kaiser Wilhelm II. (1991).
49 Schiffers, Hauptausschuss (1980).
50 Moltke, Über Strategie (1900), S. 206.
51 Bald, Kriegsbild (1986), S. 146–150.
52 Damit beschäftigt sich der Aufsatz von Wehler, Verfall (1970).
53 Zum »Gesetz über den Belagerungszustand« von 1851, das bis 1918 gültig blieb, siehe Messerschmidt, Militärwesen (2001), S. 448 f.

54 Vgl. die Edition von Deist, Militär und Innenpolitik (1970).
55 Deist, Einleitung zu: Militär und Innenpolitik, Bd. 1, S. XLIV.
56 Kitchen, Dictatorship (1976).
57 Deist, Militär und Innenpolitik, Bd. 1, S. LIX.
58 Huber, Verfassungsgeschichte, Bd. V (1978), S. 530 f.
59 Vgl. Heinemann, Niederlage (1983).
60 Gumbel, Stahlbad (1924).
61 Frie, Vorbild (1994), S. 563–580.
62 Kienitz, Helden (2001).
63 Zerstörte Gesichter dokumentierte der Pazifist Friedrich, Krieg dem Kriege (1924). Siehe auch Hagner, Gesichter (2000).
64 Vgl. die Aufstellung »Militärische und zivile Verluste der am Ersten Weltkrieg beteiligten Staaten« von Overmans, Kriegsverluste (2003), S. 664 f. Eine allgemeine, vier Jahrhunderte umfassende Übersicht bietet Urlanis, Bilanz der Kriege (1965).
65 Gumbel, Stahlbad (1924), S. 170.
66 Vgl. den systematischen Zugriff von Ziemann, Soldaten (2003), mit Hinweisen auf die neue sozialgeschichtliche Literatur.
67 Vgl. den die Forschung zusammenfassenden und international vergleichenden Beitrag von Daniel, Frauen (2003).
68 Bajohr, Hälfte der Fabrik (1979).
69 Daniel, Krieg der Frauen (1993).
70 Kundgebung vom 2. August 1914, zit. nach W. J. Mommsen, Bürgerstolz (1995), S. 717.
71 Riesenberger, Dienst (1996), S. 32 f.
72 Ebda.
73 Ebda., S. 35.
74 Ebda., S. 34.
75 Mierisch, Kamerad Schwester (1934).
76 Panke-Kochinke / Schaidhammer-Placke, Frontschwestern (2002), S. 66 f. (mit Auszügen aus dem Buch von Helene Mierisch).
77 Vgl. Dülffer / Holl, Bereit (1986).
78 Vgl. Ulrich, Kriegsfreiwillige (1989).
79 Zit. nach Ulrich, Desillusionierung (1995), S. 114.
80 Zit. nach Binder, Frauen (1994), S. 9.
81 Vgl. ebda., S. 15.
82 Lebensdaten von Bäumer in: Meyers Großes Universal Lexikon, Bd. 2. Mannheim / Wien / Zürich 1981, S. 260.
83 Lebensdaten von Lüders in: Meyers Großes Universal Lexikon, Bd. 8. Mannheim / Wien / Zürich 1983, S. 613.
84 Lüders, Heer (2. Aufl. 1937).
85 Ebda., S. 8 und 13 ff.
86 Ebda., S. 229.

87 Ebda., S. 8 f., auch für die folgenden Zitate; vgl. auch S. 62 f.
88 Ebda., S. 63.
89 Zetkin, Geschichte der proletarischen Frauenbewegung (1958), S. 209.
90 Ludendorff, Kriegserinnerungen (1919), S. 259.
91 Schreiben Reichskanzler Bethmann Hollwegs vom 30. 9. 1916 an Hindenburg. Dokumentiert in: Ludendorff, Urkunden (1920), Dok. Nr. 4, S. 70–76, hier: S. 74 f.
92 Tabelle 32 ebda., S. 126.
93 Vgl. Gersdorff, Frauen (1969), Dok. Nr. 67, S. 219.
94 Diese Zahl nach Daniel, Frauen (2003), S. 121.
95 Ebda., S. 119 f.
96 Vgl. dazu Ullrich, Kriegsalltag (1994).
97 Ebd., S. 611–613.
98 Daniel, Frauen (2003), S. 127 f.
99 Vgl. Dokumente und Materialien II / 2 (1957), S. 718.
100 Vgl. Feldman / Kolb / Rürup: Massenbewegung (1972).
101 Vgl. Deist, Militärstreik (1995).
102 Guttmann, Ende (1994), S. 77.
103 Ebda., S. 67.
104 Vgl. auch Teil IV, Kap. 1.4.
105 Guttmann, Ende (1994), S. 67.
106 Vgl. Bajohr, Hälfte der Fabrik (1979), S. 158–167.
107 Ebda., S. 72, auch zum Folgenden.
108 Daniel, Frauen (2003), S. 133.
109 Das Plakat wurde vielfach wieder veröffentlicht, u. a. als Cover des Lexikons von Donat / Holl, Friedensbewegung (1983).
110 Binder, Frauen (1994), S. 21.
111 Zit. nach ebda., S. 21 f.
112 Vgl. dazu den Beitrag »Jugend« in: Hirschfeld / Krumeich / Renz, Enzyklopädie Erster Weltkrieg (2003).
113 Binder, Frauen (1994), S. 22; zur Todesbereitschaft der deutschen Jugend von 1914 vgl. auch Teil V, Abschn. 3.
114 Zit. nach Binder, Frauen (1994), S. 22.
115 Schmidt- Linsenhoff, Kollwitz (1987), S. 158.
116 Ebda., 157.
117 Vgl. auch Kneher, Saatfrüchte (1985), der den Blick auf die 20er Jahre wirft.
118 Zur Vita vgl. Schmalenbach, Kollwitz (3. Aufl. 1979).
119 Schmidt-Linsenhoff, Kollwitz (1987), S. 160.

IV. Weimarer Republik

1 Zum Verlauf siehe Wette, Noske (2. Aufl. 1988), Abschnitt V: Die Kieler Mission.
2 Vgl. den Augenzeugenbericht von Stumpf, Flotte (1927). Auszüge u. d. T.: Die Matrosenrevolte in Wilhelmshaven 1918. In: Wette, Krieg des kleinen Mannes (2. Aufl. 1995), S. 168–182.
3 Stumpf, Matrosenrevolte, S. 170–172. Gemeint war Bebels Anprangerung von Soldatenmisshandlungen im Deutschen Reichstag. Siehe dazu Wiedner, Soldatenmisshandlungen (1982), sowie Teil II, Kap. 3.7.
4 Stumpf, Matrosenrevolte, S. 172–174.
5 Ebda., S. 174.
6 Text der Hamburger Punkte in: Allgemeiner Kongress der Arbeiter- und Soldatenräte Deutschlands (Nachdruck 1972), S. 181; und in Huber, Verfassungsgeschichte, Bd. 5 (1978), S. 839–841.
7 Ebda.
8 Siehe im Einzelnen Wette, Noske, S. 263–331.
9 Deist, Bestimmungen (1991).
10 Vgl. Willems, Militarismus (1984), S. 63–69.
11 Vgl. dazu Wette, Erfahrungen (1994), S. 91–106.
12 Schwengler, Völkerrecht (1982).
13 Vgl. Feldman / Kolb / Rürup, Massenbewegungen (1972).
14 Vgl. Holl, Pazifismus (2007).
15 Wette, Noske (2. Aufl. 1988).
16 Plivier, Kaiser (1979).
17 Vgl. Messerschmidt, Militärwesen (2001), S. 446–450: Einsatz des Militärs im Innern.
18 Vgl. Wette, Wehrmacht (2002), Abschnitte »Revolutionszeit 1918 / 19« und »Der Nachkrieg« (S. 51–67), auch zum Folgenden.
19 Erger, Kapp-Lüttwitz-Putsch (1967).
20 Vgl. Eliasberg, Ruhrkrieg (1974); Kolb, Weimarer Republik (1984), S. 40.
21 Vgl. im Einzelnen Wohlfeil, Heer und Republik (1970), S. 264 ff.
22 Vgl. dazu den Überblick über die bisherige Geschlechterforschung von Martschukat / Stieglitz, Junge (2006).
23 Schilling, Kriegshelden (2002).
24 Kühne, Männer (1996); ders., Soldat (1999); ders., Gruppenkohäsion (1999).
25 Brunotte, Eros (2004).
26 Theweleit, Männerphantasien (2000), S. 483.
27 Ebda., S. 406.
28 Vgl. Wette, Ideologien (1979), S. 25–99, und die dort angegebene Literatur.
29 Theweleit, Männerphantasien (2000), S. 9.
30 Ebda., S. 486 f.
31 Ebda., S. 486.
32 Vgl. Zabel, Kadettenkorps (1978).

33 Ebda., S. 224 f.
34 Artikel »Kadetten« in: Wörterbuch zur deutschen Militärgeschichte [Bd. 1: A-Me]. (Ost-)Berlin 1985 (= Schriften des Militärgeschichtlichen Instituts der Deutschen Demokratischen Republik), S. 337 f.
35 Zur Vita siehe Schröder, Unruh (1999), S. 320.
36 Unruh zit. in Zabel, Kadettenkorps (1978), S. 1.
37 Salomon, Kadetten (1933), S. 28 f.
38 Zabel, Kadettenkorps (1978), S. 218.
39 Ebda., S. 344 f.
40 Bronnen, Rossbach (1930), S. 36; zit. nach Theweleit, Männerphantasien (2000), S. 346.
41 Ebda., S. 344 und 351.
42 Zit. ebda., S. 348.
43 Ebda., S. 368 f.
44 Ebda., S. 414.
45 Hans Mommsen, Militär (1997).
46 Mommsen zitiert hier Salomon, Die Geächteten (1930), S. 114 und 141 f.
47 Zabel, Kadettenkorps (1978), S. 227.
48 Theweleit, Männerphantasien (2000), S. 406.
49 Kluge, Revolution (1985), S. 141–145. Nach einer anderen Sicht schlossen Ebert und Groener am 9. November 1918 ein politisches »Bündnis«; so etwa Berthold / Neef, Militarismus (1978), S. 28 ff.
50 Vgl. Hürter, Groener (1993).
51 Schreiben des Ersten Generalquartiermeisters, Generalleutnant Wilhelm Groener, vom 17. September 1919 an Reichspräsident Friedrich Ebert (SPD) über Pazifismus und die Erfordernisse des Zukunftskrieges. In: Bundesarchiv-Militärarchiv (BA-MA), Nachlass von Schleicher, N 42 / 12, Bl. 207 f.
52 Hitler zweites Buch (1961), S. 47 f. und 69
53 Zur Person Seeckts vgl. Wohlfeil / Dollinger, Reichswehr (1972), S. 84 ff.
54 Dazu jetzt die Biographie von Pyta, Hindenburg (2007).
55 Erlass des Chefs des Allgemeinen Truppenamtes, Generalmajor von Seeckt, an die Generalstabsoffiziere, 18. Oktober 1919. In: Messerschmidt / Gersdorff, Offiziere (1964), Dokument Nr. 73, S. 220 ff.
56 Ebd., S. 221.
57 Craig, Armee (1960), S. 429.
58 Ebda., S. 449, Anm. 110, unter Bezug auf: Nachlass Stresemann, 272, Kart. 3113, Stück 147 890.
59 Donat, Wende (1983), S. 203.
60 Dirks / Janssen, Krieg der Generäle (1999). Zitate ebda.
61 Vagts, History of Militarism (1937), S. 11–15; ders., Idee (1975).
62 Ebda.
63 Geyer, Organisation (1978), S. 27.
64 Ebda., S. 98.

65 Ebda.
66 Ebda., S. 99 f.
67 Wette, Pazifistische Offiziere (1999); ders., Justiz (2004).
68 Wieland, Ströbel (2005).
69 Vgl. Wieland, Verteidigungslüge (1998).
70 Symptomatisch dafür die Politik Gustav Noskes; siehe Wette, Noske (1987), S. 263 ff.
71 Vgl. Bald, Sonnenburg (1999 u. 2005).
72 Vgl. Gräper, Schoenaich (2005).
73 Vgl. Schaerer, Endres (1999).
74 F. W. Foerster, Kampf (1920).
75 Endres, Struktur (1927); ders., Militarismus (1975).
76 Paasche, Sinn (verfasst etwa 1920) (1992).
77 F. W. Foerster, Kampf (1920), S. 20 f., 25, 35.
78 Kramer, Recht ist (1993), S. 68.
79 Heinemann, Niederlage (1983).
80 Für das Militär habe ich diesen Vorgang eingehend untersucht. Siehe Wette, Noske (2. Aufl. 1988).
81 Fischer, Bündnis (1979).
82 M. Hirschberg: Das Fehlurteil im Strafprozess. Frankfurt/M. und Hamburg 1962, S. 175. Zit. nach Ingo Müller, Pazifismus und Justiz (1982), S. 199.
83 Müller, Landesverratsprozesse (2004); vgl. auch ders., Juristen (1987), S. 13–34.
84 Hanten, Publizistischer Landesverrat (1999). Der Dissertation von Windisch, Strafverfolgung (Diss. Jur. 1969), fehlt der kritische Zugriff.
85 Siehe Hanten, Landesverrat (1999), S. 58–60.
86 Ebda., S. 67 f.
87 Zum Paramilitarismus Berghahn, Stahlhelm (1966).
88 Weißbuch über die Schwarze Reichswehr (1925); zit. nach Wohlfeil/Dollinger, Reichswehr (1972), S. 156.
89 Ebda., S. 157.
90 Ebda., S. 158.
91 Vgl. die Presseausschnitte in: ebda., S. 157. Siehe auch Salewski, Entwaffnung (1966).
92 Seeckt, Gedanken (1929), S. 113 u. 116.
93 Carsten, Reichswehr (1964), S. 455.
94 Zu diesen politischen Denkströmungen siehe Wette, Ideologien (1979), S. 25–99.
95 Prümm, Literatur (1974).
96 Wette, Ideologien (1979), S. 75.
97 Vgl. die Biographie von Pyta, Hindenburg (2007).
98 Vgl. Hürter, Groener (1993).
99 Mommsen, Verspielte Freiheit (1989), S. 400.
100 Zur Rolle der Reichswehr in der Endphase der Weimarer Republik vgl. Vogel-

sang, Neue Dokumente (1954); ders., Reichswehr (1962); ders., Schleicher (1965).

101 Vgl. Geyer, Genfer Abrüstungskonferenz (1992).

V. Die Zeit des Nationalsozialismus

1 Vgl. Messerschmidt, Gesicht (2005).

2 Ebda., S. 272.

3 Wette, Ideologien (1979), S. 30.

4 Vgl. im Einzelnen ebda., besonders das Kapitel »Nationalsozialistische Gewaltideologie und Hitlers Kriegspläne«, S. 31–37.

5 Hitlers zweites Buch (1961), S. 69.

6 Petter, Sturmabteilung (SA) (1985).

7 Vgl. dazu auch Teil IV, Kap. 1.4.

8 Wette, Ideologien (1979), S. 120–122.

9 Vgl. die Bilddokumente in dem Ausstellungskatalog von Herz, Hoffmann & Hitler (1994).

10 Ebda., S. 117 f.

11 Ebda., S. 118 u. 123.

12 Wiedergabe der Titelseiten des »Illustrierten Beobachters« ebda., S. 339–347. Vgl. dazu auch den Abschnitt »Führerprofile im ›Illustrierten Beobachter‹«, ebda., S. 170–199.

13 Vgl. Zelnhefer, Reichsparteitage (1991).

14 Vgl. Gritschneder, Führer (1993).

15 Wegner, Schutzstaffeln (SS) (1985).

16 Höhne, Orden (1967), S. 127.

17 Vgl. Buchheim / Broszat / Jacobsen / Krausnick, Anatomie des SS-Staates (1967).

18 Wegner, Hitlers Politische Soldaten (1982).

19 Wegner, Honour (1985).

20 Krausnick / Wilhelm, Truppe (1981); teilweiser Wiederabdruck als Taschenbuch: Krausnick, Hitlers Einsatzgruppen (1985).

21 Vgl. Bald, Offizier (1982), Kap. II / 4: Der Adel, S. 85–100, hier: S. 86.

22 Ebda., S. 88.

23 Vgl. ebda., S. 90: Tabelle 9 »Anteile des Adels an Offizieren der deutschen Streitkräfte von 1895–1980«. Balds Berechnungen fußen u. a. auf Preradovich, Führungsschichten (1955); ders., Herkunft (1967).

24 Malinowski, König (2003).

25 Machtan, Kaisersohn (2006).

26 Vgl. Schwarzmüller, Mackensen (2. Aufl. 1996).

27 Kroener, Ressourcen (1988), S. 726–731.

28 Ebda., S. 732 ff.

29 Bald, Offizier (1982), S. 90: Tabelle 9.

30 Wette, Ideologien (1979), S. 170.

31 Bald, Offizier (1982), S. 94.
32 Kroener, Menschenbewirtschaftung (1999), S. 857.
33 Siehe Teil IV, Kap. 2.1.
34 Kroener, Ressourcen (1988), S. 738.
35 Ebda., S. 733.
36 Kroener, Volksarmee (1988), S. 651–682; und ders., Menschenbewirtschaftung (1999), S. 868.
37 Kroener, Menschenbewirtschaftung, S. 857.
38 Aufruf der Reichsregierung an das deutsche Volk vom 1. 2. 1933. Wortlaut der Erklärung in: Domarus, Hitler, Bd. 1 (1963), S. 191–194, Zitate S. 193 f.
39 Ebda., S. 194.
40 Vgl. die Biographie von Enzensberger, Hammerstein (2008).
41 Niederschrift der Rede Hitlers vor den Befehlshabern des Reichsheeres und der Reichsmarine am 3. Februar 1933 in: Vogelsang, Neue Dokumente (1954), S. 434 ff., sowie in: Jacobsen, 1939–1945 (2. Aufl. 1961), S. 95 f.
42 So notierte General Curt Liebmann. Zit. nach Sauer, Mobilmachung (1974), S. 56.
43 Vogelsang, Neue Dokumente (1954), S. 432 f.
44 Siehe die Hitler-Reden am 9. 11. 1933 sowie am 30. 1. 1934, in: Domarus, Hitler Reden Bd. 1 (1963), S. 328 u. 355; sowie K.-J. Müller, Heer und Hitler (1969), S. 67–69, und Messerschmidt, Militärwesen (2001), S. 543–546.
45 Gesetz über das Staatsoberhaupt des Deutschen Reiches vom 1. August 1934. In: Reichsgesetzblatt 1934 I, Nr. 89, S. 747.
46 Messerschmidt, Wehrmacht im NS-Staat (1968), S. 51.
47 Gesetz über die Vereidigung der Beamten und der Soldaten der Wehrmacht vom 20. August 1934. In: Reichsgesetzblatt 1934 I, Nr. 98, S. 785; und: Heeres-Verordnungsblatt 1934, S. 116.
48 Rechtlich erfolgte keine Entbindung vom früheren Eid.
49 Messerschmidt, Wehrmacht im NS-Staat (1968), S. 51.
50 Schreiben Hitlers an Reichswehrminister v. Blomberg. Veröffentlicht in: Heeres-Verordnungsblatt 1934, S. 133.
51 Scheel, Tag von Potsdam (1996).
52 Siehe das damals in allen Zeitungen verbreitete Foto »Hitler begrüßt Hindenburg« in: Herz, Hoffmann & Hitler (1994), S. 206 f.
53 Die Ansprache Hindenburgs am 21. 3. 1933 ist abgedruckt in: Scheel, Tag von Potsdam (1996), S. 119.
54 Schwarzmüller, Mackensen (2. Aufl. 1996).
55 Siehe das Foto bei Scheel, Tag von Potsdam (1996), S. 29.
56 Siehe das Foto ebda., S. 31.
57 Zur Kriegsideologie von Dibelius vgl. Wette, Ideologien (1979), S. 66–68.
58 Text der Predigt von Otto Dibelius am 21. 3. 1933 in: Scheel, Tag von Potsdam (1996), S. 112 f.
59 Ebda., S. 141.

60 Mit reichhaltigem Bildmaterial bestückte NS-Propagandabroschüre: Der Tag von Potsdam. Zum 21. März 1933. Gedenkausgabe »Die Woche«. Berlin o. J. [1933]. Im Besitz d. Verf.
61 Siehe etwa die Postkarte »Der Potsdamer Kurs«, abgedruckt bei Scheel, Tag von Potsdam (1996), S. 43.
62 Fest, Hitler (3. Aufl. 1973), S. 557.
63 Frei, Führerstaat (1987), S. 53.
64 Vgl. Müller, Heer und Hitler (1969); sowie ders., Armee (2. Aufl. 1979).
65 Vgl. Wette, Ideologien (1979), Kapitel »Politik der Täuschungen: Hitlers und Goebbels' ›Friedensreden‹ (1933–1936)«, S. 133–143.
66 Gesetz zum Aufbau der Wehrmacht (Wehrgesetz) vom 16. März 1935. In: Reichsgesetzblatt 1935 I, Nr. 52, S. 609–615, und in: Heeres-Verordnungsblatt 1935, Nr. 240, S. 77 ff.
67 Wette, Erfahrungen (1994), S. 102.
68 Ebda., S. 103.
69 Vgl. Höhn, Armee (1963).
70 Formulierung von Messerschmidt, Wehrmacht – Stählerner Garant (1981).
71 Siehe Teil IV, Kap. 2.2.; sowie Geyer, Aufrüstung (1980); ders., Rüstungspolitik (1984); Dirks / Janßen, Krieg der Generäle (1999)
72 Deist / Messerschmidt / Volkmann / Wette, Ursachen (Ausgabe 1989), Schlussbetrachtung, S. 858.
73 Ebda., S. 859.
74 Ebda., S. 860.
75 Besprechung Hitlers mit den Befehlshabern der Wehrmacht am 3. Febr. 1933. In: Jacobsen, 1939–1945 (2. Aufl. 1961), S. 95.
76 R.-D. Müller, Mobilisierung (1988), S. 353 f., auch zum Folgenden.
77 Rede Görings in der ersten Sitzung des Reichsverteidigungsrates am 18. Nov. 1939. Protokoll als Dokument Nr. 152 abgedruckt in: Mason, Arbeiterklasse (1975), S. 909–933, hier: S. 928 f.
78 SA-Hauptsturmführer Simon. In: Der SA-Führer, 4. Jg. 1939, S. 19 f.; zit. nach Sywottek, Mobilmachung (1976), S. 85.
79 Vgl. das Schaubild »Zusammensetzung der Gesamtbevölkerung des Deutschen Reiches nach der Volkszählung vom 17. Mai 1939« in: Kroener, Ressourcen (1988), S. 751, auch zum Folgenden.
80 Vgl. die Tabelle »Entwicklung der Personallage der Wehrmachtteile und Waffen-SS vom Frühjahr 1939 bis zum 15. 6. 1940«, ebda., S. 834.
81 Kroener, Sparstoff Mensch (1990), S. 403.
82 Vgl. Herbert, Fremdarbeiter (1985); ders., Europa (1991).
83 Zur Entwicklung des Mythos Langemarck siehe: Rother, Geschichtsort Olympiagelände (2006), S. 118–135, mit Exponaten einer gleichnamigen Ausstellung.
84 Vgl. H. Mann, Untertan (1. Aufl. 1914); sowie Alter, Manns ›Untertan‹ (1991).
85 Kersting, Militär (1989).
86 Keim, Erziehung, 2 Bde. (1995 u. 1997).

87 Vgl. Bird, Germany (1990).
88 Zum Begriff siehe Bröckling, Disziplin (1997).
89 Nationalsozialistisches Kraftfahr-Korps.
90 Rede Hitlers am 2. 12. 1938 in Reichenberg, der Hauptstadt des Sudetenlandes. Text veröffentlicht in: Völkischer Beobachter Nr. 338 vom 4. 12. 1838. Zit. nach Gamm, Führung (1984), S. 20. In: Domarus, Hitler, Bd. 1 (1963), S. 980, wird die Rede erwähnt, aber nicht im Wortlaut wiedergegeben.
91 Angaben entnommen aus: Zentner / Bedürftig, Das Große Lexikon des Dritten Reiches (1985); sowie bzgl. DAF: Mason, Arbeiterklasse (1975), S. 82 f.
92 Cachay / Bahlke / Mehl, Sportler (2000).
93 Ebda., S. 217 ff.
94 Zu Genesis und Folgen des nationalistischen Denkens vgl. S. O. Müller, Deutsche Soldaten (2007).
95 Cachay / Bahlke / Mehl, Sportler (2000), S. 361.
96 Vgl. dazu Teil V, Abschn. 3.
97 Thalmann, Mutterkreuz (1993), S. 198.
98 Rosenberg, Mythus (1930), besonders das Kapitel »Der Staat und die Geschlechter«, S. 482–522.
99 Rosten, Das ABC (5. Aufl. 1933), S. 198 f.
100 Rede Hitlers vom 8. September 1934 vor der NS-Frauenschaft während des NSDAP-Parteitages in Nürnberg 1934, in: Domarus, Hitler Reden, Bd. 1. (1963), S. 449–452.
101 Ebda., S. 451 f.
102 Thalmann, Mutterkreuz (1993), S. 199.
103 Benz, Frauen (1993), S. 14.
104 Vgl. Müller-Kipp, Führer (2007), und Martin, Mädchen (3. Aufl. 1988).
105 Thalmann, Mutterkreuz (1993), S. 204.
106 Gersdorff, Frauen (1969), S. 41.
107 Vgl. Teil II, Abschn. 2.
108 Wehrgesetz von 1935. In: Reichsgesetzblatt 1935.
109 Thalmann, Mutterkreuz (1993), S. 209.
110 Benz, Frauen (1993), S. 17 f.
111 Auch Gersdorff, Frauen (1969), S. 51, stellt fest, dass aus diesem Grunde die Darstellung des Kriegseinsatzes der Frauen so schwierig sei.
112 Zit. nach Gersdorff, Frauen (1969), S. 52, Anm. 5.
113 D. Winkler, Frauenarbeit (1977), S. 201; Bajohr, Hälfte der Fabrik (1979), S. 252, Tabelle 46.
114 Dokument 179 in: Gersdorff, Frauen (1969), S. 375–377, Zitat S. 375.
115 Text in Heiber, Goebbels-Reden Bd. 2. (1972). Dok. Nr. 17, S. 172–208.
116 Vgl. Bajohr, Hälfte der Fabrik (1979), S. 291–294, auch zum Folgenden.
117 Seidler, Blitzmädchen (1996), S. 9.
118 Thalmann, Mutterkreuz (1993), S. 211.
119 Siehe Raßloff, Sauckel (2007).

120 Vgl. Aly, Hitlers Volksstaat (2005)
121 Nur ein einziger der 66 Beiträge des neueren Sammelwerkes: Müller/Volkmann, Wehrmacht (1999) handelt von den Frauen.
122 Kundrus, Geschichte (1999), S. 719.
123 Seifert, Militär (1996); dies., Militär und Ordnung (1993).
124 Schwarz, Verdrängte Täterinnen (1992).
125 Zipfel, Frauen (1995).
126 Ebda., S. 460 f.
127 Koonz, Mütter (1994).
128 Koonz, Geschlecht (1986), S. 19.
129 Siehe Teil III, Abschnitt 2.
130 Seidler, Blitzmädchen (1996); und ders., Geschichte der Helferinnen (1996); über die wachsende Bedeutung der Frauen für die Streitkräfte der Industrieländer seit dem Ersten Weltkrieg geht es in ders., Frauen zu den Waffen (1978). Siehe auch Szepansky, Blitzmädel (1986).
131 Seidler, Blitzmädchen (1996), Rückumschlag.
132 Keim, Erziehung, 2 Bde. (1995, 1997).
133 Vgl. Riesenberger, Deutsches Rotes Kreuz (2002), Abschnitt V: Das Deutsche Rote Kreuz im Dritten Reich, S. 269–371.
134 Ebda., S. 307 f.
135 Vgl. Fischer, Sanitätsdienst (1985).
136 Riesenberger, Deutsches Rotes Kreuz, S. 310 und 314.
137 Ebda., S. 333.
138 Seidler, Blitzmädchen (1996), S. 9.
139 Bormann am 16. 11. 1944 an Goebbels. In: Gersdorff, Frauen (1969), Dok. Nr. 235, S. 465–467.
140 Geheimbefehl des Oberkommandos der Wehrmacht/Wehrmacht-Führungsstab betreffend »Einsatz von weiblichen Hilfskräften in der Wehrmacht« vom 28. 2. 1945, Ziff. 4. In: Gersdorff, Frauen (1969), Dok. Nr. 258, S. 504.
141 Rundschreiben des Leiters der Parteikanzlei betreffend Ausbildung von Frauen und Mädchen im Gebrauch von Handfeuerwaffen« vom 5. 3. 1945. In: Gersdorff, Frauen (1969), Dok. Nr. 260, S. 509.
142 Zit. nach Bajohr, Hälfte der Fabrik (1979), S. 296.
143 Zit. nach Gersdorff, Frauen (1969), S. 72.
144 Goebbels-Tagebücher, Bd. 15 (1995), Eintragung vom 5. 3. 1945, S. 109.
145 Anderslautende Angaben, wie z. B. bei Gelfand, Deutschland-Tagebuch (2005), sind unzutreffend.
146 In diesem Sinne werden die Begriffe »mittelbarer« und »unmittelbarer Kriegsdienst« von Frauen verwendet Gersdorff, Frauen (1969), Einleitung, S. 50.
147 Hierüber wurde laufend in den Berichten des Sicherheitsdienstes der SS informiert. Vgl. dazu Gersdorff, Frauen (1969), Einleitung, Abschnitt »Frauenarbeitseinsatz im Spiegel von SD-Berichten«, S. 56–60.
148 Vgl. Messerschmidt, Gesicht (2005).

149 Vgl. R.-D. Müller, Krieg (2005), Abschn. 8: Der Verlust der Initiative und der Kampf um die »Festung Europa«, S. 181–216.
150 Goebbels-Tagebücher Bd. 5 (1987), S. 696.
151 Siehe Heer / Naumann, Vernichtungskrieg (1995).
152 Siehe Streit, Keine Kameraden (1991).
153 Dülffer, Regeln (1981).
154 Messerschmidt, Der verbrecherische Befehl (1991), S. 63–74.
155 Auszug aus Hitlers Rede vom 30. März 1941 nach den Aufzeichnungen von Generaloberst Halder in: Ueberschär / Wette, Überfall (1991), S. 248 f.; zum Zusammenhang vgl. Wette, Wehrmacht (2005), S. 95–98.
156 Wette, Rassenfeind (1996); Wilhelm, Rassenpolitik (1991).
157 Heer / Naumann, Vernichtungskrieg (1995).
158 Vgl. Köhler, Wagners Hitler (2. Aufl. 1977), S. 11 ff.
159 Wegner, Hitler (2000), S. 511.
160 Clausewitz, Bekenntnisschrift (1812), S. 85 f.
161 Wegner, Hitler (2000), S. 513 f.
162 Vgl. Schilling, Kriegshelden, (2002).
163 Brittnacher, Priester (1999); Medicus, Jugend (1999); Kopetzky, Tod (1981).
164 Zit. nach Wegner, Hitler (2000), S. 515.
165 Bericht des Obersten v. Thaer, wiedergegeben von Kaehler, Untersuchungen (1960), S. 462.
166 In dieser Weise reagierte beispielsweise Generalmajor Paul Freiherr v. Schoenaich. Siehe Gräper, Schoenaich.(2005).
167 Vgl. dazu Wette, Noske (2. Aufl. 1988), S. 470–477.
168 Ebda., S. 488, Anm. 147.
169 Text des Telegramms Hindenburgs vom 17. Juni 1919 an Noske in: Akten der Reichskanzlei. Kabinett Scheidemann (1971), Nr. 114, S. 477, Anm. 5. Inhaltlich gleichlautende Meldung des Wolff'schen Telegraphenbüros (WTB) in: Schultheß' Europäischer Geschichtskalender 1919 I, S. 263 f.; zum politischen Kontext vgl. Wette, Noske (1988), S. 487 f.
170 Siehe dazu auch Teil IV, Kap. 1.1.
171 Afflerbach, Fahne (2001), S. 595–598..
172 Marine-Archiv, Krieg zur See (1922), S. 33–36. Zit. nach Afflerbach, Fahne (2001), S. 600 f.
173 Afflerbach, Fahne (2001), S. 604.
174 Kracauer, Caligari (1984), S. 36–38.
175 Zit. nach Afflerbach, Fahne (2001), S. 608.
176 Ulrich, Offizier (1999), S. 11 f.; siehe auch Afflerbach, Fahne (2001), S. 608–610.
177 Siehe »Bismarck«. In: Zentner / Bedürftig, Das Große Lexikon des Zweiten Weltkrieges (1988), S. 84 f.
178 Müllenheim-Rechberg, Schlachtschiff Bismarck (1993), S. 39.
179 Ebda., S. 200.
180 Ebda., S. 254.

181 Ulrich, Offizier (1999), S. 13 f.
182 Afflerbach, Fahne (2001), S. 619 f.
183 Neitzel, Bedeutungswandel (1999), S. 252 f.
184 Ebda., S. 253–255.
185 Politisches Testament Hitlers vom 28. 4. 1945. Abgedruckt in: Jacobsen, 1939–1945 (1961), Dok. 130, S. 381.
186 Vgl. Ueberschär, Stalingrad (1992), S. 33 f.
187 Wette, Massensterben (1992).
188 Barth, Masse (1959), S. 68–70.
189 Wette, Massensterben (1992), S. 43.
190 Appell des Reichsmarschalls Göring an die deutsche Wehrmacht anlässlich des 10. Jahrestages der Machtergreifung, 30. 1. 1943. In: Ursachen und Folgen Bd. 18 (1973), S. 92–99. Zur Interpretation vgl. Wette, Massensterben (1992), S. 52 f.
191 Göring-Rede vom 30. 1. 1943. In: Ursachen und Folgen Bd. 18 (1973), S. 95.
192 Domarus, Hitler, Reden Bd. 2 (1963), S. 1981.
193 Wette, Massensterben (1992), S. 58 f.
194 Goebbels-Tagebuch, Bd. 15 (1995), Eintragung vom 8. 2. 1943, S. 330–339.
195 So die These von Wegner, Hitler (2000).
196 Vgl. Messerschmidt, Zersetzer (1995), S. 255–278.
197 Speer, Erinnerungen (1969), S. 446.
198 Nachweise in Wette / Bremer / Vogel, Das letzte halbe Jahr (2001), Einleitung S. 10–13, sowie in Wette, Wehrmacht (2002), S. 181–193.
199 Siehe Bramsted, Goebbels (1971), Kapitel »Kraft durch Furcht«.
200 Müller / Ueberschär / Wette, Kriegsalltag (1985), mit einer Dokumentation einschlägiger Durchhaltebefehle.
201 Vgl. die exemplarische Regionalstudie von Kohlhaas, 1945 (2005).
202 Befehle dokumentiert in: Hubatsch, Hitlers Weisungen (1965), S. 281–289.
203 Dieser Aufruf Bormanns vom 2. 4. 1945 ist abgedruckt in: Müller / Ueberschär, Kriegsende (1994), Dok. Nr. 12, S. 168.
204 Auf Erinnerungen von Mannschaftssoldaten an den Durchhalteterror der letzten Kriegsmonate stützt sich der Beitrag von Schröder, Vergegenwärtigung (1991); ders.: Stück Dreck (1995); Müller / Ueberschär / Wette, Kriegsalltag (1985).
205 Vgl. Müller / Ueberschär, Kriegsende (1994), S. 37–41. Als regionalgeschichtliches Beispiel aus der Sicht der Luftkriegsopfer vgl. Beer, Kriegsalltag (1990).
206 Overmans, Verluste (1998), S. 316–318.
207 Vgl. das Schaubild »Tote im Zweiten Weltkrieg. Schätzungen«, in: Der Spiegel Nr. 5, 31. 1. 2005, S. 56.
208 Schwendemann, Strategie (1999), S. 243.
209 Baumann, Posen (1992), S. 102, 257.
210 Zitat aus Hitlers politischem Testament vom 29. 4. 1945. Text in: Domarus, Hitler Reden (1973), S. 2236–2239, hier: S. 2237.

211 Haupt, Rote Armee (1981), S. 62.
212 Fernschreiben Hitlers vom 8. 4. 1945. In: Bundesarchiv-Militärarchiv Freiburg (BA-MA) RH 2 / 235, Bl. 248.
213 Fernschreiben des Generals d. Inf. Krebs vom 15. 4. 1945. In: Bundesarchiv-Militärarchiv Freiburg (BA-MA) RG 2 / 336, S. 204–206.
214 Vgl. Shohei Ooka: Kriegsaufzeichnungen Leyte. 1971, Neuauflage 1974, 10. Kapitel, aus dem Japanischen übersetzt von Taro Kubota, Historisches Seminar der Universität Freiburg. Die Übersetzung liegt dem Verfasser vor.
215 Siehe Hinrichs, Wahnsinn (2005).
216 Vgl. Folttmann / Möller-Witten, Opfergang (1953).
217 Zu entnehmen aus Höffkes, Hitlers politische Generale (1986).
218 Aus der Spezialliteratur ermittelt und namentlich aufgeführt von Dinkel, Suicid (2005).
219 Henke, Besetzung (1995), S. 964 f.
220 Folttmann / Möller-Witten, Opfergang (1953), S. 100 ff., 118, 124, 128, 131.
221 Lakota, Zehntausende Deutsche (2005), S. 218–221, auch zum Folgenden. Lakota bezieht sich auf Forschungen von Dieter Krüger aus Neubrandenburg.
222 Knorr, Selbstmord (1948), S. 3 f.
223 Pötzl / Wiegrefe, Heimkehr (2005), S. 51.
224 Vgl. dazu die Quellenedition Wette / Bremer / Vogel, Das letzte halbe Jahr (2001).

VI. Militarismus nach 1945 in Westdeutschland?

1 Vgl. Görtemaker, Ende (2000), S. 198–205.
2 Niedhart, Anfang (1992), Titel des Beitrags.
3 Frei, Vergangenheitspolitik (1996), S. 304 f.
4 Vgl. Kroener, Potsdam (1993); besonders den Beitrag von Ostertag, Cecilienhof.
5 Siehe Teil V, Kap. 1.4., sowie K.-J. Müller, Tag von Potsdam (1993).
6 Vgl. das »Abkommen von Potsdam« vom 2. August 1945, unterzeichnet von Stalin, Truman und Attlee. Text in Deuerlein, Potsdam 1945 (1963), S. 349 ff., Teil III: Deutschland, S. 353–359, Zitat S. 353.
7 Ebda., S. 353 f.
8 Potsdamer Abkommen. Zit. nach Deuerlein, Potsdam 1945 (1963), S. 354–356, auch zum Folgenden.
9 Potsdamer Abkommen, Politische Grundsätze II, ebda., S. 355.
10 Ebda., Politische Grundsätze IV, 5, S. 355.
11 Ebda., Politische Grundsätze IV, 6, S. 355 f.
12 Vgl. dazu Bungenstab, Umerziehung (1970).
13 Potsdamer Abkommen, Politische Grundsätze IV, in: Deuerlein, Potsdam 1945 (1963), S. 356.
14 Rundfunksprache des amerikanischen Präsidenten Truman am 9. 8. 1945. In: ebda., Dok. 99, S. 375–381, hier: S. 377.
15 Nünning / Nünning, Englische Vorstellungen (1994), S. 225.

16 Ebda., S. 227.
17 Kettenacker, Krieg (1989), S. 534. Dieser Aspekt wird vertieft in der Untersuchung von Kuropka, Militarismus (1984).
18 Vgl. Bungenstab, Umerziehung (1970); Heinemann, Umerziehung (1981).
19 Wettig, Entmilitarisierung (1967), S. 91–93.
20 Vgl. Welsh, Wandel (1989).
21 Bald, Bundeswehr (2005).
22 Vgl. Stöver, Der Kalte Krieg (2007).
23 Bald, Bundeswehr (2005), S. 19 f.
24 Wengeler, Remilitarisierung (1989).
25 Siehe Abschnitt I, Kapitel 1 u. 6.
26 Das von den ehemaligen Wehrmacht-Generälen Hermann Foertsch, Adolf Heusinger und Hans Speidel für Bundeskanzler Adenauer erarbeitete militärpolitische Konzept vom 10. 8. 1950 hatte den Titel »Wiederaufbau einer deutschen Wehrmacht«. Siehe Bald, Bundeswehr (2005), S. 14 und 28.
27 Der Text wurde ediert von Rautenberg / Wiggershaus, Himmeroder Denkschrift (1977) sowie als MGM-Sonderheft (1977); siehe auch Bald, Bundeswehr (2005), S. 29–34.
28 Wette, Wehrmacht (2002), S. 233.
29 Bald, Bundeswehr (2005), S. 14.
30 Wrochem, Manstein (2006), S. 335, unter Bezugnahme auf Scholten, Offiziere (2001), S. 159.
31 Bald, Bundeswehr (2005), S. 23.
32 Vgl. dazu Teil IV, Kap. 2.1. und 2.5.
33 Vgl. Schlaffer, Baudissin (2007).
34 Wette, Neue Form (1999).
35 Siehe z. B. Bald, Restaurativer Traditionalismus in der Bonner Republik. In: ders., Macht- und Militärpolitik (2006), S. 12–19.
36 Wette, Wehrmacht (2002), Teil V, Kapitel 4: Im Zeichen des Kalten Krieges, S. 232–236.
37 Schritte der Annäherung beschreibt Naumann, Generale (2007).
38 Messerschmidt, Wehrmacht (1981).
39 Siehe die – weithin unkritische – Biographie von Meyer, Heusinger (2001).
40 Wette, Neue Form (1999).
41 Bald, Bundeswehr (2005), S. 32
42 Adenauer am 15. 12. 1954 im Bundestag. Siehe: Deutscher Bundestag, Stenographische Berichte, 61. Sitzung, S. 3134; zit. nach Bald, Bundeswehr (2005), S. 42 f.
43 Siehe im Einzelnen Knab, Glorie (1995), besonders S. 54 f.
44 Kutz, Militär (1997), S. 294; vgl. auch Bald, Bundeswehr (2005), S. 68 f.
45 Die Schnez-Studie mit dem Titel »Gedanken zur Verbesserung der inneren Ordnung des Heeres« vom Juni 1969 ist abgedruckt in der Dokumentation von Heßler, Militär (1971), S. 50 ff.

46 Weißbuch 1970 (1970), S. 115.
47 Craig, Armee (1960); siehe dazu auch Teil I, Kap. 3.
48 In Anlehnung an Maase, »Give peace a chance« (2000). Siehe auch Krippendorff, Militärkritik (1993), der ebenfalls einen »qualitativen Bruch« mit den militarisierten Umgangsformen und Mentalitätsmustern der Vergangenheit diagnostiziert.
49 Ebda., S. 188.
50 So das Fazit von Naumann, Integration (2000), S. 218.
51 Ebda., S. 199, sowie Sywottek, Wohlstand (2000).
52 Das ist das Ergebnis der Untersuchungen der Historischen Friedensforschung zu diesem Thema. Vgl. Niedhart / Riesenberger, Lernen (1992); Kühne, Kriegskultur (2000), S. 262–279.
53 Jarausch, Umkehr (2004), Klappentext.
54 Wolfrum, Demokratie (2006).
55 Hobsbawm, Zeitalter der Extreme (2. Aufl. 1999).
56 Vgl. im Einzelnen Wette, Normalität (1994).
57 Johann Adolf Graf von Kielmansegg (Brigadegeneral): Der Krieg ist der Ernstfall. In: Truppenpraxis 3 / 1991, S. 304 ff.
58 Ebda.
59 Der neue Kämpferkult fand seinen Niederschlag auch in den Verteidigungspolitischen Richtlinien des Bundesministers der Verteidigung vom 26. 11. 1992, erlassen vom BMVg am 8. 2. 1993, S. 33, Ziff. 53.
60 Vgl. Kutscha, Militäreinsätze (2004).
61 Siehe dazu Kramer / Wette, Recht (2004).
62 Vgl. Loquai, Kosovo-Konflikt (2000).
63 Gerhard Schröder: Eine neue Form der Selbstverteidigung. In: Die Zeit, 18. 10. 2001, S. 3.
64 Bundesverteidigungsminister Peter Struck (SPD) in einer Pressekonferenz am 5. 12. 2002, als er neue »Verteidigungspolitische Richtlinien« ankündigte. Siehe: http://de.wikipedia.org / wiki / Peter_Struck.
65 Vgl. Schwarz, Die gezähmten Deutschen (1985).
66 Naumann, Generale (2007), S. 318, 330, 335 f.
67 Verteidigungspolitische Richtlinien vom 26. 11. 1992, S. 5, Ziff. 8 (8).
68 Wette, Feind im Innern (2003), S. 76; siehe auch Teil II, Kap. 3.7.
69 Vgl. Wette, Schule der Gewalt (2005).
70 Siehe auch Bald, Macht- und Militärpolitik (2006), S. 10.

Bibliographie

Die Auswahlbibliographie ist in die folgenden drei Rubriken gegliedert: I. Quellen, II. Veröffentlichungen vor 1945 [nach dem Jahr der Erstveröffentlichung], III. Veröffentlichungen nach 1945. Archivalien werden in den Anmerkungen nachgewiesen.

Quellen

Akten der Reichskanzlei. Das Kabinett Scheidemann, 13. Februar bis 20. Juni 1919. Bearb. v. Hagen Schulze. Boppard a. Rh. 1971.

Allerhöchste Verordnung über die Ehrengerichte der Offiziere im Preußischen Heere vom 2. Mai 1874 und Ergänzungsorder. Neuabdruck 1910 (= Kompendium über Militärrecht, Abschn. VI), Berlin 1910.

Allgemeiner Kongress der Arbeiter- und Soldatenräte Deutschlands vom 16. bis 21. Dezember 1918 im Abgeordnetenhaus zu Berlin. Stenographische Berichte. Berlin 1919. Nachdruck Glashütten / Taunus 1972.

Amtsblatt des Alliierten Kontrollrats in Deutschland Nr. 13 vom 31. 3. 1947.

[Bismarck] Fürst Bismarcks Reden. Mit verbindender geschichtlicher Darstellung hrsg. von Philipp Stein. Zweiter Band: Ministerpräsident Otto von Bismarck, 1862–1866 (Die Konfliktszeit.). Leipzig o. J. (um 1905).

Deist, Wilhelm (Bearb.): Militär und Innenpolitik im Weltkrieg 1914–1918. 2 Bde. Düsseldorf 1970 (= Quellen zur Geschichte des Parlamentarismus und der politischen Parteien. Zweite Reihe: Militär und Politik. Bde. 1 u. 2.).

Deuerlein, Ernst (Hrsg.): Potsdam 1945. Quellen zur Konferenz der »Großen Drei«. München 1963.

Dokumente und Materialien zur Geschichte der deutschen Arbeiterbewegung. Reihe II, Bd. 2: November 1917 – Dezember 1918. (Ost-)Berlin 1957.

Domarus, Max: Hitler. Reden und Proklamationen 1932–1945. Kommentiert von einem deutschen Zeitgenossen. 2 Bde. Würzburg 1963.

Drott, Karl: Sozialdemokratie und Wehrfrage. Dokumente aus einem Jahrhundert Wehrdebatten. Berlin, Hannover 1956.

Einstein, Albert: Über den Frieden. Weltordnung oder Weltuntergang? Hrsg. von Otto Nathan und Heinz Norden. Mit einem Vorwort von Bertrand Russell. Bern / Frankfurt / M. 1975 (engl. Originalausgabe London 1963: Einstein on Peace). Neuauflage: Albert Einstein: Über den Frieden. Weltordnung oder Weltuntergang? Neu-Isenburg 2004.

Fenske, Hans (Hrsg.): Unter Wilhelm II. 1890–1918. Darmstadt 1982 (= Quellen zum politischen Denken der Deutschen im 19. und 20. Jahrhundert, Bd. 7).

Fischer, Hubert: Der deutsche Sanitätsdienst 1921–1945: Organisation, Dokumente und persönliche Erfahrungen. Bd. 4, Teil C. Osnabrück 1985.

Glasenapp, v.: Handbuch für den Einjährig-Freiwilligen sowie für den Reserve- und Landwehr-Offizier der Kavallerie. Berlin 1901.

[Goebbels] Die Tagebücher von Joseph Goebbels. Sämtliche Fragmente. Hrsg. von Elke Fröhlich. Bd. 4. München 1987, Bd. 15, München 1995.

Handbuch für sozialdemokratische Wähler. Hrsg. vom Sozialdemokratischen Parteivorstand. Der Reichstag 1898–1903. Berlin 1903.

Heiber, Helmut (Hrsg.): Goebbels-Reden. Bd. 2.: 1939–1945. Düsseldorf 1972.

Hemken, Ruth (Hrsg.): Sammlung der vom Alliierten Kontrollrat und der Amerikanischen Militärregierung erlassenen Proklamationen, Gesetze, Verordnungen, Befehle, Direktiven. Stuttgart 1946–1949.

Heßler, Klaus: Militär – Gehorsam – Meinung (Dokumente zur Diskussion in der Bundeswehr). Berlin 1971.

Hildebrandt, Horst: Die deutschen Verfassungen des 19. und 20. Jahrhunderts. Quellen zur Verfassungsgeschichte. Paderborn 1954.

Hitlers zweites Buch. Ein Dokument aus dem Jahre 1928. Eingel. u. komm. v. Gerald D. Weinberg. Stuttg. 1961 (= Quellen und Darstellungen zur Zeitgeschichte, Bd. 7).

[Hitler] Vortrag Hitlers vor westdeutschen Wirtschaftlern am 27. Januar 1932. In: Domarus, Hitler Reden, Bd. I. (1963), S. 68–90.

Hobohm, Martin: Soziale Heeresmissstände als Teilursache des deutschen Zusammenbruchs von 1918 (Sachverständigengutachten.). In: Die Ursachen des deutschen Zusammenbruchs im Jahre 1918. Zweite Abteilung: Der innere Zusammenbruch. In: Das Werk des Untersuchungsausschusses der Verfassunggebenden deutschen Nationalversammlung und des Deutschen Reichstages 1919–1930. Vierte Reihe, Bd. 11, 2. Aufl., Berlin 1930.

Hubatsch, Walter (Hrsg.): Hitlers Weisungen für die Kriegführung 1939–1945. Dokumente des Oberkommandos der Wehrmacht. München 1965.

Hürten, Heinz (Bearb.): Zwischen Revolution und Kapp-Putsch. Militär und Innenpolitik 1918–1920. Düsseldorf 1978 (= Quellen zur Geschichte des Parlamentarismus und der politischen Parteien, 2. Reihe, Bd. 2).

Jacobsen, Hans-Adolf: 1939–1945. Der Zweite Weltkrieg in Chronik und Dokumenten. Darmstadt 2. Aufl. 1961.

Kautsky, Karl / Bruno Schoenlank: Grundsätze und Forderungen der Sozialdemokratie. Erläuterungen zum Erfurter Programm. Berlin 2. Aufl. 1892.

Kriegsrüstung und Kriegswirtschaft. Anlagen zum ersten Band von: Der Weltkrieg 1914 bis 1918. Bearb. im Reichsarchiv. Berlin 1930.

Leidigkeit, Karl-Heinz (Hrsg.): Der Leipziger Hochverratsprozess vom Jahre 1872. Berlin 1960.

Ludendorff, Erich (Hrsg.): Urkunden der Obersten Heeresleitung über ihre Tätigkeit 1916–1918. Berlin 1920.

[Luxemburg] Rosa Luxemburg im Kampf gegen den deutschen Militarismus. Prozessberichte und Materialien aus den Jahren 1913 bis 1915. Hrsg. von Institut für Marxismus-Leninismus beim ZK der SED. Berlin 1960.

Luxemburg, Rosa: Rede über die Stellung der deutschen Sozialdemokratie zum Militarismus (auf dem SPD-Parteitag 9.–14. 10. 1899 in Hannover). In: dies., Gesammelte Werke, 1. Halbband 1893 bis 1905. Berlin 1970, S. 574 ff.

Luxemburg, Rosa: Rede über Völkerfrieden, den Militarismus und die stehenden Heere (auf dem Internationalen Sozialistenkongress vom 23. bis 27. 9. 1900 in Paris). In: dies., Gesammelte Werke, 1. Halbband 1893 bis 1905. Berlin 1970, S. 807ff.

Marine-Archiv (Hrsg.): Der Krieg zur See 1914–1918. Kreuzerkrieg, Bd. 1, bearbeitet von Erich Raeder. Berlin 1922.

May, Otto: Deutsch sein heißt treu sein. Ansichtskarten als Spiegel von Mentalität und Untertanenerziehung in der Wilhelminischen Ära (1888–1918). Hildesheim 1998.

Messerschmidt, Manfred / Ursula von Gersdorff: Offiziere im Bild von Dokumenten aus drei Jahrhunderten. Stuttgart 1964 (= Beiträge zur Militär- und Kriegsgeschichte. Hrsg. vom Militärgeschichtlichen Forschungsamt. 6. Bd).

Moltke, Eliza von (Hrsg.): Generaloberst Helmuth von Moltke. Erinnerungen, Briefe, Dokumente 1877–1916. Stuttgart 1922.

[Moltke] Gesammelte Schriften und Denkwürdigkeiten des General-Feldmarschalls Grafen Helmuth von Moltke. Bd. III, Berlin 1892 / 93.

Moltke, Helmuth von: Geschichte des Krieges 1870 / 71. Wiederabdruck in: Stig Förster (Hrsg.), Moltke. Vom Kabinettskrieg zum Volkskrieg. Eine Werkauswahl. Bonn 1992.

Moltke, Helmuth Graf v.: Über Strategie. In: ders., Moltkes militärische Werke, Reihe II: Die Tätigkeit als Chef des Generalstabs der Armee im Frieden, Bd. 2. Berlin 1900.

[Potsdam) Der Tag von Potsdam. Zum 21. März 1933. Gedenkausgabe »Die Woche«. Berlin o. J. [1933].

Quiddc, Ludwig: Caligula. Schriften über Militarismus und Pazifismus [aus den Jahren 1893–1926]. Hrsg. von Hans-Ulrich Wehler. Frankfurt / M. 1977.

Quidde, Ludwig: Caligula. Eine Studie über römischen Cäsarenwahnsinn (1894): In: Quidde, Caligula, hrsg. von Hans-Ulrich Wehler (1977), S. 61–80.

Quidde, Ludwig: Der Militarismus im heutigen Deutschen Reich. Eine Anklageschrift (1893). In: Quidde, Caligula, hrsg. von Hans-Ulrich Wehler (1977), S. 81–130.

Quidde, Ludwig: Der deutsche Pazifismus während des Weltkrieges 1914–1918 [geschrieben 1934ff.]. Aus dem Nachlass Ludwig Quiddes hrsg. v. Karl Holl unter Mitwirkung von Helmut Donat. Boppard 1979 (= Schriften des Bundesarchivs 23).

Rautenberg, Hans-Jürgen / Norbert Wiggershaus (Hrsg.): Die »Himmeroder Denkschrift« vom Oktober 1950. Politische und militärische Überlegungen für einen Beitrag der Bundesrepublik Deutschland zur westeuropäischen Verteidigung. In: Militärgeschichtliche Mitteilungen 21 (1977) S. 135–206; sowie als MGM-Sonderheft, Karlsruhe 1977.

[Reichstag] Stenographische Berichte über die Verhandlungen des Deutschen Reichstages, Bd. 228, Sitzung vom 24. 4. 1907; und Bd. 529, Sitzung vom 9. 11. 1911.

Schönbrunn, Günter (Bearb.): Weltkriege und Revolutionen 1914–1945. München 1961 (= Geschichte in Quellen, Bd. V).

Schulthess' Europäischer Geschichtskalender. Neue Folge. Hrsg. v. Hans Delbrück. München 1892 ff.

[SPD-Parteitag] Protokoll über die Verhandlungen des Parteitages der Sozialdemokratischen Partei Deutschlands. Abgehalten zu Essen vom 15. bis 17. September 1907. Berlin 1907.

Ulrich, Bernd / Benjamin Ziemann (Hrsg.): Krieg im Frieden. Die umkämpfte Erinnerung an den Ersten Weltkrieg. Quellen und Dokumente. Frankfurt / M. 1997.

Ulrich, Bernd / Benjamin Ziemann (Hrsg.): Frontalltag im Ersten Weltkrieg – Wahn und Wirklichkeit. Quellen und Dokumente. Frankfurt / M. 1994.

Ungern-Sternberg, Jürgen von / Wolfgang von Ungern-Sternberg: Der Aufruf ›An die Kulturwelt!‹ Das Manifest der 93 und die Anfänge der Kriegspropaganda im Ersten Weltkrieg. Mit einer Dokumentation. Stuttgart 1996.

Ursachen und Folgen. Vom deutschen Zusammenbruch 1918 und 1945 bis zur staatlichen Neuordnung Deutschlands in der Gegenwart. Hrsg. von H. Michaelis und E. Schraepler. 18. Bd.: Das Dritte Reich. Die Wende des Krieges. Berlin 1973.

Verteidigungspolitischen Richtlinien des Bundesministers der Verteidigung vom 26. 11. 1992, erlassen vom BMVg am 8. 2. 1993.

Vogelsang, Thilo: Neue Dokumente zur Geschichte der Reichswehr 1930–1933. In: Vierteljahrshefte für Zeitgeschichte 2 (1954), S. 397–436.

Weißbuch über die Schwarze Reichswehr. Hrsg. von der Deutschen Liga für Menschenrechte. Berlin 1925.

Weißbuch 1970. Zur Sicherheit der Bundesrepublik Deutschland und zur Lage der Bundeswehr. Bonn 1970.

Weltkriege und Revolutionen 1914–1945. Bearb. von Günter Schönbrunn. München 1961 (= Geschichte in Quellen, Bd. V).

Wette, Wolfram (Hrsg.): Deserteure der Wehrmacht. Feiglinge – Opfer – Hoffnungsträger? Dokumentation eines Meinungswandels. Essen 1995.

Wette, Wolfram / Ricarda Bremer / Detlef Vogel (Hrsg.): Das letzte halbe Jahr. Stimmungsberichte der Wehrmachtpropaganda 1944 / 45. Essen 2001.

Veröffentlichungen vor 1945

Angel, Norman: Wird der Krieg dem deutschen Militarismus ein Ende machen? (= Englands Demokratie und der Krieg, H. 2). Zürich 1915.

Arnim, Otto: Die Juden im Heere. München 1919.

Bebel, August: Die Frau und der Sozialismus. 1879.

Bebel, August: Nicht stehendes Heer, sondern Volkswehr! Stuttgart 1898.

Bebel, August: Kampf dem Militarismus (= Schriftenreihe: Beiträge aus der Geschichte der deutschen Arbeiterbewegung, H. 3). Berlin 1955.

Bernhardi, Friedrich v.: Deutschland und der nächste Krieg. Stuttgart, Berlin 1912, 6. Aufl. 1913.

Beust, Friedrich: Grundzüge der Organisation eines Volksheeres. Zürich 1867.

Bismarck: Gedanken und Erinnerungen. Stuttgart 1898.

Bleibtreu, Carl: Der Militarismus in 19. Jahrhundert. Berlin 1901.

Bleibtreu, Carl: Der Zar-Befreier. Ein Wort für Volkswehr und gegen stehendes Heer. Stuttgart o. J.

Blume, Wilhelm v.: Der deutsche Militarismus (= Durch Kampf zum Frieden. Tübinger Kriegsschriften. H. 2). Tübingen 1915.

Brackmann, A.: Kaisertum und Militarismus. Berlin 1915.

Bräker, Ulrich: Lebensgeschichte und natürliche Ebentheuer des Armen Mannes im Tockenburg [1789]. Hrsg. von Samuel Voellmy. Bd. 1. Basel 1945; weitere Ausgabe u. d. T.: Der arme Mann im Tockenburg. Tübingen 1948.

Bronnen, Arnolt: Rossbach. Berlin 1930.

Clausewitz, Carl von: Bekenntnisschrift (1812). In: ders., Politische Schriften und Briefe. Hrsg. von Hans Rothfels. München 1922, S. 80–199.

Conring, Franz: Das deutsche Militär in der Karikatur. Stuttgart 1907.

Deimling, Berthold von: Aus der alten in die neue Zeit. Lebenserinnerungen. Berlin 1930.

Delbrück, Hans: Der preußische Offiziersstand. In: ders., Historische und politische Aufsätze. Berlin 2. Aufl. 1907.

Endres, Franz Carl: Reichswehr und Demokratie. München 1918.

Endres, Franz Carl: Die Tragödie Deutschlands. Im Banne des Machtgedankens bis zum Zusammenbruch des Reiches. Stuttgart 1920.

Endres, Franz Carl: Das Gesicht des Krieges: Leipzig 1924.

Endres, Franz Carl: Vaterland Europa. Berlin 1925.

Endres, Franz Carl: Soziologische Struktur und ihr entsprechende Ideologien des deutschen Offizierkorps vor dem Weltkriege. In: Archiv für Sozialwissenschaft und Sozialpolitik, 58. Jg., Tübingen 1927, S. 282–319.

Endres, Franz Carl: Militarismus als Geistesverfassung des Nichtmilitärs. In: Berghahn, Militarismus (1975), S. 99–101.

Endres, Franz Carl: Vom nächsten Krieg. In: Archiv für Sozialwissenschaft und Sozialpolitik, 59. Jg., Tübingen 1928, S. 48–74.

Engels, Friedrich: Was nun? In: Der Sozialdemokrat Nr. 10, 8. 3. 1890; Wiederabdruck in: Marx-Engels, Werke. Bd. 22. (Ost-)Berlin 1972, S. 7–10.

Engels, Friedrich: Kann Europa abrüsten? (1893). In: Marx-Engels, Werke. Bd. 22. (Ost-) Berlin 1972, S. 369–399.

Foerster, Friedrich Wilhelm: Mein Kampf gegen das militaristische und nationalistische Deutschland. Gesichtspunkte zur deutschen Selbsterkenntnis und zum Aufbau eines neuen Deutschland. Stuttgart 1920.

Franken, Schattenbilder aus dem Reiche des Militarismus. Crefeld 1892.

Frantz, Constantin: Der Militairstaat. Berlin 1859.

Friedrich, Ernst: Krieg dem Kriege. Berlin 1924.

Frymann, Daniel (Pseudonym für Heinrich Claß): Wenn ich der Kaiser wär'. Politische Wahrheiten und Notwendigkeiten. Leipzig 1912.

Gerlach, Helmuth v.: Das deutsche Volk und der Militarismus. Berlin 1908.

Goldbeck, E. (Hrsg.): Märtyrer des Militarismus (= Kritische Patrouillengänge. Zwanglose Besprechungen militärischer Tagesfragen. Ser. I, H. 2). Berlin 1897.

Goldmann, Nahum: Der Geist des Militarismus. Stuttgart, Berlin 1915.

Goltz, Colmar Frhr. v. d.: Das Volk in Waffen. Ein Buch über Heerwesen und Kriegführung in unserer Zeit. Berlin 1883, 5. Aufl. 1899.

Griesheim, Karl Gustav Julius v.: Gegen Demokraten helfen nur Soldaten. Berlin 1848.

Gumbel, Emil Julius: Vier Jahre politischer Mord. Berlin-Fichtenau 1922; Neuauflage mit einem Vorwort von Hans Thill. Heidelberg 1980.

Gumbel, Emil Julius: Das Stahlbad im Lichte der Statistik (1924). In: Christian Jansen: Emil Julius Gumbel. Portrait eines Zivilisten. Heidelberg 1991, S. 162–170.

Hindenburg, Gert von: Paul von Hindenburg. Vom Kadetten zum Reichspräsidenten. Leipzig 1932.

Hintze, Otto: Staatsverfassung und Heeresverfassung (1906). Wieder abgedruckt in: Berghahn, Militarismus (1975), S. 61–85.

Hitler, Adolf: Mein Kampf. Ausgabe München 1930.

Jähns, Max: Über Krieg, Frieden und Kultur. Eine Umschau. Berlin 1913.

Kehr, Eckart: Der Primat der Innenpolitik. Gesammelte Aufsätze zur preußisch-deutschen Sozialgeschichte im 19. und 20. Jahrhundert [1920er Jahre]. Hrsg. u. eingeleitet von Hans-Ulrich Wehler. Berlin 1965.

Kehr, Eckart: Zur Genesis des Königlich Preußischen Reserveoffiziers. Zuerst veröffentlicht in: Die Gesellschaft 5 (1928 / II), S. 492–502. Wieder abgedruckt in: ders., Primat der Innenpolitik, S. 53–63.

Kehr, Eckart: Schlachtflottenbau und Parteipolitik. Versuch eines Querschnitts durch die innenpolitischen, sozialen und ideologischen Voraussetzungen des deutschen Imperialismus, Berlin 1930.

Kjellén, Rudolf: Die Ideen von 1914. Eine weltgeschichtliche Perspektive. 1915.

Kolshorn, Otto: Unser Mackensen. Ein Lebens- und Charakterbild. Berlin 1916.

Krafft, Rudolf: Kasernen-Elend. Offene Kritik der Verhältnisse unserer Unteroffiziere und Soldaten. Stuttgart 5. Aufl. 1895.

Krafft, Rudolf: Wider Junkertum und Pickelhaube! Nürnberg 1897.

Krafft, Rudolf: Die Opfer der Kaserne. München 1904.

Lasswell, Harold D.: The Garrison State and the Specialists on Violence. In: American Journal of Sociology, January 1941.

Lederer, Emil: Zur Soziologie des Weltkrieges (1915). In: ders.: Kapitalismus, Klassenstruktur und das Problem der Demokratie in Deutschland 1910–1940. Göttingen 1979, S. 119–144.

Liebknecht, Karl: Militarismus und Antimilitarismus unter besonderer Berücksichtigung der internationalen Jugendbewegung. Berlin 1907. Wiederabdruck in: ders., Gesammelte Reden und Schriften, Bd. 1. Berlin (Ost) 1958, S. 247–456.

Lindner, Theodor: Der Krieg gegen Frankreich und die Einigung Deutschlands. Zur 25jährigen Wiederkehr der Gedenktage von 1870 / 71. Berlin 1895.

Loewenthal, Max J.: Das jüdische Bekenntnis als Hinderungsgrund bei der Beförderung zum preußischen Reserveoffizier. Berlin 1911.

Loewenthal, Max J.: Jüdische Reserveoffiziere. Berlin 1914.

Ludendorff, Erich: Meine Kriegserinnerungen 1914–1918. Berlin 1919.

Lüders, Marie-Elisabeth: Die Entwicklung der gewerblichen Frauenarbeit im Kriege. München 1920.

Lüders, Marie-Elisabeth: Das unbekannte Heer. Frauen kämpfen für Deutschland 1914–1918. Berlin 1937.

Luxemburg, Rosa: Sozialreform oder Revolution? Mit einem Anhang: Miliz und Militarismus. Leipzig 1899.

Luxemburg, Rosa: Die Akkumulation des Kapitals. Berlin 1913. Neudruck Berlin 1966.

Luxemburg, Rosa: Junius-Broschüre (1916). In: dies., Politische Schriften. Hrsg. von Ossip K. Flechtheim. Frankfurt / M., Wien 1966–68.

Mann, Heinrich: Der Untertan. (1. Aufl. 1914). Hamburg 1963.

Meinecke, Friedrich: Kultur, Machtpolitik und Militarismus. In: Otto Hintze u. a. (Hrsg.): Deutschland und der Weltkrieg. Leipzig, Berlin 2. Aufl. 1916, S. 750–776.

Meisner, Heinrich Otto: Der Kriegsminister, 1814–1914. Ein Beitrag zur militärischen Verfassungsgeschichte. Berlin 1940.

Mierisch, Helene: Kamerad Schwester 1914–1918. Leipzig 1934.

Nicolai, Georg Friedrich: Die Biologie des Krieges. Betrachtungen eines Naturforschers zur Besinnung. Mit einem Vorwort von Romain Rolland. Zürich 1917.

Onken, Wilhelm: Unser Heldenkaiser. Festschrift zum hundertjährigen Geburtstage Kaiser Wilhelms des Großen. Berlin 1897.

Osseg, Annuarius [Pseudonym für Georg Michael Pachtler]: Der europäische Militarismus. Amberg 1875.

Paasche, Hans: »Ändert Euren Sinn!« Schriften eines Revolutionärs [Dokumente 1917–1920]. Hrsg. von Helmut Donat u. Helga Paasche. Mit einem Nachwort von Robert Jungk. Bremen 1992 (= Schriftenreihe Geschichte und Frieden. Bd. 2).

Plenge, Johann: 1789 und 1914. Die symbolischen Jahre in der Geschichte des politischen Geistes. Berlin 1916.

Plivier, Theodor: Der Kaiser ging, die Generäle blieben [1930]. Vorwort von Hans-Harald Müller. Hamburg 1979.

Ritter, Gerhard: Die Dämonie der Macht. Betrachtungen über Geschichte und Wesen des Machtproblems im politischen Denken der Neuzeit (1940). München 6. Aufl. 1948.

Rosenberg, Alfred: Der Mythus des 20. Jahrhunderts. München 1930.

Rosten, Curt: Das ABC des Nationalsozialismus. 5. Aufl. Berlin 1933.

Rotteck, Carl von: Ueber stehende Heere und Nationalmiliz (1816). In: ders., Sammlung kleinerer Schriften. Bd. 2. Stuttgart 1829.

Rüstow, Wilhelm: Der deutsche Militärstaat vor und während der Revolution [1850]. Reprint Osnabrück 1971.

Salomon, Ernst von: Die Kadetten [1933]. Reinbek 1974.

Salomon, Ernst von: Die Geächteten. Gütersloh 1930.
Scheler, Max: Über Gesinnungs- und Zweckmilitarismus. Eine Studie zur Psychologie des Militarismus (1916). In: ders., Schriften zur Soziologie und Weltanschauungslehre. 2. Aufl. Bern und München 1963, S. 187–203.
Schoenaich, Paul Frhr. v.: Vom vorigen zum nächsten Krieg. Berlin 1925.
Seeckt, Hans v.: Gedanken eines Soldaten. Berlin 1929.
Siemsen, August: Preußen. Die Gefahr Europas. Nachgelassenes Manuskript hrsg. von Anna Siemsen [Paris 1937]. Mit einem Vorwort von Arno Klönne und Helmut Donat. Berlin 1981.
Sombart, Werner: Händler und Helden. Patriotische Besinnungen. München, Leipzig 1915.
Spencer, Herbert: The Principles of Sociology, Bd. II/2. New York, London 1886.
Stössinger, Felix: Das Wesen des Militarismus. In: Welt am Montag, 12. Mai 1924. Wiederabdruck in: Paul Freiherr v. Schoenaich: Vom vorigen zum nächsten Krieg. Berlin-Hessenwinkel 1925, S. 19–21.
Stumpf, Richard: Warum die Flotte zerbrach. Kriegstagebuch eines christlichen Arbeiters. Berlin 1927; Auszug u. d. T.: Die Matrosenrevolte in Wilhelmshaven 1918. In: Wette, Krieg des kleinen Mannes (2. Aufl. 1995), S. 168–182.
Suttner, Bertha v.: Die Waffen nieder! Eine Lebensgeschichte. Dresden 1889.
Tanera, Carl: Ernste und heitere Erinnerungen eines Ordonnanzoffiziers im Jahre 1870/71. München 1896, 12. Auf. 1914.
Tucholsky, Kurt: Unser Militär! Schriften gegen Krieg und Militarismus [Schriften aus den Jahren 1913–1933]. Hrsg. v. Richard von Soldenhoff. Frankfurt/M. 1982.
Voigt, Wilhelm: Wie ich Hauptmann von Köpenick wurde (1909). Hrsg. von Werner Labisch und Jörg Sundermeier. Berlin 2006.
Wasserburg, Philipp: Gedankenspäne über den Militarismus. Mainz 1874.
Wiede, F.: Der Militarismus. Social-philosophische Untersuchungen in gemeinverständlicher Form. Zürich 1917.
Wilamowitz-Moellendorff, Ulrich von: Militarismus und Wissenschaft. In: ders., Reden aus der Kriegszeit. Berlin 1915, S. 75–94.
Zuckmayer, Carl: Der Hauptmann von Köpenick, 1931.

Veröffentlichungen nach 1945

Abels, Kurt: Kadetten. Preußenfilm, Jugendbuch und Kriegslied im »Dritten Reich«. Bielefeld 2002.
Afflerbach, Holger: Falkenhayn. Politisches Denken und Handeln im Kaiserreich. München 1994.
Afflerbach, Holger: »Bis zum letzten Mann und letzten Groschen?« Die Wehrpflicht im Deutschen Reich und ihre Auswirkungen auf das militärische Führungsdenken im Ersten Weltkrieg. In: Foerster, Wehrpflicht (1994), S. 71–90.
Afflerbach, Holger: »Mit wehender Fahne untergehen«. Kapitulationsverweigerun-

gen in der deutschen Marine. In: Vierteljahrshefte für Zeitgeschichte (VfZG) 49 (2001), S. 595–612.

Albrecht, Frank: Krieg und Frieden. Pazifismus und Militarismus im 20. Jahrhundert. Eine kommentierte Auswahlbibliographie in 4 Bänden. Teil 1: Belletristik. Schriesheim 1988; Teil 2: Die Friedensbewegungen. Schriesheim 1988.

Albrecht, Ulrich: Der preußisch-deutsche Militarismus als Prototyp. Aspekte der internationalen wissenschaftlichen Diskussion. In: Wette, Militarismus (1999), S. 38–60.

Alff, Wilhelm (Red.): Deutschlands Sonderung von Europa 1862–1945. Frankfurt / M. u. a. 1984.

Alter, Reinhard: Heinrich Manns ›Untertan‹. Prüfstein für die ›Kaiserreich-Debatte‹? In: Geschichte und Gesellschaft (GuG) 17 / 1991, S. 370–389.

Aly, Götz: Hitlers Volksstaat. Raub, Rassenkrieg und nationaler Sozialismus. Frankfurt / M. 2005.

Anschütz, Oskar: Der Militarismus. Seine Herkunft und sein Wesen, seine Entwicklung und seine Überwindung. Ein Beitrag zu einer Philosophie des Unbewussten. Nürnberg 1967.

Arendt, Hannah: Elemente und Ursprünge totaler Herrschaft. Frankfurt / M. 1958.

Asendorf, Manfred / Rolf von Bockel (Hrsg.): Demokratische Wege. Deutsche Lebensläufe aus fünf Jahrhunderten. Stuttgart, Weimar 1997.

Assmus, Erhard: Die publizistische Diskussion um den Militarismus unter besonderer Berücksichtigung der Geschichte des Begriffes in Deutschland und seiner Beziehung zu den politischen Ideen zwischen 1850 und 1950. Unveröffentlichte Phil. Diss. Erlangen 1951.

Bachmann, Peter / Kurt Zeisler: Der deutsche Militarismus. Illustrierte Geschichte. Bd. 1: Vom brandenburgisch-preußischen zum deutschen Militarismus. (Ost-)Berlin 1971, 2. Aufl. 1986.

Bachmann, Peter / Kurt Zeisler: Der deutsche Militarismus 1917–1945. Vom wilhelminischen zum faschistischen Militarismus. Illustrierte Geschichte. (Ost-)Berlin 1983, Köln o. J (1984).

Bajohr, Stefan: Die Hälfte der Fabrik. Geschichte der Frauenarbeit in Deutschland 1914 bis 1945. Marburg 1979.

Bald, Detlef: Der deutsche Generalstab 1859–1939. Reform und Restauration in Ausbildung und Bildung. München 1977.

Bald, Detlef: Sozialgeschichte der Rekrutierung des deutschen Offizierkorps von der Reichsgründung bis zur Gegenwart. In: Zur sozialen Herkunft des Offiziers. Hrsg. vom Bundesministerium der Verteidigung. München 1977, S. 15–48.

Bald, Detlef / Ekkehart Lippert / Rosemarie Zabel: Sozialgeschichte der Rekrutierung des deutschen Offizierkorps von der Reichsgründung bis zur Gegenwart. München 1977.

Bald, Detlef: Vom Kaiserheer zur Bundeswehr. Sozialstruktur des Militärs. Politik der Rekrutierung von Offizieren und Unteroffizieren. Frankfurt / M., Bern 1981.

Bald, Detlef: Der deutsche Offizier. Sozial- und Bildungsgeschichte des deutschen Offizierkorps im 20. Jahrhundert. München 1982.

Bald, Detlef: Von der Wehrmacht zur Bundeswehr. Kontinuität und Neubeginn. In: Werner Conze / M. Rainer Lepsius (Hrsg.): Sozialgeschichte der Bundesrepublik Deutschland. Beiträge zum Kontinuitätsproblem. Stuttgart 1983, S. 387–409.

Bald, Detlef: Zum Kriegsbild der militärischen Führung im Kaiserreich. In: Dülffer / Holl, Bereit zum Krieg (1986), S. 146–160.

Bald, Detlef: Auf dem Wege zu den Pazifisten – Der bayerische Oberst Alfons Falkner von Sonnenburg (1851–1929). In: Wette, Pazifistische Offiziere (1999), S. 110–129.

Bald, Detlef / Johannes Klotz / Wolfram Wette: Mythos Wehrmacht. Nachkriegsdebatten und Traditionspflege. Berlin 2001.

Bald, Detlef: Ein Offizier als Kritiker des preußisch-deutschen Militarismus – Alfons Falkner von Sonnenburg. In: Wette, Schule der Gewalt (2005), S. 173–191.

Bald, Detlef: Die Bundeswehr. Eine kritische Geschichte 1955–2005. München 2005.

Bald, Detlef: Die Macht- und Militärpolitik der Bundesrepublik. In: Wissenschaft und Frieden, Dossier 53, 3–2006, S. 1–19.

Barth, Hans: Masse und Mythos. Die Theorie der Gewalt: Georges Sorel. Hamburg 1959.

Baumann, Günther: Posen '45. Bastion an der Warthe. Düsseldorf 1992.

Beck, Ludwig: Studien. Hrsg. von Hans Speidel. Stuttgart 1955

Becker, Frank: Bilder von Krieg und Nation. Die Einigungskriege in der bürgerlichen Öffentlichkeit Deutschlands 1864–1913. München 2001.

Becker, Frank: »Bewaffnetes Volk« oder »Volk in Waffen«? Militärpolitik und Militarismus in Deutschland und Frankreich 1870–1914. In: Jansen, Bürger als Soldat (2004), S. 158–174.

Becker, Frank: Strammstehen vor der Obrigkeit? Bürgerliche Wahrnehmung der Einigungskriege und Militarismus im Deutschen Kaiserreich. In: Historische Zeitschrift 277 (2003), S. 87–114.

Becker, Frank: Synthetischer Militarismus. Die Einigungskriege und der Stellenwert des Militärischen in der deutschen Gesellschaft. In: Epkenhans, Militär (2003), S. 125–141.

Beer, Wilfried: Kriegsalltag an der Heimatfront. Alliierter Luftkrieg und deutsche Gegenmaßnahmen zur Abwehr und Schadensbegrenzung, dargestellt für den Raum Münster. Bremen 1990.

Bendele, Ulrich: Krieg Kopf und Körper. Lernen für das Leben – Erziehung zum Tod. Frankfurt / M., Berlin, Wien 1984.

Benz, Ute (Hrsg.): Frauen im Nationalsozialismus. Dokumente und Zeugnisse. München 1993.

Berg, Christa: Militär und Militarisierung. Einleitung in: dies. (Hrsg.): Handbuch der deutschen Bildungsgeschichte. Bd. IV: 1870–1918. Von der Reichsgründung bis zum Ende des Ersten Weltkrieges. München 1991.

Berghahn, Volker R.: Der Stahlhelm. Bund der Frontsoldaten 1918–1935. Düsseldorf 1966.

Berghahn, Volker R.: Der Tirpitz-Plan. Genesis und Verfall einer innenpolitischen Krisenstrategie unter Wilhelm II. Düsseldorf 1971.

Berghahn, Volker R.: Ludwig Dehio. In: Deutsche Historiker. Bd. IV. Hrsg. v. Hans-Ulrich Wehler. Göttingen 1972, S. 97–116.

Berghahn, Volker R.: Rüstung und Machtpolitik. Zur Anatomie des »Kalten Krieges« vor 1914. Düsseldorf 1973.

Berghahn, Volker R. (Hrsg.): Militarismus. Gütersloh 1975.

Berghahn, Volker R.: Militarismus. Die Geschichte einer internationalen Debatte. Hamburg u. a. 1986.

Berghahn, Volker: Europa im Zeitalter der Weltkriege. Die Entfesselung und Entgrenzung der Gewalt. Frankfurt/M. 2002.

Berliner Geschichtswerkstatt (Hrsg.): August 1914. Ein Volk zieht in den Krieg. Berlin 1989.

Bernecker, Walter L.: Europa zwischen den Weltkriegen 1914–1945 (= Handbuch der Geschichte Europas, Bd. 9). Stuttgart 2002.

Berthold, Lothar/Helmut Neef: Militarismus und Opportunismus gegen die Novemberrevolution. Frankfurt/M. 1978.

Berthold, Werner: »... Großhungern und gehorchen.« Zur Entstehung und politischen Funktion der Geschichtsideologie des westdeutschen Imperialismus, untersucht am Beispiel von Gerhard Ritter und Friedrich Meinecke. Berlin (DDR) 1960.

Bessel, Richard: Militarismus im innenpolitischen Leben der Weimarer Republik: Von den Freikorps zur SA. In: Müller/Opitz, Militär und Militarismus (1978), S. 193–222.

Best, Geoffrey: The Militarization of European Society 1870–1914. In: J. R. Gills (Hrsg.): The Militarization of the Western World. New Brunswick, London 1989, S. 13–28.

Beyrau, Dietrich (Hrsg.): Der Krieg in religiösen und nationalen Deutungen der Neuzeit. Tübingen 2001.

Binder, Hans-Otto: Die Frauen und der Krieg. Das Beispiel Erster Weltkrieg. In: Frauen in den Kriegen des 20. Jahrhunderts. Konstanz, Stuttgart 1994, S. 9–23.

Bird, Jay W.: To die for Germany. Heroes in the Nazi Pantheon. Bloomington 1990.

Blackbourn, David/Geoff Eley: Mythen deutscher Geschichtsschreibung. Die gescheiterte bürgerliche Revolution von 1848. Frankfurt/M. u. a. 1980.

Böhme, Helmut: Deutschlands Weg zur Großmacht. Köln 1966.

Böhme, Klaus (Hrsg.): Aufrufe und Reden deutscher Professoren im Ersten Weltkrieg. Stuttgart 1975.

Boll, Friedhelm: Frieden ohne Revolution? Friedensstrategien der deutschen Sozialdemokratie vom Erfurter Programm 1891 bis zur Revolution 1918. Bonn 1980.

Borries, Achim v. (Hrsg.): Preußen und die Folgen. Berlin 1981.

Borries, Achim v.: Bertha von Suttner. In: Donat/Holl, Friedensbewegung (1983), S. 381–383.

Bourke, Joanna: Männlichkeit, Krieg und Militarismus in Großbritannien

1914–1939. In: Österreichische Zeitschrift für Geschichtswissenschaften 9 (1998), H. 1, S. 31–50.

Bracher, Karl Dietrich: Die deutsche Diktatur. Entstehung – Struktur – Folgen des Nationalsozialismus. Köln, Berlin 1969.

Bracher, Karl Dietrich / Gerhard Schulz / Wolfgang Sauer. Die nationalsozialistische Machtergreifung, Studien zur Errichtung des totalitären Herrschaftssystems in Deutschland 1933/34, Teil III. Köln, Opladen 1960, Taschenbuchausgabe Frankfurt/M., Berlin, Wien 1974.

Bracher, Karl Dietrich: Die Krise Europas 1917–1975. Frankfurt/M., Berlin, Wien 1976 (= Propyläen Geschichte Europas Bd. 6); mit dem Abschnitt »Demokratie und Antidemokratie« (S. 98–152).

Bracher, Karl Dietrich: Zeitgeschichtliche Kontroversen um Faschismus, Totalitarismus, Demokratie. München 1976.

Bracher, Karl Dietrich: Nationalsozialismus, Faschismus, Totalitarismus – Die deutsche Diktatur im Macht- und Ideologienfeld des 20. Jahrhunderts. In: Bracher / Funke / Jacobsen, Deutschland 1933–1945 (2. Aufl. 1993), S. 566–590.

Bracher, Karl Dietrich / Manfred Funke / Hans-Adolf Jacobsen (Hrsg.): Deutschland 1933–1945. Neue Studien zur nationalsozialistischen Herrschaft. Bonn (Bundeszentrale für politische Bildung Bd. 314) 2. Auf. 1993.

Bramsted, Ernest K.: Goebbels und die nationalsozialistische Propaganda 1925–1945. Frankfurt/M. 1971.

Bredow, Wilfried v.: Moderner Militarismus. Analyse und Kritik, Stuttgart u. a. 1983.

Breit, Gotthard: Das Staats- und Gesellschaftsbild deutscher Generale beider Weltkriege im Spiegel ihrer Memoiren. Boppard 1973.

Breymeyer, Ursula / Bernd Ulrich / Karin Wieland (Hrsg.): Willensmenschen. Über deutsche Offiziere. Frankfurt/M. 1999.

Breymeyer, Ursula / Bernd Ulrich: »Heldengedenken«. Der Kampf um die Erinnerung an die Kriegstoten des Ersten Weltkrieges. In: Rother, Geschichtsort Olympiagelände [2006], S. 22–37.

Brinkler-Gabler, Gisela (Hrsg.): Frauen gegen den Krieg. Frankfurt/M. 1980.

Brittnacher, Hans Richard: Priester und Paria. Der Offizier in der Literatur des Fin de siècle. In: Breymeyer / Ulrich / Wieland, Willensmenschen (1999), S. 189–207.

Brocke, Bernhard v.: Wissenschaft versus Militarismus: Nicolai, Einstein und die Biologie des Krieges. In: Historische Zeitschrift 240 (1985), S. 363–375.

Brocke, Bernhard v.: ›Wissenschaft und Militarismus‹. Der Aufruf der 93 ›An die Kulturwelt‹ und der Zusammenbruch der internationalen Gelehrtenrepublik im Ersten Weltkrieg. In: William M. Calder III / Helmut Flashar / Theodor Lindken (Hrsg.): Wilamowitz nach 50 Jahren. Darmstadt 1985, S. 649–719.

Bröckling, Ulrich: Kriege gibt es nur, weil es Staaten gibt – Facetten anarchistischer Militärkritik 1849–1934. In: Wette, Schule der Gewalt (2005), S. 111–131.

Bröckling, Ulrich: Disziplin. Soziologie und Geschichte militärischer Gehorsamsproduktion. München 1997.

Bröckling, Ulrich / Michael Sikora (Hrsg.): Armeen und ihre Deserteure. Vernachlässigte Kapitel einer Militärgeschichte der Neuzeit. Göttingen 1998.

Broszat, Martin: Der Staat Hitlers. Grundlegung und Entwicklung seiner inneren Verfassung. München 3. Aufl. 1973.

Bruch, Rüdiger vom: Krieg und Frieden. Zur Frage der Militarisierung deutscher Hochschullehrer und Universitäten im späten Kaiserreich. In: Dülffer / Holl, Bereit zum Krieg (1986), S. 74–98.

Brunotte, Ulrike: Zwischen Eros und Krieg. Männerbund und Ritual in der Moderne. Berlin 2004.

Buchheim, Hans / Martin Broszat / Hans-Adolf Jacobsen / Helmut Krausnick: Anatomie des SS-Staates. München 1967.

Buchheim, Karl: Militarismus und ziviler Geist. Die Demokratie in Deutschland. 2. Aufl. München 1964.

Bungenstab, Ernst: Umerziehung zur Demokratie? Re-Education-Politik im Bildungswesen der US-Zone 1945–1949. Düsseldorf 1970.

Büsch, Otto: Militärsystem und Sozialleben im alten Preußen 1713–1807. Die Anfänge der sozialen Militarisierung der preußisch-deutschen Gesellschaft. Mit einer Einführung von Hans Herzfeld. Berlin 1962, durchgesehene und erweiterte Aufl. Frankfurt / M., Berlin, Wien 1981.

Büsch, Otto: Die Militarisierung von Staat und Gesellschaft im alten Preußen. In: Manfred Schlenke (Hrsg.): Preußen. Beiträge zu einer politischen Kultur. Reinbek 1981 (= Ausstellungskatalog »Preußen – Versuch einer Bilanz«, Bd. 2), S. 45–60.

Butenschön, Rainer / Eckart Spoo (Hrsg.): Wozu muss einer der Bluthund sein? Der Mehrheitssozialdemokrat Gustav Noske und der deutsche Militarismus des 20. Jahrhunderts. Heilbronn 1997.

Cachay, Klaus / Steffen Bahlke / Helmut Mehl: »Echte Sportler« – »Gute Soldaten«. Die Sportsozialisation des Nationalsozialismus im Spiegel von Feldpostbriefen. Weinheim u. München 2000.

Canis, Konrad: Rüstungsfragen in Deutschland 1886–1893. In: Dülffer, Kontrolle (1992), S. 63–78.

Caron, François: Frankreich im Zeitalter des Imperialismus 1851–1918. Stuttgart 1991.

Carsten, Francis L.: Reichswehr und Politik 1918–1933. Köln, Berlin 1964.

Chickering, Roger: We Men Who Feel Most German. A Cultural Study of the Pan-German League, 1886–1914. Boston, London, Sydney 1984.

Chickering, Roger: Die Alldeutschen erwarten den Krieg. In: Dülffer / Holl, Bereit zum Krieg (1986), S. 20–32.

Christadler, Marieluise: Kriegserziehung im Jugendbuch. Literarische Mobilmachung in Deutschland und Frankreich vor 1914. Frankfurt / M. 1978.

Clark, Christopher: Preußen. Aufstieg und Niedergang 1600–1947. Aus dem Englischen. Bonn 2007 (= Schriftenreihe der Bundeszentrale für politische Bildung, Band 632).

Conze, Werner / Michael Geyer / Reinhard Stumpf: Militarismus. In: Geschichtliche Grundbegriffe. Hrsg. v. Otto Brunner u. a., Bd. 4. Stuttgart 1978, S. 7–22.

Craig, Gordon A.: Die preußisch-deutsche Armee 1640–1945. Staat im Staate. Düsseldorf 1960.

Craig, Gordon A.: Über die Deutschen. München 1983, Kapitel 11: Militär, S. 266–291.

Daniel, Ute: Der Krieg der Frauen 1914–1918: Zur Innenansicht des Ersten Weltkrieges in Deutschland. In: Hirschfeld / Krumeich / Renz, Mensch (1992), S. 131–149.

Daniel, Ute: Frauen. In: Hirschfeld / Krumeich / Renz, Enzyklopädie Erster Weltkrieg (2003), S. 116–134.

Dann, Otto: Nation und Nationalismus in Deutschland 1770–1990. München 1993.

Davy, Jennifer Anne: ›Männliche‹ Gewalt und ›weibliche‹ Friedfertigkeit – Die Militarismuskritik von Anita Augspurg und Lida Gustava Heymann. In: Wette, Schule der Gewalt (2005), S. 152–170.

Dehio, Ludwig: Um den deutschen Militarismus. Bemerkungen zu G. Ritters Buch »Staatskunst und Staatsräson – das Problem des ›Militarismus‹ in Deutschland«. In: Historische Zeitschrift, Bd. 180 (1955), S. 43–64.

Dehio, Ludwig: Gleichgewicht oder Hegemonie. Betrachtungen über ein Grundproblem der neueren Staatengeschichte. Hrsg. und mit einem Nachwort versehen von Klaus Hildebrand. Zürich 1996.

Deist, Wilhelm: Flottenpolitik und Flottenpropaganda. Das Nachrichtenbüro des Reichsmarineamts 1897–1914. Stuttgart 1976.

Deist, Wilhelm (Hrsg.): The German Military in the Age of Total War. Leamington Spa 1985.

Deist, Wilhelm: Die militärischen Bestimmungen der Pariser Vorortverträge (1966). In: ders.: Militär, Staat und Gesellschaft. Studien zur preußisch-deutschen Militärgeschichte. München 1991, S. 235–247.

Deist, Wilhelm / Manfred Messerschmidt / Hans-Erich Volkmann / Wolfram Wette: Ursachen und Voraussetzungen der deutschen Kriegspolitik (= Das Deutsche Reich und der Zweite Weltkrieg. Bd. 1). Stuttgart 1979; Taschenbuchausgabe u. d. T.: Ursachen und Voraussetzungen des Zweiten Weltkrieges, Frankfurt a. M. 1989.

Deist, Wilhelm: Militär, Staat und Gesellschaft. Studien zur preußisch-deutschen Militärgeschichte. München 1991 (= Beiträge zur Militärgeschichte. Hrsg. vom Militärgeschichtlichen Forschungsamt, Bd. 34).

Deist, Wilhelm: Kaiser Wilhelm II. als Oberster Kriegsherr. In: Roehl, Ort (1991), S. 25–42.

Deist, Wilhelm: Verdeckter Militärstreik im Kriegsjahr 1918? In: Wette, Krieg des kleinen Mannes (2. Aufl. 1995), S. 146–167.

Demeter, Karl: Das Deutsche Offizierkorps in Gesellschaft und Staat 1650–1945. 4. Aufl. Frankfurt / M. 1965.

Deutscher Sonderweg – Mythos oder Realität? München 1982 (= Kolloquien des Instituts für Zeitgeschichte).

Dinkel, Jürgen: Suicid und Kriegsende. Unveröff. Hausarbeit Historisches Seminar der Universität Freiburg 2005.

Dirks, Carl / Karl-Heinz Janßen: Der Krieg der Generäle. Hitler als Werkzeug der Wehrmacht. Berlin 1999.

Doderer, Hans: Die vormilitärische Erziehung der deutschen Jugend in der Kaiserzeit. In: Geschichte in Wissenschaft und Unterricht (GWU) 49/1998, S. 746–753.

Donat, Helmut: Zur preußischen Wende der deutschen Geschichte. Die Unterredung Bernhardi/Roon im Februar 1862. In: Von der freien Gemeinde zum föderalistischen Europa. Festschrift für Adolf Gasser zum 80. Geburtstag. Hrsg. von Fried Esterbauer/Helmut Kalkbrenner/Markus Mattmüller/Lutz Roemheld. Berlin 1983, S. 187–221.

Donat, Helmut/Karl Holl (Hrsg.): Die Friedensbewegung. Organisierter Pazifismus in Deutschland, Österreich und in der Schweiz. Düsseldorf 1983 (= Hermes Handlexikon).

Donat, Helmut: Georg Friedrich Nicolai. In: Donat/Holl, Friedensbewegung (1983), S. 281f.

Dreetz, Dieter/Wolfgang Kern: Zur inneren Funktion des deutschen Militarismus von 1900 bis 1945. In: Nuss/Charisius/Förster/Hübner, Militarismus (1980), S. 206–225.

Dröge, Kurt: Zwischen Volksfest und Soldatenstammtisch. Zum Festwesen der Kriegervereine von 1871 bis 1939. In: ders./Imke Tappe (Hrsg.), Festkultur in Lippe. Beiträge zum öffentlichen Festwesen im 19. und 20. Jahrhundert. Münster 1994, S. 185–252.

Düding, Dieter: Die Kriegervereine im wilhelminischen Reich und ihr Beitrag zur Militarisierung der deutschen Gesellschaft. In: Dülffer/Holl, Bereit zum Krieg (1986), S. 99–121.

Dülffer, Jost: Regeln gegen den Krieg? Die Haager Friedenskonferenzen von 1899 und 1907 in der internationalen Politik. Frankfurt/M., Berlin, Wien 1981.

Dülffer, Jost/Karl Holl (Hrsg.): Bereit zum Krieg. Kriegsmentalität im wilhelminischen Deutschland 1890–1914. Göttingen 1986.

Dülffer, Jost (Hrsg.): Parlamentarische und öffentliche Kontrolle von Rüstung in Deutschland 1700–1970. Beiträge zur Historischen Friedensforschung. Düsseldorf 1992.

Dülffer, Jost: Dispositionen zum Krieg im wilhelminischen Deutschland. In: Dülffer/Holl, Bereit zum Krieg (1986), S. 9–19.

Dülffer, Jost: Im Zeichen der Gewalt. Frieden und Krieg im 19. und 20. Jahrhundert. Hrsg. von Martin Kröger/Ulrich S. Soénius/Stefan Wunsch. Köln, Weimar, Wien 2003.

Dülffer, Jost: Der Pazifismus als Feind. Zur NS-Rezeption der Friedlichkeit. In: ders., Im Zeichen (2003), S. 167–180.

Dülffer, Jost/Gerd Krumeich (Hrsg.): Der Krieg in den Köpfen. Europa in den 1920er und 1930er Jahren. Essen 2002.

Echternkamp, Jörg (Hrsg.): Die deutsche Kriegsgesellschaft 1939 bis 1945. Zweiter Halbband: Ausbeutung, Deutungen, Ausgrenzung. München 2005 (= Das Deutsche Reich und der Zweite Weltkrieg, Bd. 9/2).

Eckstein, Modris: Tanz über den Gräben. Die Geburt der Moderne und der Erste Weltkrieg. Reinbek 1990.

Ehalt, Hubert Christian (Hrsg.): Inszenierung der Gewalt. Kunst und Alltagskultur im Nationalsozialismus. Frankfurt / M., Berlin, Bern, New York, Paris, Wien 1996.

Eley, Geoff: Some thoughts on German Militarism. In: Müller / Opitz, Militär und Militarismus (1978), S, 223–236.

Elias, Norbert: Studien über die Deutschen. Machtkämpfe und Habitusentwicklung im 19. und 20. Jahrhundert. Hrsg. v. M. Schröter. Frankfurt / M. 1992.

Eliasberg, George: Der Ruhrkrieg von 1920. Mit einer Einführung von Richard Löwenthal. Bonn-Bad Godesberg 1974.

Endres, Franz Carl: Der Deutschen Tragödie. Erster Teil. Mit einem Vorwort von Gustav Strohm. (Gekürzte Ausgabe) Stuttgart 1948.

Enzensberger, Hans Magnus: Hammerstein oder Der Eigensinn. Eine deutsche Geschichte. Frankfurt / M. 2008.

Epkenhans, Michael (Hrsg.): Das Militär und der Aufbruch in die Moderne. Armee, Marine und der Wandel von Politik, Gesellschaft und Wirtschaft in Europa, den USA sowie Japan. München 2003.

Erfurth, Waldemar: Die Geschichte des deutschen Generalstabes 1918–1945. Göttingen, Berlin, Frankfurt / M. 1957.

Erger, Johannes: Der Kapp-Lüttwitz-Putsch. Ein Beitrag zur deutschen Innenpolitik 1919 / 20. Düsseldorf 1967.

Ernst, Jutta / Christa Gudzent / Peter Schramm: Auswahlbibliographie zur Geschichte des Militarismus (marxistisch-leninistische Literatur). In: Nuss / Charisius / Förster / Hübner, Militarismus (1980), S. 290–299.

Faulenbach, Bernd: Ideologie des deutschen Weges. Die deutsche Geschichte in der Historiographie zwischen Kaiserreich und Nationalsozialismus. München 1980.

Fehrenbach, Elisabeth: Die Reichsgründung in der deutschen Geschichtswissenschaft. In: Aus Politik und Zeitgeschichte B 6 (1970), S. 6 ff.

Feldman, Gerald: Kriegswirtschaft und Zwangswirtschaft: die Diskreditierung des »Sozialismus« in Deutschland während des Ersten Weltkrieges: In: Michalka, Der Erste Weltkrieg (1994), S. 456–484.

Feldman, Gerald D. / Eberhard Kolb / Reinhard Rürup: Die Massenbewegungen der Arbeiterschaft in Deutschland am Ende des Ersten Weltkrieges (1917–1920). In: Politische Vierteljahresschrift (PVS) 13 (1972), S. 84–105.

Fesser, Gerd: Der Traum vom Platz an der Sonne. Deutsche »Weltpolitik« 1897–1914. Bremen 1996.

Fest, Joachim C.: Hitler. Eine Biographie. Frankfurt / M., Berlin 3. Aufl. 1973.

Fischer, Fritz: Griff nach der Weltmacht. Die Kriegszielpolitik des kaiserlichen Deutschland 1914–1918. Düsseldorf 1961.

Fischer, Fritz: Krieg der Illusionen. Die deutsche Politik von 1911–1914. Düsseldorf 1969.

Fischer, Fritz: Das Bündnis der Eliten. Zur Kontinuität der Machtstrukturen in Deutschland 1870–1945. Düsseldorf 1979.

Fischer, Fritz: Kaiser Wilhelm II. und die Gestaltung der deutschen Politik vor 1914.

In: John C. G. Roehl (Hrsg.), Der Ort Kaiser Wilhelms II. in der deutschen Geschichte. München 1991, S. 259–284.

Fischer, Fritz: Hitler war kein Betriebsunfall. Aufsätze. München 1992.

Fischer, Ilse / Werner Krause: August Bebel 1840–1913. Ein Großer der deutschen Arbeiterbewegung. Köln 1988.

Förster, Gerhard / Helmut Otto / Gerhard Schnitter: Der preußisch-deutsche Generalstab 1870–1963. Zu seiner politischen Rolle in der Geschichte. Berlin 1964.

Foerster, Roland G. (Hrsg.): Die Wehrpflicht. Entstehung, Erscheinungsformen und politisch-militärische Wirkungen. München 1994.

Förster, Stig, Der deutsche Militarismus im Zeitalter des totalen Krieges. In: Neue Politische Literatur, Bd. 27 (1982), Heft 2, S. 133–146.

Förster, Stig: Der doppelte Militarismus. Die deutsche Heeresrüstungspolitik zwischen Status-quo-Sicherung und Aggression 1890–1913. Stuttgart 1985.

Förster, Stig: Imperialismus, Militarismus und das Deutsche Kaiserreich. Grundtendenzen in der Historiographie der DDR zur deutschen Geschichte von 1897 / 98–1914. In: Alexander Fischer / Günther Heydemann (Hrsg.): Geschichtswissenschaft in der DDR. Bd. 2: Vor- und Frühgeschichte bis Neueste Geschichte. Berlin 1990, S. 711–734.

Förster, Stig: Der deutsche Generalstab und die Illusion des kurzen Krieges. 1871–1914. In: Militärgeschichtliche Miteilungen 54 (1995), Nr. 1, S. 61–95; Wiederabdruck in: Johannes Burkhardt / Josef Becker / Stig Förster / Günther Kronenbitter, Lange und kurze Wege in den Ersten Weltkrieg. Vier Augsburger Beiträge zur Kriegsursachenforschung. München 1996, S. 115–158.

Förster, Stig: Alter und neuer Militarismus im Kaiserreich. Heeresrüstungspolitik und Dispositionen zum Krieg zwischen Status-quo-Sicherung und imperialistischer Expansion, 1890–1913. In: Dülffer / Holl, Bereit zum Krieg (1986), S. 122–145.

Förster, Stig: Der Krieg der Willensmenschen. Die deutsche Militärelite auf dem Weg in den Ersten Weltkrieg, 1871–1914. In: Breymeyer / Ulrich / Wieland, Willensmenschen (1999), S. 23–36.

Förster, Stig: Militär und Militarismus im Deutschen Kaiserreich – Versuch einer differenzierten Betrachtung. In: Wette, Schule der Gewalt (2005), S. 33–54.

Folttmann, Josef / Hanns Möller-Witten: Opfergang der Generale. Die Verluste der Generale und Admirale und der im gleichen Dienstrang stehenden sonstigen Offiziere und Beamten im Zweiten Weltkrieg. Berlin 1953.

François, Etienne / Hannes Sigrist / Jakob Vogel (Hrsg.): Nation und Emotion. Deutschland und Frankreich im Vergleich. 19. und 20. Jahrhundert. Göttingen 1995.

Frei, Norbert: Der Führerstaat. Nationalsozialistische Herrschaft 1933 bis 1945. München 1987.

Frei, Norbert: Vergangenheitspolitik. Die Anfänge der Bundesrepublik und die NS-Vergangenheit. München 1996.

Frevert, Ute: Ehrenmänner. Das Duell in der bürgerlichen Gesellschaft. München 1991, Abschn. 4: Offiziersehre und Duellpflicht.

Frevert, Ute (Hrsg.): Militär und Gesellschaft im 19. und 20. Jahrhundert. Stuttgart 1997.

Frevert, Ute: Die Kasernierte Nation. Militärdienst und Zivilgesellschaft in Deutschland. München 2001.

Frie, Ewald: Vorbild oder Spiegelbild? Kriegsbeschädigtenfürsorge in Deutschland 1914–1919. In: Michalka, Der Erste Weltkrieg (1994), S. 563–580.

Friedrich, Thomas: Das Lesebuch vom Krieg. Berlin 1982.

Funck, Marcus: Schock und Chance. Der preußische Militäradel in der Weimarer Republik zwischen Stand und Profession. In: Heinz Reif (Hrsg.): Adel und Bürgertum in Deutschland II. Entwicklungslinien und Wendepunkte im 20. Jahrhundert. Berlin 2001, S. 127–171.

Funke, Manfred (Hrsg.): Totalitarismus. Ein Studien-Reader zur Herrschaftsanalyse moderner Diktaturen. Düsseldorf 1978.

Gamm, Hans-Jochen: Führung und Verführung. Pädagogik des Nationalsozialismus. Eine Quellensammlung. Frankfurt/M. 1984.

Gasser, Adolf: Preußischer Militärgeist und Kriegsentfesselung 1914. Drei Studien zum Ausbruch des Ersten Weltkrieges. Basel, Frankfurt/M. 1985.

Gay, Peter: Kult der Gewalt. Aggression im 19. Jahrhundert. München 1996.

Gebhardt, Dieter: Militär und Krieg im Geschichtsunterricht nach 1945. Eine Skizze zur historischen Bildungsforschung. In: Geschichte in Wissenschaft und Unterricht (GWU) 2/1990, S. 81–100.

Gelfand, Wladimir: Deutschland-Tagebuch 1945–1946. Aufzeichnungen eines Rotarmisten. Aus dem Russischen von Anja Lutter und Hartmut Schröder. Ausgewählt und kommentiert von Elke Scherstjanoi. Berlin 2005.

Gersdorff, Ursula von: Frauen im Kriegsdienst 1914–1945. Stuttgart 1969 (= Beiträge zur Militär- und Kriegsgeschichte, 11. Bd.).

Geyer, Michael: Die Geschichte des deutschen Militärs von 1850 bis 1945. In: Geschichte und Gesellschaft (GuG) Sonderheft 4, Göttingen 1978.

Geyer, Michael: Der zur Organisation erhobene Burgfrieden. In: Müller/Opitz, Militär und Militarismus (1978), S. 15–100.

Geyer, Michael: Aufrüstung oder Sicherheit? Die Reichswehr in der Krise der Machtpolitik 1924–1936. Wiesbaden 1980.

Geyer, Michael: Deutsche Rüstungspolitik 1860–1980. Frankfurt/M. 1984.

Geyer, Michael: Die Genfer Abrüstungskonferenz 1932 und das Problem der Rüstung in der Zwischenkriegszeit. In: Dülffer, Kontrolle (1992), S. 175–201.

Geyer, Michael: Eine Kriegsgeschichte, die vom Tode spricht. In: Alf Lüdtke/Thomas Lindenberger (Hrsg.): Physische Gewalt. Studien zur Geschichte der Neuzeit. Frankfurt/M. 1995, S. 136–161.

Geyr von Schweppenburg, Leo Frhr.: Soldatentum und Militarismus. In: ders., Gebrochenes Schwert. Berlin 1952, S. 25–28.

Giertz, Horst/Wolfgang Küttler: Theoretische und methodologische Probleme der Erforschung des Militarismus. In: Nuss/Charisius/Förster/Hübner, Militarismus (1980), S. 17–35.

Goergen, Marie-Luise: Militärische und »militaristische« Einstellungen in der deutschen und französischen Arbeiterbewegung vor dem Ersten Weltkrieg. In: Jansen, Bürger als Soldat (2004), S. 247–267.

Görlitz, Walter: Der deutsche Generalstab. Frankfurt / M. 1955.

Görtemaker, Manfred: Das Ende Preußens. 1933–1947. In: Schoeps, Preußen (2000), S. 198–205.

Göttsch, S.: »Der Soldat, der Soldat ist der erste Mann im Staat ...«. Männerbilder in volkstümlichen Soldatenliedern 1855–1975. In: W. Schmale (Hrsg.), Mann Bilder. Ein Lese- und Quellenbuch zur historischen Männerforschung. Berlin 1998, S. 131–154.

Gräper, Friederike: »Frieden ist keine Frage der Technik« – Generalmajor Paul Freiherr von Schoenaich. In: Wette, Schule der Gewalt (2005), S. 192–206.

Grebing, Helga: Der »deutsche Sonderweg« in Europa 1806–1945. Eine Kritik. Stuttgart u. a. 1986.

Greschat, Martin: Krieg und Kriegsbereitschaft im deutschen Protestantismus. In: Dülffer / Holl, Bereit zum Krieg (1986), S. 48 ff.

Gritschneder, Otto: »Der Führer hat Sie zum Tode verurteilt ...«. Hitlers ›Röhm-Putsch‹-Morde vor Gericht. München 1993.

Grünewald, Guido (Hrsg.): Nieder die Waffen! Hundert Jahre Deutsche Friedensgesellschaft (1892–1992). Bremen 1992 (= Geschichte und Frieden, Bd. 5).

Grundzüge der deutschen Militärgeschichte. Im Auftrage des Militärgeschichtlichen Forschungsamtes hrsg. v. Karl-Volker Neugebauer. Bd. 1: Historischer Überblick. Freiburg i. Br. 1993.

Guttmann, Barbara: Weibliche Heimarmee. Frauen in Deutschland 1914–1918. Weinheim 1989.

Guttmann, Barbara: Das Ende des Ersten Weltkrieges – Erfüllung aller Frauenrechtsträume oder Rückkehr zur »Normalität«. In: Frauen in den Kriegen des 20. Jahrhunderts. Konstanz, Stuttgart 1994, S. 64–77.

Haffner, Sebastian: Von Bismarck zu Hitler. Ein Rückblick. München 1987.

Hagemann, Karen / Ralf Pröve (Hrsg.): Landsknechte, Soldatenfrauen und Nationalkrieger. Militär, Krieg und Geschlechterordnung im historischen Wandel. Frankfurt / M., New York 1998.

Hagemann, Karen: Nation, Krieg und Geschlechterordnung. Zum kulturellen und politischen Diskurs in der Zeit der antinapoleonischen Erhebung Preußens 1806–1915. In: Geschichte und Gesellschaft 22 (1996), H. 4, S. 562–591.

Hagner, Ernst: Verwundete Gesichter, verletzte Gehirne. Zur Deformation des Kopfes im Ersten Weltkrieg. In: Claudia Schmölders / Sander Gilman (Hrsg.): Gesichter der Weimarer Republik. Eine physiognomische Kulturgeschichte. Köln 2000, S. 78–95.

Hallgarten, George W.: Das Wettrüsten. Seine Geschichte bis zur Gegenwart. Frankfurt / M. 1967.

Hamann, Brigitte: Bertha von Suttner. Ein Leben für den Frieden. München, Zürich 1991.

Hanten, Matthias: Publizistischer Landesverrat vor dem Reichsgericht. Zugleich ein Beitrag zur politischen Rechtsprechung in der Weimarer Republik. Frankfurt/M., Berlin, Bern, Wien 1999.

Harder, Hans-Joachim/Norbert Wiggershaus: Tradition und Reform in den Aufbaujahren der Bundeswehr. Herford, Bonn 1985.

Harth, Dietrich/Dietrich Schubert/Ronald Michael Schmidt (Hrsg.): Pazifismus zwischen den Weltkriegen. Deutsche Schriftsteller und Künstler gegen Krieg und Militarismus 1918–1933. Heidelberg 1985.

Hartmann, Rudolf: Zum historischen Bild des Militarismus in Japan. Ursachen und Erscheinungsformen. In: Zeitschrift für Geschichtswissenschaft 39 (1991), H. 4, S. 309–321.

Haupt, Werner: Als die Rote Armee nach Deutschland kam. Die Kämpfe in Ostpreußen, Schlesien und Pommern 1944/45. Friedberg 1981.

Heer, Hannes/Klaus Naumann (Hrsg.): Vernichtungskrieg. Verbrechen der Wehrmacht 1941–1944. Hamburg 1995.

Heinemann, Manfred (Hrsg.): Umerziehung und Wiederaufbau. Die Bildungspolitik der Besatzungsmächte in Deutschland und Österreich. Stuttgart 1981.

Heinemann, Ulrich: Die verdrängte Niederlage. Politische Öffentlichkeit und Kriegsschuldfrage in der Weimarer Republik. Göttingen 1983.

Henke, Klaus-Dietmar: Die amerikanische Besetzung Deutschlands. München 1995.

Herbell, Hajo: Die Idee vom Staatsbürger in Uniform und ihre Rolle im Kampf zwischen Demokratie und Militarismus in Deutschland 1780 bis 1960. Leipzig 1966.

Herbert, Ulrich: Fremdarbeiter. Politik und Praxis des »Ausländer-Einsatzes« in der Kriegswirtschaft des Dritten Reiches. Berlin, Bonn 1985.

Herbert, Ulrich (Hrsg.): Europa und der »Reichseinsatz«. Ausländische Zivilarbeiter, Kriegsgefangene und KZ-Häftlinge in Deutschland 1938–1945. Essen 1991.

Herz, Rudolf: Hoffmann & Hitler. Fotografie als Medium des Führer-Mythos. Hrsg. vom Stadtmuseum München. München 1994.

Herzfeld: Hans: Zur neueren Literatur über das Heeresproblem in der deutschen Geschichte. In: Vierteljahrshefte für Zeitgeschichte (VfZG) 4 (1956), S. 361–386.

Herzfeld, Hans: Der Militarismus als Problem der neueren Geschichte (1946). In: Berghahn, Militarismus (1975), S. 107–114.

Hinrichs, Per: »Heller Wahnsinn«. Ab 1943 forderten Luftwaffenoffiziere den Einsatz von »Selbstopferpiloten«. In: Spiegel Spezial Nr. 2/2005: »Hitlers Krieg. Sechs Jahre, die die Welt erschüttern«, S. 196–197.

Hillgruber, Andreas: Großmachtpolitik und Militarismus im 20. Jahrhundert. 3 Beiträge zum Kontinuitätsproblem, Düsseldorf 1974.

Hillgruber, Andreas: Militarismus am Ende der Weimarer Republik und im Dritten Reich. In: ders., Großmachtpolitik (1974), S. 37–52.

Hirschfeld, Gerhard/Gerd Krumeich/Irina Renz (Hrsg.): »Keiner fühlt sich mehr als Mensch …«. Erlebnis und Wirkung des Ersten Weltkrieges. Essen 1992.

Hirschfeld, Gerhard/Gerd Krumeich/Irina Renz (Hrsg.): Enzyklopädie Erster Weltkrieg. Paderborn u. a. 2003.

Historische Friedensforschung. Von Jost Dülffer, Karl Holl, Holger Nehring, Gottfried Niedhart, Stefanie van de Karkhof, Wolfram Wette. Studienmaterial Fern-Universität Hagen 2007.

Hobsbawm, Eric: Das Zeitalter der Extreme. Weltgeschichte des 20. Jahrhunderts. München 2. Aufl. 1999.

Hofmann, Hans Hubert (Hrsg.): Das deutsche Offizierkorps, 1860–1960. Boppard 1980.

Höffkes, Karl: Hitlers politische Generale. Die Gauleiter des Dritten Reiches. Ein biographisches Nachschlagewerk. Tübingen 1986.

Höhn, Reinhard: Die Armee als Erziehungsschule der Nation. Das Ende einer Idee. Bad Harzburg 1963.

Höhn, Reinhard: Sozialismus und Heer. Bd. I: Heer und Krieg im Bild des Sozialismus. Bd. II: Die Auseinandersetzung der Sozialdemokratie mit dem Moltkeschen Heer. 2. Aufl. Bad Harzburg 1961, Bd. III: Der Kampf des Heeres gegen die Sozialdemokratie. Bad Harzburg 1969.

Höhne, Heinz: Der Orden unter dem Totenkopf. Gütersloh 1967.

Holl, Karl: Militarismuskritik in der bürgerlichen Demokratie des Wilhelminischen Reiches – Das Beispiel Ludwig Quidde. In: Wette, Schule der Gewalt (2005), S. 76–90.

Holl, Karl: Pazifismus und Friedensbewegungen. In: Historische Friedensforschung (2007), S. 213–291.

Holl, Karl: Ludwig Quidde (1858–1941). Eine Biographie. Düsseldorf 2007.

Horne, John (Hrsg.): State, Society and Mobilization in Europe During the First World War. Cambridge 1997.

Huber, Ernst Rudolf: Deutsche Verfassungsgeschichte seit 1789. 5. Bde. Stuttgart 1963–1978.

Huber, Wolfgang/Gerhard Liedke (Hrsg.): Christentum und Militarismus. Stuttgart, München 1974 (= Studien zur Friedensforschung, Bd. 13).

Hürter, Johannes: Wilhelm Groener. Reichswehrminister am Ende der Weimarer Republik (1928–1932). München 1993.

Iggers, Georg G.: Deutsche Geschichtswissenschaft. München 1971.

Ingenlath, Markus: Mentale Aufrüstung. Militarisierungstendenzen in Frankreich und Deutschland vor dem 1. Weltkrieg. Frankfurt/M., New York 1998.

Jännicke, Martin: Totalitäre Herrschaft. Anatomie eines politischen Begriffs. Berlin 1971.

Jahr, Christoph: British Prussianism – Überlegungen zu einem europäischen Militarismus im 19. und frühen 20. Jahrhundert. In: Wette, Schule der Gewalt (2005), S. 246–261.

Jahr, Christoph: »Die reaktionäre Presse heult auf wider den Mann« – General Berthold von Deimling (1853–1944) und der Pazifismus. In: Wette, Pazifistische Offiziere (1999), S. 130–146.

Jansen, Christian (Hrsg.): Der Bürger als Soldat. Die Militarisierung europäischer Gesellschaften im langen 19. Jahrhundert. Ein internationaler Vergleich. Essen 2004 (= Frieden und Krieg. Beiträge zur Historischen Friedensforschung. Bd. 3).

Jansen, Christian: Die Militarisierung der bürgerlichen Gesellschaft im 19. Jahrhundert. In: ders., Bürger als Soldat (2004), S. 9–23.

Jarausch, Konrad: Die Umkehr. Deutsche Wandlungen 1945–1955. München 2004.

Jaun, Rudolf: Preußen vor Augen. Das schweizerische Offizierskorps im militärischen und gesellschaftlichen Wandel des Fin de siècle. Zürich 1999.

Jeck, Marc: Auf allerhöchsten Befehl. Kein deutsches Märchen: Das wahre Leben des Gauners Wilhelm Voigt, der als Hauptmann von Köpenick vor 100 Jahren unsterblich wurde. In: Die Zeit Nr. 42, 12. 10. 2006, S. 104.

Jeismann, Michael: Das Vaterland der Feinde. Studien zum nationalen Feindbegriff und Selbstverständnis in Deutschland und Frankreich 1792–1918. Stuttgart 1992.

Joas, Hans: Die Sozialwissenschaften und der Erste Weltkrieg. Eine vergleichende Analyse. In: W. J. Mommsen, Kultur und Krieg (1996), S. 17–29.

Joas, Hans: Kriege und Werte. Studien zur Gewaltgeschichte des 20. Jahrhunderts. Göttingen 2000.

John, Hartmut: Das Reserveoffizierskorps im Deutschen Kaiserreich 1890–1914. Ein sozialgeschichtlicher Beitrag zur Untersuchung der gesellschaftlichen Militarisierung im Wilhelminischen Deutschland. Frankfurt / M. 1981.

Kaehler, Siegfried A.: Vier quellenkritische Untersuchungen zum Kriegsende 1918. In: Nachrichten der Akademie der Wissenschaften in Göttingen. I. Philologisch-Historische Klasse. Jg. 1960, Nr. 8.

Kätzel, Ute: Militarismuskritik sozialdemokratischer Politikerinnen in der Zeit des Wilhelminischen Kaiserreiches. In: Wette, Schule der Gewalt (2005), S. 135–151.

Kater, Michael H.: Hitler-Jugend. Darmstadt 2005.

Keim, Wolfgang: Erziehung unter der Diktatur. Bd. 1: Antidemokratische Potentiale, Machtantritt und Machtdurchsetzung. Darmstadt 1995, Bd. 2: Kriegsvorbereitung, Krieg und Holocaust. Darmstadt 1997.

Keller, Elke: Georg Ledebour. In: Asendorf / v. Bockel, Demokratische Wege (1997), S. 370–372.

Kersting, Franz-Werner: Militär und Jugend im NS-Staat. Rüstungs- und Schulpolitik in der Wehrmacht. Wiesbaden 1989.

Kettenacker, Lothar: Krieg zur Friedenssicherung. Die Deutschlandplanung der britischen Regierung während des Zweiten Weltkrieges. Göttingen 1989.

Kienitz, Sabine: »Als Helden gefeiert – als Krüppel vergessen«. Kriegsinvaliden im Ersten Weltkrieg und in der Weimarer Republik. In: Dietrich Beyrau (Hrsg.): Der Krieg in religiösen und nationalen Deutungen der Neuzeit. Tübingen 2001, S. 217–237.

Kitchen, Martin: The German Officercorps, 1890–1914. Oxford 1968.

Kitchen, Martin: The Silent Dictatorship. The Politics of the German High Command under Hindenburg and Ludendorff, 1916–1918. New York 1976.

Klein, Ingomar / Wolfgang Triebel: »Helm ab zum Gebet!« Militarismus und Militarisierung – ein deutschen Schicksal? Berlin 1999.

Klenke, Dietmar: Nationalkriegerisches Gemeinschaftsideal als politische Religion. Zum Vereinsnationalismus der Sänger, Schützen und Turner am Vorabend der Einigungskriege. In: Historische Zeitschrift Bd. 260 (1995), S. 395–448.

Kluge, Ulrich: Die deutsche Revolution 1918/1919. Staat, Politik und Gesellschaft zwischen Weltkrieg und Kapp-Putsch. Frankfurt a. M. 1985.

Knab, Jakob: Falsche Glorie. Das Traditionsverständnis der Bundeswehr. Berlin 1995.

Kneher, Jan: »Saatfrüchte sollen nicht vermahlen werden«. Käthe Kollwitz – eine Künstlerin kämpft für eine Friedenswelt. In: Hardt/Schubert/Schmidt, Pazifismus (1985), S. 203–216.

Knorr, August: Zum Problem des Selbstmordes. Tübingen 1948.

Kocka, Jürgen: Klassengesellschaft im Krieg. Deutsche Sozialgeschichte 1914–1918. Göttingen 1973.

Köhler, Joachim: Wagners Hitler. Der Prophet und sein Vollstrecker. München 2. Aufl. 1977.

Köllner, Lutz: Militär und Finanzen. Zur Finanzgeschichte und Finanzsoziologie von Militärausgaben in Deutschland. München 1982.

Köllner, Lutz: Rüstungsfinanzierung. Dämonie und Wirklichkeit. Frankfurt/M. 1969.

Köllner, Lutz: Militärausgaben und finanzielle Abrüstung. Ein sicherheitspolitisches Programm der Vereinten Nationen. München 1981.

Kohlhaas, Elisabeth: 1945 – Krieg nach innen. NS-Verbrechen in Aschaffenburg und an Aschaffenburgern. Aschaffenburg 2005.

Kolb, Eberhard: Die Weimarer Republik. München, Wien 1984.

Koonz, Claudia: Das »zweite« Geschlecht im »Dritten Reich«. In: Feministische Studien, November 1986.

Koonz, Claudia: Mütter im Vaterland. Frauen im »Dritten Reich«. Reinbek 1994.

Kopetzky, Helmut: In den Tod – Hurra! Deutsche Jugend-Regimenter im 1. Weltkrieg. Ein historischer Tatsachenbericht über Langemarck. Köln 1981.

Koselleck, Reinhart/Michael Jeismann (Hrsg.): Der politische Totenkult. Kriegerdenkmäler in der Moderne. München 1994.

Koselleck; Reinhart: Kriegerdenkmale als Identitätsstiftung der Überlebenden. In: Odo Marquardt/Karlheinz Stierle (Hrsg.): Poetik und Hermeneutik, Bd. 8: Identität. München 1979, S. 255–276.

Kracauer, Siegfried: Von Caligari bis Hitler. Eine psychologische Geschichte des deutschen Films. Frankfurt/M. 1984.

Kramer, Helmut: Recht ist, was den Waffen nützt – eine (nicht nur) historische Betrachtung. In: 4/3 – Fachzeitschrift zu KDV, Wehrdienst und Zivildienst 1993, S. 68–72.

Kramer, Helmut/Wolfram Wette (Hrsg.): Recht ist, was den Waffen nützt. Justiz und Pazifismus im 20. Jahrhundert. Mit einem Geleitwort von Hans-Jochen Vogel. Berlin 2004.

Krausnick, Helmut: Hitlers Einsatzgruppen. Die Truppen des Weltanschauungskrieges 1938–1942. Frankfurt/M. 1985.

Krausnick, Helmut / Hans-Heinrich Wilhelm: Die Truppen des Weltanschauungskrieges. Die Einsatzgruppen der Sicherheitspolizei und des SD. Stuttgart 1981.

Krippendorff, Ekkehart: Staat und Krieg. Die historische Logik politischer Unvernunft. Frankfurt a. M. 1985.

Krippendorff, Ekkehart: Militärkritik. Frankfurt a. M. 1993.

Krippendorff, Ekkehart: Friedensforschung als Entmilitarisierungsforschung. In: Wette, Schule der Gewalt (2005), S. 283–300.

Kroener, Bernhard R.: Die personellen Ressourcen des Dritten Reiches im Spannungsfeld zwischen Wehrmacht, Bürokratie und Kriegswirtschaft 1939–1942. In: Das Deutsche Reich und der Zweite Weltkrieg. Bd. 5/1: Organisation und Mobilisierung des Deutschen Machtbereichs. Von Bernhard R. Kroener, Rolf-Dieter Müller u. Hans Umbreit. Stuttgart 1988, S. 726–731.

Kroener, Bernhard R.: »Menschenbewirtschaftung«, Bevölkerungsverteilung und personelle Rüstung in der zweiten Kriegshälfte (1942–1944). In: Das Deutsche Reich und der Zweite Weltkrieg. Bd. 5/2: Organisation und Mobilisierung des Deutschen Machtbereichs. Stuttgart 1999, S. 777–1001.

Kroener, Bernhard R.: Auf dem Weg zu einer »nationalsozialistischen Volksarmee«. Die soziale Öffnung des Heeresoffizierkorps im Zweiten Weltkrieg. In: Martin Broszat / Klaus-Dietmar Henke / Hans Woller (Hrsg.): Von Stalingrad zur Währungsreform. Zur Sozialgeschichte des Umbruchs in Deutschland. München 1988, S. 651–682.

Kroener, Bernhard R.: Der Kampf um den »Sparstoff Mensch«. Forschungskontroversen über die Mobilisierung der deutschen Kriegswirtschaft 1939–1942. In: Michalka, Der Zweite Weltkrieg (2. Aufl. 1990), S. 402–417.

Kroener, Bernhard R. (Hrsg.): Potsdam. Staat, Armee, Residenz in der preußisch-deutschen Militärgeschichte. Frankfurt / M., Berlin 1993.

Krüger, Michael: Nationalismus und Militarismus in der deutschen und US-amerikanischen Turnbewegung des 19. Jahrhunderts. In: Jansen, Bürger als Soldat (2004), S. 130–157.

Krumeich, Gerd: Langemarck. In: Etienne François / Hagen Schulze: Deutsche Erinnerungsorte, 3 Bde., Bd. III, München 2001, S. 292–309.

Kruse, Wolfgang: Kriegsbegeisterung? Zur Massenstimmung bei Kriegsbeginn. In: ders. (Hrsg.), Eine Welt von Feinden. Der große Krieg 1914–1918. Frankfurt / M. 1997, S. 159 ff.

Kruse, Wolfgang: Bürger und Soldaten. Die Entstehung des modernen Militarismus in der Französischen Revolution. In: Jansen, Bürger als Soldat (2004), S. 47–67.

Kruse, Wolfgang (Hrsg.): Eine Welt von Feinden. Der Große Krieg 1914–1918. Frankfurt / M. 1997.

Kruse, Wolfgang: Die Erfindung des modernen Militarismus. Krieg, Militär und bürgerliche Gesellschaft im politischen Diskurs der Französischen Revolution 1789–1799. München 2003.

Kühlich, Frank: Die deutschen Soldaten im Krieg von 1870/71. Eine Darstellung der

Situation und der Erfahrungen der deutschen Soldaten im Deutsch-Französischen Krieg. Frankfurt/M. u.a. 1995.

Kühne, Thomas (Hrsg.): Männergeschichte – Geschlechtergeschichte. Männlichkeit im Wandel der Moderne. Frankfurt/M. 1996.

Kühne, Thomas: »... aus diesem Krieg werden nicht nur harte Männer heimkehren«. Kriegskameradschaft und Männlichkeit im 20. Jahrhundert. In: ders., Männergeschichte (1996), S. 174–192.

Kühne, Thomas: Der Soldat. In: Ute Frevert/Heinz Gerhart Haupt (Hrsg.): Der Mensch des 20. Jahrhunderts. Frankfurt/M. 1999, S. 344–372.

Kühne, Thomas: Gruppenkohäsion und Kameradschaftsmythos in der Wehrmacht. In: Müller/Volkmann, Wehrmacht (1999), S. 534–549.

Kühne, Thomas (Hrsg.): Von der Kriegskultur zur Friedenskultur: Zum Mentalitätswandel in Deutschland seit 1945. Münster, Hamburg, London 2000 (= Jahrbuch für Historische Friedensforschung 9).

Kühne, Thomas: Kameradschaft. Die Soldaten des nationalsozialistischen Krieges und das 20. Jahrhundert. Göttingen 2006.

Kundrus, Birthe: Nur die halbe Geschichte. Frauen im Umfeld der Wehrmacht zwischen 1939 und 1945 – Ein Forschungsbericht. In: Müller/Volkmann, Wehrmacht (1999), S. 719–725.

Kunisch, Johannes: Fürst, Gesellschaft, Krieg. Studien zur bellizistischen Disposition des absoluten Fürstenstaates. Köln, Weimar, Wien 1992.

Kuropka, Joachim: »Militarismus« und das »Andere Deutschland«. Zur Entstehung eines Musters britischer Deutschlandinterpretation. In: Bernd-Jürgen Wendt (Hrsg.), Das britische Deutschlandbild im Wandel des 19. und 20. Jahrhunderts. Bochum 1984, S. 103–124.

Kutscha, Martin: Militäreinsätze vor dem Bundesverfassungsgericht. In: Kramer/Wette, Recht (2004), S. 321–336.

Kutz, Martin: Realitätsflucht und Aggression im deutschen Militär. Baden-Baden 1990.

Kutz, Martin: Militär und Gesellschaft im Deutschland der Nachkriegszeit (1946–1995). In: Frevert, Militär und Gesellschaft (1997), S. 277–312.

Kutz, Martin: Realitätsflucht – Krieg – Kriegsverbrechen: Soziokulturelle Aspekte der Radikalisierung des Krieges und der Implementierung des Kriegsverbrechens in die deutsche Kriegführung. In: Wette/Ueberschär, Kriegsverbrechen (2001), S. 507–515.

Kutz, Martin: Deutsche Soldaten. Eine Kultur- und Mentalitätsgeschichte. Darmstadt 2007.

Lahnstein, Peter: Report einer »guten alten Zeit«. Zeugnisse und Berichte 1750–1805. Mit einem Vorwort von Golo Mann. München 1977.

Lakota, Beate: Tief vergraben, nicht dran rühren. Zehntausende Deutsche nahmen sich während der letzten Kriegswochen das Leben, vor allem beim Einmarsch der Roten Armee. In: Spiegel Spezial Nr. 2/2005: Hitlers Krieg. Sechs Jahre, die die Welt erschütterten, S. 218–221.

Lampe, Gustav / Helmut Otto / Frank Bauer / Karl Schmiedel / Bruno Hübner (Autorenkollektiv): Diesem System keinen Mann und keinen Groschen. Militärpolitik der revolutionären Arbeiterbewegung 1830 bis 1917. Berlin 1990 (= Schriften des Militärgeschichtlichen Instituts der DDR).

Laschitza, Annelies: Die Liebknechts. Karl und Sophie – Politik und Familie. Berlin 2007.

Lasswell, Harold D.: Die Kasernenstaats-Hypothese heute (1962). In: Berghahn, Militarismus (1975), S. 115–138.

Latzel, Klaus: Vom Sterben im Krieg. Wandlungen in der Einstellung zum Soldatentod vom Siebenjährigen Krieg bis zum II. Weltkrieg. Warendorf 1988.

Lemmermann, Heinz: Kriegserziehung im Kaiserreich. Studien zur politischen Funktion von Schule und Schulmusik 1890–1918. 2 Bde. Lilienthal, Bremen 1984.

Lenger, Friedrich: Werner Sombart als Propagandist eines deutschen Krieges. In: W. Mommsen, Kultur und Krieg (1996), S. 65–76.

Leonhard, Jörn: Die Nationalisierung des Krieges und der Bellizismus der Nation: Die Diskussion um Volks- und Nationalkrieg in Deutschland, Großbritannien und den Vereinigten Staaten seit den 1860er Jahren. In: Jansen, Bürger als Soldat (2004), S. 83–105.

Lepenies, Wolf: Kultur und Politik. Deutsche Geschichten. München 2006.

Levsen, Sonja: Gemeinschaft, Männlichkeit und Krieg. Militarismus in englischen Colleges und deutschen Studentenverbindungen am Vorabend des Ersten Weltkrieges. In: Jansen, Bürger als Soldat (2004), S. 230–246.

Lichtenstein, Heiner: Himmlers grüne Helfer. Die Schutz- und Ordnungspolizei im »Dritten Reich«. Köln 1990.

Linden, Marcel van der / Gottfried Mergner (Hrsg.): Kriegsbegeisterung und mentale Kriegsvorbereitung. Interdisziplinäre Studien. Berlin 1991.

Lingen, Kerstin von: Kesselrings letzte Schlacht. Kriegsverbrecherprozesse, Vergangenheitspolitik und Wiederbewaffnung: Der Fall Kesselring. Paderborn u. a. 2004.

Longerich, Peter: Geschichte der SA. München 2003.

Longerich, Peter: »Davon habe ich nichts gewusst!« Die Deutschen und die Judenverfolgung 1933–1945. München 2006.

Loquai, Heinz: Der Kosovo-Konflikt. Wege in einen vermeidbaren Krieg. Baden-Baden 2000.

Lurz, Meinhold: Kriegerdenkmäler in Deutschland. Bd. 2, Heidelberg 1985.

Maas, Annette: Der Kult der toten Krieger. Frankreich und Deutschland nach 1870/71. In: François / Sigrist / Vogel, Nation und Emotion (1995), S. 215–231.

Maase, Kaspar: »Give peace a chance« – Massenkultur und Mentalitätswandel. Eine Problemskizze. In: Kühne, Kriegskultur (2000), S. 262–279.

Machtan, Lothar: Der Kaisersohn bei Hitler. Hamburg 2006.

Maier, Klaus A.: Überlegungen zur Zielsetzung und Methode der Militärgeschichtsschreibung im Militärgeschichtlichen Forschungsamt und die Forderung nach de-

ren Nutzen für die Bundeswehr seit Mitte der 70er Jahre. In: Militärgeschichtliche Mitteilungen 52 (1993), S. 359–370.
Malinowski, Stephan: Vom König zum Führer. Deutscher Adel und Nationalsozialismus. Berlin 2003.
Manoschek, Walter (Hrsg.): Die Wehrmacht im Rassenkrieg. Der Vernichtungskrieg hinter der Front. Wien 1996.
Martin, Klaus: Mädchen im 3. Reich. Der Bund Deutscher Mädel. 3. Aufl. Köln 1988.
Martschukat, Jürgen / Olaf Stieglitz: »Es ist ein Junge!« Einführung in die Geschichte der Männlichkeiten in der Neuzeit. Tübingen 2006.
Mason, Timothy: Arbeiterklasse und Volksgemeinschaft. Dokumente und Materialien zur deutschen Arbeiterpolitik. Opladen 1975.
Mazower, Mark: Der dunkle Kontinent. Europa im 20. Jahrhundert. Aus dem Englischen von Hans-Joachim Maas. Frankfurt / M. 2002.
Mechtersheimer, Alfred: Der Militärisch-Industrielle Komplex in den USA und in der Bundesrepublik Deutschland. In: Aus Politik und Zeitgeschichte 28 / 1971.
Medicus, Thomas: Jugend in Uniform. Walter Flex und die deutsche Generation von 1914. In: Breymeyer / Ulrich / Wieland, Willensmenschen (1999), S. 94–108
Meinecke, Friedrich: Die deutsche Katastrophe. Betrachtungen und Erinnerungen, Wiesbaden 1946.
Meinecke, Friedrich: 1848. Eine Säkularbetrachtung. Berlin o. J. [1948].
Meinecke, Stefan: Friedrich Meinecke und der »Krieg der Geister«. In: W. Mommsen, Kultur und Krieg (1996), S. 97–118.
Mertens, L.: Das Privileg des Einjährig-Freiwilligen Militärdienstes im Kaiserreich und seine gesellschaftliche Bedeutung. In: Militärgeschichtliche Mitteilungen 39 (1986), S. 59–66.
Messerschmidt, Manfred: Werden und Prägung des preußischen Offizierkorps – ein Überblick. In: Messerschmidt / v. Gersdorff, Offiziere (1964), S. 11–104.
Messerschmidt, Manfred: Die Wehrmacht im NS-Staat. Zeit der Indoktrination. Hamburg 1969.
Messerschmidt, Manfred: Militär und Politik in der Bismarckzeit und im wilhelminischen Deutschland. Darmstadt 1975.
Messerschmidt, Manfred: Militär und Schule in der wilhelminischen Zeit. In: Militärgeschichtliche Mitteilungen (MGM), 23 / 1978, S. 51–76.
Messerschmidt, Manfred: Die Wehrmacht – Stählerner Garant des NS-Systems? In: Aus Politik und Zeitgeschichte. Beilage zur Wochenzeitung »Das Parlament«, B 34 / 81 v. 22. August 1981, S. 37–41.
Messerschmidt, Manfred: Die politische Geschichte der preußisch-deutschen Armee. In: Deutsche Militärgeschichte in sechs Bänden 1648–1939. Hrsg. vom Militärgeschichtlichen Forschungsamt. Bd. 2: Militärgeschichte im 19. Jahrhundert 1814–1890. Hamburg 1983, S. 1–380.
Messerschmidt, Manfred: Militärgeschichtliche Aspekte des deutschen Nationalstaats. Hrsg. vom Militärgeschichtlichen Forschungsamt. Düsseldorf 1988.
Messerschmidt, Manfred: Preußens Militär in seinem gesellschaftlichen Umfeld. In:

Preußen im Überblick. Hrsg. von H.-J. Puhle und Hans-Ulrich Wehler. Göttingen 1980 (= Geschichte und Gesellschaft. Sonderheft 6), S. 43–88.

Messerschmidt, Manfred: Der verbrecherische Befehl im Kontext der »Kriegsnotwendigkeit«. In: Hans Schafranek/Robert Streibel (Hrsg.): 22. Juni 1941. Der Überfall auf die Sowjetunion. Wien 1991, S. 63–74.

Messerschmidt, Manfred: Der »Zersetzer« und sein Denunziant. Urteile des Zentralgerichts des Heeres – Außenstelle Wien – 1944. In: Wette, Krieg des kleinen Mannes (2. Aufl. 1995), S. 255–278.

Messerschmidt, Manfred: Das preußische Militärwesen. In: Wolfgang Neugebauer (Hrsg.): Handbuch der preußischen Geschichte. Bd. III: Vom Kaiserreich zum 20. Jahrhundert und Große Themen der Geschichte Preußens. Berlin, New York 2001, S. 319–546.

Messerschmidt, Manfred: Das neue Gesicht des Militarismus in der Zeit des Nationalsozialismus. In: Wette, Schule der Gewalt (2005), S. 265–279; Wiederabdruck in: Messerschmidt, Militarismus (2006), S. 63–72.

Messerschmidt, Manfred: Die Wehrmachtjustiz 1933–1945. Hrsg. vom Militärgeschichtlichen Forschungsamt. Paderborn, München, Wien, Zürich 2005.

Messerschmidt, Manfred: Militarismus, Vernichtungskrieg, Geschichtspolitik. Zur deutschen Militär- und Rechtsgeschichte. Im Auftrag des Militärgeschichtlichen Forschungsamtes hrsg. von Hans Ehlert, Armin Lang u. Bernd Wegner. Paderborn u. a. 2006.

Meyer, Georg: Zur Situation der deutschen militärischen Führungsschicht im Vorfeld des westdeutschen Verteidigungsbeitrages 1945–1950/51. In: Anfänge westdeutscher Sicherheitspolitik. Bd. 1. München 1982, S. 577–735

Meyer, Georg: Adolf Heusinger. Dienst eines deutschen Soldaten 1915 bis 1964. Hamburg 2001.

Meyer, Thomas/Karl-Heinz Klär/Susanne Miller/Klaus Novy/Heinz Timmermann (Hrsg.): Lexikon des Sozialismus. Köln 1986.

Michalka, Wolfgang (Hrsg.): Der Zweite Weltkrieg. Analysen, Grundzüge, Forschungsbilanz. München, Zürich 2. Aufl. 1990.

Michalka, Wolfgang (Hrsg.): Der Erste Weltkrieg. Wirkung, Wahrnehmung, Analyse. München, Zürich 1994.

Michalka, Wolfgang: Kriegsrohstoffbewirtschaftung, Walther Rathenau und die »kommende Wirtschaft.« In: ders., Der Erste Weltkrieg (1994), S. 485–505.

Militarismus. Von Werner Conze/Michael Geyer/Reinhard Stumpf. In: Geschichtliche Grundbegriffe. Hrsg. v. Otto Brunner u. a., Bd. 4. Stuttgart 1978, S. 1–74.

Militarismus. In: Wörterbuch zur deutschen Militärgeschichte. Hrsg. vom Militärverlag der Deutschen Demokratischen Republik. Bd. 2. Berlin (Ost) 1985, S. 576–579.

Militärgeschichte. Probleme – Thesen – Wege. Im Auftrag des Militärgeschichtlichen Forschungsamtes aus Anlass des 25jährigen Bestehens ausgewählt und zusammengestellt von Manfred Messerschmidt/Klaus A. Maier/Werner Rahn/Bruno Thoß. Stuttgart 1982.

Miller, Susanne: Burgfrieden und Klassenkampf. Die deutsche Sozialdemokratie im Ersten Weltkrieg. Bonn 1974.

Mommsen, Hans: Die verspielte Freiheit. Der Weg der Republik von Weimar in den Untergang von 1918 bis 1933. Berlin 1989.

Mommsen, Hans: Militär und zivile Militarisierung in Deutschland 1914 bis 1938. In: Frevert, Militär und Gesellschaft (1997), S. 265–276.

Mommsen, Wolfgang J.: Der autoritäre Nationalstaat. Verfassung, Gesellschaft und Kultur im deutschen Kaiserreich. Frankfurt / M. 1990.

Mommsen, Wolfgang J.: Das Ringen um den nationalen Staat. Die Gründung und der innere Ausbau des Deutschen Reiches unter Otto von Bismarck 1850 bis 1890. Berlin 1993.

Mommsen, Wolfgang J.: Großmachtstellung und Weltpolitik 1870–1914. Die Außenpolitik des Deutschen Reiches. Berlin 1993.

Mommsen, Wolfgang J.: Bürgerstolz und Weltmachtstreben. Frankfurt 1995.

Mommsen, Wolfgang J. (Hrsg.): Kultur und Krieg. Die Rolle der Intellektuellen, Künstler und Schriftsteller im Ersten Weltkrieg. München 1996.

Mommsen, Wolfgang J.: Die deutschen Intellektuellen im Ersten Weltkrieg. In: ders., Kultur und Krieg (1996), S. 1–16.

Mosse, George L.: Gefallen für das Vaterland. Nationales Heldentum und namenloses Sterben. Stuttgart 1993.

Müllenheim-Rechberg, Burkhard Freiherr v.: Schlachtschiff Bismarck. Ein Überlebender in seiner Zeit. Frankfurt / M., Berlin 1987, Neuauflage 1993.

Müller, Eckhard: August Bebel – Kämpfer gegen Militarismus, Chauvinismus und Kriege. In: Militärgeschichte 29 (1990) H. 1, S. 8–22.

Müller, Hans-Harald: Der Krieg und die Schriftsteller. Der Kriegsroman in der Weimarer Republik. Stuttgart 1986.

Müller, Ingo: Pazifismus und Justiz. In: Helmut Donat / Johann P. Tammen (Hrsg.): Friedenszeichen Lebenszeichen. Pazifismus zwischen Verächtlichmachung und Rehabilitierung. Ein Lesebuch zur Friedenserziehung. Bremerhaven 1982, S. 195–217.

Müller, Ingo: Furchtbare Juristen. Die unbewältigte Vergangenheit unserer Justiz. München 1987.

Müller, Ingo: Landesverratsprozesse und Beleidigungsverfahren gegen Pazifisten in der Weimarer Republik. In: Kramer / Wette, Recht (2004), S. 143–160.

Müller, Klaus-Jürgen: Das Heer und Hitler. Armee und nationalsozialistisches Regime 1933–1945. Stuttgart 1969.

Müller, Klaus-Jürgen / Eckart Opitz (Hrsg.): Militär und Militarismus in der Weimarer Republik. Düsseldorf 1978.

Müller, Klaus-Jürgen: Armee, Politik und Gesellschaft in Deutschland 1933–1945, Paderborn 1979.

Müller, Klaus-Jürgen: Der Tag von Potsdam und das Verhältnis der preußisch-deutschen Militärelite zum Nationalsozialismus. In: Kroener, Potsdam (1993), S. 435–449.

Müller, Klaus-Jürgen: Generaloberst Ludwig Beck. Eine Biographie. Hrsg. mit Unterstützung des Militärgeschichtlichen Forschungsamtes, Potsdam. Paderborn u. a. 2008.

Müller, Rolf-Dieter: Die Mobilisierung der deutschen Wirtschaft für Hitlers Kriegführung. In: Das Deutsche Reich und der Zweite Weltkrieg Bd. 5 / 1: Organisation und Mobilisierung des deutschen Machtbereichs. Von Bernhard R. Kroener, Rolf-Dieter Müller, Hans Umbreit. Stuttgart 1988, S. 349–689.

Müller, Rolf-Dieter: Der letzte deutsche Krieg 1939–1945. Stuttgart 2005.

Müller, Rolf-Dieter / Gerd R. Ueberschär: Kriegsende 1945. Die Zerstörung des Deutschen Reiches. Frankfurt / M. 1994.

Müller, Rolf-Dieter / Hans-Erich Volkmann (Hrsg.): Die Wehrmacht. Mythos und Realität. München 1999.

Müller, Rolf-Dieter / Gerd R. Ueberschär / Wolfram Wette: Wer zurückweicht wird erschossen! Kriegsalltag und Kriegsende in Südwestdeutschland 1944 / 45. Freiburg i. Br. 1985.

Müller, Sabrina: Soldaten in der deutschen Revolution von 1848 / 49. Paderborn 1999.

Müller, Sven Oliver: Deutsche Soldaten und ihre Feinde. Nationalismus an Front und Heimatfront im Zweiten Weltkrieg. Frankfurt / M. 2007.

Müller-Kipp, Gisela: »Der Führer braucht mich«. Der Bund Deutscher Mädel (BDM). Lebenserinnerungen und Erinnerungsdiskurs. Weinheim, München 2007.

Nägler, Frank: Von der Idee des Friedens zur Apologie des Krieges. Eine Untersuchung geistiger Strömungen im Umkreis des Rotteck-Welckerschen Staatslexikons. Baden-Baden 1990.

Naumann, Klaus: Integration und Eigensinn. Die Sicherheitseliten der frühen Bundesrepublik zwischen Kriegs- und Friedenskultur. In: Kühne, Kriegskultur (2000), S. 202–218.

Naumann, Klaus: Generale in der Demokratie. Generationengeschichtliche Studien zur Bundeswehrelite. Hamburg 2007.

Neff, Bernhard: »Dekorationsmilitarismus« – Die sozialdemokratische Kritik eines vermeintlich nicht kriegsgemäßen Militärwesens (1890–1911). In: Wette, Schule der Gewalt (2005), S. 91–110.

Neff, Bernhard: »Wir wollen keine Paradetruppe, wir wollen eine Kriegstruppe …«. Die reformorientierte Militärkritik der SPD unter Wilhelm II. 1890–1913. Köln 2004.

Neitzel, Sönke: Der Bedeutungswandel der Kriegsmarine im Zweiten Weltkrieg. Das militärische und politische Gewicht im Vergleich. In: Müller / Volkmann, Wehrmacht (1999), S. 245–266.

Neugebauer, Karl-Volker (Hrsg. im Auftrag des Militärgeschichtlichen Forschungsamtes): Grundzüge der deutschen Militärgeschichte. Bd. 1: Historischer Überblick; Bd. 2: Arbeits- und Quellenbuch. Freiburg 1993.

Niedhart, Gottfried / Dieter Riesenberger (Hrsg.): Lernen aus dem Krieg? Deutsche Nachkriegszeiten 1918 und 1945. München 1992.

Niedhart, Gottfried: »So viel Anfang war noch nie« oder: »Das Leben und nichts anderes – deutsche Nachkriegszeiten im Vergleich. In: Niedhart / Riesenberger, Lernen aus dem Krieg? (1992), S. 11–38.

Nipperdey, Thomas: Deutsche Geschichte 1866–1918. Zweiter Band: Machtstaat vor der Demokratie. München 2. Aufl. 1992.

Nitschke, Rainer / Gudrun Fröba: Durchfall in Zabern. Eine Militärdemontage. Berlin 1982.

Noack, Axel: Die Einstellung der Kirchen zu Militarismus und Pazifismus. In: Günther Heydemann (Hrsg.): Kirchen in der Diktatur. Drittes Reich und SED-Staat. Göttingen 1993, S. 321–344.

Noske, Gustav: Erlebtes aus Aufstieg und Niedergang einer Demokratie. Offenbach / Main 1947.

Nünning, Vera und Ansgar: Autoritätshörig, unpolitisch und opportunistisch. Englische Vorstellungen vom deutschen Nationalcharakter am Ende des Zweiten Weltkrieges. In: Geschichte in Wissenschaft und Unterricht 45 (1994), H. 4, S. 224–239.

Nuss, Karl / Albrecht Charisius / Gerhard Förster / Werner Hübner (Hrsg.): Der deutsche Militarismus in Geschichte und Gegenwart. Studien, Probleme, Analysen. Berlin (DDR) 1980.

Obermann, Emil: Soldaten – Bürger – Militaristen. Militär und Demokratie in Deutschland. Stuttgart 1958.

Oeckel, Heinz: Volkswehr gegen Militarismus. Zur Milizfrage in der proletarischen Militärpolitik in Deutschland von der Mitte des 19. Jahrhunderts bis zum Ersten Weltkrieg. Berlin (Ost) 1962.

Östreich, Gerhard: Friedrich Wilhelm I. Preußischer Absolutismus, Merkantilismus, Militarismus. Göttingen 1977.

Oldfield, Sybil: Frauen gegen den Krieg. Alternativen zum Militarismus 1900–1990. Aus dem Englischen. Frankfurt / M. 1992.

Opitz, Eckardt / Frank Rödiger (Hrsg.): Allgemeine Wehrpflicht. Geschichte, Probleme, Perspektiven, Bremen 1994.

Opitz, Eckart: Sozialdemokratie und Militarismus in der Weimarer Republik. In: Müller / Opitz, Militär und Militarismus (1978), S. 269–286.

Ostertag, Heiger: Militärgeschichte im Zeitalter des Deutschen Bundes und der Einigungskriege 1815 bis 1871. Restauration, Revolution und Reichsgründung. In: Grundzüge der deutschen Militärgeschichte. Hrsg. im Auftrag des Militärgeschichtlichen Forschungsamtes von Karl-Volker Neugebauer. Bd. 1. Freiburg 1993, S. 129–191.

Ostertag, Heiger: Cecilienhof. Die Konferenz von Potsdam 1945 und ihre Ergebnisse aus heutiger Sicht. In: Kroener, Potsdam (1993), S. 501–521.

Overmans, Rüdiger: Deutsche militärische Verluste im Zweiten Weltkrieg. München 1998.

Overmans, Rüdiger: Kriegsverluste. In: Hirschfeld / Krumeich / Renz, Enzyklopädie Erster Weltkrieg (2003), S. 663–660.

Pätzold, Kurt / Manfred Weissbecker (Hrsg.): Historische Schlagwörter. Köln 2006.

Panke-Kochinke, Birgit / Monika Schaidhammer-Placke: Frontschwestern und Friedensengel. Kriegskrankenpflege im Ersten und Zweiten Weltkrieg. Ein Quellen- und Fotoband. Frankfurt / M. 2002.

Paulus, Günter: Zur Herausbildung des Begriffs Militarismus in der internationalen Arbeiterbewegung. In: Nuss / Charisius / Förster / Hübner, Militarismus (1980), S. 36–52.

Petter, Wolfgang: Sturmabteilung (SA). In: Zentner / Bedürftig, Das Große Lexikon des Dritten Reiches (1985), S. 569–570.

Philippi, Klaus-Peter: Volk des Zorns. Studien zur »poetischen Mobilmachung« in der deutschen Literatur am Beginn des Ersten Weltkrieges, ihren Voraussetzungen und Implikationen. München 1979.

Picht, Georg: Der Begriff »Militarismus«. In: Geschichte in Wissenschaft und Unterricht, 5. Jg. (1954), S. 455–469.

Pötzl, Norbert F. / Klaus Wiegrefe: Die Heimkehr des Krieges. In: Der Spiegel Nr. 5 / 2005, S. 50–61.

Preradovich, Nikolaus v.: Die Führungsschichten in Österreich und Preußen (1804–1918). Mit einem Ausblick bis zum Jahre 1945. Wiesbaden 1955.

Preradovich, Nikolaus v.: Die soziale Herkunft der Reichswehr-Generalität 1930. In: Vierteljahresschrift für Wirtschafts- und Sozialgeschichte, Bd. 54, 1967.

Preradovich, Nikolaus v.: Die militärische und soziale Herkunft der Generalität des deutschen Heeres, 1. Mai 1944. Osnabrück 1978.

Preußen. Der kriegerische Reformstaat. Spiegel Spezial Geschichte Nr. 3 / 2007.

Prümm, Karl: Die Literatur des Soldatischen Nationalismus der 20er Jahre (1918–1933). Gruppenideologie und Epochenproblematik. 2 Bde. Kronberg / Ts. 1974.

Puhle, Hans-Jürgen / Hans-Ulrich Wehler (Hrsg.): Preußen im Rückblick (= Geschichte und Gesellschaft, Sonderheft 6). Göttingen 1980.

Puhle, Hans-Jürgen: Preußen – Entwicklung und Fehlentwicklung. In: Puhle / Wehler, Preußen (1980), S. 11–42

Pyta, Wolfram: Hindenburg. Herrschaft zwischen Hohenzollern und Hitler. München 2007.

Rajewski, Christiane / Dieter Riesenberger (Hrsg.): Wider den Krieg. Große Pazifisten von Kant bis Böll. München 1987.

Raßloff, Steffen: Fritz Sauckel. Hitlers »Muster-Gauleiter« und »Sklavenhalter«. Erfurt 2007.

Regan, Patrick M.: Organizing societies for war. The process and consequences of societal militarism. Westport / Conn., London 1994.

Reif, Heinz (Hrsg.): Adel und Bürgertum in Deutschland. Bd. II: Entwicklungslinien und Wendepunkte im 20. Jahrhundert. Berlin 2001.

Riesenberger, Dieter: Zur Professionalisierung und Militarisierung der Schwestern vom Roten Kreuz vor dem Ersten Weltkrieg. In: Militärgeschichtliche Mitteilungen 53 (1994), S. 49–72.

Riesenberger, Dieter: Im Dienst des Krieges – im Dienst des Friedens: Zur Geschichte der Krankenschwestern vom Roten Kreuz 1864–1918. In: Wolfgang U. Eckart und Christoph Grundmann (Hrsg.): Die Medizin im Ersten Weltkrieg. Pfaffenweiler 1996, S. 23–43.

Riesenberger, Dieter: Innenansichten einer westfälischen Kleinstadt: Salzkotten im Kaiserreich. In: 750 Jahre Salzkotten. Geschichte einer westfälischen Stadt. Hrsg. von der Stadt Salzkotten und Detlef Grothmann. Bd. 1. Paderborn 1996, S. 231–259.

Riesenberger, Dieter: Das Deutsche Rote Kreuz. Eine Geschichte 1984–1990. Paderborn u. a. 2002.

Riesenberger, Dieter: Katholische Militarismuskritik im Kaiserreich. In: Wette, Schule der Gewalt (2005), S. 55–75.

Ritter, Gerhard: Das Problem des Militarismus in Deutschland. In: Historische Zeitschrift, Bd. 177 (1954), S. 21–48.

Ritter, Gerhard: Das politische Problem des Militarismus in Deutschland. In: ders., Lebendige Vergangenheit. München 1958, S. 153–183.

Ritter, Gerhard: Staatskunst und Kriegshandwerk. Das Problem des »Militarismus« in Deutschland. 4 Bde., München 1954–1968. Bd. I: Die altpreußische Tradition (1740–1890), 1954; Bd. II: Die Hauptmächte Europas und das Wilhelminische Reich (1890–1914), 1960; Bd. III: Die Tragödie der Staatskunst. Bethmann Hollweg als Kriegskanzler (1914–1917), 1964; Bd. IV: Die Herrschaft des deutschen Militarismus und die Katastrophe von 1918, 1968.

Roehl, John C. G.: Wilhelm II. Die Jugend des Kaisers 1859–1888. München 1993.

Roehl, John C. G. (Hrsg.): Der Ort Kaiser Wilhelms II. in der deutschen Geschichte. München 1991.

Rohkrämer, Thomas: Der Militarismus der »kleinen Leute«. Die Kriegervereine im deutschen Kaiserreich 1871–1914. München 1990.

Rohkrämer, Thomas: Der Gesinnungsmilitarismus der »kleinen Leute« im Kaiserreich. In: Wette, Krieg des kleinen Mannes (2. Aufl. 1995), S. 95–109.

Rosenberg, Hans: Bureaucracy, Aristocracy and Autocracy. The Prussian Experience 1660–1815. Cambridge / Mass. 1958.

Rosenhaft, Eve: Gewalt in der Politik. Zum Problem des »Sozialen Militarismus«. In: Müller / Opitz, Militär und Militarismus (1978), S. 237–260.

Rother, Rainer (Hrsg.): Geschichtsort Olympiagelände 1909–1936–2006. Berlin 2006.

Ruge, Wolfgang: Novemberrevolution. Die Volkserhebung gegen den deutschen Imperialismus und Militarismus 1918 / 19. 3. Aufl. Berlin 1988.

Rürup, Reinhard: Der »Geist von 1914« in Deutschland. Kriegsbegeisterung und Ideologisierung des Krieges im Ersten Weltkrieg. In: Bernd Hüppauf (Hrsg.), Ansichten vom Krieg. Vergleichende Studien zum Ersten Weltkrieg in Literatur und Gesellschaft. Königstein / Ts. 1984, S. 1–30.

Saaler, Sven: Zwischen Demokratie und Militarismus. Die kaiserlich-japanische Armee in der Politik der Taisho-Zeit (1912–1926). Bonn 2000.

Saaler, Sven: Japan in der internationalen Militarismusforschung. In: Japanstudien 14 (2002), S. 103–138.

Sabrow, Martin: Der Rathenaumord. Rekonstruktion einer Verschwörung gegen die Republik von Weimar. München 1995.

Salewski, Michael: Entwaffnung und Militärkontrolle in Deutschland 1919–1927. München 1966.

Salewski, Michael: Preußischer Militarismus – Realität oder Mythos? Gedanken zu einem Phantom. In: Zeitschrift für Religions- und Geistesgeschichte 53 (2001), S. 19–34.

Sauer, Wolfgang: Die politische Geschichte der deutschen Armee und das Problem des Militarismus. In: Politische Vierteljahresschrift, 6. Jg. (1965), S. 341–353.

Sauer, Wolfgang: Mobilmachung der Gewalt. In: Karl Dietrich Bracher / Gerhard Schulz / Wolfgang Sauer. Die nationalsozialistische Machtergreifung, Studien zur Errichtung des totalitären Herrschaftssystems in Deutschland 1933/34, Teil III. Köln, Opladen 1960, Taschenbuchausgabe Frankfurt/M., Berlin, Wien 1974.

Saul, Klaus: Der »Deutsche Kriegerbund« – Zur innenpolitischen Funktion des »nationalen Verbandes« im kaiserlichen Deutschland. In: Militärgeschichtliche Mitteilungen 1/1970, S. 95–159.

Schaerer, Simon: Franz Carl Endres (1878–1954) – Kaiserlich-osmanischer Major, Pazifist, Journalist, Schriftsteller. In: Wette, Pazifistische Offiziere (1999), S. 231–245.

Scheel, Klaus: Der Tag von Potsdam. Das Tagebuch Europas. 1933. Berlin 1996.

Scheub, Ute: Das falsche Leben. Eine Vatersuche. München 2006.

Schiffers, Reinhard: Der Hauptausschuss des deutschen Reichstages 1915–1918. Formen und Bereiche der Kooperation zwischen Parlament und Regierung. Düsseldorf 1980.

Schilling, René: »Kriegshelden«. Deutungsmuster heroischer Männlichkeit in Deutschland 1813–1945. Paderborn u. a. 2002.

Schlaffer, Rudolf J. (Hrsg.): Wolf Graf von Baudissin, 1907–1993. Modernisierer zwischen totalitärer Herrschaft und freiheitlicher Ordnung. Hrsg. im Auftrag des Militärgeschichtlichen Forschungsamtes. München 2007.

Schleyer, Hans: Sybel und Treitschke. Antidemokratismus und Militarismus im historisch-politischen Denken großbourgeoiser Geschichtsideologien. Berlin (DDR) 1965.

Schlögel, Karl: Der Dämon der Gewalt. Über das Jahrhundert des Imperialismus und des Militarismus. In: Experiment Europa. Stuttgart 2003, S. 163–184.

Schmalenbach, Fritz: Käthe Kollwitz. Königstein/Taunus 3. Aufl. 1979.

Schmidt, Ilse: Die Mitläuferin. Erinnerung einer Wehrmachtsangehörigen. Berlin 1999.

Schmidt-Linsenhoff, Viktoria: Käthe Kollwitz (1867–1945). »Saatfrüchte sollen nicht vermahlen werden.« In: Rajewski/Riesenberger, Wider den Krieg (1987), S. 155–166

Schoeps, Julius H. (Hrsg.): Preußen. Geschichte eines Mythos. Mitherausgegeben durch das Bildarchiv Preußischer Kulturbesitz. Berlin 2000.

Scholten, Jens: Offiziere. Im Geiste unbesiegt. In: Norbert Frei (Hrsg.): Karrieren im Zwielicht. Hitlers Eliten nach 1945. Frankfurt/M., New York 2001. S. 131–177.

Schröder, Hans Joachim: Die Vergegenwärtigung des Zweiten Weltkrieges in biographischen Interviewerzählungen. In: Militärgeschichtliche Mitteilungen 49 (1991), S. 9–37.

Schröder, Hans Joachim: »Man kam sich da vor wie ein Stück Dreck«. Schikane in der Militärausbildung des Dritten Reiches. In: Wette, Krieg des kleinen Mannes (2. Aufl. 1995), S. 183–198.

Schröder, Hans-Joachim: Fritz von Unruh (1885–1970) – Kavallerieoffizier, Dichter und Pazifist. In: Wette, Pazifistische Offiziere (1999), S. 319–337.

Schubert-Weller, Christoph: »Kein schöner Tod …«. Die Militarisierung der männlichen Jugend und ihr Einsatz im Ersten Weltkrieg 1890–1918. Weinheim, München 1998.

Schubert-Weller, Christoph: Vormilitärische Jugenderziehung. In: Christa Berg (Hrsg.): Handbuch der deutschen Bildungsgeschichte. Bd. IV: 1870–1918. Von der Reichsgründung bis zum Ende des Ersten Weltkrieges. München 1991.

Schüddekopf, Otto-Ernst: Das Heer und die Republik. Quellen zur Politik der Reichswehrführung. 1918 bis 1935. Hannover, Frankfurt/M. 1955.

Schulin, Ernst: Friedrich Meinecke. In: Deutsche Historiker, Bd. 1. Hrsg. von Hans-Ulrich Wehler. Göttingen 1971, S. 39–57.

Schulze, Winfried: Deutsche Geschichtswissenschaft nach 1945. München 1993.

Schwarz, Hans-Peter: Die gezähmten Deutschen. Von der Machtbesessenheit zur Machtvergessenheit. Stuttgart 1985.

Schwarz, Gudrun: Verdrängte Täterinnen. Frauen im Apparat der SS (1939–1945). In: Andrea Wobbe (Hrsg.), Nach Osten. Verdeckte Spuren nationalsozialistischer Verbrechen. Frankfurt/M. 1992, S. 197–227,

Schwarzmüller, Theo: Zwischen Kaiser und »Führer«. Generalfeldmarschall August von Mackensen. Eine politische Biographie. Paderborn 2. Aufl. 1996.

Schwendemann, Heinrich: Strategie der Selbstvernichtung. Die Wehrmachtführung im »Endkampf« um das »Dritte Reich«. In: Müller/Volkmann, Wehrmacht (1999), S. 224–244.

Schwengler, Walter: Völkerrecht, Versailler Vertrag und Auslieferungsfrage. Die Strafverfolgung wegen Kriegsverbrechen als Problem des Friedensschlusses 1919/20. Stuttgart 1982.

Seidler, Franz W.: Frauen zu den Waffen? Marketenderinnen – Helferinnen – Soldatinnen. Geschichte und Bestandsaufnahme. Bonn 1978.

Seidler, Franz W.: Blitzmädchen. Die Geschichte der Helferinnen der deutschen Wehrmacht im Zweiten Weltkrieg. Bonn 2. Aufl. 1996.

Seifert, Ruth: Militär – Kultur – Identität. Individualisierung, Geschlechterverhältnisse und die soziale Konstruktion des Soldaten. Bremen 1996.

Seifert, Ruth: Militär und Ordnung der Geschlechter. Vier Thesen zur Konstruktion von Männlichkeit im Militär. In: Klaus Dieter Wolf (Hrsg.), Ordnung zwischen Gewaltproduktion und Friedensstiftung. Baden-Baden 1993, S. 213–229.

Senghaas, Dieter: Rüstung und Militarismus. Frankfurt a. M. 1972.
Showalter, Dennis E.: German Military History 1648–1982. A Critical Bibliography. New York, London 1984.
Sikora, Michael: Zwischen Liberalismus und Militarismus: Gesichter Scharnhorsts 1813–1918. In: Eckart Opitz (Hrsg.), Gerhard von Scharnhorst. Vom Wesen und Wirken der preußischen Heeresreform. Bremen 1998, S. 94–132.
Sontheimer, Kurt: Antidemokratisches Denken in der Weimarer Republik. Die politischen Ideen des deutschen Nationalismus zwischen 1918 und 1933. München 3. Aufl. 1992.
Speer, Albert: Erinnerungen. Frankfurt / M. 1969.
Spilker, Rolf / Bernd Ulrich (Hrsg.): Der Tod als Maschinist. Der industrialisierte Krieg 1914–1918. Ausstellungskatalog. Bramsche 1998.
Spillmann, Kurt / Kati Spillmann: Friedrich Wilhelm I. und die preußische Armee. Versuche einer psychohistorischen Deutung. In: Historische Zeitschrift Bd. 246 (1988), S. 549–589.
Stamm-Kuhlmann: Militärstaat Preußen. Zum Stand der Debatte über den »preußischen Militarismus« im 18. und 19. Jahrhundert. In: Italien und Preußen. Tübingen 2005, S. 109–122.
Stargardt, Nicholas: The German Idea of Militarism. Radical and Socialist Critics 1866–1914. Cambridge / Mass. 1994.
Steger, Bernd: Berufssoldaten oder Prätorianer? Die Einflussnahme des bayerischen Offizierkorps auf die Innenpolitik in Bayern und im Reich. 1918–1924. Frankfurt / M. 1980.
Steinberg, Hans-Joseph: Karl Kautsky. In: Asendorf / v. Bockel, Demokratische Wege (1997), S. 323–324.
Steinle, Jürgen: Hitler als »Betriebsunfall« in der Geschichte. Eine historische Metapher und ihre Hintergründe. In: Geschichte in Wissenschaft und Unterricht 45 (1994), S. 288–302.
Stenkewitz, Kurt: Gegen Bajonette und Dividende. Die politische Krise in Deutschland am Vorabend des Ersten Weltkrieges. Berlin (Ost) 1960.
Stietencron, Heinrich v. / Jörg Rüpke (Hrsg.): Töten im Krieg. Freiburg, München 1995.
Stoneman, Mark R.: Bürgerliche und adlige Krieger: Zum Verhältnis von sozialer Herkunft und Berufskultur im wilhelminischen Armee-Offizierkorps. In: Reif, Adel (2001), S. 25–63.
Stöver, Bernd: Der Kalte Krieg. Geschichte eines radikalen Zeitalters 1947–1991. München 2007.
Streit, Christian: Keine Kameraden. Die Wehrmacht und die sowjetischen Kriegsgefangenen 1941–1945. Stuttgart 1978, Neuauflage Bonn 1991.
Stumpf, Reinhard: Die Wehrmacht-Elite. Rang- und Herkunftsstruktur der deutschen Generale und Admirale 1933–1945. Boppard 1982.
Stürmer, Michael: Das kaiserliche Deutschland. Politik und Gesellschaft 1871–1918. Düsseldorf 1970.

Stürmer, Michael: Staatsstreichgedanken im Bismarckreich. In: Historische Zeitschrift 209 (1969), S. 566–615.

Sywottek, Arnold (Hrsg.): Der Kalte Krieg – Vorspiel zum Frieden? Münster, Hamburg 1994.

Sywottek, Arnold: »Wohlstand«, »Sicherheit«, »Frieden« Beobachtungen zur westdeutschen Entwicklung. In: Kühne, Kriegskultur (2000), S. 243–261.

Sywottek, Jutta: Mobilmachung für den totalen Krieg. Die propagandistische Vorbereitung der deutschen Bevölkerung auf den Zweiten Weltkrieg. Opladen 1976.

Szepansky, Gerda: »Blitzmädel«, »Heldenmutter«, »Kriegerwitwe«. Frauenleben im Zweiten Weltkrieg. Frankfurt/M. 1986.

Tautz, Joachim: Militaristische Jugendpolitik in der Weimarer Republik. Die Jugendorganisationen des Stahlhelm, Bund der Frontsoldaten: Jungstahlhelm und Scharnhorst, Bund Deutscher Jungmannen. Regensburg 1998.

Thalmann, Rita R.: Zwischen Mutterkreuz und Rüstungsbetrieb. Zur Rolle der Frau im Dritten Reich. In: Bracher/Funke/Jacobsen, Deutschland 1933–1945 (2. Aufl. 1993), S. 198–217.

Thamer, Hans-Ulrich: Verführung und Gewalt. Deutschland 1933–1945. Berlin 1986.

Theweleit, Klaus: Männerphantasien [1980]. Bd. 1: Frauen, Fluten, Körper, Geschichte, Bd. 2: Männerkörper – zur Psychoanalyse des weißen Terrors. Taschenbuchausgabe München, Zürich 2000.

Toynbee, Arnold Joseph: Krieg und Kultur. Der Militarismus im Leben der Völker. Aus dem Englischen von Heinrich Mattutat. Frankfurt/M., Hamburg 1958.

Tramitz, Angelika: Nach dem Zapfenstreich. Anmerkungen zur Sexualität des Offiziers. In: Breymeyer/Ulrich/Wieland, Willensmenschen (1999), S. 211–226.

Trotnow, Helmut: Karl Liebknecht. Eine politische Biographie. Köln 1980.

Trox, Eckhard: Knöpfe, Krieg und Kapitalismus. Der Zusammenhang zwischen Armeebedarf, sozialem Militarismus und wirtschaftlicher Entwicklung. In: Militärgeschichtliche Mitteilungen 55 (1996), H. 2, S. 319–354.

Ueberschär, Gerd R./Wolfram Wette (Hrsg.): Der deutsche Überfall auf die Sowjetunion. »Unternehmen Barbarossa« 1941. Frankfurt/M. 1991.

Ueberschär, Gerd R.: Stalingrad – eine Schlacht des Zweiten Weltkrieges. In: Wette/Ueberschär, Stalingrad (1992), S. 18–42.

Ullmann, Hans-Peter: Kriegswirtschaft. In: Hirschfeld/Krumeich/Renz, Enzyklopädie Erster Weltkrieg (2003), S. 220–232.

Ullrich, Volker: Die nervöse Großmacht. Aufstieg und Niedergang des deutschen Kaiserreichs 1871–1918. Frankfurt/M. 2. Aufl. 1977.

Ullrich, Volker: Als der Thron ins Wanken kam. Das Ende des Hohenzollernreiches 1890–1918. Bremen 1993.

Ullrich, Volker: Kriegsalltag. Zur inneren Revolutionierung der Wilhelminischen Gesellschaft. In: Michalka, Der Erste Weltkrieg (1994), S. 603–621.

Ulrich, Bernd: Kriegsfreiwillige. Motivation – Erfahrung – Wirkungen. In: Berliner Geschichtswerkstatt, August 1914 (1989), S. 232–242.

Ulrich, Bernd: Die Desillusionierung der Kriegsfreiwilligen von 1914. In: Wette, Krieg des kleinen Mannes (2. Aufl. 1995), S. 110–126.

Ulrich, Bernd: Die Augenzeugen. Deutsche Feldpostbriefe in Kriegs- und Nachkriegszeit 1914–1933. Essen 1997.

Ulrich, Bernd: Der deutsche Offizier stirbt … In: Breymeyer / Ulrich / Wieland, Willensmenschen (1999), S. 11–20.

Ulrich, Bernd / Jakob Vogel / Benjamin Ziemann (Hrsg.): Untertan in Uniform. Militär und Militarismus im Kaiserreich 1870–1914. Frankfurt / M. 2001.

Ungern-Sternberg, Jürgen v.: Wie gibt man dem Sinnlosen einen Sinn? Zum Gebrauch der Begriffe ›deutsche Kultur‹ und ›Militarismus‹ im Herbst 1914. In: W. Mommsen, Kultur und Krieg (1996), S. 77–96.

Urlanis, B. Z.: Bilanz der Kriege. Die Menschenverluste Europas vom 17. Jahrhundert bis zur Gegenwart. Berlin 1965.

Vagts, Alfred: A History of Militarism. Romance and Realities of a Profession. New York 1937, London 1938, 3. Aufl. New York 1967.

Vagts, Alfred: Die Idee und der Charakter des Militarismus. In: Berghahn, Militarismus (1975), S. 102–114.

Verhey, Jeffrey T.: Der »Geist von 1914« und die Erfindung der Volksgemeinschaft. Aus dem Englischen. Hamburg 2000.

Vilmar, Fritz: Rüstung und Abrüstung im Spätkapitalismus. Eine sozioökonomische Analyse des Militarismus in unserer Gesellschaft. Frankfurt a. M. 1970.

Virchow, Fabian: Gegen den Zivilismus. Internationale Beziehungen und Militär in den politischen Konzeptionen der extremen Rechten. Wiesbaden 2006.

Vogel, Angela: Das Pflichtjahr für Mädchen. Nationalsozialistische Arbeitseinsatzpolitik im Zeichen der Kriegswirtschaft. Frankfurt / M., Berlin, Bern, New York, Paris, Wien 1997.

Vogel, Detlef: Militarismus – unzeitgemäßer Begriff oder modernes historisches Hilfsmittel? Zur Militarismuskritik im 19. und 20. Jahrhundert. In: Militärgeschichtliche Mitteilungen 39 (1986), S. 9–35.

Vogel, Jakob: Der »Folkloremilitarismus« und seine zeitgenössische Kritik – Deutschland und Frankreich 1871–1914. In: Wette, Schule der Gewalt (2005), S. 231–245.

Vogel, Jakob: Nationen im Gleichschritt. Der Kult der ›Nation in Waffen‹ in Deutschland und Frankreich 1871–1914. Göttingen 1997.

Vogel, Jakob: Der Undank der Nation. Die Veteranen der Einigungskriege und die Debatte um ihren »Ehrensold« im Kaiserreich. In: Militärgeschichtliche Zeitschrift 60 / 2001, S. 343–366.

Vogelsang, Thilo: Reichswehr, Staat und NSDAP. Beiträge zur deutschen Geschichte 1930–1932. Stuttgart 1962.

Vogelsang, Thilo: Kurt v. Schleicher. Ein General als Politiker. Göttingen 1965.

Vondung, Klaus (Hrsg.): Kriegserlebnis. Der Erste Weltkrieg in der literarischen Gestaltung und symbolischen Deutung der Nationen. Göttingen 1980.

Walbiner, Rudolf: Mit Spott gegen Kaiser und Reich. Verse gegen den deutschen Militarismus. Berlin 1971.

Wallach, Jehuda L.: Das Dogma der Vernichtungsschlacht. Die Lehren von Clausewitz und Schlieffen und ihre Wirkungen in zwei Weltkriegen. Frankfurt a. M. 1976.

Wegner, Bernd: Hitlers politische Soldaten. Die Waffen-SS 1933–1945. Paderborn 1982.

Wegner, Bernd: Schutzstaffeln (SS). In: Christian Zentner / Friedemann Bedürftig: Das Große Lexikon des Dritten Reiches. München 1985, S. 528–530.

Wegner, Bernd: »My Honour is Loyalty«. The SS as a Military Factor in Hitler's Germany. In: The German Military in the Age of Totel War. Ed. by Wilhelm Deist. Leamington Spa 1985, S. 220–239.

Wegner, Bernd: Kriegsgeschichte – Politikgeschichte – Gesellschaftsgeschichte. Der Zweite Weltkrieg in der westdeutschen Historiographie der siebziger und achtziger Jahre. In: Jürgen Rohwer / Hildegard Müller (Hrsg.): Neue Forschungen zum Zweiten Weltkrieg. Koblenz 1990, S. 102–129.

Wegner, Bernd: Hitler, der Zweite Weltkrieg und die Choreographie des Untergangs. In: Geschichte und Gesellschaft 26 (2000), S. 493–518.

Wehler, Hans-Ulrich: Krisenherde des Kaiserreichs 1871–1918. Studien zur deutschen Sozial- und Verfassungsgeschichte. Göttingen 1970.

Wehler, Hans-Ulrich: Der Fall Zabern 1913/14 als eine Verfassungskrise des Wilhelminischen Kaiserreichs. In: ders., Krisenherde (1970), S. 65–83.

Wehler, Hans-Ulrich: Der Verfall der deutschen Kriegstheorie. Vom »absoluten« zum »totalen« Krieg oder von Clausewitz zu Ludendorff. In: ders., Krisenherde (1970), S. 85 ff.

Wehler, Hans-Ulrich. Das Deutsche Kaiserreich 1871–1918. Göttingen 1973, 4. Aufl. 1994.

Wehler, Hans-Ulrich: Deutsche Gesellschaftsgeschichte. Dritter Bd.: Von der »Deutschen Doppelrevolution« bis zum Beginn des Ersten Weltkrieges 1849–1914. München 1995.

Welsh, Helga A.: Revolutionärer Wandel auf Befehl? Entnazifizierungs- und Personalpolitik in Thüringen und Sachsen (1945–1948). München 1989.

Wengeler, Martin: Remilitarisierung oder Verteidigungsbeitrag? Sprachthematisierung in den Diskussionen um die westdeutsche Wiederbewaffnung. Ein Beitrag zur Sprachgeschichte nach 1945. In: Sprache und Literatur in Wissenschaft und Unterricht 20 (1989), H. 64, S. 39–57.

Wette, Wolfram: Kriegstheorien deutscher Sozialisten. Marx, Engels, Lassalle, Bernstein, Kautsky, Luxemburg. Ein Beitrag zur Friedensforschung. Stuttgart 1971.

Wette, Wolfram: Friedensforschung, Militärgeschichtsforschung, Geschichtswissenschaft. In: Manfred Funke (Hrsg.), Friedensforschung. Entscheidungshilfe gegen Gewalt. Bonn 1975 (= Schriftenreihe der Bundeszentrale für politische Bildung, H. 103), S. 133–166.

Wette, Wolfram: Sozialismus und Heer. Eine Auseinandersetzung mit Reinhard Höhn. In: Archiv für Sozialgeschichte XIV (1974), S. 610–622.

Wette, Wolfram: Ideologien, Propaganda und Innenpolitik als Voraussetzungen der

Kriegspolitik des Dritten Reiches. In: Deist / Messerschmidt / Volkmann / Wette, Reich, Bd. 1 (1979), S. 25–173.

Wette, Wolfram: Geschichte und Frieden. Aufgaben historischer Friedensforschung. Bonn (Arbeitsstelle Friedensforschung Bonn) 1987 (= AFB-Texte).

Wette, Wolfram: Gustav Noske. Eine politische Biographie, Düsseldorf 1987, 2. Aufl. 1988.

Wette, Wolfram: Noske-Ära. Die vertane Chance, mit dem preußisch-deutschen Militarismus zu brechen. In: Rainer Butenschön / Eckart Spoo (Hrsg.): Wozu muss einer der Bluthund sein? Der Mehrheitssozialdemokrat Gustav Noske und der Militarismus des 20. Jahrhunderts. Heilbronn 1997, S. 27–37.

Wette, Wolfram: Militarismus und Pazifismus. Auseinandersetzung mit den deutschen Kriegen. Mit einem Vorwort von Fritz Fischer. Bremen 1991.

Wette, Wolfram / Gerd R. Ueberschär (Hrsg.), Stalingrad. Mythos und Wirklichkeit einer Schlacht. Frankfurt / M. 1992.

Wette, Wolfram: Das Massensterben als »Heldenepos«. Stalingrad in der NS-Propaganda. In: Wette / Ueberschär, Stalingrad (1992), S. 43–60.

Wette, Wolfram (Hrsg.): Der Krieg des kleinen Mannes. Eine Militärgeschichte von unten, München 1992, 2. Aufl. 1995.

Wette, Wolfram: Die deutsche militärische Führungsschicht in den Nachkriegszeiten. In: Niedhart / Riesenberger, Lernen aus dem Krieg (1992), S. 39–66.

Wette, Wolfram: Deutsche Erfahrungen mit der Wehrpflicht 1918–1945. Abschaffung in der Republik und Wiedereinführung durch die Diktatur. In: R. G. Foerster, Wehrpflicht (1994), S. 91–106.

Wette, Wolfram: Von neuer »militärischer Normalität« und »gewachsener Verantwortung« Deutschlands. In: Wolfgang R. Vogt (Hrsg.), Frieden als Zivilisationsprojekt – Neue Herausforderungen an die Friedens- und Konfliktforschung. 25 Jahre AFK. Baden-Baden 1994 (= Schriftenreihe der Arbeitsgemeinschaft für Friedens- und Konfliktforschung e. V., Bd. XXI), S. 277–285.

Wette, Wolfram: Militärpolitik in Deutschland nach dem 8. Mai 1945. In: Geschichte, Politik und ihre Didaktik, 24. Jg. (1996), S. 7–42.

Wette, Wolfram: »Rassenfeind«. Antisemitismus und Antislawismus in der Wehrmachtpropaganda. In: Manoschek, Wehrmacht (1996), S. 55–73.

Wette, Wolfram: Historische Friedensforschung. Kurseinheit 1: Militär und Militarismus. Hagen 1997 (= Studienbrief der FernUniversität Gesamthochschule Hagen). Erw. Neuaufl. 2007 (siehe: Historische Friedensforschung).

Wette, Wolfram: Das Bild der Wehrmacht-Elite nach 1945. In: Hitlers militärische Elite. Bd. 2: Vom Kriegsbeginn bis zum Weltkriegsende. Hrsg. v. Gerd R. Ueberschär. Darmstadt 1998, S. 293–308.

Wette, Wolfram: Neue Form, alter Geist. Die Gründungsgeschichte der Bundeswehr erklärt, warum es unserer Armee so schwer fällt, sich aus der Wehrmachtstradition zu lösen. In: DIE ZEIT Nr. 12, 18. März 1999, S. 88.

Wette, Wolfram (Hrsg., unter Mitwirkung von Helmut Donat): Pazifistische Offiziere in Deutschland 1871–1945. Bremen 1999 (= Geschichte und Frieden, Bd. 10).

Wette, Wolfram (Hrsg.): Militarismus in Deutschland 1871 bis 1945. Zeitgenössische Analyse und Kritik. Münster u. Hamburg 1999 (= Jahrbuch für Historische Friedensforschung 8).

Wette, Wolfram / Gerd R. Ueberschär (Hrsg.): Kriegsverbrechen im 20. Jahrhundert. Festschrift für Manfred Messerschmidt. Darmstadt 2001.

Wette, Wolfram: Die Bundeswehr im Banne des Vorbildes Wehrmacht. In: Bald / Klotz / Wette, Mythos Wehrmacht (2001), S. 66–115.

Wette, Wolfram: Der Feind im Innern. Soldaten als Polizisten? Die deutsche Geschichte zeigt, warum wir auch weiterhin gut daran tun, die Aufgaben der Polizei von denen des Militärs strikt zu trennen. In: DIE ZEIT Nr. 24, 5. 6. 2003, S. 76.

Wette, Wolfram: Justiz und pazifistische Offiziere in der Zeit der Weimarer Republik. In: Kramer / Wette, Recht (2004), S. 127–142.

Wette, Wolfram (Hrsg.): Schule der Gewalt. Militarismus in Deutschland 1871–1945. Berlin 2005.

Wette, Wolfram: Vom Militarismus zur zivilen Gesellschaft. Zum Mentalitätswandel in Deutschland im 20. Jahrhundert. In: Forum Pazifismus. Zeitschrift für Theorie und Praxis der Gewaltfreiheit, 07 / 2005, S. 3–9.

Wette, Wolfram: Die Wehrmacht. Feindbilder, Vernichtungskrieg, Legenden. Frankfurt / M. 2002, Taschenbuchausgabe Frankfurt / M. 2005.

Wettig, Gerhard: Entmilitarisierung und Wiederbewaffnung in Deutschland. Internationale Auseinandersetzungen um die Rolle der Deutschen in Europa. München 1967.

Wickert, Christl: Frauen und SPD. In: Lexikon des Sozialismus. Hrsg. von Thomas Meyer u. a. Köln 1986, S. 178–179.

Wiede, Peter: Wilhelm Rüstow (1821–1878). Ein Militärschriftsteller der deutschen Linken. Phil. Diss. München 1958.

Wiedner, Hartmut: Soldatenmisshandlungen im Wilhelminischen Kaiserreich (1890–1914). In: Archiv für Sozialgeschichte 22 (1982), S. 159–199.

Wieland, Lothar: Die Verteidigungslüge. Pazifisten in der deutschen Sozialdemokratie 1914–1918. Bremen 1998 (= Schriftenreihe Geschichte und Frieden. Bd. 9).

Wieland, Lothar: Als Gegner des Militarismus in der praktischen Politik – der Sozialdemokrat Heinrich Ströbel. In: Wette, Schule der Gewalt (2005), S. 207–227.

Wildt, Michael: Generation der Unbedingten. Das Führungskorps des Reichssicherheitshauptamtes. Hamburg 2. Aufl. 2002.

Wilhelm, Hans-Heinrich: Rassenpolitik und Kriegführung. Sicherheitspolizei und Wehrmacht in Polen und der Sowjetunion. Passau 1991.

Willems, Emilio: Der preußisch-deutsche Militarismus. Ein Kulturkomplex im sozialen Wandel. Köln 1984.

Windisch, Dieter: Die Strafverfolgung von Kritikern der illegalen Rüstung in der Weimarer Republik. Diss. Jur. Würzburg 1969.

Winkler, Dörte: Frauenarbeit im »Dritten Reich«. Hamburg 1977.

Winkler, Heinrich August: Der lange Weg nach Westen. Deutsche Geschichte vom Ende des Alten Reiches bis zum Untergang der Weimarer Republik. München 2000.

Wippermann, Wolfgang: Totalitarismus / Totalitarismustheorie. In: Dieter Nohlen (Hrsg.): Wörterbuch Staat und Politik. Bonn 1998, S. 784–786.

Witt, Peter-Christian: Die Finanzpolitik des Deutschen Reiches von 1903 bis 1913. Lübeck, Hamburg 1970.

Wohlfeil, Rainer / Hans Dollinger: Die deutsche Reichswehr. Bilder, Dokumente, Texte. Zur Geschichte des Hunderttausend-Mann-Heeres 1919–1933. Frankfurt / M. 1972.

Wohlfeil, Rainer: Heer und Republik. Frankfurt / M. 1970 (= Handbuch zur deutschen Militärgeschichte 1648–1939) Teil VI: Reichswehr und Republik (1918–1933).

Wohlgemuth, Heinz: Zur Charakterisierung des Militarismus durch Karl Liebknecht. In: Nuss / Charisius / Förster / Hübner, Militarismus (1980), S. 53–70.

Wolfrum, Edgar: Die geglückte Demokratie. Geschichte der Bundesrepublik Deutschland von ihren Anfängen bis zur Gegenwart. Stuttgart 2006.

Wörterbuch zur deutschen Militärgeschichte. 2 Bde. Hrsg. vom Militärverlag der Deutschen Demokratischen Republik. Berlin (Ost) 1985.

Wottrich, Henriette: Auguste Kirchhoff. Eine Biographie. Bremen 1990 (= Schriftenreihe Geschichte und Frieden. Bd. 1).

Wrochem, Oliver von: Erich von Manstein. Vernichtungskrieg und Geschichtspolitik. Paderborn u. a. 2006.

Zabel, Jürgen-K.: Das preußische Kadettenkorps. Militärische Jugenderziehung als Herrschaftsmittel im preußischen Militärsystem. Frankfurt / M. 1978.

Zeidler, Manfred: Die deutsche Kriegsfinanzierung 1914 bis 1918 und ihre Folgen. In: Michalka, Der Erste Weltkrieg (1994), S. 415–433.

Zelnhefer, Siegfried: Die Reichsparteitage der NSDAP. Geschichte, Struktur und Bedeutung der größten Propagandafeste im nationalsozialistischen Feierjahr. Nürnberg 1991.

Zentner, Christian: Illustrierte Geschichte des Deutschen Kaiserreiches. München 1986.

Zentner, Christian / Friedemann Bedürftig: Das Große Lexikon des Dritten Reiches. München 1985.

Zentner, Christian / Friedemann Bedürftig: Das Große Lexikon des Zweiten Weltkrieges. München 1988.

Zetkin, Clara: Geschichte der proletarischen Frauenbewegung Deutschlands. Berlin 1958.

Ziemann, Benjamin: Republikanische Kriegserinnerung in einer polarisierten Öffentlichkeit. Das Reichsbanner Schwarzrotgold als Veteranenverband der sozialistischen Arbeiterschaft. In: Historische Zeitschrift 267 (1998), S. 357–395.

Ziemann, Benjamin: Der »Hauptmann von Köpenick« – Symbol für den Sozialmilitarismus im wilhelminischen Deutschland? In: V. Precan u. a. (Hrsg.), Grenzüberschreitungen oder der Vermittler Bedrich Loewenstein. Prag, Brünn 1999, S. 252–264.

Ziemann, Benjamin: Sozialmilitarismus und militärische Sozialisation im deutschen Kaiserreich 1870–1914. Desiderate und Perspektiven der Revision eines Geschichtsbildes. In: Geschichte in Wissenschaft und Unterricht 53 (2002), H. 3, S. 148–164.

Ziemann, Benjamin: Soldaten. In: Hirschfeld / Krumeich / Renz, Enzyklopädie Erster Weltkrieg (2003), S. 155–168.

Zimmermann, Harm-Peer: »Der feste Wall gegen die rote Flut«. Kriegervereine in Schleswig-Holstein 1884–1914. Neumünster 1989.

Zipfel, Gaby: Wie führen Frauen Krieg? In: Heer / Naumann, Vernichtungskrieg (1995), S. 460–474.

Zuelzer; Wolf: Der Fall Nicolai. Frankfurt / M. 1981.

Personenregister

Götz Aly und Susanne Heim

Vordenker der Vernichtung

Auschwitz und die deutschen Pläne für eine neue europäische Ordnung

Band 11268

Der Mord an den Juden in Europa – so lautet eine der Thesen dieses Buches, das seit seinem Erscheinen heftig diskutiert wird – war von einer gnadenlosen »Expertokratie« bis ins Kleinste vorbereitet worden.

Das Buch wurde zur Grundlage für Hunderte von Forschungsarbeiten zur Rolle der Intelligenz im Nationalsozialismus.

Fischer Taschenbuch Verlag

fi 11268 / 1

Ernst Klee

Das Personenlexikon zum Dritten Reich

Wer war was vor und nach 1945

Band 16048

Das konkurrenzlose Lexikon informiert mit seinen 4300 Artikeln ausführlich über die wichtigsten Personen aus Justiz, Kirchen, Wohlfahrtseinrichtungen, Kultur, Wirtschaft, Publizistik, Wissenschaft, Medizin, Polizei, Wehrmacht sowie über tragende Personen aus NSDAP, SA und SS. Das Personenlexikon informiert außerdem auch – und das ist charakteristisch für Klees Arbeitsweise – über deren Karrieren nach 1945, soweit diese ausfindig zu machen waren.

»Mehr als ein ›Who's who‹ des ›Dritten Reiches‹ – Ernst Klee ist ein Standardwerk gelungen.«
Die Zeit

»Stichprobenvergleiche mit anderen Lexika und einschlägigen Monographien bestätigen nicht nur die Zuverlässigkeit von Klees Werk, sondern vor allem auch seine unübertroffene Vollständigkeit.«
Frankfurter Rundschau

Fischer Taschenbuch Verlag

fi 16048 / 1

Stephan Malinowski

Vom König zum Führer

Deutscher Adel und Nationalsozialismus

Band 16365

Die erste umfassende Analyse des Niedergangs einer jahrhundertealten Herrschaftselite, welche die Bastion ihrer sozialen und kulturellen Macht selbst innerhalb der industriellen Moderne hartnäckig und nicht ohne Erfolg verteidigt hat. Den Mittelpunkt des Buches bildet die Selbstzerstörung adliger Traditionen und Werte, die im späten Kaiserreich mit der Annäherung an rechtsradikale Bewegungen beginnt und mit der widersprüchlichen Annäherung an die NS-Bewegung endet.

»Dieses Buch hat seit
seinem Erscheinen vor einem Jahr
Furore gemacht. Denn der Autor räumt
konsequenter als irgendein Historiker vor ihm
mit einer Legende auf. [...] Nun liegt das Werk, das 2004
mit dem erstmals vergebenen Hans-Rosenberg-Preis
ausgezeichnet wurde, in einer erschwinglichen
Taschenbuch-Ausgabe vor.«
Volker Ullrich, Die Zeit

Fischer Taschenbuch Verlag

fi 16365 / 1

Harald Welzer
Sabine Moller
Karoline Tschuggnall

»Opa war kein Nazi«

Nationalsozialismus und Holocaust
im Familiengedächtnis

Band 15515

»Wie aus Vergangenheit Geschichte wird, zählt zu den zentralen Fragen der Geschichtswissenschaft. Weitgehend unbeachtet ist dabei bislang geblieben, in welcher Weise Geschichte vom sogenannten Laienpublikum in Schule, Beruf und Familie rezipiert, angeeignet und umgedeutet wird. Der Sozialpsychologe Harald Welzer hat in den letzten Jahren mit seinem Forschungsprojekt ›Tradierung von Geschichtsbewußtsein‹ die intergenerationelle Weitergabe der NS-Vergangenheit innerhalb von Familien untersucht. Seine desillusionierenden Ergebnisse haben öffentliches Erstaunen, Erschrecken und Skepsis ausgelöst.«
WerkstattGeschichte 30/2001

Fischer Taschenbuch Verlag

fi 15515 / 1

Walter H. Pehle (Hg.)

Der Judenpogrom 1938

Von der »Reichskristallnacht« zum Völkermord

Mit Beiträgen von
Uwe Dietrich Adam, Avraham Barkai, Wolfgang Benz, Hermann Graml, Konrad Kwiet, Trude Maurer, Hans Mommsen, Jonny Moser, Abraham J. Peck und Wolf Zuelzer

Band 4386

In der Nacht zum 10. November 1938 brannten fast alle noch verbliebenen 400 Synagogen kontrolliert ab – kontrolliert von der Feuerwehr, die darauf zu achten hatte, daß das Eigentum »arischer« Nachbarn keinen Schaden nahm, in Brand gesteckt von bierseligen Parteigenossen auf höheren Befehl. In derselben Nacht wurden an die 100 Menschen ermordet, nur weil sie Juden waren. Rund 30000 wohlhabende Juden wurden aus ihren Häusern geprügelt und in Konzentrationslager verschleppt; viele von ihnen kamen nicht mehr zurück. Und in derselben Nacht wurden an die 7500 Geschäfte jüdischer Mitbürger demoliert und vielfach geplündert.
Diese Ereignisse, für die das Attentat des 17jährigen H. Grynszpan in der deutschen Botschaft in Paris den Vorwand lieferte, mit dem zynischen Begriff »Reichskristallnacht« zu belegen, heißt, Mord, Totschlag, Brandstiftung, Raub, Plünderung und Sachbeschädigung zu einer funkelnden, glänzenden Veranstaltung umzuinterpretieren und einer bösartig verharmlosenden Erinnerung Vorschub zu leisten.
Dieser Band betrachtet den Judenpogrom 1938 nicht isoliert als Einzelphänomen, sondern im Gesamtzusammenhang der Geschichte der nationalsozialistischen Zeit als eine Etappe auf dem Weg zur »Endlösung der Judenfrage«.

Fischer Taschenbuch Verlag

fi 577 / 5

Tadeusz Sobolewicz

Aus der Hölle zurück

Von der Willkür des Überlebens im Konzentrationslager

Band 14179

Der Autor war 1941 als polnisch-katholischer Widerstandskämpfer von der Gestapo verhaftet worden. Er berichtet über seine Odyssee durch sechs Konzentrations- bzw. »Außenlager« und schließlich über seine Flucht auf einem der berüchtigten Todesmärsche durch Bayern. Ebenso sachlich wie bewegend schildert er den »Alltag« in den Lagern und die ständige Gratwanderung zwischen Leben und Tod.

Mit seinem Lebensbericht gibt uns Tadeusz Sobolewicz ein überaus wertvolles historisches Zeugnis eines politisch Verfolgten.

Fischer Taschenbuch Verlag

fi 14179 / 1

Raul Hilberg

im S. Fischer und Fischer Taschenbuch Verlag

»Raul Hilberg, Emigrant aus Wien, war einer der ersten, der sich systematisch mit der Geschichte des Holocaust befasste. 1948 wählte er dieses Thema für seine Dissertation aus, nicht ahnend, dass es sein künftiges Leben bestimmen sollte. Auf Grund der von den USA beschlagnahmten deutschen Akten legte er 1961 seine umfassende Darstellung der Genozidpolitik Hitlers und seiner Mittäter vor, mit der er zunächst allein da stand: ›Die Vernichtung der europäischen Juden‹. Sein großes Werk, in dem er den bürokratischen Charakter des Vernichtungsprozesses und die überwiegend passive Rolle der jüdischen Opfer betont, ist bis heute ein unentbehrliches Standardwerk geblieben. Seine folgenden Publikationen haben immer wieder die Forschung fruchtbar beeinflusst.« *Hans Mommsen*

Die Vernichtung der europäische Juden
Aus dem Amerikanischen
von Christian Seeger,
Harry Maor, Walle Bengs
und Wilfried Szepan
Band 24417

Täter, Opfer, Zuschauer
Die Vernichtung der Juden
Aus dem Amerikanischen
von Hans Günter Holl
Band 13216

Die Quellen des Holocaust
Entschlüsseln und Interpretieren
Aus dem Amerikanischen
von Udo Rennert
256 Seiten. Gebunden
S. Fischer

Unerbetene Erinnerung
Der Weg eines
Holocaust-Forschers
Aus dem Amerikanischen
von Hans Günter Holl
175 Seiten. Gebunden
S. Fischer

S. Fischer

fi 666 020 / 1

Jochen Böhler

Auftakt zum Vernichtungskrieg

Die Wehrmacht in Polen 1939

Band 16307

Vor dem Überfall auf Polen im September 1939 waren politisch und militärisch die Weichen bereits gestellt. Mit Beginn des Rasse- und Vernichtungskrieges ermordeten Einheiten der Wehrmacht Tausende von Polen und Juden, Zivilisten und Kriegsgefangene. Der Autor beleuchtet in seiner bahnbrechenden Untersuchung den politischen Hintergrund, das Versagen der Wehrmachtsführung und das Verhalten der »einfachen Soldaten« vor Ort. Der Holocaust hatte bereits 1939 in Polen begonnen.

»Die erste umfassende Darstellung des Polenkrieges aus deutscher Feder überhaupt! (...) Böhlers Werk darf schon jetzt als ein Pionierwerk betrachtet werden.«
DIE ZEIT

»Böhlers Studie legt den wissenschaftlichen Maßstab für die Aufklärung verdrängter und vergessener Verbrechen hoch.«
DIE WELT

Fischer Taschenbuch Verlag

fi 16307 / 1

Götz Aly

Im Tunnel

Das kurze Leben der Marion Samuel 1931-1943

Band 16364

Götz Aly zeichnet die Konturen des kurzen Lebens von Marion Samuel nach, die im Alter von elf Jahren ermordet wurde. Ihr Schicksal steht für das Schicksal hunderttausender Kinder, die deshalb nicht leben durften, weil sie Juden waren.

»Es sind Bücher
wie dieses, mit Klassenfotos
und kopierten Aktenauszügen, die Juden und
Nichtjuden in ihrer Spurensuche zusammenführen.
Hier ist nicht mehr die Rede von ›unser Auschwitz‹
und ›euer Auschwitz‹, sondern ein Bemühen um eine
Vergangenheit, die zwar auf die Nachkommen der Opfer
und der Täter anders wirken muss, aber beiden
gemeinsam zu einer Erhellung der alten
Dunkelheit leiten kann. Marion Samuel
wird allen Lesern und Leserinnen
unvergesslich bleiben.«
Ruth Klüger, Die Welt

Fischer Taschenbuch Verlag

fi 16364 / 1

Cioma Schönhaus

Der Passfälscher

Die unglaubliche Geschichte eines jungen Grafikers, der im Untergrund gegen die Nazis kämpfte

Band 16446

»›Frechheit siegt nicht immer‹ ist ein Kapitel des Buches überschrieben, aber sie hilft weiter, wie dieses Buch aufs Schönste zeigt.«

DIE ZEIT

»Schönhaus erzählt seine Geschichte, sechzig Jahre nach den Ereignissen, auf eine sehr direkte, anschauliche Art, ohne Pathos, ohne leidenschaftlich anklägerischen Gestus. Der Leser wird einfach mitgenommen auf eine sehr persönliche Erinnerungsreise.«

Tages-Anzeiger, Zürich

»In jeder Passage seines Buches schildert Schönhaus einen an Spannung kaum zu überbietenden Überlebenskampf und damit zugleich die sadistischen Mechanismen eines auf totale Vernichtung ausgerichteten Regimes. [...] Auch heikelste Situationen beschreibt er selbstironisch, distanziert und aus der Sicht eines lebenslustigen 20-jährigen, wobei die Leidensgeschichte seines Volkes zu keiner Zeit vergessen wird.«

Das Parlament, Berlin

Fischer Taschenbuch Verlag

fi 16446 / 1